BASTEI
LÜBBE

Von Lincoln, Baigent und Leigh ist außerdem bei BASTEI-LÜBBE lieferbar:
60 182 DER HEILIGE GRAL UND SEINE ERBEN

Lincoln · Baigent · Leigh

Das Vermächtnis des Messias

Auftrag und geheimes Wirken der Bruderschaft vom Heiligen Gral

Aus dem Englischen übersetzt
von Bernd Rullkötter

BASTEI
LÜBBE

BASTEI-LÜBBE Taschenbuch
Band 64 092

Titel der Originalausgabe: The Messianic Legacy
Originalverlag: Jonathan Cape Ltd, London

Einbandgestaltung: Reinhard Borner, Bergisch Gladbach
Satz: ICS Communikations-Service GmbH, Bergisch Gladbach
Druck und Bindung: Ebner Ulm
ISBN 3-404-64092-6

Der Preis dieses Bandes versteht sich einschließlich
der gesetzlichen Mehrwertsteuer

Inhalt

Karten und Skizzen

Widmung

Aborde la Nef ensablée
Et jeûne à ton clou subtil
Et à ton marteau lourd.
Console-toi. Du tombeau vide
Poussera un rejecton génèrreux.

Bientost d'une âme heureuse
Le chant se lèvera.
Joue, Nymphaea,
Joue ta musique céleste.
Ta boudego bourdonne
Comme la voix du Verbe.
Sa chaleureuse mélodie nous attire.
Comme la Rose rose, Apiphile
Et la Rose rouge, l'Abeille.

Nähere dich dem gestrandeten Schiff,
verweile bei dem zierlichen Nagel
und dem schweren Hammer
und zehre dich aus.
Tröste dich. Aus leerem Grabe
erwächst ein prächtiger Sproß.

Bald erhebt sich der Gesang
einer heiteren Seele.
Spiel, Nymphaea,
spiel deine himmlische Musik.
Deine Saite summt
wie die Stimme des Wortes.
Ihre warme Melodie zieht uns an –
wie die rosa Rose, Apiphile,
und die rote Rose, Biene.

Jehan l'Ascuiz

EINLEITUNG

1982 erreichten jene zwölfjährigen Recherchen, die das Geheimnis eines kleinen südfranzösischen Ortes zu lüften versuchten, ihren Höhepunkt in der Veröffentlichung von *Der Heilige Gral und seine Erben*. Bérenger Saunière, ein unbekannter Pfarrer, der im späten 19. Jahrhundert im Languedoc lebte, hatte uns, im übertragenen Sinne, bei der Hand genommen und uns zu jenen Quellen geführt, die es zu befragen galt, wenn das seiner Geschichte zugrundeliegende Muster zutage treten sollte. Er geleitete uns zu einer geheimen – oder quasi-geheimen – Gesellschaft, der Prieuré de Sion, die sich fast tausend Jahre zurückverfolgen ließ; zu ihren Mitgliedern zählte eine Reihe berühmter Personen, und sie ist bis zum heutigen Tage in Frankreich und möglicherweise anderswo aktiv. Das erklärte Ziel der Prieuré de Sion bestand darin, das Geschlecht der Merowinger wieder auf dem Thron eines modernen Frankreich zu sehen – ein Geschlecht, das vor mehr als dreizehn Jahrhunderten von der Bühne der Geschichte abgetreten war. Dieses Ziel schien unsinnig. Was zeichnete die Dynastie der Merowinger so besonders aus? Weshalb sollte die Wiederherstellung dieser Monarchie von Interesse für Männer wie Leonardo da Vinci und Victor Hugo und – in jüngster Vergangenheit – André Malraux, Marschall Alphonse Juin und vielleicht Charles de Gaulle sein?

Eine wichtige Teilantwort auf diese Fragen ergab sich, als wir herausfanden, daß die Merowinger sich selbst als vom alttestamentlichen Hause David abstammend betrachteten – und daß dieser Anspruch von jener Dynastie, die sie verdrängte, von anderen Monarchen und der damaligen römischen Kirche als rechtmäßig anerkannt wurde. Allmählich fügte sich das Beweismaterial zusammen, als werde es von eigenen Impulsen geleitet. Es führte uns in den heiklen Bereich der Bibelwissenschaft und veranlaßte uns zu einer provozierenden Hypothese: daß Jesus verheiratet und ein legitimer König von Israel war und daß er Kinder zeugte; schließlich, daß diese Kinder sein Geschlecht fortsetzten, bis es etwa dreieinhalb Jahrhunderte später mit der französischen Dynastie der Merowinger verschmolz.

Die Schlußfolgerungen, die sich daraus ziehen ließen, waren anfangs ebenso verblüffend für uns, wie sie es später für unsere Leser sein sollten. Aber die Bedeutung dessen, was wir herausgefunden hatten, war uns erst Stück für Stück deutlich geworden, hatte sich allmählich, über Jahre hinweg, in unser Bewußtsein vorgedrängt. Für unsere Leser komprimierte sich derselbe Entdekkungsprozeß auf die Seiten eines einzigen Buches, und seine Wirkung war deshalb unvermittelter, unerwarteter und beunruhigender – oder anregender. Er umfaßte keine langsame, mühsame, sich Wochen und Monate hinziehende Zusammenstellung von Tatsachen, Abstimmung von Daten und Verschiebung von durcheinandergeworfenen Puzzlestücken zu einem einheitlichen Bild. Im Gegenteil, er ereignete sich mit der verwirrenden Wucht einer Explosion. In Anbetracht der Umgebung, in der diese Explosion sich abspielte, waren solche Ergebnisse vielleicht unvermeidlich. Für viele unserer Leser nämlich war der entscheidende – wenn nicht sogar der einzige – Diskussionspunkt unseres Buches das Jesusmaterial.

Die Gestalt Jesu brachte unsere Arbeit überall auf der Welt auf die Titelseiten und verlieh ihr den Anschein der Sensationsmache. Was insbesondere die Medien betraf, so rückte alles andere, was wir geschrieben hatten, in den Hintergrund, wenn es überhaupt berücksichtigt worden war. Die Erregung, die wir verspürt hatten, als wir zum Beispiel eine neue Dimension der Kreuzzüge, ein neues Informationsfragment über die Schaffung der Tempelritter oder neue Hinweise auf die Quellen der berüchtigten Protokolle von Zion entdeckten, wurde nicht allgemein geteilt. Alle derartigen Entdeckungen traten hinter der Jesusfrage und unserer Hypothese über sie zurück.

Doch für uns war diese Hypothese keineswegs der einzige Forschungsaspekt und, letzten Endes, nicht einmal der wichtigste. Während die Medien und viele Leser sich noch mit unseren die Bibel betreffenden Schlußfolgerungen beschäftigten, nahmen wir bereits die Richtung wahr, die unsere späteren Nachforschungen einzuschlagen hatten. Wir mußten unsere Aufmerksamkeit der heutigen Prieuré de Sion widmen.

Was war die wirkliche raison d'être der Prieuré? Wenn es ihr Endziel war, die Monarchie der Merowinger wiederherzustellen, wie wollte sie das bewerkstelligen? Malraux und Juin waren weder naive Idealisten noch religiöse Fanatiker. Dies galt gleichermaßen für die Ordensmitglieder, denen wir persönlich begegnet waren. Wie also beabsichtigten sie, ihre Ziele durchzusetzen? Die Antwort schien ganz offenkundig: mit Hilfe der Massenpsychologie, der politischen Macht und der Hochfinanz. Wir hatten es mit realitätsnahen Menschen zu tun, und wir waren auf die Maßstäbe der »realen Welt« der achtziger Jahre angewiesen, als wir uns daran machten, den Sinn ihrer jahrhundertealten Geschichte zu enträtseln.

Und was unternahm die Prieuré denn heutzutage

wirklich? Welche Spuren gegenwärtiger Tätigkeit oder eines Engagements in aktuellen Angelegenheiten ließen sich entdecken? Wer stellte die Mitgliedschaft des Ordens? Wie mächtig war sie? Über welche Art von Ressourcen verfügte sie? Wie würde sie – vorausgesetzt, unsere Hypothese traf zu – den Anspruch einer direkten Abstammung von den Merowingern und/oder Jesus und/oder dem alttestamentlichen Hause David zu begründen versuchen? Und wie konnten die sozialen und politischen Auswirkungen eines solchen Anspruches in der modernen Welt beschaffen sein?

Es schien klar, daß die Prieuré ein Großprojekt oder einen Generalplan für die Zukunft Frankreichs, letztlich für die Zukunft Gesamteuropas – vielleicht sogar darüber hinaus – verfolgte. Dies war jedenfalls der Eindruck, der sich aus den verschiedenen Hinweisen, Andeutungen und Einzelinformationen ergab, die wir erhalten hatten. Nicht zu übersehen war, wie undramatisch, bestimmt und nüchtern jener Mann, der später Großmeister der Prieuré werden sollte, uns erzählt hatte, daß der Orden tatsächlich den verlorenen Schatz des Tempels von Jerusalem besitze. Man werde ihn nach Israel zurückbringen, wenn der richtige Zeitpunkt gekommen sei. Was bestimmt die Richtigkeit des Zeitpunktes? Offensichtlich nur soziale und politische Faktoren sowie vielleicht ein psychologisches Klima.

Es lag auf der Hand, daß unsere Erforschung der modernen Prieuré Ermittlungen nach sich ziehen würde, die gleichzeitig in verschiedene Richtungen zielten. Zuerst waren unsere religionsgeschichtlichen und biblischen Erkenntnisse zu rekapitulieren, weiterhin war es erforderlich, unsere Schritte zurückzuverfolgen, all unsere Arbeit auf diesen Gebieten von neuem zu überprüfen und sie, wenn möglich, noch auszuweiten. Zuvor hatten wir Beweise für die Existenz einer heiligen Blutlinie gesucht. Diesmal hatten wir uns in erster Linie auf Jesus als Messias zu konzentrieren. Wir hatten beobachtet, daß die Messiasidee für die Prieuré besondere Relevanz zu besitzen schien. Zum Beispiel war die Beharrlichkeit nicht zu übersehen, mit der die Dynastie der Merowinger wiederholt in einer Sprache beschrieben wurde, die gewöhnlich messianischen Gestalten vorbehalten ist. Wir hatten also herauszufinden, was die Idee des Messias zur Zeit Jesu bedeutete, wie sie sich in den folgenden Jahrhunderten änderte und wie die alten und die modernen Ideen sich miteinander in Einklang bringen ließen.

Zweitens war zu fragen, wie die Messiasvorstellung heutzutage in die Praxis umzusetzen sei. Auf ganz elementarer Ebene mußten wir uns vergewissern, ob die Idee für das 20. Jahrhundert überhaupt relevant sein konnte. Eine Prüfung des geistigen und psychologischen Klimas, das die moderne Welt charakterisiert, war gefordert. Wir hatten uns mit gewissen, wie es schien, klischeehaften Aspekten der zeitgenössischen westlichen Gesellschaft – nämlich der Sinnkrise und der Suche nach spirituellen Werten – auseinanderzusetzen.

Und wir sahen uns verpflichtet, unsere persönlichen Kontakte zu der Prieuré de Sion selbst, ihrem Großmeister und jenen Angehörigen oder Mitarbeitern weiterzuverfolgen, die wir aufgespürt oder kennengelernt hatten. Ein weiteres Problem ergab sich aus der Forderung, wahre Schlüsse aus bizarren Behauptungen und Gegenbehauptungen zu ziehen, neues Dokumentenmaterial zu prüfen, Fälschungen aufzudecken und uns durch ein Labyrinth absichtlich in Umlauf gebrachter Desinformation hindurchzuarbeiten.

Nach und nach zeichneten sich einige außerordentliche Möglichkeiten ab. Wir begannen zu verstehen, auf welche Weise eine Organisation wie die Prieuré de Sion sich der gegenwärtigen Sinnkrise widmen und gar aus ihr Kapital schlagen konnte. Und wir erfuhren, daß ein scheinbar so vergeistigter, ätherischer und mystischer Begriff wie die Messiasidee tatsächlich eine Rolle in der praktischen Welt von Gesellschaft und Politik im 20. Jahrhundert zu spielen vermag.

Wir möchten wiederum Ann Evans unseren besonderen Dank aussprechen, deren seltenes Geschick im Umgang mit drei Variablen weitgehend für die Existenz dieses Buches verantwortlich ist.

Ferner gilt unser Dank: Juan Atienza, Andrew Baker, Michael Bentine, Ernest Bigland, Colin Bloy, Brie Burkeman, Derek Burton, Liz Calder, Philippe de Chérisey, Jonathan Clowes, Lindy und Ramon del Corral, Ian Craig, Neville Barker Cryer, Robert Eisenman, Geoff Elkin, Patrick J. Freeman, Jim Garrets, Janice Glaholm, Denis Graham, Joy Hancox, Nigel Horne, Douglas Lockhart, Lydia Ludlow, Linda MacFadyen, Jania McGillivray, Rosalind Maiden, Alison Mansbridge, Tom Maschler, Robert Matthews, Roberta Matthews, Robin Mosley, Michael Myfsud, William Phillips, Pierre Plantard de Saint-Clair, John Prudhoe, Bob Quinn, David Rolfe, Gino Sandri, John Saul, Hugh Schonfield, Rosalie Siegel, Gordon Thomas, Jonathan Tootell, Louis Vazart, Gérard Watelet, Lilianne Ziegel, den Mitarbeitern der Österreichischen Nationalbibliothek sowie des Lesesaals des British Museum und, natürlich, unseren Ehefrauen.

Erstes Buch

Der Messias

1. Bibelwissenschaft und öffentliches Verständnis

»Das ist mir zufällig unter die Augen gekommen, vor nicht langer Zeit. Ich hatte bis dahin keine Ahnung von moderner Exegese, ich ahnte nichts von dem Angriff der Geschichtskritik . . . Was für eine Offenbarung.

Hier habe ich zum ersten Male Dinge wie die folgenden gelesen: daß die Evangelien in der Zeit zwischen 65 und 100 nach Christi Geburt aufgezeichnet worden sind, und daß die Kirche folglich ohne sie begründet worden ist, existiert hat, existieren konnte. Mehr als sechzig Jahre nach Christus! Das ist ja so, als wollte man heute, ohne ein einziges schriftliches Dokument, nur auf Grund von Erinnerungen und vagen Zeugnissen Taten und Werke Napoleons fixieren.«[1]

Abgesehen von der Erwähnung Napoleons, hätte dieses Zitat – nach den Briefen und mündlichen Mitteilungen an uns zu schließen – fast wörtlich die Reaktion eines heutigen Lesers auf *Der Heilige Gral und seine Erben* ausdrücken können, das 1982 erschien. Doch das Zitat entstammt einem Roman, *Jean Barois* von Roger Martin du Gard, veröffentlicht im Jahre 1912. In dem Roman erhält der Sprecher folgende Antwort: »Im übrigen darf man überzeugt sein, lieber Freund, daß in wenigen Jahren alle gebildeten Theologen hier angekommen sein werden; und sie werden erstaunt sein, daß die Katholiken des neunzehnten Jahrhunderts diese poetischen Erzählungen so lange wörtlich nehmen konnten.«[2]

Aber noch vor der Zeit dieses literarischen Dialogs, der in den siebziger Jahren des 19. Jahrhunderts stattfindet, hatten Jesus und die Ursprünge des Christentums bei Forschern, Schriftstellern und Verlegern Hochkonjunktur. Anfang des 16. Jahrhunderts erklärte Papst Leo X. nachweislich: »Er ist uns sehr nützlich gewesen, dieser Mythos Christi.« Schon in den vierziger Jahren des 18. Jahrhunderts hatten Gelehrte eine, wie wir heute einräumen würden, gültige historische Methode erarbeitet, den Wahrheitsgehalt der biblischen Schilderungen in Frage zu stellen. So hatte Hermann Samuel Reimarus, ein Professor in Hamburg, zwischen 1744 und 1767 den Standpunkt vertreten, daß Jesus nur ein gescheiterter jüdischer Revolutionär gewesen sei, dessen Anhänger seine Leiche aus dem Grab entfernt hätten. Bis zur Mitte des 19. Jahrhunderts war die deutsche Bibelwissenschaft zweifellos fundierter geworden, und man hatte eine Datierung für die Evangelien gefunden, die – was die Methode und die meisten ihrer Folgerungen angeht – noch heute als zutreffend gilt. Heutzutage würde kein ernsthafter Historiker oder Theologe bestreiten, daß das früheste der Evangelien wenigstens eine Generation nach den in ihm beschriebenen Ereignissen verfaßt wurde. Die deutsche Forschung sollte schließlich zu der Auffassung gelangen, die Rudolf Bultmann, einer der bedeutendsten, berühmtesten und meistgeschätzten Bibelkommentatoren des 20. Jahrhunderts, folgendermaßen zusammenfaßte: ». . . freilich bin ich der Meinung, daß wir vom Leben und von der Persönlichkeit Jesu so gut wie nichts mehr wissen können, da die christlichen Quellen sich dafür nicht interessiert haben, außerdem sehr fragmentarisch und von der Legende überwuchert sind . . .«[3]

Trotzdem blieb Bultmann ein gläubiger Christ. Dies war möglich, weil er beharrlich zwischen dem Jesus der Geschichte und dem Christus des Glaubens unterschied. Solange diese Unterscheidung galt, blieb der Glaube gerechtfertigt. Wenn man sie nicht akzeptiert, wird der Glaube zwangsläufig von den unbestreitbaren historischen Tatsachen untergraben und erschwert.

Zu solchen Folgerungen mußte die deutsche Bibelwissenschaft des 19. Jahrhunderts letztlich kommen. Die Bastion der traditionellen Bibelautorität wurde jedoch gleichzeitig noch von anderer Seite untergraben. Die Diskussion innerhalb der deutschen Forschung blieb auf den intellektuellen Kreis der Experten beschränkt, wohingegen der französische Schriftsteller Ernest Renan im Jahre 1863 eine umfassende internationale Auseinandersetzung durch seinen populären Bestseller *Das Leben Jesu* auslöste. Diese Schrift – darauf angelegt, das Christentum von seinem übernatürlichen Beiwerk zu befreien und Jesus als einen unvergleichlichen Menschen zu präsentieren – war das vielleicht am heftigsten diskutierte Buch der damaligen Zeit. Sein Einfluß auf die Öffentlichkeit war enorm; zu den Menschen, auf die es den stärksten Eindruck machte, gehörte Albert Schweitzer. Doch selbst Renans Darstellung sollte von der Generation der Modernisten, die sich im letzten Viertel des 19. Jahrhunderts zu Wort meldeten, als süßlich und unkritisch-sentimental betrachtet werden. Dabei arbeiteten die meisten Modernisten, wie man betonen muß, innerhalb der kirchlichen Organisation – jedenfalls bis sie von Papst Pius X. im Jahre 1907 offiziell verurteilt wurden und die Kirche im Jahre 1910 einen Antimodernisteneid einführte.

Mittlerweile hatten die Erkenntnisse sowohl der deutschen Bibelwissenschaft wie der katholischen Modernisten begonnen, sich einen Weg in die Künste zu bahnen. Zum Beispiel veröffentlichte der anglo-irische Romancier George Moore im Jahre 1916 eine literarische Darstellung

Jesu in *Der Bach Kerith.* Moore erregte einiges Aufsehen, als er Jesus die Kreuzigung überleben ließ; bei ihm wird er von Joseph von Arimathia gesundgepflegt.

In den Jahren seit der Publikation von *Der Bach Kerith* sind zahlreiche andere literarische Schilderungen der Evangeliumsgeschichte erschienen. Im Jahre 1946 veröffentlichte Robert Graves sein ehrgeiziges Porträt *King Jesus;* auch hier überlebt Jesus die Kreuzigung. Und im Jahre 1954 provozierte der griechische Nobelpreisträger Nikos Kazantzakis mit *Die letzte Versuchung* einen internationalen Skandal.

Im Gegensatz zu den Jesusgestalten bei Moore und Graves stirbt Kazantzakis' Protagonist am Kreuz. Vor seinem Tode hat er jedoch eine Vision: wie sein Leben aussehen würde, wenn er nicht den Opfertod auf sich nähme. In dieser Vision – eine Art Vorausblende der Einbildungskraft – sieht Jesus sich mit Maria Magdalena verheiratet (die er das ganze Buch hindurch begehrt) und zeugt mit ihr Kinder.

Diese Beispiele zeigen, in welchem Maße die Exegese den Künsten neue Perspektiven eröffnete. Vor zweihundert Jahren wäre ein Roman mit biblischer Thematik undenkbar gewesen. Nicht einmal die Dichtung widmete sich solchen Themen, es sei denn in einer mehr oder weniger orthodoxen, andächtigen Form wie in Miltons *Das verlorene Paradies.* Bis zum 20. Jahrhundert hatten Jesus und seine Welt sich jedoch zum Freiwild gemausert, das dann nicht nur den Stoff für zweifelhafte Reißer, sondern auch für ernste Untersuchungen und Prüfungen durch international anerkannte Literaten lieferte. Ihre Arbeit trug dazu bei, die Ergebnisse der Bibelwissenschaft immer populärer zu machen.

Gleichzeitig war die Bibelwissenschaft selbst nicht

untätig. Jesus und die Welt des Neuen Testaments waren weiterhin ein Aufgabengebiet für professionelle Historiker und Forscher, die – mit wachsender Genauigkeit und mit Hilfe neuer Indizien – die Umstände herauszufinden suchten, unter denen dieses rätselhafte Individuum vor zweitausend Jahren gelebt hatte. Viele dieser Arbeiten wandten sich in erster Linie an andere Experten auf diesem Gebiet und erregten kaum öffentliche Aufmerksamkeit. Einige wurden jedoch der allgemeinen Leserschaft vorgelegt und lösten heftige Kontroversen aus. Unter ihnen ist *Planziel Golgatha* von Hugh Schonfield, erstmals erschienen im Jahre 1963, zu erwähnen. Dieses Werk, in dem behauptet wird, Jesus habe seine eigene Kreuzigung vorgetäuscht und sei nicht am Kreuz gestorben, wurde zu einem internationalen Bestseller mit inzwischen mehr als drei Millionen gedruckten Exemplaren. In jüngerer Zeit kam es zu einer Auseinandersetzung durch die Publikation von *Jesus the Magician* (Jesus der Zauberer), in dem Morton Smith seinen Helden als typischen Wundertäter jener Epoche zeichnet, einem Menschenschlag zugehörig, von dem es zu Beginn der christlichen Ära im Nahen Osten wimmelte. Morton Smith' Jesus unterscheidet sich nicht wesentlich etwa von Apollonius von Tyana oder dem Prototyp (wenn es einen gab): von der legendären Gestalt des Simon Magus.

Neben den der Person Jesu gewidmeten Büchern liegen zahllose Arbeiten über die Ursprünge des Christentums, die Entstehung der Frühkirche und ihre Wurzeln im alttestamentlichen Judaismus vor. So ging Hugh Schonfield in einer Reihe von Werken auf die Vorgeschichte des Neuen Testaments ein. Im Jahre 1979 erregte Elaine Pagels die Gemüter mit *The Gnostic Gospels* (Die gnostischen Evangelien), einer Studie der Schriftrollen von Nag Hammadi, die, im Jahre 1945 in Ägypten entdeckt, eine radikale neue Auslegung von christlicher Lehre und Tradition ermöglichten.

Die Bibelwissenschaft hat in den letzten vierzig Jahren enorme Fortschritte gemacht, wobei die Entdeckung neuer Primärquellen, die Forschern in der Vergangenheit nicht zugänglich waren, unschätzbare Hilfe leistete. Die berühmteste dieser Quellen sind natürlich die Schriftrollen vom Toten Meer, die 1947 in den Ruinen der asketischen Gemeinschaft der Essener von Qumrān gefunden wurden. Neben solchen wichtigen Entdeckungen, von denen große Teile noch zu publizieren sind, wird anderes Material allmählich ans Licht gefördert oder lange zurückgehaltenes weitergegeben und untersucht.

Infolgedessen ist Jesus nicht mehr eine Schattengestalt, wie sie in der vereinfachten Märchenwelt der Evangelien existiert. Palästina zu Beginn der christlichen Ära ist kein umnebelter Ort mehr, der mehr dem Mythos als der Geschichte angehört. Im Gegenteil, wir wissen nun recht viel über die Umgebung Jesu und weit mehr, als die meisten praktizierenden Christen ahnen, über das Palästina des 1. Jahrhunderts: seine soziale Zusammensetzung, seine Wirtschaft, Politik, seinen kulturellen und religiösen Charakter, seine historische Wirklichkeit. Ein großer Teil der Welt Jesu hat sich aus dem Dunkel von Mutmaßung, Spekulation und mythischer Übertreibung gelöst und ist heute klarer und besser dokumentiert als etwa die Welt von König Artus. Und obwohl Jesus selbst sich weiterhin hartnäckig jeder Festlegung entzieht, kann man sich hinsichtlich seiner Person ebenso leicht schlußfolgernd informieren, wie man das im Hinblick auf Artus oder Robin Hood kann.

Das Versagen der Bibelwissenschaft. Trotz alledem hat sich die hoffnungsvolle Prophezeiung, die wir am Anfang dieses Buches zitierten, nicht erfüllt. Ernsthafte Theologen teilen diese Schlußfolgerung auch heute noch nicht – jedenfalls nicht öffentlich – und staunen nicht wenig über die Leichtgläubigkeit der Katholiken des 19. Jahrhunderts. Bei manchen haben die Dogmen gar noch mehr Verbindlichkeit denn je. Ungeachtet des gegenwärtigen Problems der Überbevölkerung kann der Vatikan immer noch scharfe Kritik an Geburtenkontrolle und Abtreibung üben – nicht aus sozialen oder moralischen, sondern aus theologischen Gründen. Ein Feuer, durch einen Blitzschlag im Münster von York ausgelöst, kann immer noch als Zeichen göttlichen Zorns angesichts der Ernennung eines umstrittenen Bischofs angesehen werden. Die mehrdeutigen Erklärungen dieses Bischofs zur Biographie Jesu vermögen jene Menschen immer noch zu empören, die sich weigern, etwas anderes zu glauben, als daß ihr Erlöser von einer Jungfrau durch den Heiligen Geist empfangen wurde. In amerikanischen Gemeinden kommt es vor, daß bedeutende literarische Werke aus Schulen und Büchereien verbannt – gelegentlich sogar verbrannt – werden, weil sie, wie man glaubt, traditionelle biblische Darstellungen in Zweifel ziehen; gleichzeitig übt ein neuer Fundamentalismus – unterstützt von Millionen, die unbedingt in eine Art Disneyland-Himmel entrückt werden wollen – unzweifelhaften Einfluß auf die Politik aus.

Wie unorthodox Kazantzakis' Darstellung Jesu auch sein mag, seine *Letzte Versuchung* ist ein überaus religiöses, andächtiges, christliches Werk. Trotzdem wurde der Roman in vielen Ländern, darunter in Griechenland, der Heimat des Autors, verboten, und Kazantzakis wurde exkommuniziert. Unter den Sachbüchern erzielte Schonfields *Planziel Golgatha* zwar gewaltige Verkaufserfolge, entfachte aber auch viel bittere Feindschaft.

Im Jahre 1983 begann David Rolfe für *London Weekend Television* und *Channel 4* die Arbeit an einer dreiteiligen Fernsehdokumentation mit dem Titel *Jesus: the Evidence* (Jesus: das Beweismaterial). Die Serie bezog keinen eigenen Standpunkt, vertrat keine besondere Meinung, sondern bemühte sich nur, einen Überblick über das Gebiet der neutestamentlichen Studien zu geben und den Wert der verschiedenen vorgebrachten Theorien abzuwägen. Doch bevor das Projekt überhaupt begonnen wurde, übten britische Interessengruppen Druck aus, dem Vorhaben eine Ende zu bereiten. Als es im Jahre 1984 abgeschlossen war, mußte es einer Reihe von Parlamentsmitgliedern in einer Privatvorführung gezeigt werden, ehe es ausgestrahlt werden durfte. Die Kritik bescheinigte den Sendungen Vernunft und Ausgewogenheit, und doch kündigten Geistliche der Church of England an, sie wären gewappnet, beunruhigten Gemeindemitgliedern beizustehen.

Jesus: the Evidence hatte das Ziel, das Laienpublikum auf einige Fortschritte in der neutestamentlichen Forschung aufmerksam zu machen. Wenn man von *Planziel Golgatha* absieht, hat praktisch keine dieser Untersuchungen sich einen Weg ins allgemeine Bewußtsein bahnen können. Einige Werke, etwa *Jesus the Magician* und *The Gnostic Gospels*, sind weithin rezensiert, diskutiert und verbreitet worden, aber ihre Leserschaft ist vorwiegend auf Menschen mit einem besonderen Interesse an der Thematik dieser Bücher beschränkt geblieben. Der größte Teil der in den letzten Jahren geleisteten Arbeit hat sich nur auf Spezialisten ausgewirkt. Vieles davon wird auch ausschließlich für Spezialisten geschrieben und ist nahezu undurchschaubar für den uneingeweihten Leser.

Was die Allgemeinheit wie die Kirchen anlangt, die dieser Allgemeinheit dienen, so möchte man annehmen, die oben zitierten Werke seien nie geschrieben worden. George Moores Beschreibung eines Jesus, der die Kreuzigung überlebt, ergab sich aus einem Argument, das nicht nur von einigen älteren Häretikern, sondern auch vom Koran vertreten und damit vom Islam und der islamischen Welt weithin akzeptiert wird. Doch als Robert Graves und dann Hugh Schonfield in *Planziel Golgatha* die gleiche Behauptung vorbrachten, erregte sie so viel Empörung und Unglauben, als wäre sie nie zuvor formuliert worden. Man hat den Eindruck, jede neue Entdekkung, jede neue Aussage auf dem Gebiet der neutestamentlichen Studien verschwinde sofort wieder. Jede muß ständig neu ausgesprochen werden, nur um wieder zu verschwinden. Viele Menschen reagierten auf gewisse Aussagen unseres eigenen Buches, als hätte es *Planziel Golgatha* oder Graves' *King Jesus* oder Moores *Der Bach Kerith* nie gegeben.

Warum ist das so? Warum gleicht jeder Beitrag im Bereich der Bibelwissenschaft einem Fußabdruck im Sand, der sofort verweht wird und kaum eine Spur hinterläßt? Warum scheint biblische Forschung, die für so viele Lebende von Bedeutung ist, immun gegen Evolution und Fortschritt zu sein? Warum scheint die große Mehrheit gläubiger Christen im Grunde weniger über die Gestalt zu wissen, die sie anbetet, als über historische Personen von weit geringerer Bedeutung? In der Vergangenheit, als solches Wissen unzugänglich oder seine Verbreitung gefährlich war, hätte dieser Sachverhalt vielleicht einige Berechtigung gehabt. Doch heute ist das

Wissen sowohl zugänglich wie gefahrlos zu verbreiten. Aber der praktizierende Christ bleibt so uninformiert wie seine Glaubensbrüder vor Jahrhunderten, und er hält sich im wesentlichen an dieselben vereinfachenden Darstellungen, die er schon seit seiner Kindheit kennt.

Ein Fundamentalist mag durchaus behaupten, diese Situation zeuge von der Widerstandskraft und Zähigkeit des christlichen Glaubens. Wir halten eine solche Erklärung für nicht zufriedenstellend. Der christliche Glaube ist in der Tat widerstandsfähig und zäh, wie die Geschichte bewiesen hat. Aber wir reden nicht vom Glauben – der notwendigerweise eine äußerst private, subjektive Angelegenheit ist. Wir reden von dokumentierten historischen Tatsachen.

Nach der oben erwähnten Fernsehserie wurde eine Podiumsdiskussion zum Thema ausgestrahlt, an der überwiegend Geistliche teilnahmen. Es gab Zu- und Übereinstimmung. Der Bischof von Durham, auch der Erzbischof von Canterbury sind auf das Thema zurückgekommen, ja, die Synode der Church of England hat sich damit beschäftigt.

Nach Meinung mehrerer Teilnehmer sind vor allem die Kirchen selbst und das geistliche Establishment für die verbreitete Unkenntnis in Sachen neutestamentlicher Forschung verantwortlich. Jeder geistliche Amtsträger, jeder, der für ein geistliches Amt ausgebildet wird, erfährt selbstverständlich von den neuesten Entwicklungen in der Bibelwissenschaft. Jeder heutige Seminarist lernt wenigstens einiges über die Schriftrollen vom Toten Meer, die Nag-Hammadi-Sammlung, die Geschichte und Evolution der neutestamentlichen Studien, die umstritteneren Aussagen sowohl von Theologen wie von Historikern. Aber dieses Wissen wird nicht an die Laien weitergegeben. Dadurch hat sich eine Kluft zwischen Geistlichen und ihren Gemeinden aufgetan. Im Gespräch erweisen Geistliche sich als überaus intellektuell und belesen. Sie reagieren mit blasiertem Selbstbewußtsein auf die neuesten Entdeckungen und lassen sich von theologischen Kontroversen nicht aus dem Gleichgewicht bringen. Ansichten wie die unseren halten sie vielleicht für fragwürdig, nicht aber für überraschend oder skandalös. Doch von dieser intellektuellen Souveränität ist an ihre Gemeinden nichts übergegangen. Sie erhalten praktisch keine historischen Auskünfte von ihrer Kirche, die als letzte Autorität in diesem Bereich gilt. Wenn solche Informationen dann von Schriftstellern wie uns, nicht von der offiziellen Kirche präsentiert werden, kann die Folge ein Trauma oder eine persönliche Glaubenskrise sein. Entweder man betrachtet uns als mutwillig destruktive Bilderstürmer, oder der Geistliche wird verdächtigt, Informationen unterdrückt zu haben.

Dies ist also die gegenwärtige Situation: einerseits die geistliche Hierarchie, gut unterrichtet über alles, was früher geschrieben wurde, auf der Höhe der Bibelwissenschaft; andererseits die Laiengemeinde, für die Bibelwissenschaft ein Buch mit sieben Siegeln ist. Der moderne, halbwegs belesene Kleriker ist sich zum Beispiel deutlich des Unterschieds zwischen dem Inhalt des Neuen Testaments und dem durch spätere Tradition Hinzugekommenen bewußt. Er weiß genau, wieviel – oder, zutreffender, wie wenig – die Heilige Schrift tatsächlich aussagt. Ein solcher Kleriker hat sich den Widersprüchen zwischen Fakten und Glauben, zwischen Geschichte und Theologie schon vor langer Zeit gestellt und sie für sich gelöst. Ein solcher Kleriker hat längst erkannt, daß sein persönlicher Glaube nicht identisch ist mit dem historischen Beweismaterial, und er hat so etwas wie einen persönlichen Kompromiß geschlossen.

Für den einfachen, gläubigen Christen besteht keine Notwendigkeit, Fakten und Glauben, Geschichte und Theologie in Einklang zu bringen, weil er nie den Unterschied kennengelernt hat. Er mag sich Palästina, wie es vor zweitausend Jahren war, nicht einmal bewußt als einen sehr realen Ort vorgestellt haben, präzise in Raum und Zeit angesiedelt, einem Wirrwarr von sozialen, psychologischen, politischen, wirtschaftlichen und religiösen Faktoren ausgesetzt – denselben Faktoren, wie sie in jeder realen Umgebung, ob heute oder früher, wirksam sind. Im Gegenteil, der Text der Evangelien ist oft völlig aus jedem historischen Zusammenhang herausgelöst: eine Erzählung von sachlicher, zeitloser, mythischer Einfachheit, die sich in einer Art Niemandsland, einem fernen und längst vergangenen Wolkenkuckucksheim abspielt. Zum Beispiel erscheint Jesus einmal in Galiläa, dann in Judäa, einmal in Jerusalem, dann in Jericho oder am Ufer des Jordan. Doch der moderne Christ ist sich nicht einmal bewußt, in welchem geographischen und politischen Verhältnis diese Orte stehen, wie weit sie voneinander entfernt sind, wie lange eine Reise von einem zum anderen gedauert hat. Die Titel offizieller Amtsträger sagen ihm nichts. Römer und Juden drängen sich verwirrend im Hintergrund wie Komparsen vor einer Filmkulisse; wenn man überhaupt ein konkretes Bild von ihnen hat, stammt es meist aus dem einen oder anderen Hollywood-Spektakel.

Die Gemeinde der Laien sieht die Heilige Schrift als wörtlich zu akzeptierende Geschichtsschreibung, als in sich abgeschlossene Erzählung, die dadurch, daß ihr ein historischer Zusammenhang fehlt, nicht weniger wahr ist. Wenn nun, wie in diesem Buch, Fragen gestellt werden, rücken sie, was ganz verständlich ist, in die Nähe der Offenbarung oder des Sakrilegs. Und man betrachtet uns instinktiv als antichristlich, als militante Gegner des kirchlichen Establishments – als seien wir persönlich darauf aus, das Gebäude der Christenheit zum Einsturz zu bringen (und so naiv, an eine solche Möglichkeit zu glauben).

Unsere Folgerungen, richtig gesehen. Wir hegen – unnötigerweise sei's angemerkt – solche Absichten nicht. Wir befinden uns nicht auf einem Kreuzzug, und wir haben keinen besonderen Wunsch, andere zu »bekehren«. Keinesfalls haben wir es darauf abgesehen, den Glauben der Menschen zu erschüttern. In *Der Heilige Gral und seine Erben* war unser Motiv im Grunde ganz einfach: Wir hatten eine Geschichte zu erzählen, und die Geschichte schien des Erzählens überaus wert zu sein. Wir waren in ein historisches Abenteuer verstrickt, das so spannend war wie jeder Detektivroman oder jeder Spionagethriller. Gleichzeitig hatte das Abenteuer sich als ungeheuer informativ erwiesen und weite – nicht nur biblische – Bereiche der Geschichte unserer Zivilisation aufgehellt. Dabei war es unvermeidlich, daß wir mit dem vorgegebenen Konflikt zwischen Tatsache und Glauben konfrontiert wurden. Ein einfaches Beispiel soll die Schwierigkeiten und Paradoxa dieses Konflikts veranschaulichen.

Im Jahre 1520 wurde Hernando Cortés, der in Eroberungsabsichten auf die alte mexikanische Hauptstadt Tenochtitlán zumarschierte, von den Azteken als Gott betrachtet. Die Azteken, die nie zuvor Schußwaffen oder Pferde gesehen hatten, glaubten, daß durch diese Dinge

Cortés' göttlicher Status – als Reinkarnation ihres höchsten Gottes Quetzalcoatl – bestätigt sei. Heute verstehen wir diese Fehleinschätzung, und sogar ein Westeuropäer der damaligen Zeit hätte dies verstanden. Unzweifelhaft aber hatte Cortés nichts Göttliches an sich, so unzweifelhaft, wie er für diejenigen, die an seine Göttlichkeit glaubten, tatsächlich ein Gott war.

Unterstellen wir einmal, ein heutiger mexikanischer Indianer von entfernter aztekischer Herkunft behauptet, er glaube an Cortés' Göttlichkeit. So seltsam uns das anmuten mag, wir könnten uns dennoch nicht anmaßen, seinen Glauben zu bezweifeln – schon gar nicht, wenn er durch Umwelt, Erziehung, Ausbildung und Kultur getragen ist. Zudem könnte sein Glaube etwas Wesentlicheres als die bloße Überzeugung der Göttlichkeit Cortés' enthalten. Aus ihm könnte die Gewißheit sprechen, Cortés in seinem Inneren erlebt, mit Cortés kommuniziert zu haben. Die Behauptung, Cortés sei ihm in Visionen erschienen, durch Cortés habe er sich der Einheit mit Gott oder dem Heiligen angenähert – wie können wir solche Behauptungen in Frage stellen? Was ein Mensch in der Intimsphäre seiner Psyche erlebt, muß notwendig unangetastet und unantastbar bleiben. Und es gibt sehr viele – ganz vernünftige, ganz ausgeglichene, ganz achtenswerte – Menschen, die in der Intimsphäre ihrer Psyche an Dinge glauben, die weit seltsamer sind als die Göttlichkeit von Hernando Cortés.

Aber die Zeit, in der Cortés lebte, ist dokumentiert, ebenso wie die Zeit, in der Jesus lebte. Wir wissen recht viel über den historischen Rahmen, über die Welt, in der beide Personen existierten. Dieses Wissen ist keine Sache des persönlichen Glaubens, sondern der eindeutigen historischen Fakten. Wenn jemand zuläßt, daß sein persönlicher Glaube historische Fakten verzerrt, ändert oder umgestaltet, kann er nicht erwarten, daß andere, ob sie seinen Glauben teilen oder nicht, den Prozeß billigen. Das gleiche Prinzip gilt, wenn jemand zuläßt, daß sein persönlicher Glaube die Wahrscheinlichkeitsgesetze und das, was wir vom menschlichen Charakter wissen, erheblich durcheinanderbringt. Wie gesagt, wir könnten niemanden in die Schranken weisen, der an Cortés' Göttlichkeit glaubt oder der Cortés auf irgendeine Weise in seinem Inneren »erfahren« hat. Doch wir können jemandem widersprechen, der als historische Tatsache verkündet, daß Cortés (wie Quetzalcoatl) von einem Adler und einer Schlange gezeugt wurde oder daß Cortés dazu ausersehen war, die Welt zu retten, oder daß Cortés nie starb und nun in irgendeiner Gruft auf einen günstigen Moment wartet, zurückzukehren und seine Herrschaft über Mexiko anzutreten. Wir können die Worte eines Mannes bezweifeln, der behauptet, daß Cortés, sogar ohne seine Rüstung, immun gegen Lanzen und Pfeile war, daß er auf einem Pferd über das Meer und durch den Himmel ritt oder daß er Waffen benutzte, die in Wirklichkeit erst zwei Jahrhunderte später erfunden wurden.

Wir sprechen nicht davon, daß gesicherte Aufzeichnungen von Cortés' Leben diese Dinge eindeutig widerlegen. Das ist nicht der Fall – aus dem einfachen Grund, weil solche Dinge zu Cortés' Lebzeiten nie behauptet wurden. Aber solche Aussagen widersprechen so schlagend der bekannten Geschichte, der menschlichen Erfahrung, der simplen Wahrscheinlichkeit, daß sie jede Gutwilligkeit überstrapazieren. Als persönlicher Glaube mögen sie unanfechtbar sein, aber wenn sie als historische Tatsachen präsentiert werden, ruhen sie auf einer zu unwahrscheinlichen und zu dürftigen Basis.

Jesus stellt uns vor mehr oder weniger analoge Probleme. Wir haben nicht die Absicht, den persönlichen Glauben irgendeines Menschen in Frage zu stellen. Wir beschäftigen uns nicht mit dem Christus der Theologie, der Person, die eine sehr reale und sehr starke Existenz in der Psyche und dem Bewußtsein der Gläubigen besitzt, sondern wir beschäftigen uns mit einer anderen Person, mit jemandem, der vor zweitausend Jahren wirklich über den Sand von Palästina schritt, so wie Cortés im Jahre 1519 auf die Steine der mexikanischen Wüste trat. Kurz, wir beschäftigen uns mit dem Jesus der Geschichte – und die Geschichte, wie vage und ungewiß sie manchmal auch sein mag, widersetzt sich oft reichlich unverfroren unseren Wünschen, unseren Mythen, unseren inneren Bildern, unseren vorgefaßten Meinungen.

Um dem Jesus der Geschichte gerecht zu werden, muß man sich praktisch aller vorgefaßten Meinungen entledigen, besonders jener, die von späteren Traditionen gefördert wurden. Man muß bereit sein, biblisches Material so leidenschaftslos zu betrachten wie Chroniken über Caesar oder Alexander den Großen – oder Cortés. Und man muß a priori vollzogene Glaubensakte außer acht lassen.

Übrigens läßt sich schon darüber diskutieren, ob nicht jeder Glaube oder Unglaube fragwürdig ist. »Glaube« kann durchaus ein gefährliches Wort sein, da es einen Akt voraussetzt, der sich oft als ungerechtfertigt erweist. Menschen sind allzu schnell bereit, im Namen des Glaubens zu töten. Andererseits ist Unglaube ein ebensolcher Glaubensakt, eine ebenso unbegründete Mutmaßung wie Glaube. Unglaube ist – wie das Beispiel militanter Atheisten oder Rationalisten zeigt – seinerseits eine Form des

Glaubens. Wer sagt, daß er nicht an Telepathie oder an Geister oder an Gott glaubt, vollzieht ebenfalls einen Glaubensakt.

Es ist ratsamer, mit Maßstäben des Wissens zu operieren. Letzten Endes ist die Sache ganz einfach: Entweder weiß man etwas – unmittelbar, direkt und aus erster Hand –, oder man weiß es nicht. Jemand, der eine heiße Herdplatte berührt, braucht nicht an Schmerz zu glauben. Er kennt Schmerz, er erfährt Schmerz, Schmerz ist eine Realität, die sich nicht bezweifeln läßt. Jemand, der einen elektrischen Schlag bekommt, fragt sich nicht, ob er an die als Elektrizität bekannte Energieform glaubt. Er erlebt etwas, dessen Realität sich nicht leugnen läßt, mit welchen Begriffen man es auch beschreibt. Aber wenn man es mit etwas anderem als empirischem Wissen dieser Art zu tun hat – wenn man, kurz gesagt, etwas in dem gerade erklärten Sinne nicht persönlich weiß –, dann besteht der einzig ehrliche Weg darin, dieses Unwissen zuzugeben. Was die theologischen Attribute angeht, mit denen Jesus von der christlichen Tradition ausgestattet wurde, so wissen wir einfach nicht, ob sie zutreffen.

Innerhalb des allgemeinen Spektrums unbekannter Dinge ist praktisch alles möglich. Aber auf der Grundlage der eigenen Erfahrung, der menschlichen Geschichte und Entwicklung sind einige Dinge möglicher, mehr oder weniger wahrscheinlich, mehr oder weniger denkbar als andere. Wir haben es mit einer einfachen Abwägung von Wahrscheinlichkeiten und Plausibilitäten zu tun. Welches Ereignis ist mehr oder weniger wahrscheinlich? Was steht eher im Einklang mit der menschlichen Erfahrung? Solange ein wirklich definitives Wissen über Jesus fehlt, ist es für uns wahrscheinlicher, plausibler, steht es eher im Einklang mit unserer menschlichen Erfahrung, anzunehmen, daß ein Mann verheiratet ist und versucht, seinen rechtmäßigen Thron zurückzuerobern, als anzunehmen, daß er von einer Jungfrau geboren wurde, auf dem Wasser wandelte und sich aus seinem Grab erhob. Doch auch diese Folgerung kann notwendigerweise bezweifelt werden. Es ist eine Folgerung, die als wahrscheinlichere Möglichkeit anerkannt, nicht als Glaubensbekenntnis akzeptiert wird.

Interpretation im Dienste des Glaubens. Wie wir ausgeführt haben, wissen wir vieles über die Welt, in der Jesus lebte: über das Palästina von vor zweitausend Jahren. Doch was Jesus selbst und die sein Leben bestimmenden Ereignisse angeht, so fehlt es uns an definitiven Kenntnissen. Die Evangelien, überhaupt alle Texte der Bibel, sind skizzenhafte Dokumente, die kein verantwortungsbewußter Forscher auch nur einen Moment lang für absolut verläßliche historische Zeugnisse halten wird. Angesichts dieser Situation muß man zwangsläufig zu Hypothesen greifen, will man nicht schweigen. Zugegeben, man kann keine verwegenen Hypothesen aufstellen, sondern man muß seine Mutmaßungen auf den Rahmen bekannter historischer Daten und Wahrscheinlichkeiten beschränken. Innerhalb dieses Rahmens sind Spekulationen jedoch völlig berechtigt und sogar notwendig, um das karge, undurchsichtige und oft widersprüchliche Material zu interpretieren. Der größte Teil der Bibelwissenschaft schließt einen gewissen Grad an Spekulation ein, was übrigens auch für die Theologie und die Kirchenlehren gilt. Aber während die historische Forschung auf der Grundlage geschichtlicher Fakten spekuliert, beschränken Theologie und kirchliche Lehren ihre Spekulationen fast ganz auf die Schriften selbst – oft ohne jede Beziehung zu historischen Fakten.

Im Laufe der letzten zweitausend Jahre haben Menschen sich darüber gestritten, wie einzelne Passagen zu verstehen seien, einander umgebracht und Kriege geführt. Es gibt ein Prinzip, das während der Herausbildung der christlichen Tradition konstant geblieben ist: Wenn Kirchenväter oder andere Individuen in der Vergangenheit mit den verschiedenen biblischen Ungereimtheiten und Widersprüchen konfrontiert wurden, spekulierten sie über ihre Bedeutung und versuchten, sie zu interpretieren. War das Ergebnis ihrer Spekulationen – ihre Interpretation also – einmal akzeptiert, dann wurde es zum Dogma erhoben. Im Laufe der Jahrhunderte betrachtete man es schließlich als gesicherte Tatsache. Aber diese Ereignisse sind alles andere als Tatsachen. Im Gegenteil, es sind zu einer Überlieferung verschmolzene Spekulationen und Interpretationen, und diese Überlieferung wird immer wieder irrtümlich als Tatsache ausgegeben.

Ein einziges Beispiel dürfte genügen, um den Prozeß zu verdeutlichen. Allen vier Evangelien zufolge heftet Pilatus die Inschrift »der Juden König« an Jesu Kreuz. Mehr verraten die Evangelien nicht. Bei Johannes finden wir die merkwürdige Aussage: »Da Jesus nun merkte, daß sie kommen würden und ihn haschen, daß sie ihn zum König machten, entwich er abermals auf den Berg, er selbst allein.«[4] (Joh 6, 15) Und darauf: »Da sprachen die Hohenpriester der Juden zu Pilatus: Schreibe nicht : ›Der Juden König‹, sondern daß er gesagt habe: Ich bin der Juden König. Pilatus antwortete: Was ich geschrieben habe, das habe ich geschrieben« (Joh 19,21–22). Aber diese Passagen werden nicht ausgeführt oder erhellt. Wir bekommen keinen wirklichen Hinweis darauf, ob der Titel gerechtfertigt war oder nicht, offiziell oder nicht, anerkannt oder nicht. Auch gibt es keinen Hinweis darauf, was Pilatus eigentlich mit dieser Bezeichnung beabsichtigte. Was war sein Motiv? Was wollte er bezwecken?

Irgendwann einmal wurde auf der Grundlage spekulativer Interpretation angenommen, Pilatus habe diesen Titel spöttisch benutzt. Anders interpretiert, hätte sich eine Reihe unangenehmer Fragen gestellt. Heute akzeptieren die meisten Christen vorbehaltlos, daß Pilatus den Titel höhnisch verwendet habe. Aber dies ist keineswegs eine gesicherte Tatsache.

Wenn man die Evangelien selbst liest, und zwar ohne jede vorgefaßte Meinung, dann findet man kein Zeichen dafür, daß der Titel nicht in allem Ernst benutzt wurde – keinen Hinweis, daß er nicht völlig legitim war und als solcher jedenfalls von einigen Zeitgenossen Jesu, darunter Pilatus, akzeptiert wurde. Was die Evangelien selbst betrifft, so könnte Jesus in der Tat der König der Juden gewesen – und/oder als solcher betrachtet worden – sein. Nur die Tradition hat die Menschen zu einer anderen Überzeugung kommen lassen. Die Aussage, daß Jesus vielleicht wirklich der König der Juden war, widerspricht deshalb nicht dem Beweismaterial, sie widerspricht nur einer seit langem etablierten Tradition – einem seit langem etablierten Glaubenssystem, das letztlich auf der spekulativen Interpretation irgendeines Menschen beruht. Wenn irgend etwas dem Beweismaterial widerspricht, dann ist es dieses Glaubenssystem. Denn in Matthäus' Schilderung von Jesu Geburt fragen die Weisen aus dem Morgenland: »Wo ist der neugeborene König der Juden?« (Mt 2,2) Wenn Pilatus Jesus mit dem Titel hätte verspotten wollen, was soll man dann von der Frage der Weisen halten? War sie ebenfalls in höhnischer Absicht gestellt? Gewiß nicht. Und wenn die Weisen sich auf einen legitimen Titel bezogen, weshalb sollte Pilatus dann nicht das gleiche getan haben?

Die Evangelien sind Dokumente von nüchterner, mythischer Einfachheit. Sie beschreiben eine Welt, die nur gewisse Lebensnotwendigkeiten enthält, eine Welt von zeitlosem, archetypischem, nahezu märchenhaftem Charakter. Aber Palästina zu Beginn der christlichen Ära war kein Märchenland. Im Gegenteil, es war eine durchaus reale Gegend, bevölkert von realen Individuen, wie man sie zu jeder anderen Zeit der Geschichte und an jedem anderen Punkt der Erde finden kann. Herodes war kein König, der in den Bereich obskurer Legenden gehört. Er war ein sehr realer Potentat, dessen Herrschaft (37–4 v. Chr.) sich über ihren biblischen Rahmen hinaus erstreckt und zum Teil mit dem Leben bekannter weltlicher Gestalten zusammenfällt, wie Julius Caesar, Kleopatra, Marcus Antonius, Augustus und anderen, die uns aus Schulbüchern oder aus den Stücken Shakespeares vertraut sind. Zahlreiche Fraktionen stritten miteinander und untereinander, Geheimgesellschaften zogen hinter den Kulissen ihre Fäden. Verschiedene Parteien verfolgten gegensätzliche Ziele und gingen allein aus Gründen der Zweckdienlichkeit fragwürdige Bündnisse ein. Heimliche Vereinbarungen wurden getroffen, Interessengruppen versuchten sich an die Macht zu manövrieren. Die allgemeine Bevölkerung, wie die Bevölkerung an jedem anderen Ort und zu jeder anderen Zeit, schwankte zwischen Gleichgültigkeit und hysterischem Fanatismus, zwischen jämmerlicher Furcht und leidenschaftlicher Überzeugung. Kaum etwas davon kommt in den Evangelien zur Sprache. Doch diese Strömungen, diese Kräfte sind wesentlich, wenn man den historischen Jesus verstehen will, nicht den Christus des Glaubens, sondern den Jesus, der vor zweitausend Jahren sich wirklich auf dem Boden von Palästina bewegte. Es war dieser Jesus, den wir besser zu erkennen und zu begreifen suchten. Ein solches Bemühen heißt nicht, sich zum Christenfeind aufzuschwingen.

Der Zusammenhang. Im Gefolge von *Der Heilige Gral und seine Erben* wurden wir von manchen Christen zu Christenfeinden gemacht. Wir konnten nur hilflos die Achseln zucken, weil es uns völlig fernlag, die Rolle von Bilderstürmern zu spielen. Wir waren in den Widerspruch zwischen Tatsachen und Glauben geraten, nicht mehr und nicht weniger.

Außerdem hielten wir, was wir über Jesus gesagt hatten, keineswegs für schockierend oder empörend. Der Leser wird zur Kenntnis genommen haben, daß fast alles meist in jüngerer Vergangenheit und mit viel Publizität bereits gesagt worden war. Wir standen auch nicht allein mit einer verschrobenen, verrückten These, die sich rasch zum Bestseller mausern würde. Im Gegenteil, nahezu all unsere Aussagen deckten sich mit den grundlegenden Ansichten der zeitgenössischen Bibelwissenschaft, und ein großer Teil unserer Untersuchungen leitete sich von eben dieser Wissenschaft ab. Wir befragten anerkannte Experten, von denen die allgemeine Öffentlichkeit fast noch nie gehört hatte, und wir beschränkten uns weitgehend darauf, ihre Folgerungen zu einer leicht verständlichen Synthese zu verarbeiten. Diese Folgerungen waren dem geistlichen Establishment sehr wohl vertraut und wurden von vielen bereitwillig akzeptiert. Sie hatten nur versäumt, ihre Gemeinden davon zu unterrichten.

Wir trafen Kirchenvertreter vieler Konfessionen zu privaten Gesprächen. Nur wenige äußerten sich abweisend über die Folgerungen unseres Buches. Manche stellten uns wegen des einen oder anderen Punktes zur Rede, aber die meisten hielten unsere Hauptthese für plausibel, in einigen Fällen sogar für wahrscheinlich, und sie waren keineswegs der Ansicht, daß die Bedeutung Jesu oder des christlichen Glaubens dadurch beeinträchtigt werde. Bei christlichen Laien schienen dieselben Folgerungen jedoch Gedanken an Blasphemie, Ketzerei, Frevel und an einen Katalog fast aller anderen religiösen Sünden aufkommen zu lassen. Diese unterschiedliche Reaktion erschien uns besonders auffällig und lehrreich. Kirchenvertreter, von denen man striktere Ablehnung erwartet hätte, zeigten sich skeptisch, unbekümmert, gleichmütig, oder sie unterstützten unsere Thesen gar. Ihre Gemeinden dagegen reagierten mit Emotionen, die zwischen entsetzter Enttäuschung und lautstarker Empörung lagen. Nichts hätte das Versäumnis der Kirchen, ihre Gemeinden über Entwicklungen im Bereich der Bibelwissenschaft auf dem laufenden zu halten, deutlicher machen können.

Immerhin gibt es Anzeichen dafür, daß die Situation sich langsam zu ändern beginnt. Zwar könnten diese Zeichen irreführend oder illusorisch sein, und das Pendel mag wieder einmal in Richtung des einfachen Glaubens ausschlagen, was bedeutet, daß die Ergebnisse der historischen Forschung weiterhin ignoriert oder unterdrückt werden. In dieser Hinsicht verheißt die vom amerikanischen Fundamentalismus ausgehende Bewegung nichts Gutes. Nichtsdestoweniger gibt es aber auch Zeichen, die eine Verbesserung ankündigen.

In den Jahren unserer Untersuchungen waren viele andere Arbeiten erschienen, die zu einem günstigen Klima beitrugen. In den siebziger Jahren postulierten wenigstens zwei Romane – einer von ihnen ein ernsthaftes und mit positiven Rezensionen bedachtes literarisches Werk – die Entdeckung der mumifizierten Leiche Jesu. Ein weiterer populärer Roman stellte die Evangelien in Frage, indem er die Existenz einer neuen Sammlung von jüdischen Texten aus erster Hand nahelegte; dieses Buch bildete die Grundlage einer kurzen Fernsehserie. In seinem monumentalen Buch *Terra Nostra* – gewiß einer der rund zehn wichtigsten Romane, die seit dem Zweiten Weltkrieg erschienen sind – behandelt der angesehene mexikanische Romanautor Carlos Fuentes Jesus als eine Gestalt, welche die Hinrichtung überlebt, weil bei der Kreuzigung ein Stellvertreter untergeschoben wird. Wenigstens ein Roman, *Magdalene* von Carolyn Slaughter, präsentiert Maria Magdalena als Geliebte Jesu. Und Liz Greene benutzte einen Teil unserer eigenen Forschung, um in *The Dreamer of the Vine* (Der Träumer des Weinstocks), einem 1980 veröffentlichten Roman über Nostradamus, eine von Jesus ausgehende Dynastie zu beschreiben.

An akademischen Publikationen sind zu nennen die Handschriften von Nag Hammadi 1977 in englischer Übersetzung, die Elaine Pagels zu ihrem Bestseller *The Gnostic Gospels* inspirierten. Morton Smith hatte die Ergebnisse seiner Forschung über die Frühkirche in *The Secret Gospel* (Das geheime Evangelium) enthüllt und schloß diesem Buch mit *Jesus the Magician* (Jesus der Zauberer) ein kontroverses Porträt an. Haim Maccoby widmete sich dem historischen Jesus in *Revolution in Judaea,* ebenso wie Géza Vermes in Werken wie *Jesus the Jew* (Jesus der Jude). Und Hugh Schonfields fortlaufende Reihe von Studien zum Palästina des 1. Jahrhunderts erschien in regelmäßigen Abständen während der siebziger Jahre. Auf theologischer Ebene forderten einige anglikanische Geistliche eine heftige Auseinandersetzung heraus, als sie die Göttlichkeit Jesu in einer Sammlung von Essays, *The Myth of God Incarnate* (Der Mythos des fleischgewordenen Gottes), in Zweifel zogen. Auch ein seltsames, weniger belegtes, aber faszinierendes Buch, *The Jesus Scroll* (Die Jesus-Schriftrolle), des australischen Autors Donovan Joyce ist der Erwähnung wert.

Im Jahre 1982, als *Der Heilige Gral und seine Erben* im Druck erschien, war die Diskussion um den historischen Jesus also bereits im Gange. Sicher, viele Menschen wußten immer noch nicht, in welchem Maße zum Beispiel die Evangelien einander widersprechen; oder daß es Evangelien außerhalb des Neuen Testaments gibt, die mehr oder weniger willkürlich von Gremien überaus sterblicher, überaus fehlbarer Männer als unverbindlich verbannt wurden; oder daß die Göttlichkeit Jesu durch eine Abstimmung im Konzil von Nizäa, rund drei Jahrhunderte nach Jesu Lebzeiten, festgelegt wurde. Sicher, der Fundamentalismus geht in Amerika immer noch um, und, wie wir oben erwähnt haben, es gibt immer noch Menschen in Großbritannien, die in einem vom Blitzschlag in York ausgelösten Feuer Gottes Zorn über die Ernennung eines etwas freimütigen Bischofs sehen – als habe Gott angesichts der Gewalt, des Hasses, der Voreingenommenheit, Gefühllosigkeit und Bedrohlichkeit der modernen Welt nichts Dringenderes und nichts Besseres zu tun. Und es gibt immer noch Menschen, die Lästerung und Ketzerei schreien und den Rücktritt desselben Bischofs fordern, wenn er eine so einleuchtende, vernünftige Aussage macht wie die, daß die Auferstehung nicht definitiv zu beweisen sei. Trotzdem liegt »etwas in der Luft«, das auch am Bischof selbst deutlich wird.

Wir wären unaufrichtig, wenn wir behaupteten, den Eindruck, den unser Buch machte, sowohl was Verkaufsziffern wie die von ihm ausgelöste Auseinandersetzung angeht, nicht zur Kenntnis genommen zu haben. Zum erstenmal seit Hugh Schonfields *Planziel Golgatha* im Jahre 1963 wurden dem allgemeinen Leserpublikum – das heißt nicht einer Gruppe von Hochschulexperten und Theologen, sondern dem sogenannten Massenmarkt – gewisse Fragen zum Neuen Testament, zu Jesus und den Ursprüngen des Christentums nahegebracht. Und wie offenkundig wurde, war das allgemeine Leserpublikum nicht nur bereit, sondern ausgesprochen erpicht darauf, uns zuzuhören.

Weder beim Fernsehen noch bei den Verlagen verschloß man die Augen vor den Möglichkeiten. Seit 1982 ist eine Reihe neuer Bücher erschienen. Im Jahre 1983 eröffnete Anita Mason mit ihrem Roman *The Illusionist* eine umstrittene, aber historisch gültige Perspektive zur Entstehung der Frühkirche; er kam in die engere Wahl für den Booker Prize, die angesehenste literarische Auszeichnung Großbritanniens. Im Jahre 1985 erforschte Anthony Burgess, vielleicht auf sogar noch kontroversere Art, fast die gleiche Thematik in *Das Reich der Verderbnis*. Einen Sturm im Wasserglas löste Michele Roberts' Roman *The Wild Girl* aus. Michele Roberts bezieht sich, wie wir es taten, auf Material aus den Schriftrollen von Nag Hammadi und beschreibt Maria Magdalena als Geliebte Jesu und als die Mutter seines Kindes. Bei der Veröffentlichung der Taschenbuchausgabe im Jahre 1985 rief *The Wild Girl* nicht nur die erwarteten Bannschreie der Interessengruppen hervor, sondern auch die eines Möchtegern-Großinquisitors im Parlament; bis sich vernünftigere Ansichten durchsetzten, drohte dem Buch eine Anklage gemäß der vorsintflutlichen britischen Blasphemiegesetzgebung. Unterdessen brachte man Robert Graves' *King Jesus*, in dem nicht weniger skandalöse Aussagen vorkommen, zum erstenmal seit 1962 wieder in einer leicht zugänglichen Taschenbuchausgabe auf den Markt. (Graves' Werk war vermutlich zu undurchschaubar für die selbsternannten Meinungshüter, die Anstoß an Michele Roberts' Buch genommen hatten. Oder vielleicht genießen etablierte literarische Gestalten eine gewisse Immunität gegen solch verdrehten Eifer. Man könnte zu Recht argumentieren, daß die, für sich genommen, aufrührerischste Darstellung Jesu in D. H. Lawrence' Novelle *Der Mann, der starb* zu finden sei; in diesem vor mehr als fünfzig Jahren veröffentlichten kleinen Meisterwerk hat Jesus eine sexuelle Begegnung mit einer Priesterin der Isis in einem ägyptischen Tempel. Auf dem Höhepunkt erklärt er: »Ich bin auferstanden!«)

Unter den biblischen Studien, die sich an ein nicht spezialisiertes Publikum wenden, wurden zwei von Hugh Schonfields Büchern neu aufgelegt, und ein neues, *Die Essener,* erschien im Jahre 1985. Die Arbeiten von Morton Smith und Elaine Pagels sind sämtlich in hochwertigen Taschenbuchausgaben publiziert worden. In Film und Fernsehen hat man die Belagerung von Masada und den Disput zwischen Petrus und Paulus dramatisiert (wenn auch auf glatte und unumstrittene Art). Bedeutsamer ist, daß Karen Armstrong, eine frühere Nonne, die etablierte christliche Tradition in einer intelligenten, fundierten und überzeugend dargebotenen Fernsehserie über den heiligen Paulus – sie trug den Titel *The First Christian* (Der erste Christ) – in Zweifel zog. Wie bereits erwähnt, verfuhr David Rolfe ebenso in seiner weithin publizierten Serie *Jesus: the Evidence,* der sich ein Buch mit demselben Titel anschloß.[5] In *The Sea of Faith* (Das Meer des Glaubens) präsentierte Don Cupitt, Theologiedozent und Dekan des

Emmanuel College, Cambridge, die bislang vielleicht bohrendste Fernsehuntersuchung des heutigen Christentums – eine Untersuchung, die viel strittigere Aussagen als die des Bischofs von Durham enthielt.

Wir würden uns nicht die Behauptung anmaßen, daß *Der Heilige Gral und seine Erben* zwangsläufig irgendeine dieser Arbeiten beeinflußt habe. Manche der angeführten Personen würden einigen unserer Schlußfolgerungen zweifellos nicht zustimmen, aber wir möchten annehmen, daß der Erfolg unseres Buches sowohl bei Verlegern wie bei Fernsehproduzenten größere Aufmerksamkeit für das Publikum geweckt hat. Das Aufkommen dieses Publikums ist eine überaus bedeutsame Entwicklung. Es erlegt auch den Kirchen eine neue und heilsame Verantwortung auf, indem es die herablassende Zensur, die Geistliche bis jetzt ihren Gemeinden gegenüber praktizieren, immer unhaltbarer macht. Wenn die Hirten, wie in der Vergangenheit, ihrer Herde Informationen vorenthalten, wird die Herde sich damit nicht mehr stillschweigend abfinden, sondern sich Büchern und Fernsehsendungen zuwenden.

Wenn diese Vermutung zutrifft, haben wir Grund zur Genugtuung. Nicht, wie zu wiederholen ist, weil wir einen Kreuzzug führen, nicht weil wir ein persönliches Anliegen haben, das kirchliche Establishment herauszufordern, zu kompromittieren oder in Verlegenheit zu versetzen, sondern weil auch wir in der modernen Welt leben. Wir sind uns über die Zwänge der Welt im klaren und werden von ihnen beeinflußt. Wie jeder andere auch sind wir anfällig für Vorurteile und uns der Tatsache bewußt, wieviel Unheil Bigotterie, die Exzesse blinden Glaubens und die sie oft begleitende Tyrannei in der Welt anrichten können. Es kommt uns wie jedem anderen zugute, wenn die richtige Perspektive wenigstens in Maßen wiederhergestellt wird.

2. Jesus als König von Israel

Als wir einmal die Vereinigten Staaten mit dem Flugzeug überquerten, meldete sich die Stewardeß: »Wir werden augenblicklich in Chicago landen.« Wir ließen uns daraufhin sofort versichern, daß dieser Augenblick doch wohl so lange dauern werde, bis wir ausgestiegen seien. Wörter haben häufig eine Bedeutung, die von Kontext, Kultur und Geschichte – die ständig Wandlungen unterworfen sind – geprägt werden. Manche Wörter und ihre Bedeutungen erreichen dabei gelegentlich beachtliche Lebensdauer. Hund bleibt Hund auch nach Jahrhunderten kulturellen Wandels. Aber das Wort Flugzeug hätte unseren Vorfahren aus dem 18. Jahrhundert niemals jenen Sinn vermitteln können, den es im obigen Satz hat.

Wir müssen zwangsläufig lernen, Sprache zu interpretieren. Wir glauben zu wissen, was gewisse Wörter bedeuten, aber diese Annahme kann sich als gefährlich erweisen. Dies gilt besonders, wenn wir versuchen, unsere Interpretation des 20. Jahrhunderts einem Wort aufzuerlegen, das in der Vergangenheit einmal einen unmerklich – oder völlig – anderen Sinn transportierte. Noch gefährlicher ist es, wenn wir postulieren, ein Mann in einer so umstrittenen und abstrakten Sphäre wie der des religiösen Glaubens vor zweitausend Jahren habe genau das gleiche gemeint wie wir.

Viele moderne Verhaltensweisen gegenüber Jesus oder dem Glauben an ihn stammen aus Interpretationen – oder Fehlinterpretationen – biblischer Texte. Und biblische Texte bestehen aus Wörtern (ihrerseits Übersetzungen anderer Wörter), die Ideen zu vermitteln suchen. Eine der vielleicht wichtigsten Ideen bezieht sich auf Jesus als Messias.

In einem beliebten Hymnus erscheint Jesus als »Prophet, Priester und König«, und all diese Benennungen schwingen mit, wenn ein Christ von Jesus als dem Messias redet. Die meisten Christen läßt der Titel, da er nun ausschließlich für Jesus verwendet wird, auch an Gott denken. Wir tun jedoch gut daran, mit Wörtern wie König, Prophet oder Messias vorsichtig umzugehen und nicht ohne weiteres anzunehmen, sie bedeuteten immer noch das gleiche wie zur Zeit Jesu.

Wir haben uns in unserem früheren Buch mit Hinweisen auf das Königtum Jesu beschäftigt, doch an dieser Stelle muß zusätzliches Material herangezogen werden. Denn die Aussage, Jesus sei ein rechtmäßiger König gewesen, bedeutet viel mehr, als sie heute bedeuten würde – die Rede ist nicht bloß von einer legitimen, ererbten Position als Oberhaupt eines weltlichen Staates. Die Nation Israel wurde vor zweitausend Jahren in erster Linie als religiöses, nicht als weltliches Gebilde begriffen. Sie war das ausgeprägteste Beispiel einer Theokratie: eines Staates, dessen Organisation im wesentlichen auf Glaubensprinzipien beruht. Religion und Staat waren nicht nur praktisch eins, wie das heutzutage etwa für den Iran gelten könnte. Weit mehr: Der Staat selbst war eine Ausdrucksform der Religion. Jeder andere Aspekt der Kultur fügte sich auf ähnliche Weise dem religiösen Rahmen ein. Auch die natürliche Umwelt wurde, wie man glaubte, von Gott besonders begünstigt; man empfand Ehrfurcht Höhlen, Tälern, Bergen und Flüssen gegenüber. Soziale, politische und wirtschaftliche Faktoren waren zwar keineswegs ohne

Bedeutung, aber der Verwaltungsapparat der Regierung zielte letzten Endes darauf ab, eine Kultur zu schaffen, die von Gott gebilligt wurde und das, was man für Seinen Willen hielt, erfüllte. Man mochte von Rom oder den lokalen weltlichen Behörden erhobene Steuern nur widerwillig entrichten, doch die vom Tempel beanspruchten wurden gerne, geradezu eifrig gezahlt. Die Menschen hielten sich für von Gott auserwählt, und der König eines solchen Volkes nahm einen höheren Rang ein als andere Könige. Er war eine Manifestation des göttlichen Willens, eine Verkörperung des göttlichen Plans für das Volk als Ganzes, ein Sprachrohr der Absichten und Wünsche Gottes. Letztlich war er im selben Maße Orakel, Hoherpriester, Papst und geistiger Führer, wie er König war.

All dies spiegelt also wider, was der Begriff Messias in der damaligen Zeit umfaßte. In wörtlicher Übersetzung bedeutete Messias nicht mehr und nicht weniger als »der Gesalbte«. Mit anderen Worten: Der Titel bezeichnete den ordnungsgemäß geweihten und von Gott bestätigten König. Jeder König von Israel galt als ein Messias. Der Begriff wurde für David und seine Nachfolger, von Salomon an, verwendet. »Jeder jüdische König des Hauses David war als Messias oder Christus bekannt, und man bezeichnete den Hohenpriester üblicherweise als den ›Priestermessias‹ . . .«[1]

Damit nicht genug: Um die Zeit von Jesu Geburt organisierte sich eine militante, bewaffnete Opposition Rom gegenüber, von einem Mann geführt, der ebenfalls den Titel Messias beanspruchte. Er war als solcher nicht nur von seinen unmittelbaren Anhängern, sondern auch von einem Teil der Bevölkerung anerkannt. Sein Sohn kehrte im Jahre 66 »wie ein König nach Jerusalem«

zurück und besuchte, »angetan mit königlichem Gewand«, den Tempel, um zu beten.[2]

Man braucht nicht zu betonen, daß solche Gestalten nichts wahrhaft Göttliches an sich hatten. Die Behauptung, daß ein Mann im buchstäblichen Sinne Gott oder auch nur Gottes Sohn sei, wäre für Jesus und seine Zeitgenossen überaus blasphemisch gewesen. Jesus und seine Zeitgenossen hätten die Idee eines göttlichen Messias für völlig undenkbar gehalten.

Aber wenn der Messias nicht göttlich war, so verfügte er doch über Gottes besonderen und einzigartigen Segen. Er agierte sozusagen als weltlicher Vizekönig, der die wichtigste Verbindung zwischen der Gottheit und den gewöhnlichen Menschen darstellte. Obwohl der Begriff Messias also nur der Gesalbte oder König bedeutete, war die in ihm enthaltene Idee des Königtums viel umfassender als heutige Vorstellungen dieser Art.

Der Status des erwarteten Messias wurde von den Umständen, die zur Zeit von Jesu Geburt in Palästina herrschten, aufgewertet. Diese Periode – wir werden später gründlich auf sie eingehen – trug bei jenen, die in ihr lebten, den Namen die Letzten Zeiten oder die Letzten Tage. Man glaubte, die Nation befinde sich in einer Phase katastrophalen Unheils. Die letzte Dynastie der legitimen jüdischen Monarchen war nahezu untergegangen. Seit 63 v. Chr. war Israel selbst zu einem Territorium des Römischen Reiches geworden und damit gezwungen, einen weltlichen Herrscher anzuerkennen, der es wagte, sich selbst als Gott zu bezeichnen, und dadurch jeden Grundsatz des Judaismus in blasphemischer Weise verletzte. Und auf dem Thron des Landes saß ein Marionettenkönig, den man für einen frevelhaften Usurpator hielt. Herodes, der damals Palästina regierte, hatte nicht einmal Anspruch auf jüdische Herkunft. Er war aus Idumäa gebürtig, der Wüstenregion im Süden, die nicht dem Judaismus anhing.

Zu Beginn seiner Herrschaft versuchte Herodes sich Geltung und Legitimität zu verschaffen. Er verstieß seine erste Frau und heiratete eine anerkannte jüdische Prinzessin, wodurch er sich wenigstens ein gewisses Maß an gesetzlicher Sanktionierung versprach. Um sich bei der Bevölkerung einzuschmeicheln, ließ er den Tempel von Jerusalem in nie gekannter Größe wiederaufbauen. Er verkündete, er sei ein gläubiger Diener des Gottes von Israel. Aber die Gesten blieben erfolglos und untermauerten seine Autorität keineswegs. Auch seine großzügigsten Handlungen riefen oft nur Feindseligkeit und Verachtung hervor, was wiederum seinen Hang zu Tyrannei und Unmäßigkeit forcierte.

Die Menschen hielten es für einen Fluch, wenn ein solcher Mann die Rolle des Herrschers über Gottes auserwähltes Volk übernehmen konnte – Gott habe Sein Volk heimgesucht, eine Bestrafung für frühere wie gegenwärtige Missetaten sei es. Welche sozialen und politischen Übergriffe Herodes auch beging, sie galten nur als Symptome eines viel grundlegenderen Dilemmas – des Dilemmas eines Volkes, das von seinem Gott verlassen worden war. Durch das ganze Palästina der Zeit Jesu verbreitete sich die Sehnsucht nach einem geistigen und geistlichen Führer, der die Nation wieder zu Gott zurückbringen, eine Versöhnung mit dem Göttlichen bewirken könne. Dieser Führer würde der rechtmäßige König, der »Messias« sein; als König würde er sein Volk retten und den Bund Gottes mit den Menschen wiederherstellen. Unterstützt von Gott, durchdrungen von Gott, gebilligt und beauftragt von Gott, Gottes Willen ausführend, würde er die römischen Eroberer aus Palästina vertreiben und seine eigene gerechte Ordnung aufbauen – eine so wunderbare Ordnung wie jene, welche die Überlieferung der Herrschaft Salomons und Davids zuschrieb. Ein für diesen Zeitabschnitt kompetenter Historiker charakterisiert den Messias folgendermaßen: ». . . ein charismatisch begabter Nachkomme Davids, der, wie die Juden . . . glaubten, von Gott erhöht werden würde, um das Joch der Heiden zu zerbrechen und über ein wiederhergestelltes Königreich Israel zu herrschen, in das alle Juden aus der Verbannung zurückkehren würden.«[3]

Die christliche Tradition bestreitet den Anspruch Jesu auf die Rolle des Messias natürlich nicht. Sie bestreitet nur, was diese Rolle nach sich zog, einfach deshalb, weil der Sachverhalt jahrhundertelang nicht hinreichend deutlich gemacht wurde. Wenn man Jesus als Messias akzeptiert, während man seine monarchische und politische Rolle leugnet, ignoriert man die Tatsachen, nämlich den historischen Kontext sowie die Bedeutung und den tieferen Sinn des Wortes Messias. Christen betrachten den Messias bis heute als unpolitisch, als ausschließlich spirituelle Gestalt, die keine Bedrohung für die weltliche Autorität darstellte, die keine diesseitigen oder politischen Ambitionen hatte, die ihre Anhänger in ein Reich nicht von dieser Welt rief. Doch die Bibelwissenschaft der letzten beiden Jahrhunderte hat eine solche Interpretation immer unhaltbarer werden lassen. Kaum ein heutiger Experte würde bestreiten, daß der zur Zeit Jesu erwartete Messias eine vorwiegend politische Gestalt war, die Israel vom römischen Joch erlösen sollte. Der damalige Judaismus akzeptierte keine Spaltung in Religion und Politik. Da der rechtmäßige König von Gott beauftragt und gebilligt war, kam seiner politischen Aktivität eine religiöse Aura zu. Da es zu seiner religiösen Funktion gehörte, sein Volk aus der Knechtschaft zu befreien, war seine spirituelle Rolle gleichzeitig politischer Natur.

Der rechtmäßige König. Im Matthäus- und Lukasevangelium heißt es ausdrücklich, daß Jesus königlichen Blutes war: ein echter und legitimer König, der direkte Abkomme Salomons und Davids. Wenn dies zutrifft, dann war wenigstens eine wichtige Voraussetzung erfüllt, der Messias zu sein oder als solcher ausgegeben zu werden. Ein formal legaler Anspruch auf den Thron seiner königlichen Vorfahren hätte bestanden – vielleicht sogar der einzige legale Anspruch. Die drei Weisen suchen, wie erwähnt, den »neugeborenen König der Juden«. Im Lukasevangelium wird Jesus vorgeworfen, »daß er das Volk abwendet und verbietet, den Schoß dem Kaiser zu geben, und spricht, er sei Christus, ein König« (Lk 23,2). Im Matthäusevangelium wird Jesus bei seinem triumphalen Einzug in Jerusalem von einer Menschenmenge begrüßt, die ihm zuruft: »Hosianna dem Sohn Davids!« (Mt 21,9) Es gibt kaum einen Zweifel, daß Jesus hier als König bejubelt wird; sowohl das Lukasevangelium wie das Johannesevangelium machen dies deutlich. Und im Johannesevangelium erklärt Nathanael Jesus ohne Umschweife: »Du bist der König von Israel!« (Joh 1,49)

Und schließlich gibt es natürlich die Inschrift »Der Juden König«, die Pilatus am Kreuz anbringen läßt. Nach christlicher Tradition wollte Pilatus den Gekreuzigten mit dieser Geste verspotten. Doch selbst dann wäre dieser Akt völlig sinnlos gewesen, es sei denn, daß Jesus wirklich der König der Juden war. Wenn ein brutaler Tyrann seine Autorität festigen, die Menschen unterjochen und diejenigen in seinem Machtbereich erniedrigen will, was hat er davon, einen armen Propheten einen König zu nennen? War Jesus jedoch ein rechtmäßiger König, dann mochte seine Erniedrigung dazu dienen, die Autorität des Pilatus zu stärken.

Weitere Hinweise auf den königlichen Status Jesu finden sich in der Evangeliendarstellung des von Herodes befohlenen Kindermordes (Mt 2,3–5). So fragwürdig es ist, diese Stelle als historisch zuverlässigen Bericht zu nehmen, so zeigt sie doch, wie besorgt Herodes bei der Geburt Jesu war: »Da das König Herodes hörte, erschrak er . . . Und ließ versammeln alle Hohenpriester und Schriftgelehrten unter dem Volk und erforschte von ihnen, wo Christus sollte geboren werden. Und sie sagten ihm: Zu Bethlehem im jüdischen Lande; denn also steht geschrieben durch den Propheten.«[4]

Wie unbeliebt Herodes auch war, sein Platz auf dem Thron hätte theoretisch gesichert sein müssen. Jedenfalls kann er sich nicht ernsthaft durch Gerüchte bedroht gefühlt haben, die sich auf eine mystische oder spirituelle Gestalt bezogen, einen Propheten oder Lehrer von jener Art, die damals im Heiligen Land so häufig anzutreffen war. Wenn Herodes sich von einem neugeborenen Kind bedroht glaubte, dann nur aus Gründen, die mit den Realitäten des Kindes zu tun hatten: etwa weil es der rechtmäßige König war, der einen Thronanspruch geltend machen konnte, den sogar Rom im Interesse von Frieden und Stabilität hätte anerkennen können. Also nur eine konkrete politische Bedrohung dieser Art reicht aus, die Besorgnis des Herodes zu erklären. Der Usurpator fürchtet nicht den Sohn eines armen Zimmermanns, sondern den Messias, den rechtmäßigen, gesalbten

König, das heißt einen Mann, der durch seine genealogischen Voraussetzungen das Volk für sich gewinnen und Herodes absetzen oder zumindest aus bestimmten politischen Gründen zu kompromittieren vermochte.

Die privilegierte Herkunft. Das Bild Jesu als das eines »armen Zimmermanns« aus Nazareth kann ausreichend bezweifelt werden. Im Moment genügt es jedoch, zwei Punkte hervorzuheben. Einmal: In der griechischen Originalsprache bedeutet Zimmermann nicht nur Holzarbeiter. Die genaueste Übersetzung wäre Meister, womit jemand gemeint ist, der eine Kunst, ein Handwerk oder ein sonstiges Fach beherrscht; es war also anwendbar auf einen Lehrer wie auf einen Menschen mit manueller Fertigkeit.[5] Zum anderen: Jesus stammt mit Sicherheit nicht aus Nazareth. Eine Fülle an Material beweist, daß Nazareth in biblischen Zeiten nicht existierte. Das Städtchen dürfte kaum vor dem dritten Jahrhundert entstanden sein. Jesus von Nazareth ist, wie die meisten Forscher nun bereitwillig eingestehen müßten, eine Falschübersetzung der ursprünglichen griechischen Wendung Jesus der Nazoräer. Dies deutet nicht auf einen Ort hin, sondern bezeichnet die Mitgliedschaft Jesu in einer bestimmten Gruppe oder Sekte mit einer bestimmten religiösen und/oder politischen Ausrichtung – die Mitgliedschaft in der Nazoräerpartei, wie man heute sagen könnte.

Es gibt auffallend wenig präzise Mitteilungen über das Leben Jesu. Aber die vorliegenden Informationen lassen eindeutig vermuten, daß seine Familie wohlhabend war und er eine Erziehung genoß, die nur angesehenen und begüterten Kreisen zugänglich war. Zum Beispiel zeigen ihn alle Schilderungen als einen gebildeten Mann, was in jenen Zeiten ungewöhnlich war, in Zeiten, in denen Analphabetismus vorherrschte und Bildung im wesentlichen ein Klassenmerkmal darstellte. Jesus ist offensichtlich des Lesens und Schreibens kundig und gebildet. In den Evangelien disputiert er fachkundig mit Älteren über das göttliche Gesetz, was ein hohes Maß an formalem Wissen voraussetzt. Aus seinen eigenen Aussagen geht hervor, daß er mit den prophetischen Büchern des Alten Testaments vollkommen vertraut war, sie beliebig zitieren und sie mit der Leichtigkeit und Fachkenntnis eines Schriftgelehrten handhaben konnte. Und während einige seiner Begleiter anscheinend einfache Fischer und Handwerker aus Galiläa waren, gehören andere zu vermögenden und einflußreichen Kreisen: zum Beispiel Joseph von Arimathia und Nikodemus und Johanna, die Frau des Pflegers von Herodes. Wie wir zudem in unserem vorangegangenen Buch gezeigt haben, war die Hochzeit zu Kana – bei der es sich um die Eheschließung Jesu gehandelt haben könnte – kein bescheidenes Dorfereignis, sondern eine kostspielige Feier des Landadels oder der Aristokratie.[6] Selbst wenn es nicht die Hochzeit Jesu war, so legen seine Anwesenheit sowie die seiner Mutter die Vermutung nahe, daß beide dieser sozialen Schicht angehörten.

Öffentliche Anerkennung. Bedeutsamer als Hinweise dieser Art ist vielleicht die schlichte Tatsache, daß Jesus in den Evangelien bei wichtigen Anlässen wie ein König auftritt, und zwar ganz bewußt. Eines der eindrucksvollsten Beispiele ist sein triumphaler Einzug in Jerusalem auf einem Esel. Bibelwissenschaftler sind sich einig, daß dieses Ereignis – offenkundig von Bedeutung für die Laufbahn Jesu und darauf angelegt, bei seinen Zeitgenossen ein Höchstmaß an Aufmerksamkeit zu erregen – einem ganz bestimmten Zweck diente. Es zielte recht spektakulär darauf ab, die Prophezeiung des Alten Testaments zu erfüllen. Bei Matthäus (21,4) heißt es ausdrücklich, die Prozession werde die Worte des Buches Sacharja (9,9), welche die Ankunft des Messias verkünden, wahr machen: »Aber du, Tochter Zion, freue dich sehr, und du, Tochter Jerusalem, jauchze! Siehe, dein König kommt zu dir, ein Gerechter und ein Helfer, arm, und reitet auf einem Esel und auf einem jungen Füllen der Eselin.«

Jesus war mit dem Alten Testament gut vertraut, wußte also wohl um diese Prophezeiung. Der Einzug in Jerusalem kann nur von dem wohlüberlegten Plan bestimmt gewesen sein, daß Jesus sich in den Augen der Bevölkerung mit dem erwarteten Messias identifizieren wollte – anders ausgedrückt, mit dem rechtmäßigen König, dem Gesalbten.

Damit nicht genug, Jesus wurde tatsächlich gesalbt. Die Schilderung erscheint in entstellter Form im Neuen Testament. Zweifellos hat jemand den Versuch gemacht, etwas zu ändern und/oder zu zensieren, aber ein Teil der Wahrheit läßt sich immer noch aus den übriggebliebenen Fragmenten herausfiltern. Matthäus und Markus erklären unmißverständlich, daß eine königliche Salbung vollzogen wurde.[7] Beide berichten, daß dabei Nardenwasser im Wert von dreihundert Groschen – eine gewaltige Summe – verwendet wurde. Johannes schreibt, daß Maria von Bethanien, die Schwester des Lazarus, das Ritual vollzog. Und er räumt jeden Zweifel aus, indem er näher ausführt, das Ritual habe an dem Tag unmittelbar vor dem triumphalen Einzug in Jerusalem stattgefunden.[8]

Doch es gibt Indizien dafür, daß Jesus schon zuvor eine Art offizieller und öffentlicher Anerkennung als Messias oder rechtmäßiger König Israels zuteil wurde. Das Ritual Johannes des Täufers im Jordan scheint dafür zu sprechen. Nach der Taufe durch Johannes besaß Jesus das Gütesiegel eines anerkannten und etablierten Propheten, eines verehrten heiligen Mannes – so wie Saul, der erste König Israels, das Gütesiegel des Propheten Samuel empfangen hatte. Wenn Johannes außerdem noch derselben Familie wie Jesus angehörte, hätte sein Gütesiegel über die zusätzliche Autorität einer königlichen Bevollmächtigung verfügt.

Eines zumindest scheint klar zu sein, nämlich die Tatsache, daß Jesus nach seiner Taufe im Jordan einen bedeutsamen Wandel durchmachte. Vor diesem Ritual war er offenbar unbekannt; jedenfalls gibt es keine Aufzeichnung irgendwelcher öffentlicher Aktivitäten, die Aufmerksamkeit erregt hätten. Nach seiner Taufe schiebt er sich jedoch plötzlich in den Vordergrund, scheut nicht davor zurück, im Mittelpunkt zu stehen, vor großen Menschenmengen zu sprechen, ins öffentliche Interesse zu rücken. Mehr noch, sein Verhalten scheint von seiner Begegnung mit Johannes am Jordan beeinflußt worden zu sein. Es ist beinahe so, als habe er etwas von dem ungestümen Zorn, den schrecklichen, apokalyptischen Drohungen, den einschüchternden Ultimaten des Johannes übernommen. Kurz, er beginnt, genau jenes Verhalten an den Tag zu legen, das seine Zeitgenossen von ihrem rechtmäßigen König wohl erwarteten. Nachdem er als der Messias anerkannt und bestätigt worden ist, handelt er wie ein Messias.

Die Wirkung des Falls von Jerusalem. Die Evangelien wurden entpolitisiert, und man übertrug die Verantwortung für die Kreuzigung Jesu von den römischen Behörden auf die Juden. Wenn wir uns mit diesem Prozeß beschäftigen, stellen wir keine Spekulationen an. Im Gegenteil, wir beziehen uns auf den Konsens der modernen unvoreingenommenen, neutestamentlichen Forschung. Und wir beziehen uns auch auf die elementare Vernunft. Warum, zum Beispiel, sollten dieselben Menschen, die sich in den Straßen drängen, um Jesus bei seinem Einzug in Jerusalem zu bejubeln, nur Tage später lautstark seinen Tod fordern? Warum sollte dieselbe Menge, die Gottes Segen für den Sohn Davids erflehte, frohlocken, daß er von den verhaßten römischen Unterdrückern gedemütigt wird? Warum – angenommen, die biblische Schilderung enthält auch nur einige richtige Angaben – sollte dieselbe Bevölkerung, die Jesus anbetete, plötzlich eine totale Kehrtwendung vollziehen und verlangen, daß ein Mann wie Barabbas (wer immer Barabbas war) auf Kosten Jesu geschont werde? Solche Fragen können nicht ignoriert werden, aber weder die Evangelien noch die spätere christliche Tradition versuchen, sie zu beantworten.

Wie wir in unserem früheren Buch erklärten und wie fast alle seriösen Bibelwissenschaftler bestätigen, wurden die Evangelien in Zusammenhang mit solchen Fragen entweder drastisch umgeschrieben, oder, was wahrscheinlicher ist, die geschilderten Ereignisse verzerrt. Diese Ereignisse müssen mindestens dreißig Jahre vor der Niederschrift stattgefunden haben, denn die Evangelien datieren aus der Periode zwischen dem jüdischen Aufstand des Jahres 66 und der Plünderung Jerusalems durch die Römer im Jahre 70. Sie stammen also aus einer

Periode gewaltsamer Umwälzungen, als Palästina vom Kriege verwüstet, die Heilige Stadt und der heiligste Schrein des jüdischen Glaubens zerstört war, alle Aufzeichnungen verstreut und die menschliche Erinnerung in Mitleidenschaft gezogen waren. Der Aufstand zwischen den Jahren 66 und 73 bildet eine Wasserscheide. Frühere Ereignisse wurden im Widerschein des Aufstands, häufig mit der Weisheit der Rückschau, abgewandelt. Für den modernen Historiker verzerrt sich jede Perspektive, denn kein Zeugnis entgeht der Färbung durch das dunkle, verräucherte Glas des Aufstandes. Aber als die Revolte im Jahre 66 in Palästina ausbrach, handelte es sich nicht um eine plötzliche oder unerwartete Begebenheit. Im Gegenteil, es hatte seit einiger Zeit im Lande geschwelt, das kommende Debakel lag in der Luft: Vor dem entscheidenden Aufstand, der den umfassenden römischen Gegenschlag auslöste, hatte es zahlreiche mißlungene Erhebungen gegeben, die bis in die Zeit Jesu – und noch weiter – zurückreichten. Seit Beginn des Jahrhunderts waren militante Gruppen immer aktiver geworden und hatten einen ausgedehnten Guerillakrieg geführt, in dessen Verlauf sie römische Nachschubtransporte überfielen, isolierte römische Truppenabteilungen angriffen, römische Garnisonen bedrängten und so viel Schaden wie möglich anrichteten.

Es gibt Hinweise auf die Verbindung Jesu mit militanten Gruppen und auf seine mutmaßliche militärische Aktivität. Sie existieren, und sie werden nicht verschwinden, wie sehr die Verfasser der Evangelien sich auch bemüht haben, sie zu tarnen – und wie peinlich sie auch für die spätere christliche Tradition sein mögen. Aber wir meinen, daß es ein Fehler wäre, solches Material aus seinem Kontext zu lösen, wie es gewisse heutige Forscher versucht haben. Es wäre ein Fehler, Jesus einfach nur als einen Freiheitskämpfer, einen Agitator, einen Revolutionär im modernen Sinne zu betrachten. Ein gewöhnlicher Freiheitskämpfer oder Revolutionär – und damals waren sehr viele von ihnen im Heiligen Land tätig – hätte vielleicht allgemeine Unterstützung für seine Aktionen gewonnen, aber er hätte nicht als Messias bejubelt werden können. Und es gibt in den Evangelien genug Fragmente – zum Beispiel die Taufe im Jordan und den triumphalen Einzug in Jerusalem –, die zeigen, daß Jesus tatsächlich den Titel trug, jedenfalls während der Jahre seines geistlichen Wirkens. Wenn er also berechtigt war, den Titel zu tragen, muß er irgendeine besondere Eigenschaft besessen haben – eine Eigenschaft, die ihn von den zahlreichen anderen Führern militärischer wie politischer Art abhob, die damals zu einem Pfahl im Fleische der Römer wurden. Um den Titel Messias zugesprochen zu erhalten und als solcher freudig von der Bevölkerung begrüßt zu werden, mußte Jesus einen legitimen Anspruch besitzen.

Im Gegensatz zu einem herkömmlichen Revolutionär muß Jesus als das gesehen werden, als was die Evangelien selbst ihn anerkennen: als Anwärter auf den Thron Davids, als rechtmäßigen König, dessen Zepter – wie das Zepter Davids – sowohl spirituelle wie weltliche Herrschaft symbolisierte. Und falls er Militärdienst geleistet haben sollte, hätte er einfach nur seine kriegerische Pflicht erfüllt, wie es von einem königlichen Befreier erwartet wurde. Bewaffneter Widerstand gegen Rom war in dem von ihm angenommenen Titel und Status inbegriffen.

3. Konstantin als Messias

Der Messias, den die Zeitgenossen Jesu erwarteten, war die Erscheinungsform eines seit langem etablierten Prinzips. Er war die spezifisch jüdische Entsprechung des heiligen Priesterkönigs. Das dieser Gestalt zugrundeliegende Prinzip war im Altertum überall zu finden – nicht nur in den klassischen Kulturen des Mittelmeers und im Nahen Osten, sondern auch bei den keltischen und teutonischen Stämmen Europas sowie in ferneren Gegenden. Das Königtum stellte unter anderem das Band zwischen dem Menschen und seinen Göttern her. Die im König gipfelnde gesellschaftliche Hierarchie sollte auf irdischer Ebene jene unveränderliche Ordnung, jenen Zusammenhalt und jene Stabilität widerspiegeln, von denen der Himmel zu zeugen schien.

Nicht selten wurde dem Priesterkönig ebenfalls ein göttlicher Status zugemessen. So vergöttlichte man zum Beispiel ägyptische Pharaonen, die als Verkörperungen von Osiris, Amon und/oder Ra galten. Auf recht ähnliche Weise erhoben römische Kaiser sich selbst zur Göttlichkeit, indem sie sich als direkte Nachkommen nicht nur von Halbgöttern wie Herkules, sondern von keinem anderen als Jupiter ausgaben. Der jüdische Glaube verbot natürlich jede Vergöttlichung des Messias. Trotzdem war er mehr als nur eine königliche Gestalt, denn er galt ebenfalls als heilig. Zwar war er selbst kein Gott, aber er hatte eine enge Verbindung mit Gott, war eine Manifestation von Gottes Gunst und Gottes Willen. Er stellte das überaus wichtige Bindeglied zwischen irdischer und himmlischer Ordnung dar.

Die Prinzipien des heiligen Königtums setzten sich bis weit in die spätere westliche Geschichte fort. Man braucht nicht zu betonen, daß sie die Doktrin des Gottesgnadentums stützten, die sich allmählich herausbildete. Sie erklären auch Phänomene wie die mittelalterliche Überzeugung, daß ein Monarch durch Handauflegen heilen könne.

Europäische Dynastien von den Merowingern bis zu den Habsburgern meinten – und ihre Untertanen teilten diese Einschätzung –, ein einzigartiges Mandat von hoch oben erhalten zu haben. Dieses Mandat wurde zwar häufig genug mißbraucht, aber es beruhte letztlich auf der Selbstlosigkeit – ursprünglich sollte das Allgemeinwohl, nicht die Autokratie gefördert werden. Strenggenommen war der König nicht mehr als ein Diener, ein Gefäß, ein Werkzeug, in dem sich der göttliche Wille manifestierte. Damit galt der König selbst als entbehrlich.

In vielen alten Kulturen wurde der König tatsächlich nach einer bestimmten Zeit rituell geopfert. Die Tötung des Königs ist eine der archaischsten und am weitesten verbreiteten Riten der frühen Zivilisation. Jesus selbst fügt sich, wenn auch mit gewissen symbolischen Abweichungen, in dieses Muster. Mehr noch: In alten Kulturen überall auf der Welt wurde der Leib des geopferten Königs zum Gegenstand eines Festmahls; sein Fleisch wurde gegessen und sein Blut getrunken. Auf diese Weise nahmen die Untertanen etwas von der Tugend und Macht ihres toten Herrschers in sich selbst auf. Ein Überrest dieser Tradition ist unleugbar im heiligen Abendmahl der Christen enthalten.

Der Kriegermessias. Im Europa der mittelalterlichen Christenheit nahmen Könige Gottesgnadentum zwar in Anspruch, doch dieses Recht wurde allein durch das

Medium der Kirche übertragen, ratifiziert und legitimiert. Vom 8. Jahrhundert an sicherte sich die Kirche die Macht, Könige zu schaffen. Mit anderen Worten, sie eignete sich eine bis dahin Gott vorbehaltene Prärogative an und etablierte sich als Gottes Sprachrohr. Den Bräuchen des Alten Testaments gemäß griff sie auf die Salbung mit Öl zurück. Wie in biblischen Zeiten wurde der König der Gesalbte, allerdings nur mit Billigung der Kirche.

Moderne Christen mögen überrascht zur Kenntnis nehmen, daß die Kirche einem weltlichen Herrscher jene anderen Attribute gewährte, welche die Zeitgenossen Jesu ihrem ersehnten Messias zuschrieben. Man kann sich zum Beispiel schwer vorstellen, daß die Kirche einen weltlichen Herrscher als vollgültigen Priesterkönig im traditionellen biblischen Sinne anerkannte. Aber genau das tat die Frühkirche für Kaiser Konstantin den Großen. Und sie pflichtete nicht nur Konstantins Darstellung seiner selbst als Messias bei, sondern sogar der Tatsache, daß er sich selbst als einen ausdrücklich kriegerischen Messias präsentierte: als Mann, der Gottes Willen mit dem Schwert durchsetzte und dessen Triumphe Zeugnis für Gottes Gunst ablegten. Mit anderen Worten, die Kirche erkannte an, daß Konstantin dort erfolgreich war, wo Jesus offenkundig versagt hatte.

Konstantin, der das Römische Reich unangefochten vom Jahre 312 bis zu seinem Tode im Jahre 337 beherrschte, wird zu Recht als Schlüsselfigur in der Geschichte und Entwicklung des Christentums angesehen. Aber die Position, von der man ihn heutzutage beurteilt, basiert auf allzu starken Vereinfachungen, die bedenklich, wenn nicht gar kurios sind. Der Populärtradition zufolge war Konstantin stets tolerant, sogar aufgeschlossen dem Christentum gegenüber – ein seinem Wesen nach guter Mann, noch bevor er endgültig erleuchtet wurde. In Wirklichkeit scheint Konstantins Haltung dem Christentum gegenüber in erster Linie von pragmatischen Überlegungen geleitet worden zu sein, denn Christen waren mittlerweile in großer Zahl im Reich vertreten und er benötigte jede erdenkliche Hilfe gegen seinen Thronrivalen Maxentius. Im Jahre 312 wurde das Heer des Maxentius in der Schlacht an der Milvischen Brücke aufgerieben und er selbst kam um, womit Konstantins Thronanspruch durchgesetzt war. Kurz vor diesem entscheidenden Kampf soll Konstantin in einer Vision – später verstärkt durch einen prophetischen Traum – ein am Himmel schwebendes leuchtendes Kreuz gesehen haben. Angeblich trug es die Inschrift: *In hoc signo vinces* (In diesem Zeichen wirst du siegen). Die Tradition besagt, daß Konstantin aus Ehrerbietung vor diesem himmlischen Zeichen die Schilde seiner Soldaten hastig mit dem christlichen Monogramm versehen ließ: den griechischen Buchstaben *chi* und *rho,* den beiden ersten des Wortes Christos. So war der Sieg Konstantins über Maxentius plötzlich zu einem wunderbaren Triumph des Christentums über das Heidentum geworden.

Aber die Überlieferung macht hier nicht halt. Sie präsentiert Konstantin auch als frommen Konvertiten zum Christentum und rechnet es ihm als Verdienst an, das Reich christianisiert und das Christentum zur offiziellen Staatsreligion von Rom gemacht zu haben. Und infolge einer Urkunde, die angeblich im 8. Jahrhundert ans Licht kam, der Konstantinischen Schenkung, meinte man, daß er einige seiner Herrschaftsrechte an den Papst übertragen habe. Diese Urkunde diente der römischen

Kirche als Beweis für ihre Prärogative, Könige zu ernennen, sowie dafür, sich selbst als weltliche Autorität zu etablieren.

Erlöser der Kirche. Wir haben bereits einige der gemeinhin mit Konstantin in Verbindung gebrachten Traditionen untersucht und uns bemüht, die historischen Fakten aus einem Morast von Halbwahrheiten und Legenden herauszulösen.[1] Dabei ergab sich ein ganz anderes Bild als das üblicherweise gezeichnete. Seitdem ist jedoch neues Material über Konstantin zutage gefördert worden, und da es dem Bild bedeutsame neue Dimensionen hinzufügt, muß es noch einmal betrachtet werden.

Es stimmt sicher, daß Konstantin der Kirche gegenüber tolerant war. Durch die Mailänder Edikte von 313 verbot er die Verfolgung aller Formen von Monotheismus im Reich. Da sich die Edikte auch auf das Christentum bezogen, wurde Konstantin praktisch zu einem Erlöser, denn er befreite die christliche Gemeinde aus jahrhundertelanger Marter durch das Imperium. Es stimmt auch, daß er der römischen Kirche ebenso wie anderen religiösen Institutionen gewisse Privilegien einräumte. Er gestattete hohen kirchlichen Würdenträgern, an der Zivilverwaltung teilzunehmen, und ebnete der Kirche dadurch den Weg für die Konsolidierung ihrer weltlichen Macht. Er schenkte dem Bischof von Rom den Lateran, der zum Ausgangspunkt aller Bemühungen wurde, die Oberherrschaft Roms über rivalisierende Zentren christlicher Autorität in Alexandria und Antiochia zu sichern. Und schließlich saß Konstantin im Jahre 325 dem Konzil von Nizäa vor. Bei diesem Konzil waren die widerstreitenden Formen des Christentums gezwungen, sich einander zu stellen und ihre Unterschiede so weit wie möglich zu überbrücken. Als Ergebnis von Nizäa wurde Rom zum offiziellen Mittelpunkt der christlichen Orthodoxie, und jede Abweichung von diesem orthodoxen Glauben galt nicht mehr als bloße Verschiedenheit von Meinung oder Interpretation, sondern als Häresie. In Nizäa wurde die Göttlichkeit Jesu – und der Charakter seiner Göttlichkeit – mit Hilfe einer Abstimmung festgelegt.

Man kann zu Recht behaupten, daß das Christentum, wie wir es heute kennen, sich eigentlich nicht aus der Zeit Jesu, sondern vom Konzil von Nizäa herleitet. Und da Nizäa in erster Linie Konstantins Schöpfung war, ist das Christentum ihm verpflichtet. Aber das ist etwas ganz anderes als die Aussage, daß Konstantin Christ gewesen sei oder das Reich christianisiert habe. In Wirklichkeit können die meisten Geschichten, die mit Konstantin in Zusammenhang gebracht werden, heute als nachweislich falsch bezeichnet werden.

Die Konstantinische Schenkung, mit deren Hilfe die Kirche im 8. Jahrhundert ihre Autorität in weltlichen Angelegenheiten durchsetzte, war, wie heute allgemein bekannt, eine offenkundige Fälschung – eine Fälschung, die man unter heutigen Verhältnissen als eindeutig kriminell betrachten würde. Sogar die Kirche gibt dies heute bereitwillig zu, wobei sie keineswegs bereit ist, viele der durch den Betrug erzielten Vergünstigungen aufzugeben.

Was Konstantins Bekehrung – wenn dies das angemessene Wort ist – betrifft, so scheint sie überhaupt keine christliche, sondern eine konventionell heidnische gewesen zu sein. Vielleicht hatte er eine Art Vision oder Traum – oder beides – auf dem Gelände eines heidnischen Tempels des gallischen Apollo, entweder in den

Vogesen oder bei Autun. Kurz vor der Schlacht an der Milvischen Brücke, in der Konstantin seinen Thronrivalen besiegte, mag es zu einem zweiten derartigen Erlebnis gekommen sein. Nach dem Bericht eines Zeugen, der Konstantins Heer damals begleitete, war es eine Vision des Sonnengottes, den gewisse Kulte unter dem Namen *Sol Invictus* (unbesiegte Sonne) verehrten. Kurz vor seiner Vision oder seinen Visionen war Konstantin in den *Sol-Invictus*-Kult aufgenommen worden, was dieses Erlebnis hinreichend erklärt. Außerdem ließ der römische Senat nach der Schlacht an der Milvischen Brücke im Kolosseum einen Triumphbogen errichten, laut dessen Inschrift Konstantins Sieg »durch das Eingreifen der Gottheit« zustande gekommen war. Aber diese Gottheit war nicht Jesus, sondern *Sol Invictus*, der heidnische Sonnengott.[2]

Entgegen der Überlieferung machte Konstantin das Christentum nicht zur offiziellen Religion in seinem Reich. Wenn Rom überhaupt so etwas wie eine Staatsreligion hatte, dann die heidnische Sonnenanbetung, deren Oberpriester Konstantin zeit seines Lebens war. Seine Zeitgenossen bejubelten seine Herrschaft sogar als ein Sonnenkaiserreich, und *Sol Invictus* war überall zu finden – auch auf den Reichsbannern und -münzen. Das Bild Konstantins als eines inbrünstigen Konvertiten zum Christentum ist eindeutig falsch. Er selbst wurde nicht einmal getauft, bevor er auf dem Sterbebett lag. Auch das Chi-Rho-Monogramm ist nicht seine Erfindung. Eine Inschrift mit diesem Zeichen wurde auf einem Grabmal in Pompeji gefunden, das im Jahre 79 verschüttet wurde.[3]

Der Kult des *Sol Invictus* war syrischen Ursprungs und wurde schon ein Jahrhundert vor Konstantin in Rom eingeführt. Er enthielt zwar Elemente des Baal- sowie des Astartekults, war jedoch im wesentlichen monotheistisch, da er den Sonnengott mit sämtlichen Attributen aller anderen Götter ausstattete, so daß in ihm alle potentiellen Rivalen vereinigt waren. Kurz gesagt, sie alle konnten ohne allzu große Reibereien in ihm untergebracht werden.

Für Konstantin war der Kult des *Sol Invictus* ganz einfach zweckdienlich. Sein Hauptziel, das er geradezu besessen verfolgte, hieß Einheit: Einheit der Politik, der Religion und des Territoriums. Eine Staatsreligion, die alle anderen Kulte einschloß, konnte für die erstrebte Einheit nur günstig sein, und so kam es, daß das Christentum sozusagen unter der Ägide des heidnischen *Sol-Invictus*-Kults zu blühen begann. Die christliche Lehre, wie sie damals durch Rom verbreitet wurde, hatte ohnehin einiges mit dem *Sol-Invictus*-Kult gemeinsam. Der Kult bereitete dem Monotheismus des Christentums den Weg. Gleichzeitig aber hatte die Frühkirche keine Bedenken, ihre eigenen Grundsätze und Dogmen zu modifizieren, um die ihr gebotene Gelegenheit zu nutzen. Zum Beispiel verfügte Konstantin 321 die Schließung der Gerichte am »verehrungswürdigen Tag der Sonne« und erklärte ihn zum Ruhetag. Bis dahin hatte das Christentum den jüdischen Sabbat, den Sonnabend, geheiligt. Die Christen paßten sich an und verlegten ihren geheiligten Tag auf den Sonntag. Damit lösten sie sich nicht nur stärker von ihren jüdischen Ursprüngen, sondern lieferten gleichzeitig auch den Beweis für ihre Staatstreue. Ein weiteres Beispiel: Bis zum 4. Jahrhundert war der Geburtstag Jesu am 6. Januar gefeiert worden; für den *Sol-Invictus*-Kult jedoch war der 25. Dezember der wichtigste Tag des Jahres – das Fest der Geburt (oder Wiedergeburt) der Sonne, wenn die Tage länger zu werden beginnen. Auch in dieser Hinsicht fiel es dem Christentum nicht schwer, sich der herrschenden Meinung anzupassen. Von der Staatsreligion stahl es ebenfalls gewisse Beigaben; so wurde die Lichtaureole, die das Haupt des Sonnengottes krönt, zum christlichen Heiligenschein.

Der *Sol-Invictus*-Kult ähnelte stark dem des Mithras, einem Überrest der alten zoroastrischen Religion, die aus Persien importiert worden war. Die Ähnlichkeit war so groß, daß die beiden Kulte häufig miteinander verwechselt wurden. Beide verehrten die Sonne, beiden war der Sonntag heilig, und beide feierten am 25. Dezember ein großes Geburtsfest. Und da der Mithraskult außerdem die Unsterblichkeit der Seele, ein jüngstes Gericht sowie die Auferstehung von den Toten lehrte, ließen sich um so mehr Parallelen zum Christentum ziehen. Das Christentum, das sich zu Konstantins Zeit herausbildete und Gestalt annahm, war eigentlich eine Mischung, die bedeutsame, vom Mithras- und vom Sonnenkult abgeleitete Gedankenstränge enthielt. Das Christentum, so wie wir es heute kennen, steht in mancher Hinsicht jenen heidnischen Glaubenssystemen näher als seinen eigenen jüdischen Ursprüngen.

In seinem Streben nach Einheit ließ Konstantin ganz bewußt die Grenzen zwischen Christentum, Mithras- und *Sol-Invictus*-Kult verschwimmen. Er tolerierte den vergöttlichten Jesus als irdische Manifestation des *Sol Invictus*. Er ließ gleichzeitig eine christliche Basilika in Konstantinopel und Statuen der Muttergöttin Kybele und des *Sol Invictus* errichten. Letzere trug seine eigenen Gesichtszüge. In solchen eklektischen und ökumenischen Gesten ist die Betonung der Einheit wiederum offensichtlich. In Konstantins Augen war der Glaube eine politische Angelegenheit. Und jeder Glaube, der der Einheit nützte, wurde toleriert.

Doch Konstantin war nicht einfach ein Zyniker. Wie viele soldatische Herrscher seiner Zeit, scheint er sowohl ein abergläubischer wie auch ein mit einem sehr realen Sinn für das Heilige ausgestatteter Mann gewesen zu sein. In seinen Beziehungen zum Göttlichen war er offenbar vorsichtig, eine Art Atheist, der auf dem Sterbebett die Sakramente empfängt. Dies bewog ihn, alle Gottheiten, die er in seinem Herrschaftsgebiet sanktionierte, recht ernst zu nehmen, alle günstig zu stimmen, allen ein gewisses Maß an echter Verehrung zuteil werden zu lassen. Wenn sein persönlicher Gott *Sol Invictus* war und wenn seine offizielle Haltung dem Christentum gegenüber von Berechnung und dem Bestreben nach Einheit innerhalb des Reiches diktiert wurde, so bleibt doch die Tatsache bestehen, daß Konstantin dem Gott der Christen eine einzigartige Achtung – eine Achtung ganz neuen Charakters – erwies.

Einer langen Tradition zufolge behaupteten römische Kaiser, von den Göttern abzustammen, um auf dieser Grundlage für sich selbst Göttlichkeit zu beanspruchen. So hatte Diokletian seine Herkunft von Jupiter, Maximilian seinen Stammbaum von Herkules hergeleitet. Für Konstantin war es vorteilhaft – besonders nachdem er dem Christentum ein Mandat in seinem Herrschaftsgebiet eingeräumt hatte –, eine neue Bestätigung aus der heiligen Sphäre zu erlangen. Dies war um so wichtiger, als er in gewissem Sinne ein Usurpator war: Er hatte einen Nachkommen des Herkules gestürzt und benötigte die Unterstützung irgendeines rivalisierenden Gottes, um seine eigene Legitimität zu beweisen. Auf seiner Suche nach einem Gott als Schirmherrn oder Gönner wandte Konstantin sich – zumindest nominell – dem Gott der Christen zu. Er wandte sich nicht, wie betont werden muß, Jesus zu. Die Gottheit, die Konstantin anerkannte, war Gott der Vater, welcher in jenen Tagen vor dem Konzil in Nizäa nicht mit dem Sohn identisch war. Konstantins Beziehung zu Jesus war viel zwiespältiger – und sehr aufschlußreich.

Die Leugnung Jesu. Im Jahre 1982 erschien ein wichtiges neues Buch zu diesem Thema: *Constantine versus Christ* (Konstantin gegen Christus) von Alistair Kee, Theologiedozent an der Universität Glasgow. Kee stellt recht überzeugend fest, daß Jesus in der Religion Konstantins nicht die geringste Rolle spielte. Konstantin wählte den Gott der Christen – Gott den Vater – zu seinem offiziellen Schutzherrn und ignorierte den Sohn völlig. Für Konstantin war Gott der Vater natürlich nicht mehr als eine neue Bezeichnung für *Sol Invictus,* den Sonnengott, dem schon seine persönliche Treue galt.

Aber während Konstantin Jesus ignorierte, erkannte er unzweifelhaft die Messiasidee an – mehr noch, er selbst übernahm die Rolle des Gesalbten. Für Konstantin war der Messias genau das, was er für die Juden in Palästina bei Anbruch der christlichen Ära gewesen war: ein Herrscher, ein Souverän, ein oberster Krieger wie David und Salomon, der ein weltliches Reich weise regierte, Einheit in seinen Gebieten herstellte, mit göttlicher Billigung eine Nation und ein Volk konsolidierte. In Konstantins Augen hatte Jesus anscheinend versucht, all dies zu erreichen. Und Konstantin meinte, allerdings erfolgreicher, in Jesu Fußstapfen zu treten. Kee schreibt: »Die Religion Konstantins führt uns zurück in den Rahmen des Alten

Testaments. Es ist, als habe sich die Religion Abrahams ... endlich erfüllt – nicht in Jesus, sondern in Konstantin.«[4] Und weiter: »Konstantin war seinerzeit die Erfüllung des göttlichen Versprechens, einen König wie David zur Rettung seines Volkes zu entsenden. Dieses Modell – so stark und so vorchristlich – beschreibt Konstantins Rolle am besten.«[5]

Konstantins Haltung war für einen im Grunde heidnischen Machthaber von kriegerischem Naturell nicht erstaunlich. Bedeutsam ist, wie Kee hervorhebt, daß die römische Kirche die Rolle billigte, die Konstantin sich aneignete. Die damalige römische Kirche war durchaus bereit, Konstantins Einschätzung seiner selbst als eines echten Messias – und eines erfolgreicheren Messias als Jesus – beizupflichten. Sie war auch bereit einzuräumen, daß der Messias kein friedfertiger, vergeistigter, lammfrommer Erlöser sei, sondern ein gerechter und grimmiger König, ein politischer und militärischer Führer, der nicht irgendein nebulöses himmlisches Königreich regierte, sondern einen sehr realen irdischen Staat. Kurz, die Kirche sah in Konstantin genau das, was die Messiasidee für Jesus und seine Zeitgenossen bedeutet haben wird. Zum Beispiel sagt Eusebius, Bischof von Caesarea, eine der führenden theologischen Gestalten seiner Zeit und ein enger persönlicher Mitarbeiter des Kaisers: »Er wird stark in seinem Modell der monarchischen Regierung, die der Beherrscher des Alls von denen auf der Erde allein dem Geschlecht des Menschen gegeben hat.«[6] Eusebius äußert sich sehr klar und nachdrücklich über die Bedeutung der Monarchie: »Die Monarchie übertrifft alle Arten der Verfassung und Regierung. Denn Anarchie und Bürgerkrieg ergeben sich aus der Alternative einer auf Gleichheit beruhenden

Polyarchie. Aus welchem Grunde es Einen Gott gibt, nicht zwei oder drei oder noch mehr.«[7]

Aber Eusebius geht noch viel weiter. In einer persönlichen Adresse an den Imperator erklärt er, Konstantin sei die Inkarnation des Logos. Er schreibt Konstantin einen Status und eine Tugend zu, die theoretisch nur Jesus vorbehalten sein soll: ». . . gottesfürchtigster Souverän, dem allein von denen, die seit dem Beginn der Zeit hiergewesen sind, der Universale Alles Beherrschende Gott selbst Macht verliehen hat, menschliches Leben zu läutern.«[8]

Kee kommentiert diese Erklärung des Eusebius folgendermaßen: »Seit Beginn der Welt hat *allein* Konstantin die Macht der Erlösung empfangen. Christus wird beiseite geschoben, Christus wird ausgeschlossen, und nun wird Christus formell geleugnet.«[9] An anderer Stelle: »Konstantin steht nun allein als Erlöser der Welt da. Der Schauplatz ist das 4. Jahrhundert, nicht das erste. Die Welt, spirituell und materiell, war vor Konstantin nicht gerettet worden.«[10]

Alistair Kee betont, daß es nicht die geringste Erwähnung Jesu gibt. Die Folgerungen sind unvermeidlich: ». . . es ist klar, daß Leben und Tod Christi in diesem Plan der Dinge unwirksam sind . . . die Erlösung der Welt wird jetzt von den Ereignissen im Leben Konstantins weitergeführt, symbolisiert durch *sein* Rettungszeichen.«[11]

Die endgültige Vernichtung des historischen Jesus. Weshalb bezog die römische Kirche zu Konstantins Zeit einen theologisch so skandalösen Standpunkt? Über fast dreihundert Jahre hinweg hatten Christen der Macht des Imperiums getrotzt, hatten sich standhaft geweigert, ihre

Überzeugung preiszugeben, hatten sich zu Märtyrern machen lassen und Trost in der Aussicht auf größere Herrlichkeit im Himmel gefunden. Warum sollten sie nun bereit sein, genau die imperiale Autorität als Messias anzuerkennen, die Jesus drei Jahrhunderte zuvor gekreuzigt hatte – und die Rebellen gegen den Staat weiterhin durch Kreuzigung hinrichtete?

Wenigstens eine Antwort liegt auf der Hand: Die Kirche bestand schließlich aus Menschen, die in der Vergangenheit grausam für ihren Glauben gelitten hatten. Nun bot sich ihnen die Möglichkeit, akzeptiert zu werden, Ansehen und einen offiziellen Platz in der Gesellschaftsstruktur zu erringen – im Austausch gegen einige Kompromisse und Lockerungen des Dogmas. Es wäre schwierig gewesen, den Handel auszuschlagen. Nach langer Verfolgung schien die Aussicht nicht nur auf eine Atempause, sondern auch auf Macht solche Konzessionen eindeutig zu rechtfertigen.

Die Position der Kirche mag noch von einem weiteren, subtileren Motiv beeinflußt worden sein. Eine weltliche Macht wie die Konstantins konnte, in Union mit der Orthodoxie der damaligen Zeit, ein wirksames Bollwerk gegen jeden Versuch der wahren Erben Jesu gewesen sein, die ihren Anspruch durchzusetzen suchten. Wenn unsere Hypothese zutrifft, daß Jesus verheiratet war und Kinder hatte, oder wenn man sie damals für wahr hielt, würde dies viel dazu beitragen, den Handel zwischen Konstantin und der römischen Kirche zu erklären. Die Existenz eines direkten Nachkommens Jesu oder seiner Familie irgendwo innerhalb des Reiches oder an dessen Peripherie nämlich hätte eine Bedrohung für die sich herausbildende Kirchenhierarchie, die Verkünderin eines spezifisch paulinischen Christentums, dargestellt. Und die beste Verteidigung gegen einen neuen davidischen Messias und seine Legionen wäre ein etablierter Messias, der das Imperium bereits beherrschte: ein propaulinischer Messias, der die Ansprüche jüdischer Rivalen praktisch bereits ausgeräumt hatte.

Trotzdem ist es außergewöhnlich, daß die römische Kirche sich – erstens – mit Konstantins totaler Gleichgültigkeit Jesus gegenüber abfindet, daß sie sich – zweitens – Konstantins Übernahme der Messiasrolle fügt und daß sie – drittens – die Definition der Messiasidee hinnimmt, wie Konstantin sie verkörpert, nämlich als militärische und politische Gestalt. Andererseits war dies vielleicht im 4. Jahrhundert nicht so ungewöhnlich. Vielleicht war ein solches Verhalten im 4. Jahrhundert nicht so unvereinbar mit dem christlichen Glauben, wie es heute erscheinen mag. Vielleicht begriffen die Christen im 4. Jahrhundert viel deutlicher als ihre modernen Nachfahren, wie sehr ein solches Verhalten den historischen Fakten entsprach.

Zu Konstantins Zeit war die christliche Überlieferung noch nicht zu einem unveränderlichen Dogma geworden. Viele Dokumente, die später verlorengingen oder vernichtet wurden, waren noch intakt und im Umlauf. Alternative Interpretationen waren noch weit verbreitet, und der historische Jesus war noch nicht völlig unter der Last späterer Zusätze verschwunden. Die Kirche des 4. Jahrhunderts hätte fast mit Sicherheit das wehmütige und widerwillige Geständnis abgelegt, Konstantin sei ein Messias, der dort Erfolg hatte, wo Jesus gescheitert war. Sie hätte auch eingestanden, der Messias, wie er von Konstantin *und* Jesus repräsentiert wurde, sei tatsächlich eine militärische und politische Gestalt – kein Gott, sondern ein König mit dem Auftrag zu herrschen.

Man muß sich vergegenwärtigen, daß keine vollständige Version des Neuen Testaments überkommen ist, die aus der Zeit vor Konstantins Regierung stammt. Das Neue Testament, wie wir es heute kennen, ist weitgehend ein Ergebnis Nizäas und anderer Kirchenkonzile derselben Epoche. Aber die Kirchenväter, die das jetzige Neue Testament zusammenstellten, kannten andere, frühere, historisch zuverlässigere Versionen und hatten zu ihnen Zugang. Diese Versionen waren noch nicht offiziell als unkanonisch erklärt worden.

Doch sogar das Neue Testament in seiner heutigen Form zeigt Jesus, wenn man es gründlich betrachtet, als einen militärischen und politischen Messias – mit anderen Worten, als einen potentiellen Vorläufer Konstantins. Es lohnt sich, einen Teil dieses Materials zu prüfen.

4. Jesus als Freiheitskämpfer

Die spätere christliche Tradition hat das Bild eines bescheidenen, sanften Erlösers hervorgehoben, der Gewalt scheut und die Menschen auffordert, auch die andere Wange hinzuhalten. Wie wir jedoch gesehen haben, war der Messias – für Konstantin und die römische Kirche des 4. Jahrhunderts sowie für Jesus und seine Zeitgenossen – eine ganz andere Gestalt: ein unnachgiebiger, kriegerischer Führer und Befreier, durchaus bereit, sein Recht durchzusetzen und, wenn nötig, mit Gewalt gegen seine Feinde vorzugehen. Die Evangelien selbst liefern eine ziemlich solide Grundlage für ein solches Messiasbild.

Im Jahre 6, kurz nach dem Tode des Herodes, wurde Judäa annektiert und dem Römischen Reich als von einem

Statthalter regierte Provinz einverleibt, mit der Hauptstadt Caesarea. Man ordnete einen Zensus zum Zweck der Steuereinschätzung an. Der damalige jüdische Hohepriester ging darauf ein und forderte die Bevölkerung zum Gehorsam auf. Doch fast sofort entbrannte starker nationalistischer Widerstand, der von einem ungestümen Propheten in den Hügeln von Galiläa geleitet wurde. Dieser Mann ist der Geschichte als Judas der Galiläer oder Judas aus Gamala bekannt. Es wird angenommen, daß er recht früh während der ausgedehnten Guerillatätigkeit umkam, die er gegen Rom angezettelt hatte. Aber die von ihm geschaffene Bewegung überlebte ihn, und ihre Angehörigen wurden als Zeloten bekannt. Anscheinend war es Josephus – er schrieb wenigstens ein Dreivierteljahrhundert später, zwischen den Jahren 75 und 94 –, der diesen Begriff zum erstenmal benutzte. Laut Josephus erhielten die Zeloten (griech. *zēlos:* Eifer) ihren Namen, weil sie »eifrig in guten Taten« waren. Während der Jahre ihrer Aktivitäten wurden sie jedoch häufig als Sikarier (Dolchmänner, abgeleitet von *sica,* einem kleinen geschwungenen Dolch, den die Zeloten für politische Morde bevorzugten) und als *lestai* (Banditen) bezeichnet.

Man muß unterstreichen, daß die Zeloten keine religiöse Sekte oder Konfession darstellten. Sie waren keine Unterabteilung des Judaismus, welche die eine oder andere theologische Position verfocht. Mit anderen Worten, sie unterschieden sich von Sadduzäern, Pharisäern oder Essenern. Alle drei mochten sie mit Männern, Geld und Material unterstützt haben, aber die Zeloten selbst waren im wesentlichen politisch orientiert. Ihre Position schien eindeutig: Rom war der Feind. Kein Jude sollte Tribut an Rom zahlen. Kein Jude sollte den römischen

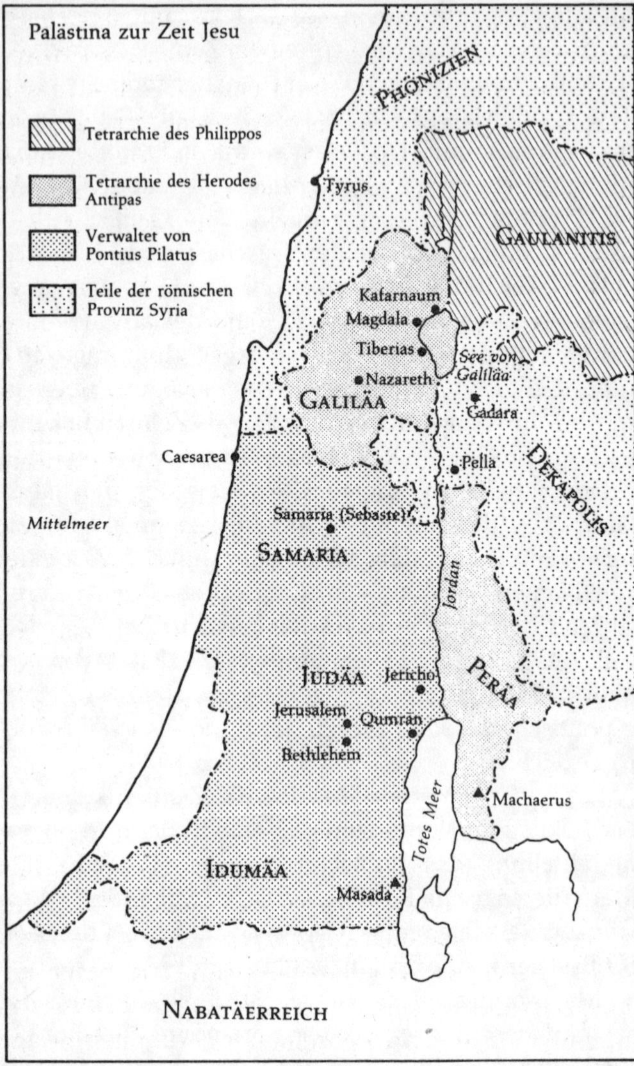
Palästina zur Zeit Jesu
Tetrarchie des Philippos
Tetrarchie des Herodes Antipas
Verwaltet von Pontius Pilatus
Teile der römischen Provinz Syria
Phönizien
Tyrus
Gaulanitis
Kafarnaum
Magdala
Tiberias
See von Galiläa
Nazareth
Galiläa
Gadara
Caesarea
Pella
Dekapolis
Samaria (Sebaste)
Mittelmeer
Samaria
Jordan
Judäa
Jericho
Peräa
Jerusalem
Qumran
Bethlehem
Machaerus
Totes Meer
Idumäa
Masada
Nabatäerreich

Kaiser als seinen Herrn anerkennen. Es gab keinen anderen Herrn als Gott. Gott hatte Israel mit einem einzigartigen Geburtsrecht bedacht und einen Bund mit David und Salomon geschlossen. Die patriotische (und religiöse) Pflicht jedes Juden bestand darin, für die Wiederherstellung dieses Geburtsrechtes, dieses Bundes zu kämpfen – für die Wiedereinsetzung eines rechtmäßigen Herrschers über das Königreich Israel.

Diese Ziele rechtfertigten jedes Mittel. Wenn die Umstände es zuließen, führten die Zeloten großangelegte konventionelle Militäroperationen durch. Zu anderen Zeiten bestritten sie einen unablässigen Guerillakrieg, griffen isolierte römische Garnisonen an, überfielen Transporte, unterbrachen Nachschublinien. Sie schreckten nicht vor Mord zurück und benutzten, soweit der damalige Stand der Technologie es zuließ, Methoden, die man heute mit Terrorismus in Verbindung bringen würde. Sie gingen oft brutal vor und legten jene Furchtlosigkeit an den Tag, derer nur Fanatiker fähig sind. Josephus schreibt: »Sie unterziehen sich auch jeder möglichen Todesart und machen sich selbst nichts aus dem Morde ihrer Verwandten und Freunde, wenn sie nur keinen Menschen als Herrn anzuerkennen brauchen.«[1]

Aufgrund des spärlichen überkommenen Materials läßt sich die Führerschaft der Zeloten als eine ausgeprägt dynastisch orientierte charakterisieren. Zwei der Söhne von Judas dem Galiläer kamen um, nachdem sie selbst Befehlshaber der Zeloten geworden waren. Ein weiterer Sohn – oder vielleicht ein Enkel – war für die Eroberung der Bergfeste Masada am Anfang des Aufstandes im Jahre 66 verantwortlich. Und während der berühmten Belagerung von Masada, die erst im Jahre 73 endete, wurde die Garnison der Zitadelle von einem Mann namens Eleazar befehligt, der ebenfalls von Judas dem Galiläer abstammte. Leider gibt es zu wenig verläßliche Aufzeichnungen, mit deren Hilfe sich nachweisen ließe, wie zentralisiert die Macht dieser Familie über alle Zelotenabteilungen im ganzen Heiligen Land war. Man kann nicht ermessen, ob die Aktivität der Zeloten von einem einzigen Hauptquartier ausging oder ob eine Vielzahl von Gruppen unabhängig voneinander operierte. Jedenfalls scheinen die Familie und die Nachkommen von Judas dem Galiläer mit vielen der ehrgeizigeren, besser koordinierten und professionelleren Aktivitäten der Zeloten zu tun gehabt zu haben.

Jesus bei den Zeloten. Seit Jahrhunderten sind Theologen und Bibelwissenschaftler von Übersetzungsproblemen – oder, genauer gesagt: Falschübersetzungen – geplagt worden. Wenn ein Name, ein Wort, eine Wendung, ein Satz, eine Erklärung von gesprochenem Hebräisch oder Aramäisch ins geschriebene Griechisch, ins geschriebene Latein und dann in die eine oder andere moderne Sprache gelangt sind, haben sie häufig nicht mehr das geringste mit der ursprünglichen Bedeutung zu tun. Wir haben bereits die Entstellung von »Jesus der Nazoräer« zu »Jesus von Nazareth« erwähnt. Ein ähnlicher Prozeß der Verballhornung ist bei einer Reihe anderer neutestamentlicher Namen, darunter auch des Namens Jesu, zu beobachten. Jesus ist, daran sei erinnert, kein jüdischer, sondern ein griechischer Name. Bei seinem eigenen Volk muß Jesus Jesua genannt worden sein, was dem vertrauten biblischen Josua entspricht.

Wir sind schon in unserer ersten Arbeit auf Simon Zelotes eingegangen, der im Lukasevangelium und in der Apostelgeschichte auftritt. Simon Zelotes ist ganz eindeutig Simon der Zelot. In einigen neueren Übersetzungen des Neuen Testaments wird er auch so genannt, was sogar Laien verdeutlicht, daß Jesus wenigstens einen Zeloten – einen politischen Extremisten – zu seinen unmittelbaren Gefolgsleuten zählte. Daß dies immer noch eine Quelle des Ärgernisses ist, läßt sich an der *New English Bible* erkennen, in der Simon mit beschönigender Vorsicht als Simon der Patriot vorgestellt wird.

Aber mit welchen Umschreibungen man ihn auch bedenkt, Simon scheint aufdringlicher zu sein, als es manchen Übersetzern lieb ist. Zum Beispiel ist im Matthäus- und im Markusevangelium der englischen *Authorised Version* von 1611 die Rede von Simon Kananäus. Doch während der Beiname Kananäus rund zweitausend Jahre zuvor, zur Zeit des Alten Testaments, vielleicht noch etwas bedeutet hatte, ist er im Rahmen des Neuen Testaments völlig inhaltsleer. Wiederum ist es zu einer Verballhornung gekommen: Das aramäische Wort für Zelot war *qannai*, das als *kananaios* ins Griechische übersetzt wurde. Simon Kananäus ist also identisch mit Simon Zelotes oder Simon dem Zeloten, der bei Matthäus und Markus unter der ersteren, bei Lukas und in der Apostelgeschichte unter der letzteren Bezeichnung zu finden ist.

Im Johannesevangelium tritt noch ein weiterer Simon auf: Simon Bar Jonas. Man hält ihn gemeinhin für Simon, Sohn von Jonas, obwohl der Vater des Mannes an anderer Stelle als Zebedäus identifiziert ist. Bar Jonas ist wiederum eine Falschübersetzung des aramäischen Wortes *barjonna*, das, wie *kananaios*, einen Geächteten, Anarchisten oder Zeloten beschreibt. Es scheint klar, daß wir es wieder mit derselben Person zu tun haben, deren militanten Nationalismus man zweckmäßigerweise tarnen wollte.

Von allen Simons des Neuen Testaments ist der wichtigste unzweifelhaft Simon Petrus, der berühmteste unter den Jüngern Jesu und derjenige, den Jesus angeblich zum Gründer seiner Kirche machte. Die Evangelien selbst verdeutlichen, daß er nicht Simon Petrus, sondern Simon *genannt* Petrus ist. Petrus (Fels) ist nur ein Beiname, der die Härte seines Trägers bezeichnet. Wenn Petrus also ein »harter Bursche« ist, weshalb sollte man ihn dann nicht mit dem als Simon Zelotes oder Simon Kananäus bekannten ungestümen Individuum gleichsetzen können, das heißt mit Simon dem Zeloten? Wenn der bedeutendste Jünger Jesu, der Mann, den er angeblich zum Gründer seiner Kirche machte, ein Zelot war, dann ergeben sich äußerst interessante Schlußfolgerungen.

Noch ein Stück des Puzzles muß eingefügt werden. Im Johannesevangelium erscheint Judas als Sohn des Simon, in den synoptischen Evangelien dagegen heißt er Judas Ischarioth. Von den griechischen Bezeichnungen verwirrte Bibelkommentatoren glaubten jahrhundertelang, daß Judas Ischarioth für Judas von Karioth stehe. Aber der inzwischen verstorbene Professor S. G. F. Brandon von der Universität Manchester hat überzeugend nachgewiesen, daß Judas Ischarioth wahrscheinlich eine Verballhornung von Judas der Sikarier – oder Judas der Zelot – war.[2]

Ein militanter Jesus. Wenn Männer wie Simon der Zelot und Judas der Sikarier zu den Jüngern Jesu gehörten, dann können seine Gefolgsleute schwerlich so sanft und friedfertig gewesen sein, wie die spätere Überlieferung berichtet. Im Gegenteil, man muß annehmen, daß sie in genau die politischen und militärischen Aktivitäten verwickelt waren, von denen Jesus durch die spätere Tradition abgerückt wird. Doch die Evangelien bestätigen, daß

Jesus und seine Anhänger – den an den Messias gerichteten Erwartungen entsprechend – militante Nationalisten waren, die vor Gewalt nicht zurückschreckten.

Wir brauchen hier nicht auf die Kreuzigung einzugehen, sondern es genügt festzustellen, daß Jesus, wie immer seine Verbindung zu den Zeloten ausgesehen haben mag, von den Römern unzweifelhaft als politischer Revolutionär gekreuzigt wurde.[3] Diese Tatsache wird von dem römischen Chronisten Tacitus festgehalten und ist somit die einzige sichere Aussage über Jesus, die aus einer nichtbiblischen, jedoch zeitgenössischen Quelle stammt.[4] Es steht außer Frage, daß die Römer Jesus als militärische und politische Gestalt einschätzten und genau dieser Einschätzung gemäß mit ihm verfuhren. Die Kreuzigung war eine Strafe, die für Vergehen gegen das römische Gesetz ausgesprochen wurde, und Rom hätte sich nicht die Mühe gemacht, einen Mann zu kreuzigen, der eine rein geistliche Botschaft oder eine Botschaft des Friedens predigte. Jesus wurde nicht vom jüdischen Sanhedrin exekutiert – dieser konnte, wenn er die Erlaubnis hatte, einen Mann, der das jüdische Gesetz gebrochen hatte, zu Tode steinigen lassen[5] –, sondern von der römischen Verwaltung. Und die beiden Männer, die man angeblich zur gleichen Zeit kreuzigte, werden ausdrücklich als *lestai*, Zeloten, beschrieben. Sie sind, ungeachtet der Überlieferung, keine gewöhnlichen Verbrecher, sondern politische Revolutionäre – oder Freiheitskämpfer.

Jesus selbst zeigt in den Evangelien einen aggressiven Militarismus, der mit den konventionellen Vorstellungen durchaus nicht übereinstimmt. Jeder kennt die berühmte und peinliche Passage, in der er verkündet, daß er nicht gekommen sei, Frieden zu bringen, sondern das Schwert. Im Lukasevangelium befiehlt er denjenigen seiner

Gefolgsleute, die kein Schwert besitzen, eines zu erwerben, selbst wenn sie ihre Kleidung verkaufen müßten (Lk 22,36). Als Jesus im Garten Gethsemane verhaftet wird, hat wenigstens einer seiner Jünger ein Schwert bei sich und schlägt einem Knecht des Hohenpriesters damit das Ohr ab; im Johannesevangelium wird der Mann mit dem Schwert als Simon Petrus identifiziert. Es ist schwierig, solche Hinweise mit der traditionellen Vorstellung vom sanften, pazifistischen Erlöser in Einklang zu bringen.

Wir haben den triumphalen Einzug Jesu in Jerusalem schon erwähnt; er reitet auf einem Esel und wird von einer Menge empfangen, die Palmenzweige schwenkt, Mäntel auf der Straße vor ihm ausbreitet und Segnungen für den Sohn Davids, den rechtmäßigen König, erfleht. Dieses Ereignis war von dem Propheten Sacharja vorausgesagt worden. Die Tatsache, daß Jesus einen seit langem prophezeiten und den vom rechtmäßigen Messias erwarteten Akt vollführte, macht deutlich, daß er keineswegs an mangelndem Selbstvertrauen litt. Er inszeniert ganz unverfroren ein öffentliches Schauspiel, dessentwegen er, wie er wußte, entweder als Emporkömmling und Lästerer abgestempelt oder als genau das anerkannt werden würde, was er zu sein behauptete. Bedeutsamerweise wird er anerkannt, und zwar von einer Bevölkerung, die die Symbolik seiner Handlung durchschaut; selbst die skeptischeren Vertreter der modernen Forschung betrachten dieses Ereignis in den Evangelien als authentisch. Aber wie konnte eine solche Handlung nicht voller politischer Andeutungen und Konsequenzen sein? Es ist ein Akt der ausdrücklichen Herausforderung an Rom, ein Akt bewußter, militanter Provokation. Der Messias wird als Befreier angesehen.

Etwas später wird in den Evangelien klar, daß Jesu

Einzug in Jerusalem wirklich voller politischer Konsequenzen war. Das Alte Testament hatte das Erscheinen des Messias auf einem Esel prophezeit, und es hatte zudem Präzedenzfälle für die Reinigung des Tempels genannt.[6] Jesus hält sich hier, als er die Tische der Geldwechsler umstößt, genau an die Prophezeiung. Gewalt war dabei nicht zu vermeiden. Geldwechsler, Zuschauer, Jesu Anhänger – sie alle dürften nicht müßig dabeigestanden sein, in theologische Debatten vertieft, während Münzen herumrollten. Berücksichtigt man, welche Rolle Tempel wie Geldwechsler spielten, liegt der Schluß nahe, die Handlung Jesu habe zu einem wilden Tumult geführt. Und Jesu selbst dürfte nichts anderes erwartet haben. Wiederum ist er auf Konfrontation aus, zielt bewußt ab auf eine Herausforderung der etablierten Autorität.

In diesen beiden bekannten Fällen – vielleicht den beiden öffentlichsten Handlungen seiner Laufbahn – verhält Jesus sich so, daß Gewalt provoziert werden muß. In diesen beiden Fällen kamen die Evangelien einer Porträtierung des historischen Jesus wahrscheinlich am nächsten – eines Mannes, der in aller Offenheit ein spektakuläres Schauspiel inszeniert, um seinen Anspruch, er sei der verheißene und rechtmäßige Messias Israels, zu bekräftigen. Dieses Schauspiel ist kalkulierte Provokation, verrät die Anerkennung von Gewalt. Außerdem beweisen beide Ereignisse, daß Jesus über eine beachtliche Gefolgschaft verfügte, also über weit mehr als die zwölf Jünger.

Verballhornungen in aufeinanderfolgenden Übersetzungen tendieren dazu, nicht nur Namen unkenntlich zu machen. Ob zufällig oder absichtlich, sie haben auch dazu beigetragen, historische Angaben von erheblicher Bedeutung zu verschleiern. Ein einziges Wort kann eine Fülle von historischen Hintergrundinformationen vermitteln, und wenn der Sinn eines solchen Wortes geändert wird, geht der von ihm mitgelieferte Aufschluß verloren. Eines der frappierendsten Beispiele finden wir in dem Bericht von Jesu Gefangennahme im Garten Gethsemane. Alles dreht sich um die simple Frage: Wie viele Männer tauchten auf, Jesus im Garten zu verhaften? Wir haben diese Frage in Gesprächen und Vorlesungen oft gestellt, und die Antworten sind recht einheitlich. Die meisten Menschen haben ein Bild der Szene von Gethsemane vor ihrem inneren Auge; dieses Bild ist geprägt von der Darstellung durch die Evangelien wie durch die Überlieferung. Man meint, daß zwischen zehn und dreißig Männer an der Gefangennahme Jesu beteiligt waren: ein oder zwei jüdische Amtsträger, einige Vertreter des Hohenpriesters, vermutlich eine Abteilung der Tempelwache, vielleicht einige römische Offiziere und vielleicht sogar eine kleine Einheit der Truppen des Pilatus. Warum neigen die meisten (englischsprachigen) Leser dazu, an zehn bis dreißig Männer zu denken? Zweifellos deshalb, weil die Wendung in der *Authorised Version* – eine Schar von Männern – nicht spezifisch ist. Sogar in neueren Bibelübersetzungen ist von einer Anzahl Männer die Rede, und eine Schar oder eine Anzahl legt tatsächlich den Gedanken an nicht viel mehr als dreißig Männer nahe.

Aber katholische Leser haben nichts mit der *Authorised Version* des neuen Testaments zu tun. Das strenge katholische Dogma besagt, unter Androhung von Strafe, daß die *Vulgata* zu lesen sei. Hier und in einigen moderneren Übersetzungen ist die Bezeichnung derjenigen, die Jesus gefangennehmen, richtig – und weit präziser – übersetzt. Man erfährt, daß Jesus im Garten Gethsemane nicht von einer unbestimmten Anzahl Männer, sondern von einer Kohorte verhaftet wurde.[7] Handelt es sich hier um eine kleine Abweichung, oder ist dieser Unterschied wichtig?

Kehrt man zum griechischen Text zurück, findet man den Begriff *speiran,* die präzise Übersetzung von Kohorte. Der Begriff Kohorte ist heutzutage vage und beschreibt eine recht große, aber ungenaue Zahl. Doch für die Autoren und die frühen Übersetzer der Evangelien war es ein Begriff, der eine sehr exakte Zahl bezeichnet. Wie moderne Armeen sich aus Kompanien, Bataillonen, Regimentern, Brigaden und Divisionen zusammensetzen, so bestand das römische Heer aus Zenturien, Kohorten und Legionen. Eine römische Legion war um einiges größer als eine moderne Brigade in Friedenszeiten; sie umfaßte sechstausend Soldaten. Eine Kohorte war ein Zehntel einer Legion und bestand aus sechshundert Mann, wenn es sich um reguläre römische Soldaten handelte. Eine aus Hilfstruppen bestehende Kohorte – und dies war im Heiligen Land der Fall – hatte wenigstens fünfhundert[8] und manchmal bis zu zweitausend Mann: 760 Infanteristen und 1240 Kavalleristen.

An dieser Stelle muß man einige einfache, vom gesunden Menschenverstand diktierte Fragen stellen. Ist es plausibel, daß Pilatus – oder irgendein anderer Militärgouverneur in seiner Situation – mehr als fünf- oder sechshundert Soldaten allein deshalb nach Gethsemane entsandt hätte, um einen einzigen Mann gefangenzunehmen, einen Liebe predigenden Propheten, der von zwölf Jüngern begleitet wurde? Der Gedanke ist offensichtlich albern. Eine solch überzogene Aktion hätte allenfalls unerwünschte Unruhe hervorgerufen.

Aber vielleicht war solche Unruhe schon vorhanden, vielleicht hatte die Kohorte den Auftrag, diese Unruhe einzudämmen.

Man muß sich fünf- oder sechshundert Soldaten vorstellen, die in den Garten Gethsemane einfallen, ein Gelände etwa von der Größe mehrerer Fußballfelder. Man muß berücksichtigen, daß Jesus seine Jünger kurz zuvor angewiesen hatte, sich mit Schwertern auszurüsten. Und man muß berücksichtigen, daß Petrus einem der Knechte des Hohenpriesters ein Ohr abschlug. Aus diesen Details fügt sich ein Bild zusammen, das ein Ereignis von großer Bedeutung festhält: An jenem Abend in Gethsemane geschah etwas, das größere Dimensionen hatte, als man gemeinhin annimmt. Mit ziemlicher Sicherheit spielte sich dort ein Aufruhr ab. Es könnte zu Kämpfen gekommen sein, oder auch nicht, jedenfalls wurde die Situation von der römischen Verwaltung zweifellos als militärische Gefahr eingestuft, und die Römer reagierten mit umfassenden militärischen Maßnahmen.

Die Gefangennahme Jesu im Garten Gethsemane war mit Sicherheit kein stilles Ereignis, in dessen Verlauf eine kleine Schar von einem oder zwei Dutzend Männern unauffällig vorrückte, um einen Propheten zu überwältigen. Einige Theologen haben gelegentlich auf die Anomalie der Zahlen aufmerksam gemacht, die ihnen Verlegenheit bereitete. Ein Autor kommentierte die Entsendung einer Kohorte in den Garten Gethsemane mit den etwas müden Worten: »Welch ein Kompliment für die Macht Jesu!«

5. Die Zadokidenbewegung von Qumrān

Welche Gefolgschaft hatte Jesus im einzelnen? Wer gehörte zu der Menge, die ihn bei seinem Einzug in Jerusalem als den Sohn Davids, den rechtmäßigen König, den Gesalbten, den Messias bejubelte? Welche Bewohner des Heiligen Landes konnten profitieren, wenn seine Unternehmung erfolgreich war? Von wem wurde er unterstützt?

Offensichtlich stellen sogar die Mitglieder der Gefolgschaft Jesu, die namentlich genannt und identifiziert werden können, ein weites und uneinheitliches Spektrum dar. Er scheint Unterstützung bei Menschen aus unterschiedlichsten Gesellschaftsschichten, mit unterschiedlichstem finanziellen und kulturellen Hintergrund gefunden zu haben. Zu ihnen zählte, wie erwähnt, eine Reihe politischer Extremisten, zu ihnen gehörten aber auch arme Bauern aus dem Hügelland von Galiläa und Fischer von den Ufern des Sees von Genezareth; auch wohlhabende Frauen, deren Gatten wichtige offizielle Ämter bekleideten; bedeutende und einflußreiche Bürger Jerusalems wie Nikodemus und Joseph von Arimathia; Menschen, die Jesus – wie in Bethanien – Häuser zur Verfügung stellten, welche so groß und bequem waren , daß zumindest seine engere Gefolgschaft dort Platz fand. Eine erhebliche Zahl von einfachen Anhängern scheint über ganz Galiläa und Judäa verstreut gewesen zu sein. Doch welche Gemeinsamkeit verband all diese Individuen im Rahmen des Judaismus des 1. Jahrhunderts? Was unterschied sie von den anderen Juden, die sich – manchmal ablehnend, manchmal wohlwollend – als Komparsen im Hintergrund drängten? Wie weit war man bereit, nötigenfalls auch Gewalt anzuwenden, um Israel seinen rechtmäßigen König zurückzugeben?

Die Sadduzäer und die Pharisäer. Das Heilige Land zur Zeit Jesu war in der Tat ein Tummelplatz verschiedener Religionen, Sekten und Kulte. Viele waren im Gefolge der römischen Besatzung aus dem Ausland importiert worden. Man verpflanzte römische Riten – zum Beispiel die Anbetung Jupiters – nach Palästina, natürlich auch die offizielle Kaiserverehrung, welche die Staatsreligion Roms ausmachte. Auch Religionen, Kulte, Sekten und Mysterienschulen aus anderen Teilen des Reiches – vor allem aus Griechenland, Syrien, Ägypten, Mesopotamien und Kleinasien – drangen ins Heilige Land, schlugen Wurzeln und gediehen. Zum Beispiel hatte die Verehrung der Muttergöttin – der ägyptischen Isis, der phönizischen Astarte, der griechischen oder zypriotischen Aphrodite, der mesopotamischen Ischtar, der kleinasiatischen Kybele – viele treue Anhänger. Zudem waren Überreste des polytheistischen Göttinnenkults, der alten kanaanitischen Göttin Miriam oder Rabath gewidmet, im Judaismus selbst vorhanden. In Galiläa hatte der Judaismus sich erst im Jahre 120 v. Chr. etabliert, und dort war noch vieles von dem früheren Gedankengut erhalten. Es gab auch Formen des Judaismus, die von den Juden selbst nicht anerkannt wurden: zum Beispiel die schismatische Religion der Samariter, die darauf beharrten, nur ihr Judaismus sei der einzig wahre. Schließlich, um die Verwirrung komplett zu machen, umfaßte die jüdische Orthodoxie der damaligen Zeit – wenn man überhaupt von der Existenz einer solchen Orthodoxie sprechen kann – eine Reihe von unterschiedlichen Schulen oder Sekten (und anscheinend sogar Sekten innerhalb von Sekten).[1]

Von ihnen sind die Sadduzäer und die Pharisäer, wenn auch nur dem Namen nach, der christlichen Überlieferung bekannt.

Die Sadduzäer – jedenfalls ihr Hauptzweig – müssen in erster Linie mit der offiziellen Priesterschaft, dem Tempel und dem rituellen Opfer beim Gottesdienst im Tempel in Verbindung gebracht werden. Die Sadduzäer bildeten die Priesterkaste: Sie lieferten dem Tempel seine Würdenträger und Beamten und besaßen ein effektives Monopol, was Tempelaktivitäten und -ernennungen anging. Das ganze Denken der Sadduzäer orientierte sich am Tempel, und als dieser während des Aufstandes im Jahre 66 zerstört wurde, war die offizielle Existenz der Sadduzäer beendet. Sie übten keinen oder wenig Einfluß auf die spätere Entwicklung des Judaismus aus.

Im übrigen nahmen die Sadduzäer auch viele wichtige Verwaltungspositionen im Lande ein, woraus notwendigerweise ein Arrangement mit Rom folgte. Solange ihre Privilegien in der Priesterschaft und im Tempel unangetastet blieben, waren die Sadduzäer zu einem solchen Arrangement bereit. Sie akzeptierten die Anwesenheit der Römer in ihrem Land und schlossen Frieden mit den römischen Behörden. Was weltliche Dinge betraf, waren sie praktisch, erfahren und kosmopolitisch; sie paßten sich den griechisch-römischen Werten, Betrachtungsweisen, Sitten und Bräuchen des Reiches an. In den Augen ihrer Feinde galten sie als Kollaborateure. Obwohl sie in religiösen Dingen Wert auf Reinheit und traditionelle Glaubensregeln legten, ließ sich ihr Verhalten in anderen Gebieten zu Recht mit dem der Vichy-Regierung während des Zweiten Weltkrieges vergleichen.

Die Pharisäer handhabten die Religion flexibler, mehr von Wachstum, Wandel und Entwicklung bestimmt, weniger exklusiv auf den Tempel und seine Riten ausgerichtet. Deshalb überlebte das pharisäische Gedankengut die Zerstörung des Tempels und bildete den Boden, aus dem der spätere rabbinische Judaismus hervorging. Während die Darstellung der Sadduzäer in den Evangelien historisch relativ richtig ausfällt, ist die der Pharisäer oft boshaft verfälscht. Kein ernsthafter Forscher würde heute leugnen, daß die Pharisäer von der christlichen Überlieferung übel verleumdet und beschimpft wurden. Die bedeutendsten jüdischen Philosophen der Zeit Jesu – zum Beispiel der berühmte Lehrer Hillel – waren Pharisäer. Moderne Kenner dieser Zeit sind überwiegend der Meinung, daß Jesus selbst wahrscheinlich in einer pharisäischen Umgebung aufwuchs und ausgebildet wurde. Die meisten seiner Lehren, auch die meisten der ihm zugeschriebenen Aussagen, entsprechen den Grundsätzen des pharisäischen Denkens. Einige seiner bekanntesten Aussprüche sind Paraphrasierungen, manchmal nahezu wörtliche Zitate von Hillel, der beispielsweise sagte: »Was dir selbst verhaßt ist, das tue auch deinem Nachbarn nicht an.«

Jesus galt – mit Recht, wie wir meinen – als Gefahr für Rom und wurde deshalb hingerichtet. Es steht fest, daß er die Priesterschaft herausforderte und die Institution der Tempelverehrung in Frage stellte. Infolgedessen dürften die Sadduzäer – die ihre Interessen mit denen Roms verknüpft hatten und im Tempel einzigartige Privilegien besaßen – in der Art auf Jesus reagiert haben, wie es in den Evangelien beschrieben wird. Die Pharisäer hingegen werden wohl einige seiner treuesten und hingebungsvollsten Anhänger gestellt und zu den ersten gehört haben, die ihn als den Messias akzeptierten.

Die asketischen Essener. Die dritte große Untergruppe des damaligen Judaismus war die der Essener, über die wir noch vieldeutiger und ungenauer unterrichtet sind. Bis zur Mitte des 20. Jahrhunderts stammten die meisten Angaben über die Essener von zwei zeitgenössischen Historikern, Plinius dem Älteren und Philo Judaeus, sowie von Josephus, dem oft unzuverlässigen jüdischen Kommentator des späten 1. Jahrhunderts. Doch mit der Entdeckung der Handschriften vom Toten Meer wurde ein ganzes Materialbündel über die Essener zugänglich, und es ist nun möglich, sie an ihren eigenen Maßstäben zu messen.

Hinsichtlich ihres Lebensstils wie ihrer religiösen Lehren waren die Essener rigoroser und asketischer als die Sadduzäer oder Pharisäer. Sie waren auch stärker mystisch orientiert und hatten viel mit jenen Geheimlehren gemein, die damals in der Mittelmeerwelt blühten. Im Gegensatz zu anderen Schulen des Judaismus scheinen sie an eine Form der Reinkarnation geglaubt zu haben. Bei ihnen finden sich ägyptische wie griechische Einflüsse, und sie haben einiges mit den Anhängern des Pythagoras gemeinsam. Sie förderten das Interesse an der Heilkunde und verfaßten Traktate über die therapeutischen Eigenschaften von Kräutern und Steinen. Daneben widmeten sie sich esoterischen Studien wie Astrologie, Numerologie und den verschiedenen Disziplinen, die später in der Kabbala verschmolzen. Aber was immer sie von anderen Kulturen und Traditionen übernahmen, verwendeten sie in einem spezifisch jüdischen Kontext. Josephus notiert an einer Stelle, sie sagten künftige Dinge voraus, indem sie die heiligen Bücher läsen, verschiedene Arten der Reinigung benutzten und ständig mit den Sprüchen der Propheten umgingen.[2]

Eines der wichtigsten Merkmale der Essener – für unsere Zwecke jedenfalls – war ihre apokalyptische Vision: Sie bestanden darauf, die Letzten Zeiten seien gekommen und die Ankunft des Messias stehe bevor. Zugegeben, die Erwartung des Messias war damals im ganzen Heiligen Land verbreitet, aber Professor Frank Cross kommt zu dem Schluß, daß »die Essener die Träger der apokalyptischen Tradition des Judentums waren, ja sie zu einem nicht geringen Teil erst entwickelten«[3]. Das Material, das in unserem Jahrhundert zutage gefördert wurde, macht deutlich, daß die Essener lockerer organisiert, weniger zentralisiert und weniger einheitlich waren als die Sadduzäer und Pharisäer. Nicht alle Essener glaubten oder praktizierten das gleiche. Gemeinsam war ihnen ihre im wesentlichen mystische Orientierung, der Nachdruck, den sie auf eine direkte, empirische Kenntnis Gottes, nicht auf eine gewissenhafte Befolgung von Dogma und Gesetz legten. Eine solche Kenntnis machte den Priester als Dolmetscher, als Vermittler zwischen Gott und den Menschen natürlich überflüssig. Deshalb standen die Essener, wie die meisten mystischen Sekten der Geschichte, der etablierten Priesterschaft gleichgültig, wenn nicht unverhohlen feindlich gegenüber.

Trotz der neueren Entdeckungen ist das Bild der Essener immer noch von vier seit langem bestehenden Fehleinschätzungen getrübt. Man glaubt, sie hätten ausschließlich in isolierten, klosterartigen Wüstengemeinden gelebt und seien sehr gering an Zahl gewesen. Man unterstellt ihnen ein Leben im Zölibat und strikten Verzicht auf jegliche Anwendung von Gewalt, also einen geradezu unirdischen Pazifismus.

Seit der Entdeckung der Schriftrollen vom Toten Meer wurde nachgewiesen, daß jedes dieser Urteile über die

Essener nicht stimmt. Sie wohnten nicht ausschließlich in fernen Wüstengemeinden, sondern auch in städtischen Zentren, wo sie Häuser für sich selbst und für umherziehende Glaubensgenossen sowie für andere Wanderer unterhielten. Dieses System von Essenerhäusern scheint weit verbreitet wie äußerst wirtschaftlich gewesen zu sein. Solche Häuser waren gut in die sie umgebende Gemeinschaft integriert und verfügten über eine solide Grundlage aus Handwerk, Gewerbe und Handel. Das System zeigt, daß die Essener um einiges zahlreicher waren, als traditionelle Berichte vermuten lassen. Auch die große Verbreitung des Essener Gedankenguts im Heiligen Land der damaligen Zeit läßt auf eine Gemeinde schließen, die mehr als ein paar Versammlungsorte von weltabgeschiedenen Asketen in der Wüste umfaßte.

Die Behauptung vom zölibatären Leben der Essener stammt von Josephus. Aber sogar Josephus widerspricht sich selbst und erklärt, was wie ein nachträglicher Einfall klingt, daß es Essener *gab,* die sich verheirateten.[4] Weder in den Handschriften vom Toten Meer noch in irgendeinem anderen bekannten Dokument der Essener wird das Zölibat auch nur erwähnt. Im Gegenteil, auf den in Qumrān gefundenen Schriftrollen ist von Vorschriften die Rede, die spezifisch für verheiratete Sektenangehörige mit Kindern gelten. Außerdem hat man in dem nahegelegenen Friedhof, der an die östlichen Mauern von Qumrān grenzt, Gräber von Frauen und Kindern gefunden.

Was die angebliche Gewaltlosigkeit der Essener betrifft, so gibt es widersprüchliche Hinweise. Nachdem die Römer Jerusalem im Jahre 70 dem Erdboden gleichgemacht hatten, wurde der organisierte Widerstand Israels planmäßig gebrochen. Nur die Bergfeste Masada am

Toten Meer hielt zwei Jahre lang stand. Erst im Jahre 73 begingen die Verteidiger der Zitadelle, durch Hunger dezimiert und von den Römern mit einem Totalangriff bedroht, schließlich Massenselbstmord.

Die Verteidiger von Masada werden gewöhnlich für Zeloten gehalten. Josephus, der bei der Belagerung anwesend war, bezeichnet sie als Sikarier. Es gelang ihnen, ein römisches Heer mit erfahrenen Befehlshabern, disziplinierten Soldaten und reichlichem Belagerungsgerät zwei Jahre lang in Schach zu halten. Dabei fügten sie den Angreifern schwere Verluste zu und erwiesen sich als mutige und geschickte Kämpfer – keine Amateure also, sondern ausgebildete Krieger, deren Geschick dem ihrer römischen Gegner vergleichbar war. In seiner Darstellung des Falls der Festung schreibt Josephus, zwei Frauen und fünf Kinder, die sich »in unterirdischen Höhlen« versteckt hielten, seien die einzigen Überlebenden der Belagerung gewesen. Von ihnen stammt offenbar der Text der Rede, welche die Verteidiger zu ihrem Massenfreitod antrieb. Diese Rede hat, was nicht überrascht, einen teilweise nationalistischen Tenor. Überwiegend aber ist sie religiös gefärbt, und diese religiöse Orientierung entspricht eindeutig jener der Essener.[5]

Die archäologischen Ergebnisse bekräftigen unsere Ansicht. Als Masada in den 60er Jahren ausgegraben wurde, stieß man auf Dokumente, die mit den in der Essenergemeinde von Qumrān entdeckten identisch waren. Auch die Gemeinde von Qumrān war nicht pazifistisch: Man fand dort eine Schmiede zur Herstellung von Waffen.[6] Pfeilspitzen und andere Ruinenfunde lassen vermuten, daß Qumrān sich den Römern ebenfalls mit Waffengewalt widersetzte.

Die Lehren Jesu sind dem etablierten pharisäischen

Gedankengut stark verpflichtet, aber wahrscheinlich sind sie noch stärker von der Tradition der Essener beeinflußt. Es gibt kaum einen Zweifel daran, daß Jesus der Theorie und Praxis der Essener zugetan war – daß er sich also auch, wie Josephus von ihnen berichtet, ständig mit den Vorhersagen der Propheten befaßte. Vielleicht war er sogar selbst ein Essener. Jedenfalls scheint er, irgendwann bevor er seine öffentliche Mission antrat, eine Art essenischer Ausbildung durchgemacht zu haben. Es lohnt sich, in diesem Zusammenhang auf die sogenannte »messianische Vorschrift« der Essener, die in Qumrān gefunden wurde, aufmerksam zu machen. Nach dieser Vorschrift mußten alle männlichen Mitglieder der Gemeinde bis zum Alter von zwanzig Jahren warten, ehe sie heiraten und Kinder zeugen durften; im Alter von dreißig Jahren sollten sie als gereift betrachtet und in die höheren Ränge der Sekte aufgenommen werden.[7] Ist es nur ein Zufall, daß Jesus dreißig Jahre alt werden sollte, ehe er seine geistliche Arbeit begann?

Die »Söhne Zadoks«. Neben Sadduzäern, Pharisäern und Essenern umfaßte der Judaismus zur Zeit Jesu eine Reihe kleinerer, weniger bekannter Splittergruppen und Sekten, von denen zwei im Laufe der letzten zweieinhalb Jahrzehnte die Bibelwissenschaft immer stärker beschäftigt haben. Die erste ist die Sekte der »Söhne Zadoks« oder Zadokiden. Auf den ersten Blick scheinen sie viel mit den Essenern gemeinsam zu haben, ja mit ihnen übereinzustimmen. Mindestens ein bedeutender Autor auf diesem Gebiet hat geäußert, Jesus und seine Anhänger seien Zadokiden gewesen[8], während andere einen Unterschied geltend machen.[9]

Die andere wichtige Splittergruppe, die in der jüngeren Forschung eine wichtige Rolle spielt, ist seit langem bekannt, allerdings unter einem anderen Namen. Sie wurde bislang als die Frühkirche oder die Jerusalemer Kirche bezeichnet. Ihre Mitglieder nannten sich selbst Nazoräer. Diese Gruppe bestand aus den unmittelbaren Gefolgsleuten Jesu.

Die Existenz von Untergruppen wie Zadokiden und Nazoräern hat bei Bibelwissenschaftlern erhebliche Verwirrung und Unsicherheit ausgelöst. Jesus war zweifellos ein Nazoräer, und er scheint auch ein Zadokide gewesen zu sein – aber bedeutet dies, daß Nazoräer und Zadokiden identisch waren? Wenn ja, wie sind dann die herkömmlichen, pharisäischen Aspekte seiner Lehren zu interpretieren? Oder die offenkundigen Einflüsse, die die essenische Ausbildung ausübte? Waren die Nazoräer und die Zadokiden Ableger oder Unterabteilungen der Essener? Waren die Essener selbst vielleicht nur eine Erscheinungsform einer einzelnen, umgreifenderen Bewegung? Solche Fragen haben viel Verwirrung gestiftet, und die offenkundigen Widersprüche haben jede genaue Einschätzung der politischen und militärischen Aktivität Jesu getrübt. Dies gilt um so mehr, als akademische Versuche, zwischen den verschiedenen Sekten zu unterscheiden, die Aufmerksamkeit von der Bedeutung der politisch orientierten Zeloten abgelenkt haben.

Im Jahre 1983 erschien eine neue Untersuchung dieser Frage durch Robert Eisenman, den Leiter der Abteilung für Theologie an der Universität von Kalifornien, Long Beach. Eisenmans Arbeit hat einen widerborstigen Titel – *Maccabees, Zadokites, Christians and Qumrān* (Makkabäer, Zadokiden, Christen und Qumrān). Sie trägt jedoch viel dazu bei, mit der herrschenden Verwirrung aufzuräumen, und sie ist nach unserer Meinung eine der bislang wichtigsten Abhandlungen zum Thema. Das Material ist zwar vielschichtig, doch die Schlußfolgerungen sind nicht nur beeindruckend plausibel, sondern auch wunderbar einfach. Eisenman scheint einen Lichtkegel auf die verborgene Einfachheit dessen gerichtet zu haben, was bis heute als kompliziertes Gebilde galt.

Eisenman stellt die Zuverlässigkeit von indirekten Kommentaren wie denen des Josephus in Frage und geht mit Hilfe von Originalurkunden den verschiedenen Namen nach, welche die Mitglieder der Gemeinde von Qumrān – die Verfasser der Schriftrollen vom Toten Meer – trugen. Er folgert, daß die Söhne des Lichts, die Söhne der Wahrheit, die Söhne Zadoks oder Zaddikim (Zadokiden), die Männer Melchisedeks, die Ebionim (die Armen), die Hassidim (die Essener) und die Nosrim (die Nazoräer) letztlich ein und dieselben seien. Es handele sich nicht um unterschiedliche Gruppen, sondern nur um unterschiedliche Metaphern oder Bezeichnungen für dieselbe Gruppe oder Bewegung.[10] Das Hauptziel dieser Bewegung scheint mit der dynastischen Legitimität des Hohepriestertums verknüpft gewesen zu sein. Im Alten Testament heißt sowohl Davids wie Salomons Hoherpriester Zadok, was entweder ein Personenname oder ein offizieller Titel ist. Er wird traditionsgemäß in sehr enge Verbindung mit dem Messias, dem Gesalbten, dem rechtmäßigen König gebracht – vor allem mit dem davidischen Messias.

Wie Eisenman nachweist, wurde die Legitimität des Hohepriestertums von den Makkabäern wiedererweckt, der letzten Dynastie jüdischer Könige, die Israel vom 2. Jahrhundert v. Chr. bis zur Zeit des Herodes und der römischen Besatzung regierte. (Wie wir bereits erwähnt haben, versuchte Herodes, sich durch die Ehe mit einer

Makkabäerprinzessin Legitimität zu verschaffen, doch später ermordete er sie und ihre Söhne und löschte dadurch das Makkabäergeschlecht aus.) Bis zu dieser Makkabäerdynastie führt Eisenman die Bewegung zurück, die zu Lebzeiten Jesu und in den sich anschließenden Jahren an Macht gewinnt. Er folgt auch den Sadduzäern bis zu dieser Quelle, was darauf hindeutet, daß der Begriff Sadduzäer in Wirklichkeit eine Variante – oder vielleicht eine Verballhornung – von Zadok oder Zaddikim war. Mit anderen Worten, die ursprünglichen Sadduzäer könnten eine gläubige Priesterdynastie gewesen sein, die zumindest das Prinzip eines erwarteten davidischen Messias hochhielt.

Aber mit der Thronbesteigung des Herodes, führt Eisenman aus, wurden die meisten Sadduzäer – das heißt die Sadduzäer, die wir als solche aus biblischen Quellen und von Josephus her kennen – ihren ursprünglichen Bindungen untreu und schlossen sich dem Usurpator an. Dieser Verrat scheint eine umfangreiche Opposition hervorgerufen zu haben, sozusagen eine alternative fundamentalistische Priesterschaft. Sie lag in bitterem Streit mit der etablierten Priesterschaft, weil diese sich für einen illegitimen König prostituiert habe. Einerseits gab es also die herodianischen Sadduzäer, die unter der Herrschaft des Herodes an ihren Tempelprivilegien festhielten und sich nach seinem Tod mit der römischen Verwaltung arrangierten. Andererseits gab es eine wahre oder puristische Sadduzäerbewegung, bestehend aus Personen, die mit einer derartigen Kollaboration nichts zu tun haben wollten und dem Prinzip eines davidischen Messias treu blieben. Diese letzteren Sadduzäer wurden, laut Eisenman, später als Essener, Zadokiden oder Zaddikim und unter verschiedenen anderen

Bezeichnungen bekannt, welche die Forscher bis heute verwirrt haben.

Damit ist Eisenmans Argumentation nicht abgeschlossen. Im Gegenteil, er weitet sie auch auf die Zeloten aus. Die Zeloten wählten oder erhielten ihren Namen, weil sie »eifrig für das Gesetz« (griech. *zēlos:* Eifer) eintraten. Diese Wendung ist entscheidend, denn mit ihrer Hilfe lassen sich Angehörige derselben Bewegung identifizieren. Sie findet sich in einer Reihe recht präziser und äußerst wichtiger Zusammenhänge, von der Makkabäerherrschaft an bis hinein ins 1. Jahrhundert n. Chr. Zum Beispiel wird der Hohepriester zur Zeit des Judas Makkabäus (der im Jahre 160 v. Chr. starb) als ein Zaddik bezeichnet und als ein Zelot für das Gesetz beschrieben. Mattathias, der Vater von Judas Makkabäus, befiehlt »jedem, der Eifer für das Gesetz besitzt«, ihm zu folgen und sich für den Bund mit Gott einzusetzen.

Judas der Galiläer, der, wie allgemein angenommen, die Zelotensekte zu Beginn der christlichen Ära gründete, ist ebenfalls ein »Eiferer für das Gesetz« – zudem wird er von einem Hohenpriester namens Zadok unterstützt. Und in der Apostelgeschichte (21,20) werden die Nazoräer in Jerusalem – die sogenannten »ersten Christen« – ebenfalls ganz präzise als »Eiferer für das Gesetz« beschrieben. Der griechische Text ist noch aufschlußreicher: Hier werden sie »*zēlotai* des Gesetzes« genannt.[11]

Damit tritt eine Art fundamentalistischer Priesterschaft zutage, die dem Prinzip eines davidischen Messias anhängt und vom 2. Jahrhundert v. Chr. bis zu der von den Evangelien und der Apostelgeschichte behandelten Periode existiert. Diese Priesterschaft führt mit den Römern und mit den herodianischen Sadduzäern Krieg.

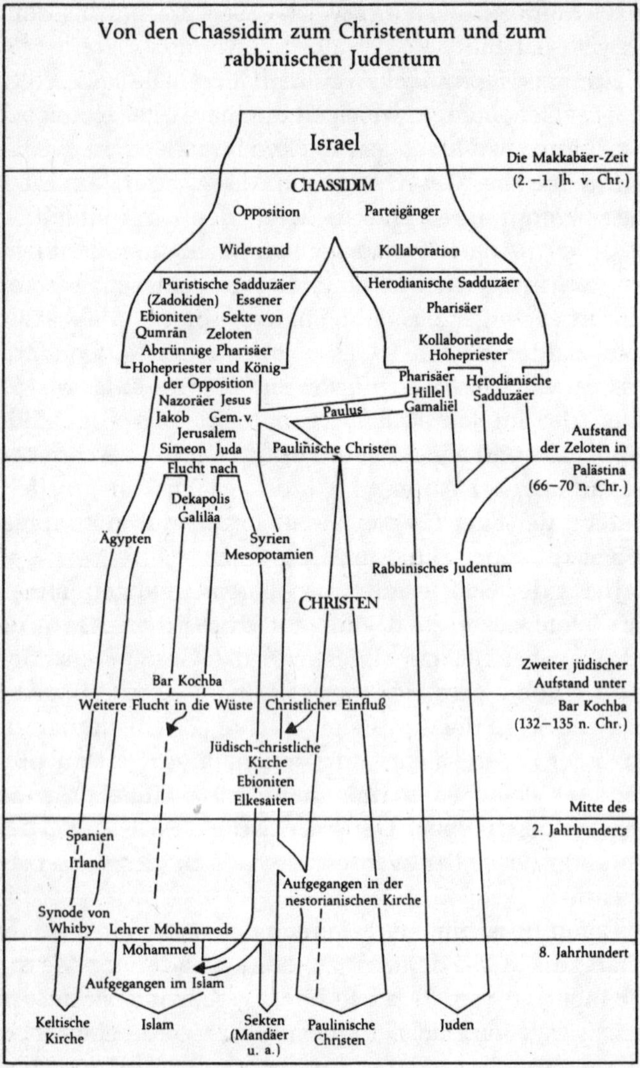
Von den Chassidim zum Christentum und zum rabbinischen Judentum
Israel
Die Makkabäer-Zeit (2.–1. Jh. v. Chr.)
CHASSIDIM
Opposition
Parteigänger
Widerstand
Kollaboration
Puristische Sadduzäer (Zadokiden)
Essener
Ebioniten
Sekte von Qumrān
Zeloten
Abtrünnige Pharisäer
Hohepriester und König der Opposition
Nazoräer Jesus
Jakob
Gem. v. Jerusalem
Simeon
Juda
Herodianische Sadduzäer
Pharisäer
Kollaborierende Hohepriester
Pharisäer
Hillel
Gamaliël
Herodianische Sadduzäer
Paulus
Paulinische Christen
Aufstand der Zeloten in Palästina (66–70 n. Chr.)
Flucht nach
Dekapolis
Galiläa
Ägypten
Syrien
Mesopotamien
Rabbinisches Judentum
CHRISTEN
Bar Kochba
Zweiter jüdischer Aufstand unter Bar Kochba (132–135 n. Chr.)
Weitere Flucht in die Wüste
Christlicher Einfluß
Jüdisch-christliche Kirche
Ebioniten
Elkesaiten
Mitte des 2. Jahrhunderts
Spanien
Irland
Aufgegangen in der nestorianischen Kirche
Synode von Whitby
Lehrer Mohammeds
Mohammed
Aufgegangen im Islam
8. Jahrhundert
Keltische Kirche
Islam
Sekten (Mandäer u. a.)
Paulinische Christen
Juden

Je nach Aktivität zu einem gewissen Zeitpunkt und je nach Einstellung des Chronisten werden der Priesterschaft unterschiedliche Namen verliehen: Zeloten, Essener, Zadokiden und einige andere, darunter auch, von ihren Feinden, Geächtete und Banditen. Die Essener sind keine passiven Mystiker. Ihre Vision ist, wie Eisenman betont, »ungestüm apokalyptisch« und bildet eine theologische Parallele zu den ungestümen Handlungen, für welche die Zeloten verantwortlich gemacht werden. Ähnliches Ungestüm – sowohl in theologischer wie in politischer Hinsicht – läßt sich für Johannes den Täufer und Jesus ausmachen. Eisenman deutet sogar an, daß Jesus und Johannes der Täufer mit Judas dem Galiläer, dem Führer der Zeloten zur Zeit von Jesu Geburt, hätten verwandt sein können.[12]

Wenn Eisenman recht hat – und das Material spricht sehr stark für ihn –, dann ist die bislang herrschende Verwirrung im Grunde ausgeräumt. Essener, Zadokiden, Nazoräer, Zeloten und vermeintliche andere Gruppen erweisen sich nur als unterschiedliche Namensträger – oder höchstens unterschiedliche Erscheinungsformen – einer einzigen Bewegung, die vom 2. Jahrhundert v. Chr. an das ganze Heilige Land umfaßte und weit nach Syrien hineinreichte. Die Namen, welche die Forscher früher verwirrt haben, würden etwa der Vielfalt von Namen entsprechen, die man für eine moderne politische Partei oder allenfalls für das Spektrum von Gruppen und Individuen benutzt, die sich während der deutschen Besatzungszeit zu einer einzigen Bewegung, etwa der französischen Résistance, zusammenschlossen. Eisenman sieht überhaupt keinen Unterschied zwischen Zeloten und Nazoräern, Essenern und Zadokiden. Aber selbst wenn es einen gab, wären die Gruppen immer noch durch ihren gemeinsamen Einsatz für ein einziges ehrgeiziges Unternehmen, ein einziges vorrangiges Ziel vereint gewesen: die Befreiung ihres Landes von den Römern und die Wiederherstellung der alten jüdischen Monarchie mit ihrem rechtmäßigen Priestertum. Und wenn Jesus der legitime Thronanwärter jener Monarchie war, müssen sie in ihrer Unterstützung seiner Person, seiner Familie und seines Hauses einig gewesen sein.

Die Nazoräer – die fälschlich so bezeichneten ersten Christen oder Angehörigen der Frühkirche – scheinen sich in ihrer Lehre nicht von jenen Gruppen unterschieden zu haben, die allgemein als Essener oder Zadokiden bekannt sind. Wenn es überhaupt einen Unterschied gab, dann höchstens unter den Mitgliedern, bei bestimmten Individuen oder Persönlichkeiten. Wir kennen die Namen einzelner Zadokiden oder Essener nicht, ebenso wenig wie die Namen derer, die den Nazoräern angehörten. Es sind Menschen, die Jesus entweder persönlich kannten oder sich bei denen, die ihn kannten, vielleicht mehr oder weniger indirekt in die Lehre begaben. Aber davon abgesehen sind die Nazoräer nicht von der umfassenderen Bewegung zu unterscheiden. Deshalb sollte man sie nicht als gesonderte Einheit, sondern eher als einen Kern betrachten: als eine Art Generalstab, Thronrat oder Kabinett.[13]

Wir müssen nun einen gründlicheren Blick auf dieses Kabinett – seine Aktivitäten, seine prominenten Persönlichkeiten, sein letztliches Schicksal – und auf den Prozeß werfen, in dem sich die Umstände, die Geschichte und der heilige Paulus verbanden, um es der Vergessenheit zu überantworten.

6. Die Herausbildung des Christentums

Neben den Evangelien bildet die Apostelgeschichte den wichtigsten Teil des Neuen Testaments. In mancher Hinsicht mag sie, besonders für den Historiker, sogar noch wichtiger sein.

Die Evangelien sind, wie wir bereits erwähnt haben, keine zuverlässigen historischen Dokumente. Das erste, jenes des Markus, wurde auf keinen Fall vor dem Aufstand des Jahres 66, wahrscheinlich aber um einiges später geschrieben.[1] Alle vier Evangelien beziehen sich auf eine Periode, die sich lange vor ihrer eigenen Abfassung ereignete – vielleicht nicht weniger als sechzig oder siebzig Jahre vorher. Sie beschäftigen sich mit den historischen Umständen kaum, sondern konzentrieren sich im wesentlichen auf die Gestalt Jesu und auf seine Lehren. Es handelt sich eher um poetische und erbauliche Arbeiten als um Chroniken. Dagegen spricht aus der Apostelgeschichte, obwohl äußerst subjektiv in ihrer Einstellung, immerhin das Bemühen um eine historische Aufzeichnung, um eine Darstellung dessen, was wirklich geschah. Sie erzählt eine vielschichtige Geschichte auf mehr oder weniger zusammenhängende Weise, sie scheint erheblich weniger stark bearbeitet worden zu sein als die Evangelien, und sie gibt deutlich eine unmittelbare Erfahrung der beschriebenen Ereignisse wieder. Entweder wurde sie nur kurze Zeit später von einem Augenzeugen geschrieben, oder, was wahrscheinlicher ist, von jemandem, der direkten Zugang zu Augenzeugenberichten hatte.[2]

Der von der Apostelgeschichte behandelte Zeitraum beginnt kurz nach der Kreuzigung und endet irgendwann zwischen den Jahren 64 und 67. Die meisten Experten sind der Ansicht, daß der Text zwischen den Jahren 70 und 95 verfaßt wurde. Damit fällt die Apostelgeschichte zeitlich in etwa mit dem frühesten der Evangelien zusammen, wenn sie nicht sogar älter ist als alle vier.

Der Autor der Apostelgeschichte stellt sich selbst als Lukas vor, und moderne Wissenschaftler stimmen darin überein, daß er mit dem Verfasser des Lukasevangeliums identisch ist. Weniger gewiß scheint, daß dieser Lukas derselbe ist wie jener Lukas der Arzt, der während der Gefangenschaft des Paulus zusammen mit diesem in Rom war (Kolosser 4,14), doch die meisten Kommentatoren sind bereit, das zu akzeptieren.

Lukas beschäftigt sich in erster Linie mit den Taten des Paulus. Es ist ziemlich klar, daß Lukas Paulus persönlich kannte, jedenfalls besser, als die Autoren der anderen Evangelien Jesus kannten. Durch Lukas erfahren wir von der Bekehrung und der Mission des Paulus. Außerdem teilt uns Lukas sehr viel über die Nazoräer mit. Die Apostelgeschichte bietet eine mehr oder weniger zuverlässige historische Darstellung des Streites zwischen Paulus und den Nazoräern – eines Streites, an dessen Ende die Gründung einer völlig neuen Religion stand. Deshalb lohnt es sich, kurz auf die historische Kulisse der Apostelgeschichte einzugehen.

Johannes der Täufer scheint von Herodes Antipas wenig nach 28, aber nicht später als im Jahre 35 hingerichtet worden zu sein. Die Kreuzigung Jesu fällt, je nach Autor, zwischen die Jahre 30 und 36 und scheint sich nach dem Tod des Johannes ereignet zu habe. Sie kann nicht später als im Jahre 36 stattgefunden haben, weil Pilatus zu diesem Zeitpunkt nach Rom zurückberufen wurde.[3]

Im Jahre 35 oder Anfang 36 kam es in Samaria zu

einem Aufstand, der von einem samaritischen Messias geführt wurde. Dieser Aufstand wurde brutal niedergeschlagen, und viele Samariter, darunter die Führer, fanden den Tod. Gleichzeitig scheint sich die Verfolgung der unmittelbaren Begleiter Jesu verstärkt zu haben. Zum Beispiel wurde Stephanus, den man gewöhnlich als den erster Märtyrer des Christentums preist, im Jahre 36 in Jerusalem zu Tode gesteinigt, und viele Nazoräer flohen aus der Stadt. Mittlerweile – vielleicht kaum eineinhalb Jahre nach dem Tode Jesu – müssen sie schon weit verbreitet und zahlreich gewesen sein, denn Paulus, der im Namen der etablierten sadduzäischen Priesterschaft handelt und vom Hohenpriester mit Haftbefehlen ausgerüstet ist, macht sich daran, ihnen sogar bis Damaskus nachzustellen. Mit anderen Worten, es gab schon Enklaven der Nazoräer in Syrien, und sie galten als eine so große Gefahr, daß man ihre Ausrottung für ratsam hielt. Syrien gehörte natürlich nicht zu Israel, und die jüdischen Behörden vermochten sich dort nur mit Billigung der römischen Herrscher durchzusetzen. Die Tatsache, daß Rom solche Hexenjagden tolerierte, deutet darauf hin, daß es sich bedroht fühlte. Wenn schon zu diesem frühen Datum beachtliche Enklaven der Nazoräer in Syrien existierten, darf man ferner die Möglichkeit nicht außer acht lassen, daß sie schon vor dem Tode Jesu entstanden und zur Zeit der Kreuzigung längst etabliert waren.

Im Jahre 38 wurde Jesus sogar in Antiochia von nazoräischen Flüchtlingen – oder vielleicht von etablierten Gemeinschaften – offen zum Messias ausgerufen, also nicht zum Sohn Gottes, sondern einfach zum rechtmäßigen und gesalbten König. Hier, in der syrischen Hauptstadt weit nördlich von Damaskus, wurde zum erstenmal der Begriff Christ für sie verwendet. Bis dahin waren sie einfach Nazoräer genannt worden, und so hießen sie anderswo, besonders in Jerusalem, noch viele Jahre lang.

Im Jahre 38 war in Jerusalem bereits eine zentralisierte nazoräische Obrigkeit verankert. Durch spätere christliche Chronisten sollte diese Verwaltungshierarchie als »Frühkirche« bekannt werden. Ihr berühmtestes Mitglied war natürlich Petrus. Doch ihr offizielles Oberhaupt, von der späteren Überlieferung auffallend vernachlässigt, war Jesu Bruder Jakob, den man in der Folgezeit als den heiligen Jakob oder Jakob den Gerechten kannte. Inzwischen waren Maria Magdalena, die Jungfrau Maria und andere der Jesus am nächsten Stehenden verschwunden, und sie werden in den Bibeltexten nicht mehr erwähnt. Es ist keineswegs abwegig anzunehmen, daß spätere Berichte stimmen, wonach sie Zuflucht im Exil suchten. Bedeutsam ist jedoch, daß nicht Petrus, sondern Jesu Bruder Jakob der Kirche in Jerusalem vorsteht. Offensichtlich ist hier irgendein Prinzip dynastischer Erbfolge wirksam, und es kann schwerlich ein Zufall sein, daß Jakob als Zadok bezeichnet wird.[4]

Die Nazoräer. Jesus selbst beabsichtigte natürlich nicht, eine neue Religion zu gründen, ebenso wenig wie Jakob und die Nazoräer in Jerusalem. Wie Jesus wären sie von einer solchen Idee entsetzt gewesen, die sie für üble Blasphemie gehalten hätten. Wie Jesus waren sie gläubige Juden, die ausschließlich im Rahmen der etablierten jüdischen Traditionen arbeiteten und predigten. Zwar bemühten sie sich um die Erneuerung gewisser Regeln, um gewisse Reformen und politische Veränderungen, zwar wollten sie ihre Religion von unlängst erworbenen fremden Elementen säubern und ihr das zurückgeben, was sie für ihre ursprüngliche Reinheit hielten, aber sie hätten nicht einmal im Traum daran gedacht, ein neues Glaubenssystem zu schaffen, das mit dem Judaismus konkurrieren und, schlimmer noch, seine Verfolgung bewirken würde.

Nichtsdestoweniger steht fest, daß die Nazoräer in Jerusalem als subversiv galten, sowohl bei den Römern wie beim Establishment der Sadduzäer, zumal die Nazoräer rasch mit den Behörden in Konflikt gerieten. Wie erwähnt, wurde Stephanus kurze Zeit nach der Kreuzigung zu Tode gesteinigt und Saul von Tarsus verfolgte Nazoräer in Damaskus. Um das Jahr 44 wurden Petrus, Johannes und schließlich alle Apostel festgenommen, ausgepeitscht und angewiesen, den Namen Jesu nicht mehr in den Mund zu nehmen. Im selben Jahr wurde der Jünger Jakob, der Bruder des Johannes, verhaftet und geköpft – eine Art der Hinrichtung, die nur die Römer vollziehen durften. Im folgenden Jahr hatte sich die Guerillatätigkeit der Zeloten derartig verschärft, daß sich Rom gezwungen sah, heftige Gegenmaßnahmen einzuleiten. Vom Jahre 48 an ließ der römische Gouverneur von Judäa Zeloten und Nazoräer unterschiedslos ergreifen und kreuzigen. Trotzdem nahmen die Unruhen zu. Im Jahre 52 mußte der römische Legat von Syrien – der unmittelbare Vorgesetzte des Gouverneurs von Judäa – sich persönlich einschalten, um eine umfassende Rebellion zu verhindern.

Doch die Rebellion wurde nur hinausgeschoben. In den Jahren 54 und 55 erreichte der militante Widerstand von neuem epidemische Ausmaße. Der sadduzäische Hohepriester, von den Römern ernannt, wurde von den Zeloten ermordet, und nun begann eine große terroristische Kampagne gegen andere Sadduzäer, die sich mit den Römern zusammengetan hatten. In den Jahren 57 und 58 erschien ein weiterer Messias, der, wie es hieß, aus der jüdischen Gemeinde in Ägypten stammte. Nachdem er in Judäa eine erhebliche Zahl von Anhängern gewonnen hatte, versuchte er, Jerusalem mit Waffengewalt zu besetzen und die Römer aus dem Heiligen Land zu vertreiben. Dieser Versuch wurde, wie zu erwarten, niedergeschlagen, aber die Unruhen dauerten an. Schließlich, um die Jahre 62 bis 65, wurde Jakob, das Oberhaupt der Nazoräer in Jerusalem, ergriffen und hingerichtet.

Wiederum scheint bei den Nazoräern ein dynastisches Erbfolgeprinzip wirksam geworden zu sein. Nach Jakobs Tod übernahm Simeon, der als ein Cousin Jesu identifiziert wird, seinen Platz.[5] Für kurze Zeit ließ Simeon die Verwaltungshierarchie der Nazoräer in Jerusalem weiterbestehen, aber ihm, wie jedem anderen in der Hauptstadt, muß die Lage nun ausweglos erschienen sein, und um das Jahr 65 führte er die Nazoräer aus der Heiligen Stadt. Darauf sollen sie ihr Hauptquartier in dem Städtchen Pella, nördlich von Jerusalem am Ostufer des Jordan, aufgeschlagen haben.[6] Moderne Forscher haben nachweisen können, daß sie sich weiter nach Nordosten zurückzogen und Gruppen von ihnen schließlich bis in die Nähe des Euphrat-Tigris-Beckens vordrangen. In dieser Region, abgeschnitten von der nunmehrigen Hauptader des sich entwickelnden Christentums, lebten sie über Jahrhunderte hinweg, ihre Traditionen bewahrend. Man hat Mutmaßungen darüber angestellt, daß der Vater Mohammeds Mitglied einer Nazoräersekte gewesen und Mohammed selbst nach der nazoräischen Tradition erzogen worden sei. Eine seiner

Frauen soll Jüdin und Nazoräerin gewesen sein. Tatsächlich wird Jesus im Koran überwiegend wie von einem nazoräischen Standpunkt aus dargestellt.

Simeon hatte umsichtig gehandelt, als er Jerusalem mit den Nazoräern verließ, denn im Frühjahr 66 brachen schwere Kämpfe in Caesarea aus und kurz danach wüteten römische Truppen in Jerusalem, wo sie alle Juden, derer sie habhaft werden konnten, ermordeten, auch Frauen und Kinder. In der Folgezeit waren die Priester im Tempel angesichts der Mordwelle gezwungen, die offiziellen Opfer für Rom und den Kaiser einzustellen – eine offene Herausforderung, die den Krieg nach sich ziehen mußte. Nach einer Woche der Bürgerunruhen wurde Jerusalem von den Rebellen eingenommen. Zeloteneinheiten, die von einem Nachfahren Judas' des Galiläers befehligt wurden, besetzten die Festung Masada am Toten Meer, vernichteten die römische Garnison und begannen, Verteidigungsanlagen zu bauen, die der Belagerung ihrer Feinde bis ins Jahr 73 standhalten sollten.

Die Römer reagierten zunächst etwas langsam. Eine aus Syrien entsandte, durch Hilfstruppen verstärkte Legion wurde vor Jerusalem zurückgeschlagen. Ihr Rückzug entartete zu einer wilden Flucht. Von diesem Erfolg ermutigt, begannen die Rebellen, im ganzen Heiligen Land ein Verteidigungssystem zu organisieren. Interessanterweise trägt der Befehlshaber einer Region, die sich von Jerusalem bis zur Küste erstreckt, den Namen »der Essener Johannes«[7] – ein weiterer Hinweis darauf, daß die Essener durchaus keine Pazifisten waren.

Bis zum Jahr 70 aber war die Situation dennoch hoffnungslos geworden. Ein gewaltiges römisches Heer belagerte Jerusalem, riß den Tempel nieder und machte die Stadt dem Erdboden gleich. Sie sollte 61 Jahre lang in

Trümmern liegen. Die meisten Bewohner wurden getötet, oder sie verhungerten. Die Mehrheit der Überlebenden wurde in die Sklaverei verkauft. Masada hielt sich noch drei Jahre, seine Niederlage aber war unvermeidlich.

Paulus als erster Häretiker. Man muß die Laufbahn des Paulus, die in der Apostelgeschichte festgehalten wird, vor dem Hintergrund dieser turbulenten Ereignisse sehen. Paulus erscheint etwa innerhalb eines Jahres nach der Kreuzigung auf der Szene. Unter dem Namen Saul von Tarsus, als fanatischer Sadduzäer oder als Werkzeug der Sadduzäer, nimmt er aktiv an Angriffen auf die Nazoräer in Jerusalem teil. Seine Beteiligung geht so weit, daß er anscheinend bei der Steinigung des Stephanus mitwirkte, der offiziell als erster christlicher Märtyrer angesehen wird (obwohl Stephanus sich selbst natürlich als gläubigen Juden bezeichnet hätte). Paulus gibt unverblümt zu, daß er seine Opfer »bis zum Tod« verfolgt habe.

Kurz nach dem Tode des Stephanus machte sich Paulus (zu diesem Zeitpunkt immer noch Saul von Tarsus), von sadistischem Fanatismus getrieben, ins syrische Damaskus auf, um dort Nazoräer aufzuspüren. Er wird von einer Gruppe vermutlich bewaffneter Männer begleitet und hat vom Hohenpriester ausgestellte Haftbefehle bei sich. Da die Autorität des Hohenpriesters nicht bis Syrien reicht, muß Paulus, um seinen Auftrag dort ausführen zu können, die Unterstützung der Römer gehabt haben, was beweist, daß Rom ein Interesse an der Beseitigung von Nazoräern hatte. Nur aus diesem Grunde ließ Rom zu, daß militante Selbstjustiz so weit jenseits ihrer eigenen Grenzen geübt wurde.

Die Mittagssonne scheint damals besonders dramatisch gewirkt zu haben: Unterwegs macht Paulus ein Trauma durch, das Kommentatoren als Sonnenstich, epileptischen Anfall oder mystisches Erlebnis interpretiert haben. »Ein Licht vom Himmel« läßt ihn vom Pferd fallen und »eine Stimme«, die keinen erkennbaren Besitzer hat, fragt ihn: »Saul, Saul, was verfolgst du mich?« Saul fragt, wem die Stimme gehöre. Die Antwort ist: »Ich bin Jesus, den du verfolgst« (Apostelgeschichte 9,3–5). Die Stimme befiehlt Saulus dann, nach Damaskus weiterzuziehen, wo er weitere Anweisungen erhalten werde. Als Paulus wieder zu sich kommt, merkt er, daß er erblindet ist. In Damaskus heilt ein Nazoräer seine Augen.[8]

Ein moderner Psychologe würde an einem solchen Vorfall nichts Außergewöhnliches finden. Er könnte sich tatsächlich auf einen Sonnenstich oder einen epileptischen Anfall zurückführen lassen. Ebensogut könnte man von einer Halluzination, einer hysterischen oder psychotischen Reaktion oder vielleicht auch nur einem schlechten Gewissen sprechen. Doch Paulus interpretiert den Vorfall als ein Erscheinen Jesu, den er persönlich nicht kannte. Und so vollzieht sich seine Bekehrung. Er legt seinen früheren Namen Saul ab und nennt sich Paulus. Von nun an wird er sich mit gleichem Fanatismus für die Verbreitung des nazoräischen Gedankenguts einsetzen.

Um das Jahr 39 kehrt Paulus nach Jerusalem zurück. Hier wird er, laut Apostelgeschichte, offiziell von den Nazoräern aufgenommen. Aber Paulus selbst schreibt in seinem Brief an die Galater, daß man ihn nicht gerade enthusiastisch aufgenommen habe. Er gibt zu, daß man ihm kein Vertrauen schenkte und ihm aus dem Weg ging. Doch er wird widerwillig von Jakob, dem Bruder des Herrn, akzeptiert, der ihn als Prediger nach Tarsus entsendet. Von Tarsus aus setzt Paulus seine Missionsreisen fort, die etwa vierzehn Jahre dauern und ihn praktisch durch die gesamte Welt des östlichen Mittelmeers führen – nicht nur durch das Heilige Land, sondern auch nach Kleinasien und über das Meer nach Griechenland. Man sollte annehmen, daß solche Energie ihm die Billigung der führenden Nazoräer in Jerusalem eintrug. Weit gefehlt: Sie bringt ihm nichts als ihr Mißfallen ein. Jakob und die Hierarchie der Nazoräer schicken ihre eigenen Missionare aus, um die von ihm gepredigte Lehre zu widerlegen und ihn bei seinen Konvertiten bloßzustellen, denn Paulus predigt inzwischen etwas ganz anderes als das, was die Nazoräer, geführt von dem Bruder Jesu, sanktioniert haben. Zermürbt von Jakobs Abgesandten, kehrt Paulus schließlich nach Jerusalem zurück, wo es zu einem heftigen Disput kommt. Jakob und Paulus treffen zwar ein wenig überzeugendes Arrangement, aber Paulus wird wenig später verhaftet – oder in Schutzhaft genommen! Er beruft sich auf seinen Status als römischer Bürger und verlangt, der Kaiser persönlich solle seinen Fall anhören. Als Gefangener wird er nach Rom geschickt. Dort soll er irgendwann zwischen den Jahren 64 und 67 gestorben sein.

Was die während seiner Missionarsreisen zurückgelegten Entfernungen und die aufgewandte Energie betrifft, ist die Leistung des Paulus gewaltig. Es ist keine Frage, daß er mit der Dynamik eines Besessenen handelte. Aber ebenso klar ist es heute, daß die Dinge nicht so simpel sind, wie die christliche Überlieferung uns glauben machen will. Diese Überlieferung beschreibt Paulus als jemanden, der »die Botschaft Jesu gewissenhaft über die romanisierte Welt seiner Zeit verbreitet«. Weshalb waren seine Beziehungen zu dem Bruder Jesu dann so peinlich gespannt? Weshalb gab es solche Reibungen mit den Nazoräern in Jerusalem, von denen einige Jesus persönlich gekannt hatten und ihm unzweifelhaft näherstanden als Paulus? Weshalb provozierten seine Predigten die nazoräische Hierarchie so sehr, daß sie ihm ihre eigenen Emissäre nachschickte, um ihn zu diskreditieren? Es scheint auf der Hand zu liegen, daß Paulus etwas tat, was Jesus ebenfalls mißbilligt hätte.

Weder Jesus noch die Führer der Nazoräer hatten bekanntlich die geringste Absicht, eine neue Religion zu stiften. Sie verbreiteten eine spezifisch jüdische Botschaft für jüdische Gläubige. Wie Jesus selbst sagt: »Ihr sollt nicht wähnen, daß ich gekommen bin, das Gesetz oder die Propheten aufzulösen; ich bin nicht gekommen, aufzulösen, sondern zu erfüllen.« (Mt 5,17) Für Jakob und die Nazoräer in Jerusalem geht es vor allem um die Lehre Jesu und seinen Anspruch auf die Messiasrolle im akzeptierten Rahmen der damaligen Zeit: als rechtmäßiger König und Befreier. Er selbst ist weniger wichtig als das, was er sagt und was er repräsentiert. Seine eigene Person soll nicht zum Gegenstand der Anbetung werden, und man soll ihn auf keinen Fall als göttlich ansehen.[9]

Als Jakob Paulus und andere auf missionarische Reisen schickt, wünscht er, daß sie die Menschen zu der von Jesus gepredigten Form des Judaismus bekehren. Die Nation Israel, wie Jesus, Jakob und ihre Zeitgenossen sie sahen, war nicht nur ein geographisches Gebilde, sondern auch eine Gemeinde, die alle Juden, wo immer sie wohnen mochten, umfaßte. Der Bekehrungsprozeß sollte die Nation Israel wachsen lassen. Es ist sogar möglich, daß Jakob in diesem Programm ein Mittel sah, genügend Männer zu sammeln, um – wie zur Zeit des Judas Makkabäus – ein Heer aufstellen zu können. Wenn eine organisierte Revolte im Heiligen Land schwelte, dann waren die Erfolgschancen erheblich größer, wenn diese Revolte zeitlich auf Erhebungen aller jüdischen Gemeinden in jedem Winkel des Römischen Reiches abgestimmt war.

Paulus durchschaut entweder die Ziele Jakobs nicht, oder er verweigert die Zusammenarbeit. Er erklärt ausdrücklich, daß die Gesandten Jakobs »*einen anderen Jesus*« predigten als er (2. Korinther 11,4). Im Grunde verrät Paulus den Auftrag, den ihm Jakob und die Führung der Nazoräer übertragen haben. Für Paulus sind die Lehren und der politische Status Jesu weniger wichtig als Jesus selbst. Statt Menschen zum Judaismus zu bekehren, schafft Paulus Konvertiten zu seinem persönlichen und »heidnischen« Jesuskult, wobei der Judaismus als solcher nebensächlich wird. Es kommt einfach darauf an, ein Glaubensbekenntnis zu Jesus als einer Manifestation Gottes abzulegen, und ein solches Glaubensbekenntnis genügt, um die Erlösung zu sichern. Die Grundvoraussetzungen für die Konversion zum Judaismus – etwa Beschneidung, Einhaltung des Sabbat und der Essensvorschriften – werden dabei aufgegeben. Jesus, Jakob und die Nazoräer in Jerusalem traten für die Anbetung Gottes im strikt jüdischen Sinne ein. Paulus verlangt dagegen, daß Jesus als Gott anzubeten sei. Für Paulus ist Jesus zum Gegenstand der religiösen Verehrung geworden – was Jesus selbst, wie sein Bruder und die anderen Nazoräer in Jerusalem, als blasphemisch verworfen hätte.

Die Unvereinbarkeit von Jesus und Paulus wirft für uns Fragen von beträchtlicher Bedeutung auf. Wie viele heutige Christen sind sich zum Beispiel der Kluft zwischen den beiden Männern bewußt? Und worin besteht für sie das Christentum? In dem, was Jesus lehrte? Oder in dem, was

Paulus lehrte? Ohne logische Taschenspielerei und Verzerrung der historischen Tatsachen lassen sich die beiden Positionen nicht in Einklang bringen.

Der Pauluskult. Von Paulus – und von Paulus allein – beginnt eine neue Religion auszugehen: nicht eine Form des Judaismus, sondern eine mit dem Judaismus rivalisierende und ihm letztlich feindliche Religion. Während Paulus seine persönliche Botschaft hinausträgt, machen die Überreste des Judaismus, die noch in ihr enthalten sind, eine Metamorphose durch. Sie verschmelzen mit griechisch-römischem Gedankengut, mit heidnischen Traditionen, mit Elementen aus einer Reihe von Geheimlehren.

Nachdem der Kult des Paulus einmal begonnen hatte, sich als eigene Religion statt als Form des Judaismus herauszukristallisieren, setzte er gewisse Prioritäten, die zu Lebzeiten Jesu nicht gegolten hatten und die Jesus selbst fraglos beklagt hätte.[10] Zunächst mußte er in Gebieten, wo er Fuß fassen wollte, mit schon etablierten Religionen wetteifern – mit den Religionen Syriens, Phöniziens, Kleinasiens, Griechenlands, Ägyptens, der gesamten Mittelmeerwelt und fernerer Teile des Römischen Reiches. Zu diesem Zweck mußte Jesus zwangsläufig einen Grad der Göttlichkeit annehmen, der sich mit jener der Gottheiten vergleichen ließ, die er nun posthum verdrängen sollte. Wie viele andere solche Gottheiten war zum Beispiel Tammuz, der Gott der alten sumerischen und phönizischen Mysterien, von einer Jungfrau geboren worden, mit einer Wunde in der Seite gestorben und, drei Tage später, aus seinem Grab auferstanden, das er leer zurückließ, nachdem er den Felsen am Eingang beiseite gerollt hatte. Wenn Paulus die Anhänger des Tammuz bekehren wollte, mußte Jesus dem älteren Gott in seiner Wundertätigkeit ebenbürtig sein. Deshalb wurden einige Aspekte der Tammuz-Geschichte der Biographie Jesu aufgepfropft. Bedeutsam ist, daß Bethlehem nicht nur die Stadt Davids, sondern auch das alte Zentrum eines Tammuz-Kults war, mit einem Schrein, der weit bis in biblische Zeiten hinein benutzt wurde.

Man kann zahlreiche Elemente der Evangelien zu ihren Ursprüngen nicht in der Geschichte, sondern in den Traditionen von Tammuz, Osiris, Attis, Adonis, Dionysos und Zarathustra zurückverfolgen. Der Mithraskult übte einen besonders starken Einfluß auf die wachsende christliche Tradition aus. Er postulierte eine Apokalypse, ein Jüngstes Gericht, eine Auferstehung des Fleisches und eine Wiederkunft von Mithras selbst, der schließlich das Prinzip des Bösen besiegt. Mithras war in einer Höhle oder Grotte geboren worden, wo Schafhirten ihn besuchten und mit Geschenken bedachten. Die Taufe spielte eine wichtige Rolle für die Riten des Mithraskults. Das gleiche gilt für das gemeinsame Mahl. In der Kommunion des Mithraskults ist eine Passage besonders interessant: »Wer nicht von meinem Leib essen und von meinem Blute trinken wird, so daß er sich mit mir vermischt, wie ich mich mit ihm vermische, der wird das Heil nicht haben . . .«[11]

Als Tertullian, einer der Väter der Frühkirche, mit diesem Satz konfrontiert wurde, versteifte er sich darauf, hier habe der Teufel Jahrhunderte zuvor versucht, die christliche Kommunion zu parodieren, um die Bedeutung der Worte Jesu herabzusetzen. Wenn dies zutrifft, muß der Teufel auch emsig damit beschäftigt gewesen sein, Paulus eine Gehirnwäsche zuteil werden zu lassen. Ein moderner Kommentator bemerkt: »Sogar in Anbetracht des vergleichsweise geringen Wissens, das wir über den Mithraskult und seine Liturgie haben, ist deutlich, daß viele Wendungen des Paulus [in seinen Briefen] weit stärker an die Terminologie des persischen Kultes als an die der Evangelien erinnern.«[12]

Aber das Christentum mußte nicht nur in den Wettstreit treten und einen Gott anbieten, der seinem Rivalen an Wunderwirksamkeit und übersinnlichen Ereignissen ebenbürtig war. Es mußte auch den Respekt und die Anerkennung einer Welt erringen, die schließlich einen Teil des Römischen Reiches ausmachte.

Seinem Wesen nach entsprach das Christentum diesen Voraussetzungen durchaus nicht: Jesus war wegen Verbrechen gegen Rom, in strikter Übereinstimmung mit dem römischen Gesetz, hingerichtet worden. Seine ursprünglichen Anhänger galten wahrscheinlich als Umstürzler, wenn nicht als unverhohlene Revolutionäre, welche die römische Herrschaft über Palästina beseitigen wollten. Das Heilige Land war für Rom seit langem eine Quelle von Ärgernissen gewesen, und nach dem Aufstand im Jahre 66 verschärfte sich die römische Feindschaft dem Judaismus gegenüber. Keine Religion, die Spuren des jüdischen nationalen Messianismus enthielt, konnte hoffen, innerhalb des römischen Imperiums zu überleben. Deshalb mußten alle Spuren dieses messianischen Nationalismus verwischt oder abgewandelt werden.

Um die romanisierte Welt durchdringen zu können, verwandelte das Christentum sich selbst – und änderte dadurch die historischen Verhältnisse, aus denen es erwachsen war. Es wäre zwecklos gewesen, einen Rebellen gegen Rom zu vergöttlichen. Es wäre zwecklos gewesen, eine Gestalt aufzuwerten, die von den Römern wegen Verbrechen gegen das Reich hingerichtet worden war. Deshalb wurde die Verantwortung für den Tod Jesu auf die

Juden übertragen, nicht nur auf das Establishment der Sadduzäer, das zweifellos an der Verurteilung beteiligt war, sondern auf die Menschen des Heiligen Landes im allgemeinen, die zu den leidenschaftlichsten Anhängern Jesu gehörten. Und Jesus selbst mußte aus seinem historischen Kontext gelöst und zu einer unpolitischen Gestalt gemacht werden: zu einem entrückten, spirituellen Messias, der nicht die geringste Gefahr für den Kaiser darstellte. Also wurde jedes Zeichen der politischen Aktivität Jesu abgeschwächt oder ausgemerzt. Und jedes Zeichen seines Judentums wurde, so weit es möglich war, bewußt getrübt, ignoriert oder für unbedeutend erklärt.

Simon Petrus. Der Verlauf und das Ausmaß des ideologischen Siegs des Paulus über Jakob und die nazoräische Führung sind an der sich langsam wandelnden Einstellung des Simon Petrus abzulesen. Seine persönliche Position spiegelt höchstwahrscheinlich jene von zahlreichen anderen wider, die von Jakob zu Paulus hinstrebten, von einer Variante des Judaismus zu der immer autonomer werdenden neuen Religion, die später Christentum genannt wurde.

In *Der Heilige Gral und seine Erben* haben wir ausgeführt, daß die unmittelbare Anhängerschaft Jesu sich aus zwei mehr oder weniger verschiedenen Gruppen zusammengesetzt haben dürfte: den Anhängern der Dynastie und den Anhängern der Botschaft. Die Anhänger der Dynastie umfaßten einen relativ kleinen Kreis von Menschen wahrscheinlich aristokratischer und patrizischer Herkunft, das heißt von Mitgliedern der eigenen Familie Jesu und mit ihr verwandter Familien. Für sie muß das Hauptanliegen die dynastische Legitimität gewesen sein: die Inthronisierung des rechtmäßigen Königs von Israel und, als dies nicht gelang, die unversehrte Erhaltung des Königshauses. Die Anhänger der Botschaft dürften bedeutend zahlreicher gewesen sein; sie machten das Fußvolk der Bewegung aus. Ihre Ziele waren greifbarer, begrenzter, pragmatischer. Sie reagierten in erster Linie auf die Botschaft Jesu, die ihrem Wesen nach gleichzeitig Furcht und Hoffnung weckte. Einerseits dürfte die Dringlichkeit der von Jesus beschriebenen Situation – die Aussicht der bevorstehenden Apokalypse, des Jüngsten Gerichts, der Zumessung von Strafe und Belohnung – sie verängstigt haben. Andererseits dürften sie von dem Versprechen gelockt worden sein, daß sie, als treue Anhänger des Messias, eine einzigartige Entschädigung für ihre Loyalität und für jeden erlittenen Schmerz erhalten würden. Dieser gleichzeitige Appell an Furcht und Hoffnung muß geradezu magnetische Kraft ausgeübt haben.

Nach allem, was wir über Petrus wissen, muß er ein typischer Anhänger der Botschaft gewesen sein. Er ist kein besonders gebildeter Mann und scheint wenig Gespür für die umfassenderen Fragen, ob politischer oder theologischer Art, zu haben. Da er nicht dem inneren Zirkel Jesu angehört, werden viele Entscheidungen hinter seinem Rücken oder über ihn hinweg getroffen. Wie wir schon ausgeführt haben, könnte er durchaus ein militanter Nationalist gewesen sein, der nicht vor Gewalt zurückschreckte. Vielleicht ist er ein Zelot oder ein früherer Zelot oder gar mit Simon Zelotes identisch.[13] Während des gesamten öffentlichen Wirkens Jesu ist Petrus an seiner Seite, fast wie eine Art Leibwächter. Zwar zeichnet er sich nicht durch Mut aus, aber seine Ergebenheit ist unerschütterlich, zuweilen fast kriecherisch. Zu jener Zeit, da Paulus seine Tätigkeit beginnt, mag Jakob das offizielle Oberhaupt der Nazoräer in Jerusalem sein, aber es ist Simon Petrus, der – infolge der ihm von Jesus aufgetragenen Mission oder infolge seines eigenen Charismas – den größten Einfluß ausübt und zur inbrünstigsten Treue auffordert.

Am Anfang der Apostelgeschichte steht Petrus zweifellos auf der Seite Jakobs und der Nazoräerhierarchie in Jerusalem. Doch allmählich beginnt er, sich der Position des Paulus zuzuneigen. Am Ende der Apostelgeschichte hat er sich völlig für diese Einstellung entschieden. Wie Jakob ist Petrus zunächst ein gläubiger Jude, der die Lehren Jesu ausschließlich im Rahmen des Judaismus sieht. Am Ende seiner Laufbahn dagegen predigt er wie Paulus eine über den Judaismus hinausgehende, an die nichtjüdische Welt gerichtete Botschaft. Die Überlieferung bezeichnet ihn in anachronistischer Weise als den ersten Papst, das erste Oberhaupt der Kirche, die den Triumph des Paulus verewigen und ein Gebäude der paulinischen Philosophie darstellen sollte.

In ihrem Roman *The Illusionist* legt Anita Mason eine eindrucksvolle und ergreifende literarische Nachschöpfung der persönlichen Prüfung vor, die Petrus – und viele andere wie er – durchgemacht haben müssen. Als einfacher, ungebildeter galiläischer Fischer und Raufbold muß er die Aussagen Jesu zuerst ganz wörtlich genommen haben. So erscheint er in den Evangelien: loyal, aber etwas einfältig und gewiß nicht mit feinsinnigen religiösen oder politischen Denkweisen vertraut. Jesus ist ihm zugetan, aber man kann schwerlich behaupten, daß er ihn in seine Pläne einweiht. Petrus muß, wie Anita Mason zeigt, zunächst völlig überzeugt gewesen sein, daß die Welt mit dem Tode Jesu buchstäblich enden werde – daß ein apokalyptischer Holocaust die gesamte Schöpfung dahinraffen, daß Umwälzungen wie die von den alttestamentlichen Propheten geschilderten die Erde verwüsten, daß

Gott unter Flammen herabsteigen werde, um sein strenges Gericht zu halten.

In den Tagen unmittelbar nach der Kreuzigung muß Petrus, wie Anita Mason ihn darstellt, mehr als beunruhigt darüber gewesen sein, daß seine Umgebung immer noch intakt war. Zu Beginn des Zeitraums, den die Apostelgeschichte behandelt, hat seine Position sich nur geringfügig verändert. Wie viele Nazoräer erwartete er immer noch den Zerfall der Schöpfung. Die Apokalypse ist hinausgeschoben, wahrscheinlich aus dunklen Gründen technischer Art für Sterbliche unerforschlich, aber sie ist nur zeitweilig aufgeschoben. Petrus hegt nicht den geringsten Zweifel, daß sie bevorsteht und sich im Laufe seines eigenen Lebens ereignen wird. Diese Überzeugung, diese inbrünstige Hoffnung macht seine raison d'être aus.

Aber die Jahre vergehen, und nichts geschieht. Nicht nur, daß keine Apokalypse, keine kosmische Katastrophe stattfindet, auch die Situation vor Ort bleibt im wesentlichen unverändert: Römische Amtsträger werden ernannt, werden abgesetzt, Marionettenkönige werden inthronisiert, dann entfernt. Öffentliche Unruhen verschärfen sich, doch sie lassen sich in der Hauptsache auf die Ungeduld der Menschen zurückführen. Alles geht mehr oder weniger seinen gewohnten Gang, und allmählich wird klar, daß der Tod Jesu ohne Folgen geblieben ist. Für einen Mann wie Petrus ist dies eine entsetzliche Erkenntnis. Er hat sich endgültig einem Glauben verschrieben; nach erheblichem Zögern hat er diesem Glauben sein Leben und seine Zukunft verpfändet, und nun scheint die Gültigkeit des Glaubens immer fragwürdiger zu werden. Die Last des aufkommenden Zweifels, des aufkommenden Verdachts, daß sein Engagement vergeblich war, muß Petrus, wie Anita Mason schreibt, einer schrecklichen psychischen Folter ausgesetzt haben. Er war nicht nur von Desillusionierung, sondern von einer an Selbstzerstörung grenzenden Verzweiflung bedroht. Er verbreitet zwar weiterhin die Botschaft, doch er tut es fast schlafwandlerisch und nur, um sich selbst von seiner Unsicherheit abzulenken.

Paulus bietet Petrus eine unwiderstehliche Chance, ein Mittel, sein Engagement zu retten und die Sache zu rechtfertigen, der er sein Leben gewidmet hat. Für Petrus ist die Position des Paulus eine gangbare Alternative zur Verzweiflung. Zuerst schließt er sich natürlich Jakobs Meinung an und betrachtet die Arbeit des Paulus als äußerst verdächtig, wenn nicht gotteslästerlich. Aber allmählich wird die Position des Paulus zu der einzigen, die einen Sinn in den Verhältnissen zu erkennen erlaubt. Kurz, Paulus liefert Petrus eine einleuchtende Erklärung dafür, daß das Weltende noch nicht gekommen ist, daß es noch weitere tausend oder zweitausend Jahre auf sich warten lassen mag, und er hilft Menschen wie Petrus, ihrem Glauben gegenüber die Treue zu rechtfertigen. Jesus und Gott werden wesensgleich. Und wenn Jesus wesensgleich mit Gott ist, braucht das Reich Gottes nicht etwas zu sein, das in unmittelbarer Zukunft auf der Erde begründet werden wird, sondern es kann eine äußere Erscheinung sein – eine andere Welt, eine andere Dimension, in der man nach seinem Tode freundlich aufgenommen wird und einen Platz zugeteilt bekommt. Die Apokalypse mag auf unbestimmte Zeit hinausgeschoben sein, aber es bleibt die Gewißheit, daß sie eines Tages, am Ende der Zeiten, kommen *muß*. Und mittlerweile gilt es, sich den Lohn des Himmels zu sichern.

Aus dieser sorgfältigen Rationalisierung bezieht Petrus neuen Antrieb, neue Inspiration, die ihn befähigt, seine

Predigten fortzusetzen und – nach den Berichten der Überlieferung – seinem Märtyrertum tapfer entgegenzusehen. Weil er dieses Märtyrertum annimmt, wird er tatsächlich zu dem Felsen, auf dem eine spätere Kirche – eine paulinische Kirche – ihre Grundlage hat. Und die Überlieferung wird Simon Petrus *a posteriori* zum ersten Bischof von Rom und zum Begründer des Papsttums erklären.

Die von Petrus erduldeten Schicksalsschläge, wie Anita Mason sie schildert, können nicht einzigartig gewesen sein. Im Gegenteil, es muß viele leidenschaftliche Anhänger Jesu gegeben haben, die sich in ein ähnliches Muster fügten: am Rande einer vernichtenden Enttäuschung taumelnd, bis sie einen neuen Sinn bei Paulus fanden. Daher ist es nicht schwer zu verstehen, weshalb der vorwiegend heidnische Kult des Paulus so attraktiv war und weshalb er über die weniger tröstliche Einstellung der Nazoräerdynastie – also die Jakobs und letztlich diejenige Jesu – triumphierte. Mit dem Fall Jerusalems im Jahre 70 verflüchtigte sich der Einfluß der Nazoräer fast in der gesamten Mittelmeerwelt. Das paulinische Gedankengut hatte natürlich weiterhin mit anderen Lehren zu konkurrieren, doch keine von ihnen war in der Lage, die durch die dynastische Erbfolge abgesicherte Autorität Jakobs abzulösen.

Judas Ischariot. Im Laufe ihrer Verbreitung revidierte die paulinische Lehre einen großen Teil jener ursprünglichen Geschichte, auf der die Evangelien beruhten. Sie fügte neuen Stoff ein, und sie paßte sich der Welt an, in der sie verkündet wurde. Dabei hatten manche Menschen einen hohen Preis zu zahlen, wenn auch nur in den Augen der Nachwelt.

Petrus ist der bekannteste und wahrscheinlich der

populärste der Jünger Jesu – die Überlieferung hat seinen Namen fast zum Synonym von Christentum werden lassen. Er ist der ausführlichst dargestellte Jünger, und wegen seiner Schwächen spricht er die Menschen am stärksten an. Aber ein anderer der ersten Jünger Jesu bietet weit tiefere Einblicke in das, was ihr Herr wirklich tat. Seine Bedeutung ist von der paulinischen Lehre verwischt worden.

Seit nahezu zwanzig Jahrhunderten hat man Judas Ischariot – Judas den Sikarier – verflucht, verachtet und ihm die Rolle des übelsten Schurken zugeteilt. Die populäre Überlieferung hat ihm, was seine Beziehung zu Jesus betrifft, eine der ältesten und vor allem archetypischen Aufgaben zugewiesen: die des ewigen Feindes, des finsteren Gegenspielers, der Verkörperung aller Laster und Sünden, die dem Helden fehlen. Symbolisch gesprochen ist Judas der böse Bruder, jene dunkle Seite, die das Licht Jesu ergänzt. In der jüdisch-christlichen Überlieferung ist ihre Antithese eine weitere Ausdrucksform des auf Kain und Abel zurückgehenden Konflikts. Man findet einen ähnlichen Konflikt in anderen Kulturen, anderen Mythologien, anderen Kosmologien. Im ägyptischen Mythos beispielsweise ist die gleiche Dualität in den ständigen Konflikten zwischen Set und Osiris aufgehoben. In der zarathustrischen Lehre – die das Christentum mit Hilfe ihrer mithraischen Überreste stark beeinflußte – findet sie ihre dramatische Ausprägung in Ahura-Mazda oder Ormus/ Ormuzd und Ahriman. Entsprechende Rivalitäten lassen sich überall auf der Erde entdecken, von aztekischen und toltekischen Religionen in Mexiko bis hin zu den Mythen Indiens, Chinas und Japans. Und ihnen allen liegt der archetypische Gegensatz zwischen Gut und Böse, Licht und Dunkel, Schöpfung und Zerstörung, Gott und Teufel zugrunde. Während Jesus in der späteren christlichen Kultur gleichbedeutend mit Gott wird, sieht man Judas – und er vertritt die Juden im allgemeinen – als Verkörperung des Gottfeindes.

Judas erscheint als falscher Freund, der aus reiner Gewinnsucht seinen Herrn verrät und dessen Tod verursacht. Das Bild ist durch und durch schwarz, und es gibt keine mildernden Umstände. Aber eine gründlichere Lektüre der Evangelien enthüllt ein weit vielschichtigeres Drama.

Wie wir gesehen haben, war Jesus von den Prophezeiungen des Alten Testaments beeinflußt – besonders von denen Sacharjas, die sich auf den Messias beziehen – und orientierte sein Handeln wiederholt sehr eng an ihnen. Wieder und wieder diktieren und bestimmen solche Prophezeiungen seine Entscheidungen, seine Ansichten, seine Taten. Ein großer Teil seines öffentlichen Lebens und seiner Geschichte scheint kaum mehr zu sein als eine Umsetzung und Neuinszenierung der Prophezeiungen. Und je mehr er von diesen Prophezeiungen einlöst, desto mehr Substanz erhält natürlich sein messianischer Anspruch. »Auf daß erfüllet würde, was da gesagt ist durch die Propheten« ist eine im Neuen Testament ständig benutzte Wendung – die Wendung eines Polemikers, der stolz seinen Beweis präsentiert.

Jahrhundertelang und trotz aller Gegenhinweise in den Evangelien behauptete die christliche Überlieferung, daß das Leben Jesu und die Prophezeiungen des Alten Testaments sich einander zufällig näherten – dabei habe es sich nicht um Berechnung Jesu, sondern um augenblickliche Ereignisse gehandelt, die einem göttlichen Plan entsprachen. Heute ist eine solche Behauptung völlig unhaltbar. Für moderne Forscher steht außer Frage, daß Jesus geleitet war von den biblischen Lehren und besonders von denen der prophetischen Bücher. Er folgt ihrem Muster nicht durch einen wundersamen Zufall, sondern er richtet sein Leben und seine Tätigkeit sorgfältig, bewußt, oft methodisch und mühevoll an den Erklärungen der Propheten aus. Dies wird sogar von ihm selbst bezeugt.

Sacharjas Prophezeiungen hinsichtlich des Messias sind für Jesus von besonderem Interesse und besonderer Bedeutung. Sein triumphaler Einzug in Jerusalem etwa ist der Versuch, eine dieser Prophezeiungen einzulösen. Aber Sacharja prophezeite auch, daß der Messias, ein Nachkomme Davids, durchbohrt und getötet und seine Anhänger zerstreut würden. In einer etwas undurchsichtigen Passage wird der Messias mit einem allegorischen guten Hirten verglichen, den man für den Preis von dreißig Silberlingen verdrängen werde (Sacharja 11,12; 12,10; 13,7; 14,21). Aus den Evangelien ist eindeutig zu entnehmen, daß Jesus beschloß, auch diese Prophezeiungen erfüllen zu lassen – mit Hilfe einer genauen vorherigen Planung. Um den Plan ausführen zu können, wird allerdings ein Verräter benötigt.

In allen vier Evangelien spielt das letzte Abendmahl eine wichtige Rolle, und in allen vier Evangelien gibt Jesus den Versammelten bekannt, daß ihn einer von ihnen verraten werde – weil »die Zeit gekommen ist«, weil seine »Stunde nahe ist« und auch, ganz wörtlich: weil »die Schrift erfüllt werden« muß. Bei Markus und Lukas wird der Verräter nicht während des Abendmahls benannt, wie bei Matthäus und Johannes. Im Evangelium des Matthäus fragt Judas offen: »Bin ich's, Rabbi?«, und Jesus bejaht. Im Evangelium des Johannes wird Jesus gebeten, den Verräter zu identifizieren, und er antwortet: »Der ist's, dem ich den Bissen eintauche und gebe.« Er taucht den Bissen ein und reicht ihn Judas mit den Worten: »Was du tust, das tue bald.« Bei Johannes heißt es – recht unlogisch – weiter, niemand wisse am Tisch, weshalb Jesus dies zu Judas sagte (Joh 13,25–28). Die Abfolge der Ereignisse wirft, so wie sie beschrieben wird, zwangsläufig Fragen auf. Warum erlaubt man Judas, nachdem er als Verräter seines Herrn identifiziert ist, hinauszugehen und den Verrat auszuführen? Warum wird er nicht zurückgehalten – etwa von Petrus, der kurz darauf nicht nur bewaffnet ist, sondern auch hinreichend gewalttätig, einen Knecht des Hohenpriesters anzugreifen? Warum werden nicht irgendwelche anderen Vorsichtsmaßnahmen getroffen?

Die Antwort auf all diese Fragen lautet: Die Mission des Judas ist nötig. Matthäus schreibt: »Aber das ist alles geschehen, daß erfüllet würden die Schriften der Propheten.« (Mt 26,56) Und ein Kapitel darauf: »Da ist erfüllet, was gesagt ist durch den Propheten . . ., da er spricht: ›Sie haben genommen dreißig Silberlinge, damit bezahlt war der Verkaufte, welchen sie kauften von den Kindern Israel . . .‹« (Mt 27,9)

Judas verrät Jesus in Wirklichkeit gar nicht. Im Gegenteil, er ist von Jesus ausgewählt worden, wahrscheinlich zu seinem eigenen Kummer, um eine unangenehme Pflicht zu erledigen, damit sich das Drama der Passion gemäß den Prophezeiungen des Alten Testaments abspielen kann. Als Jesus den eingetauchten Bissen an Judas weitergibt, erteilt er ihm damit einen Auftrag. Es ist fast so, als sei der für den Auftrag Ausersehene durch das Los gewählt worden, wobei die Auslosung offenbar fingiert war. Und als Jesus Judas auffordert, die Tat bald auszuführen, macht er keine von Resignation getrübte Aussage, sondern spricht einen Befehl aus.

Eines wird bei gründlicher Betrachtung des Abendmahls deutlich: Ohne Zweifel hat es irgendeine Absprache zwischen Jesus und Judas gegeben. Der Verrat kann sich ohne eine solche Absprache – ohne Einverständnis Jesu, ohne die Entschlossenheit, nicht nur die Bereitschaft, verraten zu werden – gar nicht ereignen. Kurz gesagt, die ganze Sache war sorgfältig geplant, obwohl die anderen Jünger in die Vereinbarung offenbar nicht eingeweiht waren. Judas ist offenbar der einzige, der in diesem Punkt Jesu Vertrauen genießt.

Dazu verdammt, von der Nachwelt verschmäht und verdammt zu werden, ist Judas auf seine Weise nicht weniger ein Märtyrer als Jesus. Für den griechischen Schriftsteller Nikos Kazantzakis ist die Rolle des Judas sogar die schwierigere. In seinem Roman *Die letzte Versuchung* spielt sich kurz vor dem Abendmahl der folgende geheime Dialog zwischen Jesus und Judas ab:

»Verzeih mir, mein Bruder Judas«, sagte Jesus, »aber es ist notwendig.«

»Ich habe dich schon einmal gefragt, Rabbi, gibt es keinen anderen Weg?«

»Nein, mein Bruder Judas. Ich würde es wohl wollen, bisher habe ich gehofft und geharrt, aber vergebens. Nein, es gibt keinen anderen Weg, die Vollendung der Zeiten ist gekommen; diese Welt, das Reich des Bösen, wird in Trümmer zerfallen, das Himmelreich wird kommen, ich bringe es. Wie? Dadurch, daß ich sterbe; einen anderen Weg gibt es nicht. Erschrick nicht, mein Bruder Judas, in drei Tagen werde ich wieder auferstehen von den Toten.«

»Das sagst du mir, um mich zu trösten, um mich dafür zu gewinnen, an dir Verrat zu üben, ohne daß mein Herz zerbricht. Du sagst, ich hielte aus, ich hielte stand, nur um mir Mut einzuflößen. Nein, je mehr wir uns der furchtbaren Stunde nähern . . . nein, ich halte nicht stand, Rabbi.«

»Du hältst stand, Bruder Judas, Gott wird dir die Kraft verleihen, die dir dazu fehlt, denn so muß es geschehen, ich muß getötet werden, und du mußt mich verraten, wir zwei müssen die Welt retten, hilf mir!«

Judas senkte den Kopf und sagte nach einer Weile: »Wenn du es wärst, der seinen Meister verraten sollte, würdest du es tun?«

Jesus dachte lange nach, schließlich sagte er: »Nein, ich fürchte, ich könnte es nicht, deshalb hat Gott sich auch meiner erbarmt und mir den leichteren Auftrag gegeben, gekreuzigt zu werden.«[14]

Dieser Dialog ist natürlich eine literarische Fiktion, aber auch in Wirklichkeit muß sich etwas ereignet haben, was der Darstellung von Kazantzakis ähnelt. Die Kommentatoren des Neuen Testaments räumen seit langem ein, wie wichtig, wie unerläßlich Judas für die gesamte Mission Jesu ist. Ohne Judas kann das Drama der Leidensgeschichte nicht stattfinden. Deshalb kann man Judas nicht mit dem gewöhnlichen Schurken der Volkstradition vergleichen. Er erweist sich als genau das Gegenteil: als eine edle und tragische Gestalt, die sich widerstrebend bereit erklärt, eine unangenehme, schmerzliche, doch notwendige Rolle in einem sorgfältig arrangierten Manuskript zu spielen. Jesus sagt über ihn: »Die du mir gegeben hast, die habe ich bewahrt, und ist keiner von ihnen verloren, als das verlorene Kind, damit die Schrift erfüllet würde.« (Joh 17,12)

Ungewiß bleibt, ob Jesus wirklich überzeugt war, sein Tod sei notwendig, oder ob es genügte, daß er nur den Anschein erweckte, zu sterben. Wie wir in unserem früheren Buch dargelegt haben, gibt es erhebliche Indizien, die für das letztere sprechen. Die Wahrheit dürfte dann natürlich nie bekannt werden, aber es ist zumindest möglich, daß er die Kreuzigung überlebte – vorausgesetzt, daß er überhaupt ans Kreuz geschlagen wurde, nicht der Vertreter, von dem der Koran und viele frühe Häresien sprechen.

Aber wenn geplant war, daß Jesus das Kreuz überlebt oder vielleicht gar nicht gekreuzigt wird, dann drängt sich die Frage auf, ob Judas in den Plan eingeweiht war. Erstreckte sich die Absprache mit seinem Herrn auch auf diesen Punkt, oder starb er in der quälenden Überzeugung, für den Tod seines Herrn verantwortlich zu sein?

Juda. Wie wir gesehen haben, scheint das paulinische Gedankengut die Einstellung Petri radikal geändert zu haben. Die aus der paulinischen Lehre hervorgehenden Traditionen verleumdeten Judas und bagatellisierten die Rolle, die Jesu Bruder Jakob als Oberhaupt der Nazoräer in Jerusalem spielte. Es gibt eine weitere Person, deren Bedeutung in den Augen der Nachwelt verzerrt und herabgesetzt werden sollte.

Im Kanon des Neuen Testaments existiert nur ein einziger Brief von Jakob, in dem er sich selbst als »Bruder des Herrn« bezeichnet. Daneben gibt es einen Brief von einem Mann namens Juda oder Judas, der sich einen »Diener Christi und Bruder Jakobs« nennt. Dies scheint auf den ersten Blick anzudeuten, daß Juda, wie Jakob, ein Bruder Jesu war.

Doch moderne Bibelwissenschaftler stimmen darin überein, der Juda zugeschriebene Brief sei zu spät datiert, könne folglich nicht von einem Zeitgenossen Jesu stammen. Man glaubt, daß er zu Beginn des 2. Jahrhunderts verfaßt wurde, sehr wahrscheinlich von einem

Mann, der tatsächlich Juda hieß und, zusammen mit seinem Bruder Jakob, damals den Nazoräern vorstand. Aber den Historikern der Frühkirche zufolge waren der Jakob und Juda des 2. Jahrhunderts die Enkel eines anderen, älteren Juda, des wirklichen Bruders Jesu.

Die Evangelien machen deutlich, daß Jesus einen Bruder namens Judas oder Juda hatte. Das Lukasevangelium wie die Apostelgeschichte sprechen von einem gewissen Judas von Jakob, was gewöhnlich als »Judas, Sohn Jakobs« übersetzt wird. Wahrscheinlicher ist jedoch, daß Judas von Jakob ursprünglich für »Judas, Bruder Jakobs« stand. Während Lukas sich nicht festlegt, drücken Matthäus und Markus sich unmißverständlich aus: Beide schreiben, Jesus habe vier Brüder – Joseph, Simon, Jakob und Judas – sowie wenigstens zwei Schwestern gehabt (Mt 13,55; Mk 6,3). Der Kontext, in dem sie erwähnt werden, ist seltsam. Es heißt, die Brüder hätten Jesus während der ersten Tage seiner Predigten in Galiläa Vorwürfe gemacht. Kein Grund für diese Vorwürfe wird genannt. Wie auch immer, Jakobs Ärger hielt nicht lange an. Schon kurz nach dem Tode Jesu hatte er den Platz seines Bruders eingenommen, war zum Oberhaupt der Nazoräer in Jerusalem geworden und hatte selbst den Status eines heiligen Mannes gewonnen. Umfangreiches Material deutet darauf hin, daß Juda seinem Beispiel folgte.

Merkwürdigerweise wird Juda jedoch weder in der Apostelgeschichte noch in irgendeiner anderen Schrift des Neuen Testaments erwähnt, jedenfalls nicht unter diesem Namen. Tatsächlich muß er unter einem anderen Namen gesucht werden, und wenn man ihn gefunden hat, stellt sich heraus, daß sein Träger eine überaus wichtige Rolle spielte.

7. Die Brüder Jesu

Eine Reihe grundlegender essenischer und/oder zadokidischer Texte nennt nicht nur einen Messias, sondern zwei. Diesen Quellen zufolge beruhte die Identität und Einheit der Nation auf zwei parallelen dynastischen Erbfolgen, zwischen denen es zahlreiche Verbindungen gab. Die beiden Messiasgestalten werden als der Messias Aarons und der Messias Davids benannt.[1] Der Messias Davids sollte eine königliche Figur sein und die weltliche Regierung jenes neuen Reiches leiten, das er durch seine militärische Tüchtigkeit errichtet hatte. Der Messias Aarons, ein Nachfahre des ersten im Alten Testament genannten israelischen Hohenpriesters, sollte ein Priester sein, ein Interpret des Gesetzes, und über das geistige Leben des Volkes herrschen.

Wie die Ironie des Schicksals es wollte, fand dieses Prinzip einer doppelten weltlichen und geistigen Autorität später in Westeuropa im Heiligen Römischen Reich seine Ausformung, in dem der Kaiser das irdische Zepter besaß und von David abzustammen behauptete, während der Papst die geistige Macht als Interpret des göttlichen Gesetzes ausübte. Wir haben schon des öfteren darauf hingewiesen, daß Politik und Religion für das damalige Israel unentwirrbar miteinander verbunden waren – im Grunde verschiedene Manifestationen desselben Prinzips. Folglich mußten der königliche Messias und der Priestermessias in so enger Beziehung wie möglich zueinander stehen – was zum Beispiel in makkabäischen Zeiten der Fall war, als beide derselben Familie angehörten. Die Spaltungen zwischen geistiger und weltlicher Macht, die später das Heilige Römische Reich kennzeichneten, waren undenkbar.

Man kann durchaus behaupten, daß das Motiv des Zwillingsmessias im Neuen Testament auftaucht, wenn auch in drastisch abgewandelter und wahrscheinlich entstellter Form. Moderne Forscher sind sich darin einig, daß Jesu Taufe durch Johannes im Jordan zu den historisch plausibelsten Ereignissen in den Evangelien gehört, zu den Ereignissen, die höchstwahrscheinlich nicht von späteren Autoren und Redakteuren ausgeschmückt wurden. Es handelt sich um das entscheidende Ereignis in der uns bekannten öffentlichen Laufbahn Jesu vor seinem triumphalen Einzug in Jerusalem, und die christliche Tradition unterstreicht die Bedeutung des Johannes. Er ist der Bahnbrecher, der Vorläufer, die »Stimme in der Wüste«, die »dem Herrn den Weg bereitet«. Damit nicht genug, viele Zeitgenossen des Johannes meinten, er sei der Messias. Lukas berichtet, daß »das Volk im Wahn war und dachten alle in ihren Herzen von Johannes, ob er vielleicht Christus wäre« (Lk 3,15). In den ersten drei Jahrhunderten unserer Zeitrechnung gab es gewisse mandäische oder johannitische Sekten, besonders im Gebiet von Euphrat und Tigris, die in Johannes, nicht in Jesus ihren Propheten sahen und verehrten. Eine dieser Sekten existiert noch heute; ihre Mitglieder halten Johannes für den wahren Propheten, während Jesus ein Rebell gewesen sei, ein Häretiker, der Menschen irreführte und geheime Lehren verriet.

Bibelwissenschaftler sehen keinen Grund, die Aussage des Lukas anzuzweifeln, wonach Johannes und Jesus Cousins waren. Man akzeptiert allgemein, daß die Mutter Jesu die Schwester Elisabeths, der Mutter des Johannes, war. Aber Lukas macht auch deutlich, daß Johannes der Täufer durch seine Mutter ein Nachkomme der Priesterdynastie Aarons war – was natürlich bedeuten würde, daß dies auch für Jesus gilt. Gleichzeitig betont Lukas die Abstammung Jesu, durch seinen Vater, von David. Damit kann Johannes als Nachkomme Aarons den Titel des Priestermessias beanspruchen. Jesus, der sowohl von Aaron wie von David abstammt, kann Anspruch auf den Titel des Priestermessias und des königlichen Messias erheben. Dies würde erklären, weshalb Lukas in der Apostelgeschichte (2,36) schrieb, Gott habe Jesus »zu einem Herrn und Christus gemacht«.

Die Verwandtschaft zwischen Johannes und Jesus hätte ihren Rollen zusätzliches Prestige, weitere Plausibilität und Glaubwürdigkeit verliehen. Wenn gläubige Juden in der apokalyptischen Atmosphäre jener Zeit ungeduldig die Ankunft von zwei Messiasgestalten erwarteten, dürften sie sich auf eine begrenzte Zahl von Familien konzentriert haben. Wieviel auffallender und einleuchtender wäre es gewesen, wenn die Erwähnten sich als Cousins ersten Grades erwiesen. Höchstwahrscheinlich hätte man dies als ein Zeichen, ein Omen, eine greifbare Manifestation des göttlichen Willens betrachtet.

Wenn Jesus der königliche und Johannes der priesterliche Messias war, dürfte die Taufe im Jordan um so bedeutsamer gewesen sein: Der Priestermessias bestätigte den offiziellen Status seines königlichen Gegenübers, eines Mannes, der durch das offenkundige Wirken eines göttlichen Plans auch eng mit ihm verwandt war. Die doppelten messianischen und familiären Bande hätten einander gestärkt. Da die geistlichen und die weltlichen Aufgaben sich im selben Hause, im selben Geschlecht vereinten, hätte die Verbindung die doppelte Weihe besessen und die Einheit der Nation wäre um so heiliger gewesen. So lag, wie erwähnt, der Fall während der Makkabäerdynastie, der letzten Monarchie Israels, und die Bewegung, zu der Jesus und seine Anhänger offenbar gehörten, sah in der Makkabäerherrschaft das Vorbild für ihre eigenen Hoffnungen.

Wenn Johannes der Priestermessias aus dem Hause Aaron und Jesus der königliche Messias aus dem Hause David war, ist es möglich, daß Jesus nach der Hinrichtung des Johannes durch Herodes Antipas beide Rollen übernahm und dadurch den Status und die Aufgaben des toten Propheten an sich zog. Möglicherweise ahnte Johannes seinen Untergang voraus und bestätigte sogar ein entsprechendes Abkommen, vielleicht durch die Zeremonie im Jordan. Die Tatsache, daß Jesus erst nach dem Hinscheiden des Johannes ernsthaft mit seiner Mission beginnt, kann nicht ohne Bedeutung sein. Jedenfalls steht außer Frage, daß frühere Anhänger des Johannes sich der Gefolgschaft Jesu anschlossen. Und wenn Jesus die Doppelrolle des königlichen und des priesterlichen Messias in sich vereinte, muß er ein Mensch gewesen sein, der solcher Loyalität würdig war.

Thomas der Zwilling. Aus dem Prinzip des doppelten Messias ergeben sich jedoch andere, noch erregendere Folgerungen. Sie betreffen nicht Johannes den Täufer, sondern eine weit weniger auffällige Gestalt, die von der späteren christlichen Überlieferung, um größere Peinlichkeiten zu vermeiden, nur äußerst widerwillig zur Kenntnis genommen wurde.

In allen vier Evangelien und in der Apostelgeschichte wird der als Thomas bekannte Jünger erwähnt, doch man erfährt praktisch nichts Besonderes über ihn. Er hebt sich in keiner Weise von den übrigen Anhängern Jesu ab und scheint nichts als eine Randfigur zu sein. Nur im Evangelium des Johannes macht er eine merkwürdige und zutiefst interessante Bemerkung. Als Jesus, der sich am Jordan aufhält, die Nachricht von der Erkrankung des Lazarus erhält, drängt Thomas alle, zu dem Haus des Kranken in Bethanien zurückzukehren, »daß wir mit ihm sterben« (Joh 11,16). Davon abgesehen, sagt oder tut Thomas bis zur Kreuzigung nichts Erwähnenswertes. Dann – in einem Abschnitt des Johannesevangeliums, einem wahrscheinlich später eingefügten – zweifelt er zunächst an Jesu Auferstehung.

Wenn man Quellen außerhalb der kanonischen Schriften heranzieht, gewinnt die Rolle des Thomas an Gewicht. Laut Eusebius, dem Kirchenhistoriker aus dem 4. Jahrhundert, zog Thomas nach Nordosten und predigte das Evangelium bei den Parthern[2], dem barbarischen Volk, welches das Gebiet vom Euphrat-Tigris-Becken bis hin zum heutigen Iran bewohnte. Einer apokryphen Arbeit gemäß, die aus dem 3. Jahrhundert stammt, führte die Mission des Thomas ihn in noch fernere Gegenden. In dieser Arbeit heißt es, er sei in Indien gestorben, »von vier Lanzenstichen durchbohrt«; man habe sein Grab später leer vorgefunden.[3] Eine ähnliche Überlieferung hält sich bei einer Sekte syrischer Christen, die sich Christen des heiligen Thomas nennen. Sie behaupten, von Thomas bekehrt worden zu sein, der schließlich in Mylapor, bei Madras, den Tod gefunden habe.

Wenn Berichte wie diese den geringsten Wahrheitsgehalt haben, dann ist Thomas einer der aktivsten und einflußreichsten Jünger. Während Paulus als der wichtigste Apostel des Christentums in Westeuropa zu gelten hat, scheint Thomas fast ohne fremde Hilfe für die Verbreitung des Christentums nach Osten verantwortlich zu sein. Was Thomas verbreitete, war jedoch kein paulinisches Christentum. Es war eine Form der nazoräischen

Lehre, wie man sie von Jakob und der konstantinischen Hierarchie in Jerusalem hätte erwarten sollen.

Aber wer war Thomas eigentlich? Wir wissen, daß Simon Petrus und sein Bruder Andreas sowie die beiden Söhne des Zebedäus Fischer aus Galiläa waren, und wir erfahren einiges über die Lebensumstände verschiedener anderer Jünger. Doch über Thomas wird uns nichts mitgeteilt. Die Frage nach seiner Herkunft aber ist um so berechtigter, als Thomas gar kein Name ist. Wie Petrus ein Spitzname für den Fischer Simon ist, so ist auch Thomas ein Beiname, denn es handelt sich einfach nur um das hebräische Wort für Zwilling.

Die autorisierte englische Übersetzung des Johannesevangeliums scheint auf den ersten Blick eine gewisse Klärung zu bieten. Dort wird er als Thomas Didymus oder Thomas genannt Didymus bezeichnet. In Wirklichkeit wird die Frage jedoch nur noch weiter verschleiert, denn das Wort *didymus* bedeutet ebenfalls Zwilling. Thomas Didymus ergibt in der Übersetzung also die Tautologie Zwilling-Zwilling; Thomas genannt Didymus wird noch grotesker: Zwilling genannt Zwilling. Auch jüngere Übersetzungen, die von Thomas, genannt Zwilling sprechen, bieten wenig Erleuchtung, denn wir haben es wiederum mit einer Absurdität zu tun: der Zwilling, genannt der Zwilling.

Was soll hier so ungeschickt verborgen werden? Was war der wirkliche Name des Thomas? Und wessen Zwillingsbruder war er?

Diese Fragen werden teilweise – und recht deutlich – von dem apokryphen Evangelium des Thomas beantwortet, einer sehr frühen Arbeit, die wahrscheinlich vom Ende des 1. Jahrhunderts stammt. Hier wird Thomas als Judas Thomas identifiziert, was sich als Judas der Zwilling übersetzen läßt. In einer anderen, etwas späteren apokryphen Arbeit, den Thomasakten, wird die Lösung des Problems noch eingehender behandelt. Auch hier tritt Thomas als Judas Thomas auf, und ein junger Mann »sah den Herrn Jesus im Aussehen des Apostels Judas Thomas . . . Der Herr aber sprach zu ihm: ›Ich bin nicht Judas mit dem Zunamen Thomas, ich bin sein Bruder‹«.[4]

Das apokryphe Zeugnis. Die moderne Bibelwissenschaft ist sich darin einig, daß die Kirchen, die sich in Syrien, Kleinasien und Ägypten herausbildeten, eine Form des Christentums verkörperten, die nicht weniger Gültigkeit hat als jene Roms, wenn sie sich auch von der letzteren unterschied. Man könnte sogar argumentieren, daß die dortigen Kirchen eine reinere Tradition ererbten als Rom, da sie nicht von der paulinischen Lehre verwässert und entstellt waren; ihre Tradition kam dem näher, was Jesus selbst, Jakob und die ursprüngliche Führung der Nazoräer gepredigt haben dürften. Um nur ein Beispiel zu nennen: Die Kirche in Ägypten besaß Texte, die wenigstens so alt und so gültig waren wie die des kanonischen Neuen Testaments – Texte, welche die Bearbeiter des kanonischen Neuen Testaments bewußt ausschlossen. Diese Tatsache betont Professor Helmut Koester von der theologischen Fakultät der Universität Harvard. Er erklärt, daß es in dem »ungeheuren Schatz nichtkanonischer Evangelienliteratur zumindest einige Schriften gibt, die keinen rechtmäßigen Platz in der Geschichte dieses literarischen Genres gefunden haben«[5]. Zu diesen Schriften zählt Professor Koester auch das Evangelium des Thomas. In einem Interview für die britische Fernsehserie *Jesus: the Evidence* bekräftigte Koester auf der Basis der neuesten Erkenntnisse, daß Judas Thomas mit großer

Sicherheit Jesu Bruder war – jener Bruder, der in den Evangelien als Juda oder Judas auftritt.

Wenn Judas Thomas oder Juda der Zwilling tatsächlich der Zwillingsbruder Jesu war, welchen Status hätte er dann bei seinen Zeitgenossen gehabt? In den Thomasakten findet sich folgendes Zitat: »Zwillingsbruder des Messias, Apostel des Höchsten und miteingeweiht in das verborgene Wort des Messias, der du seine verborgenen Aussprüche empfängst . . .«[6] Und in einer Anrufung des Heiligen Geistes (der bedeutsamerweise feminin ist) heißt es noch direkter: »Komm, heilige Geist(Macht) . . . Komm, heilige Taube, die du die Zwillings-Jungen gebierst; komm, verborgene Mutter.«[7]

In dem Fragment eines anderen apokryphen Werks ist davon die Rede, daß Simon Petrus und Judas Thomas von Jesus in hebräischer Sprache begrüßt werden. In der Übersetzung des koptischen Urtextes scheint es einige, vielleicht absichtlich gestiftete Verwirrung zu geben, aber Jesus sagt offenbar: »Sei gegrüßt, mein verehrungswürdiger Beschützer Petrus. Sei gegrüßt, Thomas [Zwilling], mein zweiter Messias.«[8]

Aus solchen Zitaten geht hervor, daß Judas Thomas nicht nur der Zwillingsbruder Jesu, sondern ebenfalls ein anerkannter Messias war.

Kult der Zwillinge. Die Vermutung, daß Jesus einen Zwillingsbruder hatte, war eine der hartnäckigsten und schwer auszurottenden alten Häresien, und trotz wiederholter Unterdrückungsversuche verschwand sie nie völlig. Während der Renaissance beispielsweise tauchte sie mehrere Male auf, wenn auch etwas verstümmelt. Sie findet sich in manchen Werken Leonardo da Vincis, besonders im *Abendmahl.*[9] Das Motiv wird auch von späteren Malern, unter ihnen Poussin, verwendet. Heute spielt es eine herausragende Rolle in der Arbeit Michel Tourniers, der einer der angesehensten Sprecher der modernen französischen Kultur und wahrscheinlich der bedeutendste Romanschriftsteller Frankreichs seit Proust ist. Und auf den Bildern, die Béranger Saunière für die Kirche in Rennes-le-Château in Auftrag gab, werden Maria und Joseph, den Altar zwischen sich, mit jeweils einem Jesuskind gezeigt.

Den meisten modernen Christen und sogar den meisten modernen Agnostikern dürfte der Gedanke, daß Jesus einen Zwillingsbruder hatte, im besten Falle weithergeholt, im schlimmsten blasphemisch erscheinen. Aber man muß eine wesentliche Tatsache im Auge behalten: Die Texte, in denen Judas Thomas als Zwillingsbruder Jesu auftritt, wurden einst weithin von christlichen Gemeinden verwendet, nicht nur in Ägypten und Syrien, sondern auch, wie wir sehen werden, in so fernen Ländern wie Spanien und wohl auch Irland. Sie wurden als heilige Schriften akzeptiert, als genauso legitim wie die kanonischen Evangelien des Neuen Testaments oder die Apostelgeschichte. Dies kann nur bedeuten, daß damals die Idee eines Zwillingsbruders für gläubige Christen ganz selbstverständlich war. Kurz gesagt, es gab religiöse Männer und Frauen, die den Gedanken nicht für blasphemisch hielten, sondern ihn sogar als einen wesentlichen Teil ihres Glaubens ansahen – wie etwa die Rolle Petri für die katholische Kirche.

An dieser Stelle lohnt es sich, kurz in einen völlig spekulativen Bereich abzuschweifen. Es ist ein Bereich, in dem sich kein Beweis oder Gegenbeweis finden läßt, der aber wenigstens eine flüchtige Betrachtung verdient hat. In alten Zeiten verstand man die Prozesse der menschlichen Fortpflanzung nicht so wie heute, in mancher Hinsicht verstand man weniger von ihnen. Zum Beispiel darf bezweifelt werden, daß man die biologischen Faktoren bei der Geburt von Zwillingen völlig – oder auch nur hinreichend – durchschaute. Aus diesem einfachen, selbstverständlichen Grund muß die Geburt von Zwillingen, besonders von eineiigen Zwillingen, den Menschen in alter Zeit fast wie ein Wunder erschienen sein – wie ein Phänomen, aus dem ein göttliches Eingreifen spricht. Das Thema Zwillingsbrüder gehört zu den nachhaltigsten und frühesten aller kulturellen und religiösen Motive. Vom Anbruch der überlieferten Geschichte an hatte vor allem die Mittelmeerwelt einen Kult der Dioskuren, der göttlichen Zwillinge, gepflegt. Unter den Namen Castor und Pollux hatten diese Zwillinge eine äußerst wichtige Rolle für die Herausbildung und Evolution des griechischen mythischen Gedankenguts gespielt. Romulus und Remus wurden als Zwillingspaar verehrt, das die Gründung Roms bewirkte. Die Geburt von Zwillingen wurde aus ihrem Wesen heraus zu einem Geschehnis, das am Mythischen teilhatte, das den Menschen mit einigen seiner ältesten und stärksten mythischen Bilder und letztlich mit seinen Göttern verband. Solche Zwillinge waren zwar oft Erzfeinde, aber nicht notwendigerweise. Manchmal ergänzten sie einander friedlich und bildeten eine Einheit.

So war zum Beispiel Edessa (das türkische Urfa) lange ein Zentrum des Zwillingskults von Momim und Aziz. Jesus und Judas Thomas lösten dieses Paar ab, und Edessa entwickelte sich zu einem Zentrum für den neuen Kult der Messiaszwillinge. Man nimmt an, daß die Thomasakten in Edessa geschrieben wurden. Ebenfalls in Edessa entstand die älteste bekannte Kirche, die schließlich im Jahre 201 zerstört wurde. Und es gibt überzeugende Hinweise darauf, daß Judas Thomas persönlich die Stadt besuchte und den damaligen König Abgar mit seinen Lehren bekannt machte.

Die Juden der Zeit Jesu warteten voll sehnsüchtiger Freude auf die Ankunft des Messias – und viele von ihnen warteten auf die Ankunft von zwei solchen Männern. Da man das Messiastum als etwas Dynastisches betrachtete, dürfte sich die Aufmerksamkeit des Volkes auf einen relativ kleinen Kreis von miteinander verbundenen Familien konzentriert haben, die ihre Abstammung sowohl von David wie von Aaron herleiten konnten. Mußte die Geburt eines Zwillingspaars in einer dieser Familien nicht überaus bedeutungsvoll erscheinen – als göttliches Zeichen, als Omen, als Bestätigung der Erwartungen? Wären ein königlicher und ein priesterlicher Messias, die beide gleichzeitig aus derselben Familie hervorgingen, nicht ein beredter Beweis für Gottes Gunst gewesen?

Die Nachkommen der Familie Jesu. In *Der heilige Gral und seine Erben* haben wir die Wahrscheinlichkeit, daß Jesu Nachkommen hatte, eingehend behandelt. Hatte nicht auch die Familie Jesu Nachkommen? Etablierte Quellen bestätigen dies. Zum Beispiel schrieb der Historiker Julius Africanus, der zwischen den Jahren 160 und 240 lebte und enge Beziehungen zum Königshaus von Edessa unterhielt:

»Die bis zu jener Zeit in den Archiven aufbewahrten Aufzeichnungen der Geschlechter . . . ließ Herodes verbrennen, da das Geschlecht der Israeliten zu ihm keinerlei Beziehung hatte und ihn das Bewußtsein seiner niederen Herkunft ärgerte . . .

Einige wenige jedoch, die sich darum gekümmert

hatten, konnten, weil sie sich entweder aus dem Gedächtnis oder durch Benützung von Abschriften Privatregister besorgt hatten, sich rühmen, die Erinnerung an ihre edle Abstammung gerettet zu haben. Zu diesen gehörten die Erwähnten, welche wegen ihrer Beziehung zu dem Geschlecht des Erlösers ›Herrenverwandte‹ [*desposyni*] genannt wurden . . .«[10]

Zwei völlig verschiedene Ereignisse, die durch rund siebzig Jahre getrennt sind, scheinen in dieser Passage durcheinandergebracht oder miteinander verschachtelt worden zu sein. Einerseits dürfte es die aristokratische und königliche Ahnentafel Jesu gewesen sein, durch die der Usurpator Herodes seine Legitimität bedroht sah. Dies dürfte die Überlieferung vom Kindermord des Herodes erklären. Andererseits gibt es Belege dafür, daß die Verbrennung der Ahnentafeln, von der Julius Africanus spricht, nicht von Herodes, sondern nach dem Aufstand des Jahres 66 von den Römern angeordnet wurde. Auch sie wären im selben Maße wie Herodes gefährdet gewesen, wenn ein legitimes königliches Geschlecht überlebt hätte, um das die aufständischen Juden sich sammelten.

Nach den Aussagen des Paulus war er verheiratet, und dann, zur Zeit seiner Bekehrung, verwitwet (1. Kor. 7,8).[11] Fest steht, daß Ehe und Vaterschaft weder bei der unmittelbaren Gefolgschaft Jesu noch in der sogenannten »Frühkirche« verboten waren. Laut Klemens von Alexandria hatte der Jünger Philippus, ebenso wie Simon Petrus, geheiratet und Kinder gezeugt.[12] Und in den Korintherbriefen gibt Paulus einen klaren Hinweis, daß Jesu Brüder verheiratet waren: »Haben wir nicht Macht, zu essen und zu trinken? Haben wir nicht auch Macht, eine Schwester zum Weibe mit umherzuführen wie die anderen Apostel und des Herrn Brüder . . .?« (1. Kor. 9,4–5)

Es gibt keine genaue Mitteilung darüber, daß Jakob Nachkommen hatte, doch er wird wiederholt als unerschütterlicher Anhänger des Gesetzes geschildert, und eine der Vorschriften des Gesetzes besagt, daß der Mensch heiraten, fruchtbar sein und sich mehren solle. Deshalb ist die Annahme berechtigt, daß Jakob Kinder hatte. Im Falle Judas – oder des Judas Thomas – ist bestätigt, daß er Nachkommen hatte. Wie oben ausgeführt, standen zu Beginn des 2. Jahrhunderts zwei Brüder, Jakob und Juda, die als Enkel des Bruders Jesu identifiziert werden, an der Spitze der nazoräischen Hierarchie. Eusebius zitiert eine noch frühere Quelle: »Noch lebten aus der Verwandtschaft des Herrn die Enkel des Judas, der ein leiblicher Bruder des Herrn gewesen sein soll. Diese wurden als Nachkommen Davids gerichtlich angezeigt. Ein Evokatus führte sie vor Kaiser Domitian. Denn gleich Herodes fürchtete sich dieser vor der Ankunft Christi. Domitian fragte jene, ob sie von David abstammen. Sie bestätigten es.«[13]

Eusebius berichtet, daß die *desposyni* – die Nachkommen der Familie Jesu und möglicherweise Jesu selbst – überlebten und in strenger dynastischer Nachfolge zu Führern der verschiedenen christlichen Kirchen wurden. Er folgt ihren Spuren bis in die Zeit von Kaiser Trajan (98–117). Eine moderne katholische Quelle läßt sie in einer Geschichte aus dem 4. Jahrhundert auftreten, zur Zeit Konstantins. Im Jahre 318 soll der damalige Bischof von Rom (heute als Papst Silvester bekannt) persönlich mit acht Desposyni-Führern – von denen jeder einen Zweig der Kirche leitete – im Lateran zusammengetroffen sein. Sie sollen gefordert haben: 1. daß die Berufung christlicher Bischöfe von Jerusalem, Antiochia, Ephesus und Alexandria zurückgenommen werde; 2. daß diese Diözesen den

Mitgliedern der Desposyni zu übertragen seien; 3. daß christliche Kirchen von neuem Geld an die Desposyni-Kirche in Jerusalem schickten, die unzweifelhaft als Mutterkirche betrachtet werden müsse.[14] Der letzte Punkt ist von besonderem Interesse, da er impliziert, daß die Desposyni-Kirche in Jerusalem – das heißt die alte Hierarchie der Nazoräer – früher tatsächlich als Mutterkirche betrachtet worden war.

Der Bischof von Rom wies diese Forderungen zurück und erklärte, die Mutterkirche sei nun Rom und Rom habe die Autorität, eigene Bischöfe zu ernennen. Dies soll der letzte Kontakt zwischen den jüdisch-christlichen Nazoräern und der sich herausbildenden, auf der paulinischen Lehre fußenden Orthodoxie gewesen sein. Man nimmt allgemein an, daß die nazoräische Tradition danach unterging. In Wirklichkeit entbehrt diese Annahme jeglicher Grundlage.

8. Das Überleben der nazoräischen Lehre

Nach dem Aufstand des Jahres 66 und dem Fall der Festung Masada acht Jahre später war die politisch orientierte messianische Bewegung, verkörpert durch Jesus, seine Brüder und seine unmittelbare Gefolgschaft, stark zerrüttet. Trotzdem konnte sie immer noch genügend Anhänger hinter sich versammeln, um erhebliche Unruhen im Heiligen Land auszulösen. So kam es zwischen den Jahren 132 und 135 in Palästina zu einer neuen Revolte. Der Führer dieser Erhebung war Simeon bar Kochba. Einiges deutet darauf hin, daß er von Judas dem Galiläer und von den zelotischen Befehlshabern bei der Einnahme und späteren Belagerung von Masada abstammte. Robert Eisenman glaubt, daß es enge Verbindungen zwischen der Familie Simeons und den Nachfahren Jesu gegeben haben könne – wenn sie nicht sogar identisch waren. Wieder einmal sticht das Prinzip der dynastischen Erbfolge ins Auge.

Als Simeon seine Rebellion einleitete, bat er die inzwischen etablierten paulinischen Christen um Unterstützung. Dies war verständlich, denn Jesu Bruder Jakob und die anderen Mitglieder der nazoräischen Hierarchie in Jerusalem schienen ihre Verkündigung des Evangeliums als eine Form der Rekrutierung betrachtet zu haben. Deshalb erwartete Simeon bar Kochba natürlich, daß ihm die Anhänger eines früheren Messias – des rechtmäßigen Königs, der sein Land vom römischen Joch befreien sollte – bei einem genauso gearteten Vorhaben helfen würden. Aber die paulinischen Christen hatten mittlerweile ihre eigene Doktrin eines nichtpolitischen, ausschließlich spirituellen Messias entwickelt. Erzürnt über das, was ihm wie ein ungeheuerlicher Treuebruch oder schändliche Feigheit vorgekommen sein muß, wandte Simeon sich gegen sie und verfolgte sie als Verräter.

Der von Simeon geleitete Aufstand wurde, wie der sechsundsechzig Jahre vorausgegangene, brutal niedergeschlagen. Jerusalem wurde wiederum zerstört, und nach dem Neuaufbau durften Juden nicht in die Stadt zurückkehren oder sich innerhalb ihrer Grenzen niederlassen. Die Überlebenden von Simeons Heer flohen teils nach Syrien und Mesopotamien, teils nach Ägypten; in diesen Gegenden wurde die nazoräische Tradition fortgesetzt.

Nach dem Aufstand müssen die Angehörigen der alten nazoräischen Hierarchie immer stärkerem Druck von drei Seiten ausgesetzt gewesen sein. Für Rom waren sie natürlich aufsässige Geächtete, die es zu jagen und rücksichtslos auszurotten galt. Inzwischen waren sie überdies auch bei Juden auf Antipathie gestoßen. Die alte Priesterschicht der Sadduzäer, die zu Zeiten Jesu und des Herodes mit den Römern kollaboriert hatte, war zwar verschwunden, aber eine neue, der rabbinischen Lehre angenäherte Form des Judaismus hatte sich zu bilden begonnen. Dieser rabbinische Judaismus, der Vorläufer des Judaismus in seiner modernen Gestalt, hatte die messianische Bewegung enttäuscht zurückgewiesen, auf ehrgeizige politische Pläne verzichtet und sich – um sein Überleben zu sichern – hinter der Pflege von Gelehrsamkeit, Bildung und rituellen Vorschriften verschanzt. Für den rabbinischen Judaismus war militante Tätigkeit nicht einfach nur lästig, sondern auch gefährlich, weil sie Erschütterungen hervorrufen und die Römer zu einem weiteren katastrophalen Akt des Zorns und der Vergeltung treiben mochte. Die paulinischen Christen bezogen eine ähnliche Haltung. Sie konzentrierten sich auf ihr eigenes Überleben und versuchten, Rom günstig zu stimmen. Außerdem vertraten sie die Auffassung, daß militärische und politische Aktivitäten vermieden werden sollten. Zudem besaßen sie mittlerweile eigene Doktrinen, was die Gestalt Jesu und den Begriff Messias betraf. Sie waren nicht bereit, diese Lehrsätze in Frage stellen zu lassen, nicht einmal von Nachkommen Jesu oder seiner Familie.

Infolgedessen wurden die Anhänger der alten nazoräischen Hierarchie – also die Anhänger Jesu und seiner Brüder – von verschiedenen Fraktionen unter Druck gesetzt und verschwanden allmählich aus der westlichen Geschichtsschreibung. Im Grunde war es eine Art Verbannung aus der Geschichte. Obwohl sie zuvor den wahren Judaismus repräsentiert hatten und obwohl sie dem Christentum den Mittelpunkt seiner Verehrung lieferten, waren sie nun von Juden wie von Christen verstoßen worden. Und man hatte sogar ihre Definition des Messias geraubt und zu etwas radikal anderem entstellt. Dies gehört wahrscheinlich zu den grausamsten Ironien in der Entwicklung jedweder Weltreligion.

Im 2. Jahrhundert wurde die Lehre der Nazoräer schon als eine Form von Häresie gebrandmarkt. Dafür würden auch viele heutige Christen sie halten. Aber schon das Wort Häresie wird ständig mißbraucht und muß wieder in seinen richtigen Zusammenhang gestellt werden. Moderne Gläubige nehmen im allgemeinen an, einstmals habe es eine reine Form des Christentums gegeben, gepredigt von Paulus, aus der später verschiedene abweichende Lehren – Häresien – hervorgegangen seien. Doch nichts ist der Wahrheit ferner. Die erste wirkliche Häresie war nämlich die des Paulus. Seine Predigten und sein Gedankengut stellten die abweichende Lehre dar, während die nazoräische Tradition, der sich Paulus widersetzte und die von der paulinischen Lehre abgelöst wurde, die engste Annäherung an ein reines Christentum war, die je existierte. Aber nachdem die paulinische Lehre ihre Position gefestigt hatte, wurde sie automatisch zur »etablierten Orthodoxie«, und von diesem Zeitpunkt an wurde alles, was nicht mit ihr im Einklang stand, durch Definition zu einer Häresie. Die Absurdität einer solchen Kennzeichnung der nazoräischen Lehre – absurd, wie wenn man Marx einen häretischen Marxisten nennen würde oder Freud einen häretischen Freudianer – wurde einfachheitshalber nicht zur Kenntnis genommen.

Obwohl die nazoräischen Lehren verworfen, verurteilt und verfolgt wurden, überlebten sie viel länger, als man im allgemeinen vermutet. Während der folgenden Jahrhunderte tauchten diese Lehren unter einer verblüffenden Vielzahl von Namen auf. Frühere Autoren nannten sie häufig ebionitisch. Einige heutige Gelehrte bezeichnen sie als zadokidisch – ein Begriff, der hin und wieder in den Lehren selbst zu finden ist. Andere Forscher nennen sie judäisch-christlich, was verwirrend, irreführend und widersprüchlich ist. Im Hinblick auf die evangelisierende Rolle des Judas Thomas spricht Helmut Koester von einer thomasinischen – im Unterschied zur paulinischen – Tradition dessen, was wir heute unter Christentum verstehen. Natürlich gab es auch spätere Zusätze, Entwicklungen und Modifizierungen, spätere Verschmelzungen mit anderen Doktrinen, wodurch eine Überfülle weiterer Namen entstand: gnostisch, manichäisch, sabäisch, mandäisch, nestorianisch, elkesaitisch. Um die Sache zu vereinfachen und unsere Absichten deutlich zu machen, dürfte es am leichtesten sein, den Begriff nazoräisch beizubehalten. Doch er bezieht sich nun nicht mehr auf eine bestimmte Gruppe von Individuen, sondern auf eine allgemeine Denkweise, eine Ausrichtung auf Jesus und seine Lehren. Diese Denkweise ist letztlich von der ursprünglichen nazoräischen Position abgeleitet, wie sie von Jesus selbst dargestellt und dann von Jakob, Juda oder Judas Thomas und den sie unmittelbar Umgebenden verbreitet wurde. Dafür sind gewisse Grundmerkmale charakteristisch, und zwar vor allem: 1. die fortgesetzte und strikte Befolgung des jüdischen Gesetzes; 2. die Anerkennung Jesu als Messias im ursprünglichen jüdischen Sinne des Wortes; 3. die Ablehnung der These von der jungfräulichen Geburt sowie die Annahme, daß Jesus auf natürliche Weise, ohne jede göttliche Intervention geboren wurde; 4. eine aktive Gegnerschaft Paulus und dem paulinischen Gedankengebäude gegenüber. Wo diese Merkmale gleichzeitig auftreten, hat man es mit Spuren der unverfälschten nazoräischen Position zu tun – der Position, die Jesus selbst, Jakob, Juda und die Hierarchie in Jerusalem vertraten.

So schreibt etwa Justin der Märtyrer um das Jahr 150 von jenen, die Jesus als den Messias, doch gleichzeitig immer noch als einen Menschen betrachteten. Er merkt an, sie hätten das mosaische Gesetz befolgt, was Beschneidung, Heiligung des Sabbats und Ernährungsvorschriften anging, und sie seien von nichtjüdischen – das heißt paulinischen – Christen gemieden worden.[1]

Ungefähr ein halbes Jahrhundert später gab Irenäus, Bischof von Lyon, sein Werk *Fünf Bücher gegen die Häresien* heraus, in dem er einen heftigen und dogmatischen Angriff gegen die vorherrschenden Ketzereien seiner Zeit führte. Irenäus war die Stimme der sich formenden Orthodoxie, und seine Etikettierung von Häresien sowie seine Auswahl kanonischer Werke sollten die Kirche von Rom unauslöschlich prägen. In seiner Arbeit wettert Irenäus gegen eine Gruppe, die er die Ebioniten nennt – ein Begriff, den die Autoren der Schriftrollen von Qumrân benutzten, um sich selbst zu beschreiben, und der einfach als »die Armen« übersetzt werden kann. Nach Irenäus behaupteten die Ebioniten, daß Jesus nicht Gott, sondern ein Mensch war und nicht von einer Jungfrau geboren wurde. Sie erklärten, daß er erst zur Zeit seiner Taufe – das heißt seiner Salbung oder Krönung – zum Messias geworden sei. Sie verwendeten nur das Evangelium des Matthäus und interpretierten – wie Jesus selbst und wie die Essener oder Zadokiden zwei Jahrhunderte zuvor – nur die prophetischen Bücher des Alten Testaments. Die Ebioniten hielten sich gewissenhaft an das jüdische Gesetz und lehnten die Briefe des Paulus ab, ebenso wie den Apostel Paulus selbst, »den sie einen Verächter des Gesetzes nennen«[2].

Ein Jahrhundert später, zur Zeit Konstantins, blühte die nazoräische Lehre immer noch und wurde weiterhin verbreitet. Im Jahre 318 soll der Bischof von Rom ein Treffen entweder mit Nazoräern oder Desposyni-Führern gehabt haben, die direkt von der Familie Jesu abstammten. Zur selben Zeit attackierte der Kirchenhistoriker Eusebius die Nazoräer (die er, wie Irenäus, Ebioniten oder Ebionäer nennt) als Häretiker, da eine ihrer Richtungen meine, »man müsse die Briefe des Apostels [Paulus], von dem sie erklärten, er sei vom Gesetz abgefallen, vollständig verwerfen. Nur das sogenannte Hebräerevangelium benützten sie, den übrigen Schriften aber legten sie geringen Wert bei.«[3]

Hundert Jahre danach, im späten 4. oder frühen 5. Jahrhundert, leitete Epiphanius, ein weiterer Kirchenschriftsteller, einen neuen Angriff auf das ein, was er für Häresie hielt. Für ihn sind die Begriffe ebionitisch oder nazoräisch austauschbar. Wie Irenäus verurteilt Epiphanius die Ebioniten oder Nazoräer, weil sie die jungfräuliche Geburt leugneten, weil sie lehrten, daß Jesus ein von Menschen geborener Mensch sei, weil sie erklärten, daß Jesus erst nach seiner Taufe zum Messias wurde, und weil sie abweichende Versionen der Apostelgeschichte benutzten. Sie »schämen sich nicht«, schreibt Epiphanius empört, Paulus abzulehnen, da sie ihn für einen »falschen Apostel« hielten.[4]

In einem nazoräischen Text wird Paulus »der Feind« genannt. Der Verfasser dieses Textes besteht darauf, der rechtmäßige Erbe Jesu sei sein Bruder Jakob gewesen, und er gibt sich alle Mühe nachzuweisen, Petrus sei in Wirklichkeit nie zur paulinischen Lehre übergelaufen. Er zitiert Petrus, der davor warnt, irgendeine andere Autorität als die der nazoräischen Hierarchie anzuerkennen: »Seid also auf eurer Hut, daß ihr keinem Lehrer glaubt, wenn er nicht aus Jerusalem das Zeugnis des Jakobus, des Bruders des Herrn . . . bringt.«[5] In den sechziger Jahren unseres Jahrhunderts fand der Mediävist Professor Schlomo Pines in einer Sammlung arabischer Manuskripte, die aus dem 10. Jahrhundert stammt und in einer Bücherei in Istanbul verwahrt wird, eine Reihe langer und detaillierter wörtlicher Zitate aus einem früheren Text des 5. oder 6. Jahrhunderts, den der arabische Autor *al-nasara*, das heißt den Nazoräern, zuschreibt. Der frühere Text soll ursprünglich in altsyrischer Sprache geschrieben und in einem christlichen Kloster im iranischen Khusistan, unweit der irakischen Grenze, gefunden worden sein. Er scheint eine Überlieferung widerzuspiegeln, die ohne jeden Bruch auf die ursprüngliche Führung der Nazoräer zurückgeht, also auf jene, die unmittelbar vor dem Aufstand des Jahres 66 aus Jerusalem flüchteten. Jesus wird wiederum als ein Mensch, nicht als ein Gott bezeichnet, und jeder Hinweis auf seine Göttlichkeit wird verworfen. Die Autoren unterstreichen die Wichtigkeit des jüdischen Gesetzes, geißeln Paulus und werfen seinen Anhängern vor, »die Religion Christi aufgegeben und sich den religiösen Lehren der Römer zugewandt zu haben«. Die Evangelien werden als unzuverlässige Berichte aus zweiter Hand abgestempelt, die nur »etwas, aber wenig, von den Worten, den Lehren Christi und von den ihn betreffenden Informationen« enthielten. Doch damit nicht genug: In diesem aus dem 10. Jahrhundert stammenden arabischen Dokument heißt es, jene Sekte, die den nazoräischen Text hervorgebracht habe, existiere immer noch und werde unter Christen als eine Elite betrachtet.[6]

Eine der wichtigsten Erscheinungsformen der nazoräischen Überlieferung war jene Häresie, die heute als nestorianisches Christentum bekannt ist. Sie hat ihren Namen von Nestorius, der im Jahre 428 zum Patriarchen von Konstantinopel ernannt wurde. Nestorius brauchte nicht lange, um seine Position deutlich zu machen. Schon im Jahre seiner Berufung erklärte er unverblümt: »Niemand möge Maria die Mutter Gottes nennen, denn Maria war nur ein Mensch.«[7] Diese Worte lösten sofort einen Skandal aus. Drei Jahre später wurde Nestorius verurteilt und exkommuniziert. Der Brief mit dem Urteil trug die spöttische Anschrift: »Die Heilige Synode an Nestorius, den neuen Juden.«

Im Jahre 435 wurde Nestorius in die ägyptische Wüste verbannt, doch sein Einfluß blieb ungebrochen. Die persische Kirche bekannte sich zu Nestorius[8], und als er im Jahre 451 offiziell als Häretiker eingestuft wurde, weigerte die ägyptische Kirche sich, obgleich sie nicht mit ihm übereinstimmte, die Entscheidung zu akzeptieren. Sie spaltete sich ebenfalls von der römischen Orthodoxie ab und wurde schließlich zur koptischen Kirche. Unterdessen lebte die nestorianische Lehre nicht nur einfach weiter, sondern zeigte eine erstaunlich hartnäckige Lebensfähigkeit. Im 20. Jahrhundert bestand sie immer noch, und ihre Anhänger unterhielten eine theologische Lehranstalt in Nisibis im nördlichen Mesopotamien. In jüngerer Zeit emigrierten der offizielle Patriarch und viele seiner Gemeindemitglieder nach San Francisco, wo die nestorianische Kirche noch heute existiert.

Aber die nestorianische Kirche war nicht das einzige Vehikel, welches das nazoräische Gedankengut in spätere

Epochen transportierte. Wir hatten in Quellen der Prieuré de Sion Hinweise darauf gefunden, daß manche ihrer frühen Angehörigen und der ihnen zugeordneten Tempelritter Kontakt mit essenischen/zadokidischen/nazoräischen Sekten aufgenommen hatten, die zur Zeit der Kreuzzüge, mehr als tausend Jahre nach Christus, immer noch weiterbestanden. Diese Hinweise, obwohl recht plausibel, waren nicht durch solide Indizien erhärtet worden, weshalb wir nicht geneigt waren, ihnen Glauben zu schenken. Die Angelegenheit schien sich jeder Bestätigung zu entziehen.

Kurz nach dem Erscheinen von *Der Heilige Gral und seine Erben* erhielten wir jedoch einen Brief von Hugh Schonfield, dem Autor von *Planziel Golgatha*, und einer Reihe anderer wichtiger Arbeiten über die Ursprünge des Christentums. Was Schonfield uns danach im Laufe mehrerer Begegnungen mitteilte, war verblüffend. Einige Zeit zuvor hatte er ein Codierungssystem entschlüsselt – er nannte es den Atbash-Code –, das benutzt worden war, um verschiedene Namen in essenischen/zadokidischen/nazoräischen Texten unkenntlich zu machen. Dieses System wurde zum Beispiel in einigen der Schriftrollen vom Toten Meer verwendet.

In *Secrets of the Dead Sea Scrolls* (Geheimnisse der Schriftrollen vom Toten Meer) erläutert Schonfield detailliert, wie der Atbash-Code funktioniert.[9] In seinem jüngsten Buch, *Die Essener*, beschreibt er, wie er nach der Lektüre unseres Buches im Jahre 1982 von dem geheimnisvollen Prinzip fasziniert wurde, das unter dem Namen Baphomet angeblich von den Tempelrittern verehrt wurde. Er wandte den Atbash-Code auf Baphomet an, und das Wort ließ sich reibungslos entschlüsseln: zu sophia (griech.: Weisheit).[10]

Dies dürfte schwerlich nur ein Zufall gewesen sein. Im Gegenteil, es bewies über jeden Zweifel hinaus, daß die Tempelritter mit dem Atbash-Code vertraut waren und ihn für ihre eigenen abweichlerischen Riten verwandten. Aber wie konnten die Templer des frühen 12. Jahrhunderts so gut über ein kryptographisches System unterrichtet sein, das tausend Jahre alt war und dessen Praktiker längst von der Bühne der Geschichte abgetreten waren? Es gibt nur eine einzige plausible Erklärung dafür: Wenigstens einige dieser Praktiker waren gar nicht verschwunden, sondern lebten zur Zeit der Kreuzzüge noch; offensichtlich hatten die Tempelritter mit ihnen Kontakt. Die Benutzung des Atbash-Codes durch die Templer beweist, daß irgendeine nazoräische oder neonazoräische Sekte im Nahen Osten bis ins 12. Jahrhundert hinein überlebt und ihre Lehren dem Westen zugänglich gemacht hatte.

Die Nazoräer Ägyptens. Bis jetzt haben wir beobachtet, wie die nazoräische Lehre sich in die Gebiete nordöstlich des Heiligen Landes verlagerte und dort überlebte. Diese Gebiete – Syrien, Kleinasien, die Türkei, Persien, Teile Südrußlands und des indischen Subkontinents – wurden der Überlieferung (und Koester) zufolge von Judas Thomas, dem Zwillingsbruder Jesu, evangelisiert. Aber diese Bereiche, die größtenteils vom Hauptstrom der aufkeimenden westlichen Ideen abgeschnitten waren, bildeten nicht die einzige Zuflucht der nazoräischen Lehre. Sie breitete sich auch nach Südwesten aus, nach Ägypten und entlang der nordafrikanischen Küste, wo sie eine viel direktere Beziehung zu der entstehenden römischen Orthodoxie anknüpfen und – trotz der Versuche Roms, sie zu unterdrücken – einen sichtbareren Einfluß auf die Entwicklung des Christentums in Westeuropa ausüben konnte.

Der alte Atbash-Alphabetcode

א = ת

ב = ש

ג = ר

ד = ק

ה = צ

ו = פ

ז = ע

ח = ס

ט = נ

י = מ

כ = ל

Seit den Zeiten des Alten Testaments hatte es einen ständigen Austausch von Ideen wie von Gütern zwischen Palästina und Ägypten gegeben. In der Epoche Jesu war Alexandria die toleranteste, die eklektisch und ökumenisch ausgeprägteste Stadt des ganzen Römischen Reiches. Als wichtigster Knotenpunkt der mediterranen Handelsrouten war es eine Art Umschlagplatz nicht nur für Waren, sondern auch für Denkweisen. Geheimlehren aus dem Alten Ägypten existierten versöhnlich neben griechischen Geheimlehren, hellenistischer Philosophie, religiösen Lehren aus Palästina und Syrien, Strängen zarathustrischer und mithraischer Tradition, Sekten und Kulten aus jedem Winkel des Mittelmeergebiets; sogar Ableger des Hinduismus und Buddhismus, aus dem fernen Indien importiert, fanden sich hier. Die große alexandrinische Bibliothek war die berühmteste und umfassendste der bekannten Welt und machte die Stadt zu einem prädestinierten Studienzentrum.

Wie sich versteht, war Alexandria ein günstiger Aufenthaltsort für Juden aus dem Heiligen Land – aus kommerziellen Gründen in Zeiten der Stabilität, als Zuflucht in Zeiten der Unruhe und des Krieges. Man schätzt, daß im 1. Jahrhundert nicht weniger als ein Drittel der Bevölkerung Alexandrias jüdischer Herkunft war. Den Evangelien zufolge flüchteten Jesus und seine Familie vor Herodes nach Ägypten, wo es keinen Mangel an Gleichgesinnten gegeben haben dürfte. Philon von Alexandria spricht sogar von einer jüdischen Sekte oder Enklave namens Therapeutae, deren Gedanken und Praktiken mit denen der Essener oder Zadokiden im Heiligen Land identisch waren – also auch mit denen der späteren Anhängerschaft Jesu. Und nach den beiden großen Aufständen in Palästina – von 66 bis 74 und von 132 bis 135 – sollen viele besiegte jüdische Kämpfer nach Alexandria geflohen sein.[11]

Wenn Judas Thomas nicht selbst nach Ägypten reiste, so besteht jedoch kein Zweifel, daß nazoräische Lehren von jener Art, wie er sie in Syrien verbreitete, das Land erreichten. In Ägypten entdeckte man nicht nur das Evangelium des Thomas, sondern auch eine Fülle anderer gnostisch-thomasinischer oder nazoräischer Dokumente in der Sammlung der Nag-Hammadi-Handschriften. Das nazoräische Gedankengut drückte der Entwicklung des ägyptischen (oder koptischen) Christentums seinen Stempel auf. Selbst ein so angesehener Kirchenvater wie Klemens von Alexandria stand der ursprünglichen nazoräischen Lehre in vieler Hinsicht näher als der paulinischen Orthodoxie Roms. Die Häresien, die in Syrien und weiter nordöstlich als Überlieferungsträger der nazoräischen Lehre dienten, existierten auch in Ägypten.

Im 5. Jahrhundert versuchte die paulinisch-orthodoxe Kirche Roms immer noch, Ägypten ihre Oberherrschaft aufzuzwingen. Die große alexandrinische Bibliothek wurde im Jahre 411 von Christen niedergebrannt, und Hypatia, die letzte bedeutende Vertreterin der neoplatonischen Philosophie, wurde im Jahre 415 – wiederum von Christen – zu Tode gesteinigt, als sie von einer Vorlesung in der Bibliothek zurückkehrte. Trotzdem überlebte der heterodoxe Charakter des ägyptischen Christentums. Im Jahre 435 wurde Nestorius, wie bereits erwähnt, seiner Position in Konstantinopel enthoben und in die ägyptische Wüste verbannt, und im Jahre 451 weigerte sich die ägyptische Kirche, die wachsende Autorität Roms anzuerkennen.

Letztlich bestand der nachhaltigste Effekt des ägyptischen Christentums jedoch weniger darin, die nazoräische Lehre einfach fortgesetzt zu haben. Wichtiger war, daß sich hier ein administratives System für die Bewahrung und Verbreitung der Lehre entwickelte: eine Form des Mönchtums.[12] Während Rom in der Zeit Konstantins begann, die Merkmale der alten herodianischen Sadduzäerpriesterschaft anzunehmen, neigte sich das ägyptische Christentum jenseits der Stadtzentren immer mehr einer Ordnung zu, die schon den Zadokiden oder Essenern in der Zeit Jesu gedient hatte.

Die erste Wüstengemeinde im Stil von Qumrān wurde um das Jahr 320 von Pachomius gegründet – genau zu der Zeit, als die paulinische Orthodoxie Roms von Konstantin offiziell anerkannt wurde. Die Gründung des Pachomius führte dazu, daß rasch eine Reihe weiterer Klöster entstand. Zum Zeitpunkt seines Todes im Jahre 346 waren mehrere tausend Mönche über die ägyptische Wüste verstreut, und die Prinzipien dieses monastischen Systems griffen auch andernorts um sich. Der vielleicht berühmteste Vertreter des ägyptischen Mönchtums ist der heilige Antonius. Bedeutsamerweise verzichteten Antonius wie Pachomius auf die Ordinierung. Entscheidend ist, daß das monastische System eine Opposition gegen die streng hierarchischen Strukturen Roms darstellte. Zwar gab es paulinische Bischöfe von Alexandria, aber dem nominell römischen Überbau zum Trotz widersprach das eigentliche Wesen des ägyptischen Christentums der paulinischen Kirchenhierarchie und -verwaltung von Rom. Das monastische System war seine wahre Ausdrucksform.

Während Rom immer ehrgeiziger nach einem neuen imperialen Ziel strebte, hielt man sich in den ägyptischen Klöstern zugute, ein viel reineres, treueres und genaueres Zeugnis Jesu, seines Geschlechtes und seiner Lehren zu vertreten. Und während die römische Kirche sich zu einem komplizierten Schachbrettmuster von Diözesen oder Bistümern, mit Bischöfen und Erzbischöfen an der Spitze, organisierte, gestattete das monastische System in Ägypten eine viel lockerere, flexiblere Entwicklung – wobei auf Gelehrsamkeit besonderer Wert gelegt wurde. Das monastische System war im Kern unhierarchisch. Und während die Hierarchie der römischen Kirche die Texte vorschrieb, die zum kanonischen Neuen Testament werden sollten, erkannten die ägyptischen Klöster ein weit vielfältigeres Bündel von Lehren an; das Evangelium des Thomas und die anderen in Nag Hammadi gefundenen Schriften veranschaulichen dies.[13]

Die spanische Häresie des Priscillian. Von Syrien und Ägypten aus begann die nazoräische Tradition sich noch weiter auszubreiten. Der größte Teil des Mittelmeerhandels sowohl mit Gallien wie mit Spanien wurde von Syrien kontrolliert. Schiffe aus Alexandria stachen täglich in See, um zur Atlantikküste Europas zu segeln. Deshalb versteht es sich, daß wichtige Elemente der nazoräischen Lehre bis an diese Küste vordrangen und sich schon konsolidiert hatten, als das paulinische Christentum, das sich von Rom aus zu Lande vorschob, dort eintraf.

Die wahrscheinlich bedeutendste Gestalt für die Entwicklung des frühen spanischen Christentums war Priscillian von Ávila, ein in der zweiten Hälfte des 4. Jahrhunderts lebender Lehrer. Priscillian, der einer angesehenen Familie angehörte, wurde nie von Rom ordiniert und blieb stets Laie. Seine Bewegung begann im südlichen Spanien, breitete sich rasch nach Westen und Norden aus und faßte schließlich festen Fuß in Galicia, das zu ihrem Kernland werden sollte. Dort, an der Atlantikküste Nordwestspaniens, scheint sie über die Seehandelsrouten aus Ägypten und dem übrigen östlichen Mittelmeer ständig neue Nahrung und Energie empfangen zu haben. Allmählich drang sie über die Pyrenäen hinweg nach Gallien vor und wurde in Aquitanien zur dominierenden Form des Christentums. Gleichzeitig machte Priscillian einen energischen Versuch, Material aus Gebieten zu beschaffen, die außerhalb des Einflußbereichs der römischen Kirche lagen. Zwischen 381 und 384 machte Egeria, eine seiner führenden Schülerinnen, sich zu einer gezielten Reise in den Nahen Osten auf, um dort nichtkanonische Texte aufzustöbern. Sie besuchte Edessa, das Zentrum der thomasinischen Lehre, und widmete sich eingehend den mesopotamischen Kirchen, die von nazoräischem und nestorianischem Gedankengut geprägt waren.[14] Die Bedeutung dieses Unternehmens darf nicht unterschätzt werden, denn es verweist auf die Mittel, mit denen sich eine Form des Christentums, die sich der paulinischen Orthodoxie Roms völlig entzog, in Westeuropa zu etablieren begann.

Priscillians eigene Lehre war stark von nestorianischen Gedanken sowie von Zügen des gnostischen Manichäismus geprägt. Gleichzeitig stützte er sich auch auf strikt jüdisches Material, darunter Numerologie und andere Formen der Kabbalistik, die fest in essenischem/zadokidischem/nazoräischem Boden verwurzelt waren. Priscillian scheint auch die Einhaltung zumindest gewisser Prinzipien des jüdischen Gesetzes verlangt zu haben. Im Unterschied zu den paulinischen Christen heiligte er den Sabbat und leugnete die Dreifaltigkeit. Zudem benutzte er viele nazoräisch orientierte Bücher, darunter die Thomasakten. Wie seine Vorläufer in Ägypten, Syrien und Kleinasien lehrte Priscillian, Judas Thomas sei der Zwillingsbruder Jesu gewesen.[15]

Im Jahre 386 wurden Priscillian und wenigstens fünf seiner Schüler zu den ersten Häretikern, die einer Hinrichtung zum Opfer fielen. Das Urteil wurde in Trier vollstreckt, doch man transportierte die Leiche Priscillians zurück nach Spanien und bestattete sie in Galicia. Dort feierte man ihn als Märtyrer, und sein Grab wurde zu einem Schrein, einer heiligen Stätte, einem Wallfahrtsort. Ein Kenner dieser Thematik, Professor Henry Chadwick aus Oxford, behauptet, der Schrein von Santiago de Compostela sei in Wirklichkeit das Grab Priscillians.[16]

Santiago de Compostela lieferte den Beweis, wie fest die nazoräische Überlieferung sich in Spanien etablierte. Wie wir gesehen haben, sah sich die paulinische Kirche Roms durch Jesu Bruder Jakob in Verlegenheit gesetzt und gab sich alle Mühe, ihn und seine Rolle, wann immer möglich, zu ignorieren. Nur ein fragmentarischer Brief von ihm hat sich im kanonischen Neuen Testament erhalten. Sonst wird er nur nebenher in den Evangelien und als unwichtiger Statist in der Apostelgeschichte erwähnt. Doch Santiago de Compostela – die Kirche des heiligen Jakob in Compostela – wurde, mit Ausnahme Roms, zum bedeutendsten Schrein und Wallfahrtsort des mittelalterlichen Christentums. Von Santiago ging die Reconquista aus, der Kampf zur Befreiung Spaniens von den Mauren. Santiago brachte sogar einen eigenen militärischen Ritterorden hervor: den Orden von Santiago, der dem Vorbild der Tempelritter und der Hospitaliter folgte.

Laut spanischen Überlieferungen aus dem 7. Jahrhundert hat der heilige Jakob Spanien sogar besucht, um dort zu predigen. Man behauptete auch, er sei nach seinem Tode von Jerusalem nach Santiago gebracht und dort beigesetzt worden. Diese beiden Ansprüche, so fragwürdig sie auch sein mögen, zeigen, welche Wertschätzung

Jakob in einer Gegend genoß, die allgemein als rein paulinische Einflußsphäre gilt. Man kann in Santiago de Compostela zu Recht ein Denkmal der nazoräischen Lehre sehen, die Rom zum Trotz überlebte.

Im frühen 9. Jahrhundert wurden Menschenknochen in Santiago exhumiert. Damals hielt man sie für die Gebeine Jakobs. Viel spätere Ausgrabungen, zwischen 1946 und 1959, förderten eine Reihe von Gräbern aus dem 4. und 5. Jahrhundert zutage. Die Gräber waren nach Osten, nach Jerusalem gewandt – in diese Richtung blickten nazoräische Gruppen beim Gebet. Heute nimmt man an, daß die Gräber frühen spanischen Christen gehörten und nahe beim Mausoleum eines heiligen Mannes angelegt worden waren. Wie gesagt, zumindest ein moderner Kenner meint, es handele sich um das Mausoleum Priscillians, was übrigens von der Bevölkerung auch akzeptiert wird. Mehr noch, als wichtigste Wallfahrtsstrecke nach Santiago gilt jene, über die Priscillians Leiche aus Trier zur Beisetzung zurückgebracht wurde.[17]

Die keltische Kirche Irlands. Spanien war letztlich jedoch nur eine Zwischenstufe in der Verbreitung und Erhaltung der nazoräischen Tradition, die sich – an der Atlantikgrenze, entlang der römischen Kirchenautorität – nordwärts vorschob, bis sie zwischen der Mitte des 5. und der Mitte des 7. Jahrhunderts ihre stärkste europäische Ausdrucksform in der keltischen Kirche Irlands fand.

In den ersten Jahrhunderten der christlichen Ära war Irland weitgehend vom westlichen Europa isoliert. Geographie und Topographie sorgten dafür, daß Irland gegen teutonische Übergriffe gefeit war – etwa von den Sachsen, die England überrennen und ein immer noch unreifes Christentum mit Wotan und der germanischen

Götterwelt konfrontieren sollten. Geschützt von der Irischen See, blieb Irland eine Zuflucht, und auf dem Höhepunkt des sogenannten finsteren Mittelalters wurde es für ganz Europa zum wahren Zentrum der Gelehrsamkeit. Während der Kontinent – und sogar England – von Unruhen und Konflikten geschüttelt wurde, blieb Irland eine Oase von Studium, Kultur und Zivilisation. Dort fanden sich Gelehrte, die vor den Umwälzungen in anderen Ländern geflohen waren; dorthin schaffte man gewaltige Mengen von Manuskripten, um sie verwahren und kopieren zu lassen. Die irischen Klöster mit ihren umfassenden Büchereien zogen Studenten aus aller Welt an. Zwar wurde auch missionarische Arbeit geleistet, aber die Bildung hatte Vorrang. Christen strebten nicht nach Irland, um anderen ihren Glauben aufzuzwingen, sondern um sich in die Lehre der Vergangenheit zu vertiefen – und um, unabhängig von Priesterhierarchien, in der friedlichen Abgeschiedenheit der Insel ihre eigene innere Bindung zu Gott zu entdecken. Geistliche aus der gesamten christlichen Welt wurden in Irland ausgebildet, ebenso wie Angehörige verschiedener aristokratischer und königlicher Häuser. Mitte des 7. Jahrhunderts wurde Dagobert II., der eine zentrale Rolle im Rätsel von Rennes-le-Château spielte, im Kloster Slane aufgezogen, nicht sehr weit im Norden des heutigen Dublin.

Während dieser Periode waren die Beziehungen Irlands zu Rom oft starken Belastungen ausgesetzt. Es war nie ganz von Rom abgeschnitten, wie Religionshistoriker des 19. Jahrhunderts gelegentlich behauptet haben, wenn sie versuchten, den heterodoxen Charakter der keltischen Kirche zu erklären. Im Gegenteil: Die keltische Kirche entschied sich freiwillig und bewußt für ihren Standpunkt, nicht infolge von erzwungener Isolation und Unwissenheit. Rom, von Irland durch einen gärenden Kontinent getrennt, hatte wenig Möglichkeiten, seine Erlasse durchzusetzen. Irland hatte die Freiheit, sich Ideen anzueignen, die es, wie seine Handelsgüter, aus fast jedem Winkel der bekannten Welt erreichten. Der Handel mit Irland wurde fast ausschließlich über den Seeweg abgewickelt, und er ging nicht nur von England und Gallien, sondern auch von Spanien und Nordafrika sowie vom östlichen Mittelmeergebiet aus.

Man weiß nicht, wann das Christentum zuerst in Irland – oder sonstwo auf den britischen Inseln – Fuß faßte. Laut Gildas, einem im 6. Jahrhundert lebenden Chronisten, gab es schon während der Zeit des Kaisers Tiberius (gestorben im Jahre 37) Christen in England. Dies läßt sich nicht verifizieren und scheint etwas früh, aber, infolge des regen Seehandels, nicht ganz unmöglich. Jedenfalls muß die eine oder andere Form des Christentums Großbritannien innerhalb von ein paar Jahren nach der von Gildas genannten Zeit erreicht haben.

Noch vor dem Jahre 200 erwähnt der Kirchenhistoriker Tertullian eine etablierte christliche Gemeinde in Britannien, und zwar nicht nur im romanisierten England, sondern auch in »für die Römer unerreichbaren« Regionen. Damit dürfte nicht Schottland, sondern höchstwahrscheinlich Wales und möglicherweise Irland gemeint sein. Wie auch immer, rund ein Jahrhundert später, im Jahre 314, waren beim Konzil von Arles drei britische Bischöfe vertreten, was die Existenz einer organisierten Gemeinde belegt. Am Konzil von Arminium, 45 Jahre später, nahmen vier britische Bischöfe teil, von denen einer seine Reise anscheinend selbst bezahlte, was auf einen gewissen Wohlstand hindeutet.

Die keltische Kirche zur Zeit ihrer größten Ausbreitung
Keltische Kirche
Hauptreisewege
Keltische Missionare
Schottland
Iona
Lindisfarne
Northumbria
Bangor
Aron Islands
Irland
Whitby
Nordsee
Kells
Clonfert
Mercia
Wales
Wessex
Köln
Austrasien
Metz
Paris
Neustrien
Bretagne
Burgund
Reich der Franken
Atlantischer Ozean
Aquitanien
Santa Maria de Bretoña
Santiago de Compostela
Narbonne
Galicien
Die spanische Mark
Islamisches Spanien
Barcelona
Ávila
Mittelmeer

Inzwischen wurde auch behauptet, einige der ursprünglichen Apostel seien gar bis nach Britannien gereist.

Schon im frühen 5. Jahrhundert war das Christentum zweifellos in Irland verwurzelt, ebenso wie der Pelagianismus, der unter anderem die Doktrin der Erbsünde anfocht und den Menschen ein größeres Maß an Willensfreiheit zuschrieb, als die römische Orthodoxie gestattete. Gegen 431 wurde Palladius zum ersten Bischof Irlands ernannt; ein Jahr später folgte ihm jener northumbrische Mönch, den man heute als den heiligen Patrick kennt. Palladius hatte eine bereits durchorganisierte Gemeinde geleitet, wahrscheinlich an der südöstlichen Küste Irlands, während die missionarische Arbeit Patricks sich vermutlich auf den überwiegend heidnischen Norden des Landes konzentrierte. Interessant ist, daß Patricks Tätigkeit ebenso von persönlicher Enttäuschung wie von religiöser Inbrunst diktiert gewesen zu sein scheint. Seine geistlichen Vorgesetzten meinten, er sei untauglich für die Priesterschaft.[18] Mißtrauten sie seiner Kompetenz? Oder mißtrauten sie seiner Denkweise?

Einiges spricht dafür, daß Patrick von der arianischen Häresie angekränkelt war, die unter anderem darauf beharrte, Jesus sei als sterblicher Mensch von einer sterblichen Frau geboren worden.[19] Leider gibt es keinen Hinweis, in welchem Maße Patrick sich für das arianische Gedankengut eingesetzt hat. Bedeutsam ist jedoch, daß in seinen überkommenen Schriften und Lehren nirgends von der jungfräulichen Geburt die Rede ist – eine auffallende Unterlassung für einen Evangelisten der damaligen Zeit. Patrick scheint auch die Erklärungen der Kirchenväter und die kanonischen Vorschriften der Konzile nicht akzeptiert zu haben. Überhaupt widersetzt er sich jeder Vermittlung, ob durch Engel, Heilige oder eine Priesterhierarchie, und leitet seine Autorität einzig aus der Bibel ab.

Nach neueren archäologischen Entdeckungen besteht heute wenig Zweifel daran, daß das keltische Christentum, wie es sich zwischen der Zeit Patricks und der Synode von Whitby in der Mitte des 7. Jahrhunderts entwickelte, Rom kaum verpflichtet war. Meistenteils vermied es den Kontakt mit Rom und bezog seine stärkste Motivation aus Ägypten, Syrien und der übrigen Mittelmeerwelt. Teilweise wurden diese Einflüsse durch Spanien weitergegeben. Zum Beispiel benutzte man in Irland Texte von Priscillian, obwohl diese für Rom als häretisch galten.[20] Und spätestens seit 569 hatte die keltische Kirche einen eigenen Bischofssitz, die Diözese von Bretoña, mit Santa Maria de Bretoña, unweit von Mondoñedo, im Mittelpunkt.[21] In dieser Region Nordwestspaniens – damals Galicia genannt –, deren Hauptstadt später Santiago de Compostela wurde, hatte man an der Lehre Priscillians festgehalten. Aber neben den Anstößen aus Spanien erhielt die keltische Kirche weitere Anregungen aus viel älteren Quellen. Mit den Worten des schwedischen Autors Nils Aberg: »Wir sind . . . zu der Annahme gezwungen, daß ein direkter, über große Entfernungen wirksamer Einfluß zwischen der Mittelmeerwelt und Irland bestand.«[22]

Man weiß, daß irische Mönche Ägypten besuchten. Es gibt sogar Reisetagebücher, die zum Beispiel Beschreibungen der Pyramiden und genaue Anweisungen für die Pilgerfahrt ins Heilige Land enthalten. Andererseits verzeichnet eine irische Martyrologie, daß sieben ägyptische Mönche im nordirischen Disert Ulidh begraben wurden. Ein ägyptischer Einfluß läßt sich auch aus irischen Namen für Stadt- und Gemeindebezirke ablesen: etwa an Desertmartin bei Londonderry oder an Desert Oenghus in Limerick. Es gibt keine Wüsten (*desert*) in Irland, und man glaubt heute, daß solche Namen für mönchische Gemeinden benutzt wurden, die sich an dem Vorbild der Wüstensiedlungen in Ägypten orientierten.[23]

Das Material über die irischen Kontakte mit Ägypten ist zu umfangreich, als daß es im einzelnen behandelt werden könnte. Ein paar Beispiele zur Skizzierung genügen. Ein Teil des als *Salthair na Rann* bekannten irischen Textes ist eine aus dem 11. oder 12. Jahrhundert stammende Abschrift des *Buches von Adam und Eva*, das im 5. Jahrhundert in Ägypten entstand und in kein anderes europäisches Land vorgedrungen zu sein scheint.[24] Eindeutig ägyptische Motive und Verzierungen wurden in irischen Büchern und Manuskripten gefunden. Die Liturgie der keltischen Kirche enthielt erkennbare ägyptische und syrische Elemente. Episoden in einer irischen *Lebensbeschreibung der Heiligen* stammen direkt aus einer alexandrinischen Quelle. Messen und Gebete aus apokryphen Werken, die man in Ägypten benutzte, wurden auch in Irland verwendet. Die keltische Kirche feierte die Festtage der Heiligen Jungfrau zur gleichen Zeit wie die ägyptische Kirche und nicht an den von Rom dekretierten Daten. Gläserne Abendmahlskelche, identisch mit ägyptischen Gefäßen, wurden in County Waterford gefunden. Die Glocke des heiligen Patrick aus dem 5. Jahrhundert ist zweifelsohne eine Imitation ägyptischer Glocken. Es gibt zahlreiche weitere Beispiele dieser Art, die auch von dreizehn Jahrhunderten romanisierter paulinischer Orthodoxie nicht haben verwischt werden können.[25]

Das keltische Christentum machte nicht nur erhebliche Anleihen in Ägypten, sondern auch bei den häretisch besonders belasteten Überlieferungen Syriens, Kleinasiens und Mesopotamiens. Wir haben bereits geschildert, in welchem Ausmaß die nestorianische Lehre der Bewahrung gewisser nazoräischer Traditionen diente. Schon um das Jahr 430 – zur Zeit des heiligen Patrick – kursierte im Westen ein Buch, das die Lehren des Nestorius erklärte. Nestorius selbst hatte an der theologischen Anstalt von Antiochia studiert, wo Theodor von Mopsuestia sein Mentor war. Beim Fünften Ökumenischen Konzil im Jahre 553 wurden Theodor und alle seine Werke offiziell in den Bann getan und für häretisch erklärt. Deshalb sind die meisten seiner Lehren untergegangen. Doch vieles von dem, was wir heute über ihn wissen, stammt aus Irland. Einer seiner wichtigsten Bibelkommentare hat sich nur in Form eines alten irischen Manuskripts erhalten.[26] Weiteres Material von Theodor findet sich in anderen irischen Manuskripten aus dem 8., dem 9. und in einem Falle aus dem späten 10. Jahrhundert – mehr als vierhundert Jahre nach seiner Verurteilung. Man hat die Vermutung geäußert, daß die Werke Theodors von keinem geringeren als dem heiligen Columban übersetzt und nach Irland gebracht wurden.[27]

Der nichtrömische, östliche Einfluß auf die keltische Kirche zeigte sich am deutlichsten im irischen Mönchtum. Wie die ägyptische war auch die keltische Kirche weniger um die Diözese als um die Abtei oder das Kloster angeordnet. Das Prestige solcher Einrichtungen war so groß, daß man einem Mitra tragenden Abt in Irland einen ungewöhnlich hohen offiziellen Status einräumte – einen Status, der in der kirchlichen Hierarchie dem eines Bischofs entsprach. Es war nicht ungewöhnlich, daß irische Äbte Bischöfe unter sich hatten. Nach

Aufzeichnungen aus dem 7. Jahrhundert gab es im Lande doppelt so viele Äbte wie Bischöfe.

Die Organisation irischer Klöster ähnelte jener der Klöster in Ägypten, Syrien und in anderen Gegenden der Mittelmeerwelt außerhalb der römischen Einflußsphäre sehr. In vielen Fällen waren räumliche Anordnung und Grundriß der monastischen Gebäude identisch. Die irische Satzung der Einsiedler hat vieles mit den Vorschriften gemeinsam, die einsiedlerische Bräuche in Ägypten, Syrien und im Heiligen Land kennzeichneten. Und wie Mönche im Nahen Osten konnten offenbar auch irische Mönche, unter den Auspizien der keltischen Kirche, die Ehe eingehen.

Irland war also zwischen dem 5. und 7. Jahrhundert ein Zentrum von Gelehrsamkeit und Bildung. Ausgenommen vielleicht Rom, gab es in Europa nichts Vergleichbares. In mancher Hinsicht konnte sich allenfalls Byzanz mit Irland messen. Wie im Nahen Osten war Bildung in Irland ein wesentlicher Bestandteil des monastischen Systems, und irische Bibliotheken wurden zu Aufbewahrungsorten von Materialien aus der gesamten bekannten Welt. Während des frühen 7. Jahrhunderts hatten irische Klöster fast ein Monopol, was den Griechischunterricht betraf. Man studierte ferner viele heidnische Autoren, und die keltische Kirche lehnte das vorchristliche kulturelle Erbe Irlands nicht ab. Zum Beispiel fand die bardische Tradition eine Zuflucht in der keltischen Kirche, was sie überleben ließ. Der heilige Columban selbst wohnte und studierte, nachdem er Mönch geworden war, bei einem Barden in Leinster. Später setzte er sich für die Barden ein, als ihre Schulen und Lehren angegriffen wurden.

Die keltische Kirche sonderte sich also von der römischen Kirche ab, was ihren Aufbau, die Benutzung gewisser Texte und viele ihrer äußeren Aspekte anging, und nahm Elemente der nazoräischen Tradition aus Ägypten, Syrien und Kleinasien auf. Aber was war die Lehrmeinung der keltischen Kirche? Wo stand sie im Verhältnis zu Rom? War sie wirklich eine Form der Häresie, die Rom aus gutem Grund nicht offen zu brandmarken wagte? Und welche Grundlage gab es für jenen Leitsatz des 7. Jahrhunderts, nach dem »die keltische Kirche Liebe bringt, während die römische Kirche das Gesetz bringt«?

Im Jahre 666 löste die Synode von Whitby die keltische Kirche auf, Irland wurde unter römische Fittiche genommen. In Whitby verlor die keltische Kirche ihren letzten Anspruch auf Autonomie und Unabhängigkeit. Danach wurde das Christentum in Irland in Rom bestimmt und definiert, und man vernichtete oder beschlagnahmte alle kompromittierenden Dokumente. Im Anschluß an die Synode von Whitby war es nur noch die Stimme Roms, die sich über jeglichen Unterschied, der vorher zwischen den beiden Kirchen existiert hatte, äußern durfte.

Diese offizielle Stimme spielte die Unterschiede als recht minimale und leicht zu überbrückende herunter. Man war sich etwa nicht über die Ordinierungszeremonie für einen Bischof einig; Rom verlangte die Gegenwart von wenigstens drei anderen Bischöfen, während die keltische Kirche nur einen für erforderlich hielt – eine recht plausible Haltung, wenn man bedenkt, wie schwierig es damals war, sich in Irland auf Reisen zu begeben, und wie wenig Bischöfe das Land hatte. Man war sich uneinig über die Kalenderzyklen, mit deren Hilfe Ostern alljährlich datiert wurde. Man war sich uneinig über die Form der klerikalen Tonsur; Rom bestand auf einer Variante der noch heute gebräuchlichen Tonsur, während die Prälaten der keltischen Kirche die ganze vordere Kopfhälfte, von den

Schläfen bis zur Mitte der Kopfhaut, schoren und hinten langes Haar hängen ließen – was dem modernen Aussehen des Druiden entspricht. Und schließlich war man sich über technische Einzelheiten des Taufgottesdienstes uneinig. Die keltische Kirche hielt offenbar eine einzige Immersion für ausreichend, während Rom deren drei verlangte. Außerdem bestand Rom darauf, das Ritual in einer geweihten Kirche abzuhalten – was in Irland nicht immer möglich war, weil es damals nur relativ wenig Kirchen im Land gab.

Auf solch triviale Meinungsverschiedenheiten zwischen der keltischen und der römischen Kirche wurde das Problem also heruntergespielt. Doch die beiden unterschieden sich in so vielen anderen bedeutenden Punkten derart, daß man förmlich den weiteren Konflikt erwartet – ein Konflikt, der von den oben genannten vier Unstimmigkeiten vor der Nachwelt eben nur verschleiert werden sollte.

Spätere Kommentatoren sind in der Tat argwöhnisch gewesen. Schon McNeill schreibt zum Beispiel, daß die ». . . Auseinandersetzung zwischen Römern und Kelten viel tiefer ging, als der überlieferte Austausch von Argumenten anzeigt«[28]. Er kommt zu dem Schluß, daß der »entscheidende Punkt die keltische Kirchenautonomie im Gegensatz zur Integration in das römische Kirchensystem betraf«[29]. In Wirklichkeit ging die Auseinandersetzung sogar noch tiefer und hatte noch weiterreichende Folgerungen.

Wenn man die keltische Kirche gründlicher untersucht, stößt man auf viel stärkere Abweichungen von Rom, als allgemein akzeptiert wird oder auch nur bekannt ist. Zum Beispiel hatte die keltische Kirche eine eigene Priesterweihe, die sich erheblich von derjenigen Roms unterschied. Sie besaß eine eigene Liturgie und Messe, die beide eindeutig östliche, nichtrömische Elemente einschlossen. Sie verfügte sogar über eine eigene Bibelübersetzung, die von Rom nicht akzeptiert wurde. In flagranter Verletzung des Glaubensbekenntnisses von Nizäa scheint die keltische Kirche den Glauben an die Dreifaltigkeit immer wieder von sich geschoben, gelegentlich sogar angezweifelt zu haben. Spätere Geistliche der keltischen Kirche folgten offenbar dem Beispiel des heiligen Patrick und vermieden jede Erwähnung der jungfräulichen Geburt. Und noch im Jahre 754, fast ein Jahrhundert nach der Synode von Whitby, wurden dem Papst Klagen darüber vorgelegt, daß irische Missionare »den Kanon der Kirche ignorierten, die Schriften der Väter ablehnten und die Autorität der Synode verachteten«[30].

Aber damit noch nicht genug: Für Rom war das Alte Testament zunehmend nebensächlich und das mosaische Gesetz überflüssig geworden; man meinte, Jesus habe das mosaische Gesetz aufgehoben. In der keltischen Kirche hatte das Alte Testament weiterhin den gleichen Status wie das Neue. Und wann immer Patrick eine Kirche weihte, soll er in ihr sowohl die Evangelien wie eine Abschrift des mosaischen Gesetzes hinterlassen haben. Dieses Gesetz galt als wichtiger Bestandteil des keltischen Christentums. Wucher war verboten, Rom verbot ihn nicht. Sexuelle Beziehungen während der Menstruation einer Frau waren untersagt. Frauen galten als unrein während und unmittelbar nach einer Geburt. Die Ehegesetze waren streng an den Grundsätzen des Alten Testaments ausgerichtet.

Man heiligte den jüdischen Sabbat und hielt eine offizielle Passahfeier ab. Die Tötung von Tieren zu Ernährungszwecken wurde nach jüdischen Vorschriften durchgeführt. Überkommene Meßbücher und andere Dokumente der keltischen Kirche sind von Auszügen aus

1 *Oben:* Der Garten Gethsemane in Jerusalem, wo eine Kohorte, das heißt eine Einheit von mehr als fünfhundert Soldaten, Jesus verhaftet haben soll.

2 *Links:* Der archäologische Beweis für die Existenz von Pontius Pilatus: eine 1961 in Caesarea gefundene Inschrift. Darin wird er nicht als Statthalter, sondern als Befehlshaber bezeichnet.

3 *Links:* Die Felswand unterhalb der Höhlen, in den die Gemeinde von Qumrān am Toten Meer lebte. In der Mitte Höhle 4, welche die Handschrift enthielt.

4 *Oben:* Die Überreste der Gebäude von Qumrān; in Hintergrund das Tote Meer.

5 *Unten:* Qumrān – Blick auf das Judäische Gebirge; rechts die Ruinen eines Turms.

6–7 Frühchristliche Grabstätten und Kathedrale in Santiago de Compostela. Wie es heißt, wurden die aus dem 4. und 5. Jahrhundert stammenden Gräber unter der Kathedrale unweit der Begräbnisstätte von Priscillian von Avila angelegt, der im Jahre 385 wegen seiner häretischen Lehren den Märtyrertod starb.

8 *Oben:* Das Kidron-Tal in Jerusalem. Das Grab links mit den beiden Säulen ist wahrscheinlich das von Jakob, dem Bruder und Nachfolger Jesu.

9 *Unten:* Santa Maria de Bretoña in Nordwestspanien war zwischen 569 und dem 10. Jhd. das Zentrum einer Diözese der keltischen Kirche.

10 *Oben:* Kreuz in Kilfenora, Country Clare, Irland, aus dem 12. Jahrhundert. Die Figur links hält einen Krummstab, die rechts einen t-förmigen Amtsstab, der von Bischöfen der ägyptischen Kirche benutzt wurde.

11 Ausschnitt aus einer Darstellung des Antonius und Paulus, Antonius-Kloster, Ägypten; links der t-förmige Stab.

12 Der heilige Johannes. Figur am Glorienportal (Pórtico de la gloria) in Santiago de Compostela mit ägyptischen Stab.

13 Kreuzschaft aus Tighlagheany, Inishmore, Aran Islands. Die Rosette oben ist ein typisches Ornament für die Kunst des Nahen Ostens.

14 Grabstein der ägyptischen Kirche aus dem 7. oder 8. Jahrhundert mit Rosette.

15 *Oben links:* Seite aus dem keltischen »Buch Durrow«, 7. Jahrhundert.

16 *Oben rechts:* Kreuz aus dem 7. Jahrhundert in Ahenny, Country Tipperary, Irland, mit verschlungener Ornamentik ägyptischen Ursprungs.

17 *Links:* Illustration aus dem »Bohairic«-Evangelium der ägyptischen Kirche, 12. Jahrhundert.

18 Überreste der alten Festung Megiddo, knapp fünfundzwanzig Kilometer südöstlich von Haifa, Israel. Christlichen Fundamentalisten zufolge wird hier der Endkampf gegen den Antichrist – die Schlacht von Harmageddon – stattfinden.

19 *Links:* Die »Lichtkathedrale«, die Albert Speer für einen nationalsozialistischen Parteitag in Nürnberg entwarf.

20 *Oben:* Hitler als Gralsritter. Diese Plakate wurden im Herbst 1936 veröffentlicht, kurz darauf aber wieder eingezogen.

jüdischen apokryphen Büchern und weiteren Texten durchsetzt, die von Rom seit langem strikt verboten waren. Die jüdische Orientierung der keltischen Kirche war so ausgeprägt, daß man sie explizit des Judaismus bezichtigte und ihre Anhänger als Juden bezeichnete.[31]

Natürlich ist kein Dokument überliefert – oder jedenfalls hat kein Dokument ans Tageslicht dringen dürfen –, das eine deutlich von Rom abweichende Haltung der keltischen Kirche Jesus gegenüber anzeigt. Nach der Synode von Whitby dürften alle derartigen Materialien unterdrückt oder vernichtet worden sein. Aber angesichts des jüdischen Charakters der keltischen Kirche ist die Vermutung berechtigt, daß die Einstellung Jesus gegenüber in römischen Augen zumindest äußerst fragwürdig war. Denn in fast jeder anderen Hinsicht scheint die keltische Kirche mehr als nur eine Heimstatt für die nazoräische Lehre (wie etwa das nestorianische Christentum) gewesen zu sein. Die keltische Kirche war offenbar nazoräisch, und zwar auf reinere, weniger verfälschte Weise als jede andere vergleichbare Einrichtung ihrer Zeit.

Stille Einverleibung durch Rom. Nach römischen Maßstäben war die keltische Kirche zweifellos häretisch. Andere Formen des Christentums wurden jedenfalls schon wegen weit geringerer Abweichungen von der paulinischen Orthodoxie als Häresien gebrandmarkt. Warum blieb die keltische Kirche verschont? Wahrscheinlich, weil Rom keine Alternative hatte, wenn es seine Vorherrschaft über Irland sichern wollte. Die keltische Kirche der Häresie anzuklagen, wäre einer Kriegserklärung gleichgekommen, und in einem solchen Krieg hatte Rom nicht die geringsten Siegesaussichten. Es besaß kein eigenes Heer, und die weltlichen Heere, die seine Oberhoheit auf dem

Kontinent begründeten, waren nicht in der Lage, einen umfassenden militärischen Feldzug gegen Irland zu führen. Im Grunde gab es kein Instrument, kein militärisches oder politisches, mit dessen Hilfe Rom sich gewaltsam in Irland hätte durchsetzen können. Jeder Eroberungsversuch – mit dem Wort oder mit dem Schwert – hätte mühelos neutralisiert oder zurückgeschlagen werden können. Zudem gab es keine zentralisierte politische Autorität in Irland, die Rom die Arbeit abnehmen konnte. Deshalb war es unmöglich, einen Pakt zu schließen, wie man ihn mit Chlodwig in Frankreich geschlossen hatte.

Jeder Versuch, die keltische Kirche als häretisch abzustempeln, hätte also den völligen Verlust Irlands nach sich gezogen. Deshalb griff Rom zu Diplomatie und Verhandlungen. Statt niedergeknüppelt und zur Unterwerfung gezwungen zu werden, wurde die keltische Kirche einfach von Rom einbezogen. Dadurch blieb Irland jene Gewalttätigkeit erspart, mit der Rom seine Souveränität andernorts durchsetzte.

Infolgedessen scheint es in Irland keine größere Verfolgung von Häretikern oder eine unterschiedslose Verbrennung von Büchern und Manuskripten gegeben zu haben. Die meisten heiligen Texte der keltischen Kirche wurden noch eine Zeitlang benutzt, dann übergab man sie still und leise den Bibliotheken orthodoxer irischer Abteien und Klöster.

Die keltische Kirche zog, wie erwähnt, zahlreiche Texte heran, aus Ländern, die außerhalb der römischen Einflußsphäre lagen: nazoräische, nestorianische, priscillianische, gnostische und manichäische Texte sowie jüdische und christliche Apokryphen. In einem, dem Buch von Cerne, ist ein Gebet zu finden, das sich letztlich aus einer der in Nag Hammadi entdeckten Handschriften herleitet.[32]

Andere Werke sind einzigartig, weil sie sich nur in Irland erhalten haben. Noch andere sind namentlich genannt und waren, wie man weiß, im Umlauf, sind dann aber nie wieder gesehen worden. Hunderte solcher Werke wurden von den Wikingern bei ihren Überfällen auf die irischen Küstengebiete vernichtet, doch andere haben sich erhalten. Einige sollen in der Zeit der Wikinger-Raubzüge aus Irland hinausgeschmuggelt und sicher in walisischen Klöstern verwahrt worden sein. Deshalb ist es möglich, daß heute in irgendeinem Archiv, einer Bücherei oder einem Kloster in Irland oder Wales ein Bündel von Texten liegt, dessen Wert sich mit dem der Nag-Hammadi-Sammlung oder dem der Schriftrollen vom Toten Meer vergleichen läßt.[33]

9. Die letzten Tage

Kindern pflegt man den Glauben schmackhaft zu machen, das Christentum sei ganz plötzlich als kohärentes, umfassendes, vollentwickeltes und unwandelbares Gedankengebäude dagewesen; es sei direkt von Jesus ausgegangen und von seinen Gefährten und ihm in ihrem Zentrum lediglich organisiert worden. Man wird zu der Vorstellung ermuntert, die christliche Doktrin sei so klar, so definitiv und so unanfechtbar wie ein Newtonsches Gesetz formuliert worden. Mehr noch, man wird sogar angehalten, sich auszumalen, die Welt – zumindest die Welt des Nahen Ostens – habe jäh, in einem einzigen Moment der Bewußtwerdung, eine völlig neue Religion entdeckt, ähnlich der Entdeckung der Schwerkraft durch Newton, dem angeblich ein Apfel auf den Kopf fiel. Und schließlich wird man zu der Annahme ermuntert, Paulus habe die neue Religion etwa so verbreitet, wie Coca-Cola oder Pepsi-Cola in der Dritten Welt vermarktet werden: ein einziger Schluck, und die Eingeborenen zappeln im Netz. Viele Menschen, wenn sie sich überhaupt Gedanken über das Thema machen, haben solche Ideen gar noch ins Erwachsenendasein hinübergerettet.

Gewiß, es hat philosophische Schulen und Glaubenssysteme gegeben, die tatsächlich auf ähnliche Weise entstanden. Einzelne Schulen des Islam zum Beispiel haben sich, verglichen mit ihrer ersten Verbreitung, heutzutage kaum verändert; einzelne Schulen des Buddhismus stützen sich ebenfalls noch auf die unmittelbaren Lehren Buddhas; manche Personen in unserer Zeit verehren Marx und/oder Lenin und predigen ihre Lehren, als seien sie unwandelbar, als habe sich die Welt seit ihren Lebzeiten nicht geändert – und als spiegele sich diese Welt tatsächlich unverfälscht in ihren Doktrinen.

Doch niemand, der die geringste Kenntnis von historischen Fakten hat, wird auch nur im Traum daran denken, einen solchen Anspruch im Namen des Christentums zu erheben. Niemand wird bestreiten, daß das, was wir heute Christentum – mit all seinen vielfältigen und oft unvereinbaren Formen – nennen, das Ergebnis eines langen, allmählichen, oft wahllosen Prozesses ist. An jedem Punkt der Herausbildung des Christentums gibt es zufällige Faktoren, unwillkürliche Elemente, von den Umständen oder einfach von gesellschaftlicher und politischer Zweckmäßigkeit diktierte Verzerrungen und Modifikationen.

Manche gläubige Christen mögen zweifellos behaupten, daß dieser Prozeß dennoch einen göttlichen Plan – ein von einem höheren Wesen entworfenes und geformtes Muster – reflektiere. Gerade die Extravaganzen, Wechselfälle, Fehlstarts, Sackgassen und unregelmäßigen Fortschritte könnten als Beweis eines solchen Plans interpretiert werden. Man mag sogar argumentieren, daß nur eine übermenschliche Macht etwas annähernd Einheitliches aus den menschlichen Wirren habe schaffen können.

Wir haben nicht die Absicht, solche Behauptungen entweder zu unterstützen oder zurückzuweisen, denn wir erheben keinen Anspruch auf Einblick in die Pläne der Vorsehung oder des Kosmos oder irgendeines anderen Prinzips, das für die Gestaltung der menschlichen Geschichte verantwortlich sein mag. Aber uns bleibt sehr deutlich bewußt, in welchem Maße das Christentum ein historischer Zufall ist, wie leicht seine Entwicklung sich hätte ändern oder völlig zunichte gemacht werden können. Wenn die Dinge sich nur ein wenig anders gefügt hätten, wäre das Gebäude, das wir nun Christentum nennen, nie mehr als eine bestimmte Schule des Judaismus geworden. Wenn sich die Dinge nur ein wenig anders gefügt hätten, wären vielleicht zwei oder mehr Jahrtausende von den Lehren des Pythagoras, Platons, Hillels, des Apollonius von Tyana oder irgendeines anderen weisen Mannes oder Propheten aus alter Zeit geprägt worden. Was wir heute Christentum nennen, hätte sich durchaus nach dem Vorbild arianischer, manichäischer, nestorianischer oder verschiedener anderer häretischer Lehren entwickeln – oder sogar im Keim steckenbleiben – können. Der Triumph des römischen Christentums war eine »knappe Sache«, um Wellingtons berühmte Worte zu benutzen, mit denen er seinen Sieg bei Waterloo umschrieb.

Unter den zahlreichen Faktoren, die zusammenspielten, um Entstehung, Entwicklung und Überleben des Christentums zu sichern, gibt es einen, der unserer Meinung nach entscheidend ist. Dabei handelt es sich um das psychologische Klima, das Milieu, aus dem Jesus hervorging und das ihn befähigte, zu Lebzeiten so starke Wirkung zu erzielen. Denn Jesus war in hohem Grade das Produkt einer bestimmten Epoche in der Geschichte seines Volkes. Wir haben diese Epoche schon umrissen, wenn auch nur oberflächlich. Jesus und seine Zeitgenossen kannten sie als die Letzten Tage oder die Letzten Zeiten.

Schon vor Jesus waren Messiasgestalten vorhergesagt worden und auch erschienen. David war ebenso ein Messias wie Salomon, ebenso wie, bis hin zu den Makkabäern, ihre Nachkommen, die später den Thron Israels bestiegen. Das gleiche galt für das Priestergeschlecht Zadoks, das seine Abstammung von Aaron herleitete. Die messianische Erwartung zur Zeit Jesu war aber deshalb einzigartig, weil sie sich unlösbar mit einer Art apokalyptischer Hysterie verband.

Das Heilige Land machte zur Zeit Jesu eine nachhaltige Sinnkrise durch. Bestehende Bekenntnisse wurden in Frage gestellt, erwiesen sich als ungültig, unzureichend, unzuverlässig. Johannes der Täufer ermahnte die Menschen, Reue zu zeigen, weil der Jüngste Tag bevorstehe, und überall in der jüdischen Welt war man von der Wahrhaftigkeit dieser Worte überzeugt. Nebeneinander existierten eine Stimmung der Furcht sowohl für die Welt wie für den einzelnen, und der Wunsch, wenn nicht die ganze Welt, dann wenigstens sich selbst zu retten. Dazu kam die Qual der Schuld und der Zerknirschung über frühere Fehler wie der Enttäuschung über die vorherrschenden, aus Griechenland und Rom importierten materialistischen Werte. Anklagen von Dekadenz, Unmoral, Korruption oder moralischer Schlaffheit und Entartung, kombiniert mit Androhungen göttlichen Zorns und göttlicher Vergeltung, wurden ausgestreut. Neue Propheten erschienen und wiederholten die Erklärungen früherer Propheten, deren Worte, Jahrhunderte zuvor geäußert, man so interpretierte, als hätten sie zeitgenössische Relevanz. Diese Schreckensrhetorik wurde von einem allgemeinen Gefühl des Zusammenbruchs begleitet; Gesetze, Normen, bewährte Hierarchien schienen sich aufzulösen; soziale und politische Institutionen waren erschüttert; Terrorismus gewann erschreckend an Boden. Und unter der Oberfläche zunehmender Turbulenz fand eine verzweifelte Suche nach Sinn statt, die die Menschen zu einer neuen Sehnsucht nach spirituellen Dingen führte. Wie konnte man Gott veranlassen, Sein Versprechen zu halten und einen Messias zur Erlösung Seines Volkes zu entsenden?

Der religiöse Fundamentalismus machte sich diese erneuerte Sehnsucht zunutze und brachte erneut seine kompromißlosen Ansprüche vor, wobei er von mächtigen sozialen und politischen Kräften unterstützt wurde. Man verlieh dem mosaischen Gesetz neue Bedeutung – nicht nur als einem religiösen Prinzip, sondern auch als einem Bindemittel, das die gesellschaftliche Struktur auf logische Weise zusammenfügen sollte. Neben diesen fundamentalistischen Lehren wucherte der Mystizismus. Man bemühte sich verzweifelt, neue Wege zu finden, um Kontakt mit Gott herzustellen. Sekten und Kulte von verblüffender Bandbreite und Vielfalt tauchten auf, oft gleichsam über Nacht, und sie blühten. Esoterik – Magie, Astrologie, Wahrsagerei und andere Formen des Okkulten – ermöglichte glänzende Geschäfte. Wunder wurden wie selbstverständlich von Magiern, Propheten und religiösen Lehrern erwartet. Der Mensch lebte in dem sich verfinsternden Schatten eines drohenden Jahrtausendereignisses, und er sehnte sich zunehmend nach einem echten spirituellen Führer, der einen göttlichen Auftrag oder Befehl verkörperte und die Erlösung brächte.

Die der Situation zugrundeliegende Mechanik war einfach genug: Für Jesus und seine Zeitgenossen besaß Gott nicht nur die Attribute Güte, Allmacht, Allwissenheit, Eifersucht und so weiter, wie sie im Alten Testament beschrieben werden, sondern Er war auch den Völkern Israels besonders zugeneigt und ließ ihnen Seine außerordentliche Gunst zuteil werden. Schließlich waren die Menschen Israels Sein auserwähltes Volk, mit ihnen war Er ein einzigartiges Bündnis eingegangen, ihr erhabener Status stand für Ihn außer Frage. Trotzdem konnte man die Augen immer seltener vor der Tatsache verschließen, daß sich das Volk Israel in einer kläglichen Lage befand, seiner rechtmäßigen Monarchie beraubt, einem tyrannischen Usurpator ausgeliefert. Das Volk war Not und Erniedrigung unterworfen, eine fremde Besatzungsarmee und eine fremde Verwaltung gingen rücksichtslos über ihr Land, ihre Werte, ihre Kultur, ihre Religion, ihr Erbe hinweg.

Wenn Gott wirklich allmächtig war, wie ließ sich das Unglück Israels dann verstehen? Wenn Gott tatsächlich allmächtig war, wie konnte man dann erklären, daß Er Seinen Tempel entweihen ließ? Wie konnte man erklären, daß Er Seine eigene Autorität von einem weltlichen Herrscher in Rom schmälern ließ, von einem, der sich selbst Göttlichkeit anmaßte? Letztlich waren nur zwei Erklärungen möglich: Entweder war Gott doch nicht allmächtig – eine Vorstellung, die nicht nur unzulässig, sondern auch undenkbar gewesen wäre –, oder das Unglück Israels vollzog sich, wenn nicht durch Gottes Willen, so doch mit Seinem stillschweigenden Einverständnis. Damals schien offensichtlich, daß Gottes Gunst Seinem Volke gegenüber von Ihm zurückgehalten oder zurückgezogen wurde. Kurz gesagt: Israel wurde von seinem Gott verlassen.

Warum? Es war unvorstellbar, Gott habe das Bündnis gebrochen. Wenn es gebrochen war, konnte nur der Mensch daran schuld sein. Die logischen Folgerungen waren unausweichlich: Der Mensch hatte die Gesetze übertreten und Gottes Mißfallen erregt. Und Gott in Seinem Zorn bestrafte den Menschen.

Dies war, im Kontext der damaligen Zeit, keine Frage komplizierter Theologie. Man brauchte sich nur den Zustand der Welt anzusehen, in der man lebte. Religiöse Lehrer zogen einfach nur die offenkundigen Parallelen zu alten Prophezeiungen. Die allgemeine Situation entsprach den Berichten der Propheten, soweit sie von der Zeit kurz vor dem Weltuntergang sprachen. Deshalb schien klar: Gott bereitete sich darauf vor, der Welt ein Ende zu setzen – entweder aus Erbitterung über ein gescheitertes Experiment oder um eine neue und bessere Welt für diejenigen zu schaffen, die Ihm treu geblieben waren.

Solche Schlüsse setzten ungeheure emotionale Kräfte frei: Angst sowohl um die Zukunft der Welt wie um das eigene Schicksal, Schuldbewußtsein über wirkliche und imaginäre Missetaten und, davon ausgehend, die Sehnsucht, Buße zu üben, Reue zu zeigen – entweder um die allgemeine Katastrophe abzuwenden oder, wenn das nicht möglich war, wenigstens sich selbst zu retten.

Aus dem Aufruhr dieser Emotionen bezog die messianische Bewegung der Zeit Jesu ihre Energie. Dadurch erhielt die Bewegung ein Element einer sich selbst erfüllenden Prophezeiung. Der Glaube an das bevorstehende Weltende trug dazu bei, den Aufstand des Jahres 66 hervorzurufen, und mit der Zerstörung des Tempels, der Plünderung Jerusalems, der Zerstreuung der Stadtbewohner und der fast völligen Ausrottung des Judaismus im Heiligen Land war das Weltende wirklich gekommen, wenigstens für die Juden der damaligen Zeit.

Andererseits war das Überleben einer kleinen und loyalen Schar Auserwählter prophezeit worden. Weil Paulus und seine Anhänger ihre ursprüngliche Position aufgaben und die Idee eines rein spirituellen Messias vertraten, vermochten sie sich selbst für diese Auserwählten zu halten. Und weil sie sich für Auserwählte hielten, deren Überleben von Gott versprochen worden war, machten sie in den folgenden Jahrhunderten einen Wandel durch, bis sie schließlich dem entsprachen, was sie zu sein glaubten.

Zweites Buch

Die Suche nach Sinn

10. Die Aktivierung der Symbole

So sehr unsere Welt sich von der vor zweitausend Jahren unterscheiden mag, so sehr hat unsere Epoche doch auch erstaunlich viel gemeinsam mit dem, was Jesus und seine Zeitgenossen als die Letzten Zeiten betrachteten. Wir sind heute auf technischem Gebiet weiter fortgeschritten und verfügen über mehr Kenntnisse, doch scheinen wir nicht weiser, intelligenter oder unseren Göttern näher zu sein. Schlimmer noch, wir kennen nicht einmal mehr ihre Namen.

Wieder durchleben wir eine akute Sinnkrise, eine Phase der Ungewißheit hinsichtlich unserer Richtung und unserer Ziele. Die verschiedenen Systeme, Programme und Ideologien, die vor weniger als einem Jahrhundert soviel zu versprechen schienen, haben sich sämtlich als mehr oder weniger hohl erwiesen. Wie zur Zeit Jesu ist weithin zu konstatieren, daß es um die Dinge katastrophal schlecht steht. Jede neue Greueltat von Terroristen, jedes neue Flugzeugunglück, jede neue Naturkatastrophe ruft einen panikartigen Schauder hervor. Die grundlegenden und raschen Wandlungen in unserer Zivilisation, die Unzufriedenheit über unsere Regierungssysteme, der zunehmende Einsatz von wahllosem Mord und terroristischer Aktion als Mittel des politischen Protests – all das fördert ein Empfinden des allgemeinen Zusammenbruchs, einer umfassenden Auflösung der Werte. Die Gesellschaft hat das Gefühl, erpreßt zu werden, und häufig genug wird sie tatsächlich von Bombenlegern und Flugzeugentführern erpreßt. »Was hat das alles zu bedeuten?« fragen wir und suchen, desillusioniert vom Unvermögen des Materialismus, eine Antwort zu liefern, eine Erklärung in einer anderen Dimension: einer spirituellen, wie zur Zeit Jesu.

Im Islam, im Judaismus, also auch in anderen Religionen neben dem Christentum, ist ein neuer Fundamentalismus aufgeflammt. Propheten und Prediger wettern gegen Dekadenz, Unmoral, Korruption, moralische Pflichtvergessenheit. Einerseits ruft man nach Disziplin und einer Rückkehr zu den strengeren Normen der Vergangenheit, andererseits macht der Mystizismus wieder große Kasse. Sekten, Kulte, Lehren und Therapien wuchern, ziehen ungeheure Anhängerschaften an sich, nehmen gewaltige Summen ein und werden von mächtigen politischen Interessengruppen unterstützt.

Wie in der Zeit Jesu leben wir sichtlich im Schatten eines drohenden apokalyptischen Ereignisses. Militante Fundamentalisten können heute verkünden, das Ende der Welt sei nahe. Sogar für Menschen, die keinen persönlichen Grund haben, eine Intervention göttlichen Zorns einzukalkulieren, ist die Drohung eines halbsenilen Fingers auf dem Atomknopf durchaus real. Wir alle sind hilflose Geiseln einer Wirklichkeit, die wir nicht mehr vollständig kontrollieren können, einer Vernichtungsvision, der wir individuell ohnmächtig gegenüberstehen. Hinter der allgemeinen Sorge, dem rasend machenden Gefühl der Hilflosigkeit, der Enttäuschung über unfähige oder verantwortungslose Politiker verbirgt sich die profunde Sehnsucht nach einem echten geistigen Führer, einer allwissenden und über alle Maßen gütigen Gestalt, die uns verstehen, sich an die Spitze setzen – natürlich ohne etablierte demokratische Freiheiten zu beeinträchtigen – und unserem immer leerer gewordenen Leben von neuem Sinn geben wird.

Im Laufe der letzten beiden Jahrtausende hat es unzweifelhaft ähnliche Perioden in der westlichen Geschichte – nicht zu reden von der Weltgeschichte – gegeben. Die

Merkmale der Letzten Zeiten scheinen anwendbar auf das 11. Jahrhundert, als Westeuropa vor dem Beginn der Kreuzzüge in Wallung geraten war, oder auf das frühe 16. Jahrhundert, als die Konstellation der Gestirne, wie man meinte, eine Apokalypse ankündigte und als die katholische Hegemonie in Europa, obgleich die Welt selbst mehr oder weniger unversehrt blieb, der protestantischen Reformation weichen mußte. Ein Jahrhundert später, als das Jahr 1666 näherrückte, kam es zu einer weiteren Welle der Hysterie. Christen rechneten mit der baldigen Ankunft des Antichrist, der, wie sie glaubten, die Zeit streng nach dem Gregorianischen Kalender maß. Gleichzeitig meinten Juden aus Rußland, der Ukraine, Persien, vom Osmanischen Reich bis hin nach Holland und zur Atlantikküste, den Messias in dem selbsternannten Propheten Sabbatai Zwi zu sehen (was heute als eine der größten Peinlichkeiten der biblischen Geschichte gilt). Dies sind nun nicht die einzigen Beispiele messianischer Hysterie in der westlichen Geschichte. Sehr oft ging chiliastisches Denken mit einer Revolution einher. Viele Menschen, auf beiden Seiten, brachten es fertig, sowohl in der Französischen wie in der Russischen Revolution eine Apokalypse kosmischen und gesellschaftlichen Ausmaßes zu sehen. Jede Umwälzung der Sozialstruktur wurde, je nach dem eigenen politischen Standpunkt und der eigenen Kastenzugehörigkeit, entweder als ein Segen oder ein Fluch Gottes betrachtet.

In mancher Hinsicht ist unsere Epoche also nicht einzigartig, was die Parallelen zu den Letzten Zeiten des 1. Jahrhunderts angeht. Aber in anderer Hinsicht ist sie einzigartig. Massenbewegungen, die auf einer von ihren Anhängern selbst proklamierten Prophezeiung beruhen, neigen mit beunruhigender Beständigkeit dazu, ihre eigenen Prophezeiungen einzulösen. Wie wir gesehen haben, waren die Zeitgenossen Jesu überzeugt, das Ende der Welt stehe bevor. Von dieser Überzeugung ausgehend, führten sie unbewußt das Ende der Welt herbei – wenn nicht der Welt *in toto,* so doch wenigstens ihrer eigenen. Auf ähnliche Weise beschleunigte die apokalyptische Hysterie des frühen 16. Jahrhunderts das Ende einer Welt, ebenso wie die Bewegungen, die in der Französischen und der Russischen Revolution kulminierten. Was unsere Kultur von solchen Präzedenzfällen unterscheidet, ist die Tatsache, daß wir die Macht besitzen, das Ende der Welt ganz wörtlich herbeizuführen – nicht nur das einer metaphorischen oder einer auf eine Region oder eine Gruppe von Menschen beschränkten, sondern das der gesamten physischen Welt. Wenn ein amerikanischer Präsident beginnt, in den Begriffen einer Schlacht von Harmageddon zu denken, ist man verpflichtet, die Sache ernst zu nehmen. Gewiß nicht, weil der betreffende Präsident mit einer Einsicht ausgestattet ist, die uns übrigen fehlt, oder weil er stärker als wir übrigen in göttliche Pläne oder Entwürfe der Vorsehung eingeweiht ist oder weil seine charakteristischen religiösen Ansichten Respekt verdienen, sondern einfach deshalb, weil wir ihm auf erniedrigende Weise ausgeliefert sind. Denn, technisch gesehen, ist er durchaus in der Lage, ein Harmageddon zu beschleunigen und die Verantwortung dafür auf Gott abzuwälzen.

Die Letzten Zeiten – oder die Apokalypse – können als ein ungeheuer mächtiges Symbol wirken, das die verborgensten Saiten in der menschlichen Psyche anschlägt und eine massive Reaktion hervorruft. Aber solche Symbole, gerade weil ihnen solche Macht innewohnt, werden oft von kleinen Gruppen mit Beschlag belegt, bewußt manipuliert und zur Ausbeutung anderer eingesetzt. Zudem haben solche Symbole während der gesamten Geschichte die beunruhigende Tendenz gezeigt, sich denen zu entziehen, die sie kontrollieren wollen, Amok zu laufen und zu dem zu werden, was der französische Autor Michel Tournier »diabols« nennt. Laut Tournier ist ein »diabol« ein Symbol, das autonom geworden ist, ein nur sich selbst verantwortliches Gesetz oder Prinzip, ein ungezügeltes Frankensteinsches Ungeheuer, das genau die Menschen, denen es dienen sollte, versklavt oder sogar vernichtet. Symbole können gefährlich sein, und wer wider Symbole sündigt, wird oft von ihnen bestraft, um mit Tournier zu sprechen.

In diesem ernüchternden Zusammenhang muß die heutige messianische Religion mit ihrer Doktrin eines neuen Jüngsten Gerichts gesehen werden. Zu diesem Zusammenhang haben zwanzig Jahrhunderte messianischer Erwartung, wie sprunghaft und verwässert auch immer, geführt. Denn eine messianische Religion ist vor allem durch die Aktivierung und den Einsatz von Symbolen wirksam. Dies gilt für viele andere Individuen, Gruppen und Institutionen – und auch, wenn wir sie richtig verstehen, für jene kaum greifbare, halbgeheime Gesellschaft, die in unserem letzten Buch eine so prominente Rolle spielte: die Prieuré de Sion.

Die entscheidende Frage ist natürlich, welche Art Sinn durch den Einsatz gewisser Symbole übermittelt wird – was dabei gewonnen, was verloren werden kann und von wem. Was, zum Beispiel, könnte ein sich erwiesenermaßen von Jesus oder seiner Familie ableitendes Geschlecht bewirken, wie könnte man daraus Kapital schlagen? Wie hat man andere Prinzipien, die von mächtiger Symbolik erfüllt waren, in früheren Zeiten unseres Jahrhunderts genutzt und zum Einsatz gebracht? Um dem

Thema Gerechtigkeit widerfahren zu lassen, lohnt es sich, einen Überblick über die Beziehungen zu geben, die, etwa während der letzten hundert Jahre, die Suche nach Sinn, den religiösen Impuls, die Gestaltung der Werte und die politische Macht miteinander verbanden.

11. Der Verlust des Glaubens

Jesus zitierte das 5. Buch Mose und erklärte, der Mensch lebe nicht vom Brot allein. In jüngerer Vergangenheit haben Psychologen wie C. G. Jung bekräftigt, daß es innere, nichtmaterielle Bedürfnisse gibt, die ebenso tiefgreifend, drängend, elementar sind wie das Bedürfnis nach Nahrung, Behausung und Fortpflanzung. Wahrscheinlich sind solche inneren Bedürfnisse ein überzeugenderes Argument als die Vernunft, wenn man die Menschheit vom Tierreich abheben will. Eines der grundsätzlichsten Bedürfnisse ist jenes nach Sinn, die Notwendigkeit, einen Lebenszweck zu finden. Die menschliche Würde beruht auf der Annahme, daß das menschliche Leben auf irgendeine Weise bedeutsam sei. Wir sind bereit, Schmerz, Entbehrung, Pein und alle möglichen Mißstände zu erdulden, wenn sie einem Zweck dienen, während wir nicht gewillt sind, Belanglosigkeiten hinzunehmen. Wir leiden lieber, als daß wir bedeutungslos sind.

Traditionsgemäß – ob zu Recht oder nicht – hat man der Religion die Aufgabe überlassen, Sinn und Zweck des Lebens zu definieren. Sogar der Begriff des Staates (der sich in der Gestalt des Nationalismus zu religiösen Ausmaßen mauserte) wurde in ein vorwiegend religiöses Bezugssystem gestellt. Der Staat, so weltlich er auch sein mochte, konnte immer noch rational als politische Einheit erklärt werden, die ein göttliches Mandat oder eine Garantie gewisser gottgegebener Rechte oder die Konkretisierung bestimmter, letztlich in religiösem Boden wurzelnder Gesetze widerspiegelte. Sogar die Französische Revolution, die sich zuerst daranmachte, jede organisierte Religion abzuschaffen, verübte ihre Exzesse im Namen der Menschenrechte, und diese ruhten auf einer religiösen Basis. Und am Ende schuf Robespierre, obwohl er weiterhin die Kirche und jede herkömmliche anthropomorphe Gottheit verwarf, dennoch seinen Kult des Höchsten Wesens.

Seit dem späten 19. und dem frühen 20. Jahrhundert haben sich die Bereiche menschlichen Wissens auf verwirrende Art erweitert. Sie sind immer spezialisierter und zahlreicher geworden, was zu einer Wahrnehmung der Realität führt, die sich von der unserer Vorfahren radikal unterscheidet. Namen wie Marx, Darwin und Freud (obwohl viele andere Denker auf den Gebieten von Soziologie, Psychologie und Naturwissenschaft genannt werden könnten) werden mit dieser neuen Wahrnehmung am häufigsten assoziiert. Seit Darwin hat die Naturwissenschaft in der Volksmeinung eine nie gekannte Autorität gewonnen. Vor der Mitte des 19. Jahrhunderts existierte die Soziologie noch nicht als wissenschaftliche Disziplin, und die Psychologie erreichte diesen Status noch später. Jede derartige Disziplin, jeder Wissensbereich bringt immer neue Nebendisziplinen und Unterbereiche hervor. Im Laufe dieses Prozesses wird der umfassende Rahmen, den die Religion einst lieferte, unerbittlich verwischt.

Für Isaac Newton – anderthalb Jahrhunderte vor Darwin – war die Naturwissenschaft nicht von der Religion getrennt, sondern, im Gegenteil, ein Aspekt der Religion und ihr letztlich untergeordnet. Für ihn war die

Naturwissenschaft ein Mittel, den vollkommenen Plan Gottes aufzuspüren und zu enthüllen. Sie war untrennbar mit der Philosophie verbunden, das heißt, sie gehörte zu einer Vielzahl von Tätigkeiten, die gemeinsam darauf abzielten, den Platz des Menschen im Universum sowie die Gesetze, von denen Menschen und Universum abhängig sind, zu erhellen. Newton hätte niemals von einer Naturwissenschaft geträumt, geschweige denn sie gutgeheißen, die autonom und nur ihren eigenen Gesetzen unterworfen ist. Doch genauso entwickelte sich die Naturwissenschaft zu Darwins Zeit; sie löste sich aus ihrem früheren Kontext und wurde zu einem neuen Absolutum, zu einer alternativen Sinngebung. Infolgedessen hatten Religion und Naturwissenschaft nicht mehr die gleiche Zielsetzung, sondern standen sich gegenüber, und die Menschheit war zunehmend gezwungen, zwischen ihnen zu wählen. So wurde die darwinistische Naturwissenschaft zu einer starken Bedrohung nicht nur für die theologischen Ansprüche, sondern auch für den funktionellen Nutzen der Religion: für ihre Fähigkeit, die Dinge im Lot zu halten, Zweck und Bedeutung zu vermitteln.

Ein ähnlicher Prozeß spielte sich in jenen Bereichen ab, die nun Soziologie und Psychologie genannt werden. Auch sie lösten sich nach und nach aus dem letztlich religiösen Kontext, in den sie eingebettet waren. Auch sie wurden zu neuen Absoluta, alternativen Sinngebungen, auch sie stellten den Status der Religion in Frage und boten unterschiedliche, oft widersprüchliche Wertehierarchien an. Die Kunst bekräftigte ebenfalls ihre Unabhängigkeit. Seit altersher war sie untrennbar mit den religiösen Impulsen und Ritualen des Menschen verbunden gewesen. Von babylonischen Bildsäulen, die, wie man meinte, von den Göttern bewohnt wurden, über Renaissance-Gemälde bis hin zur Musik von Bach und Händel war die Kunst im Grunde der Religion zugeordnet gewesen. Die Wurzel von Kultur ist schließlich die gleiche wie von Kult: *colere* (anbeten). Doch im 19. Jahrhundert machte die Kultur sich selbst zu einem Kult, der die etablierte Religion zu ersetzen und ein neues Absolutum zu werden versuchte. Dies zeigte sich beispielhaft an dem Standpunkt der L'art pour l'art. Er spiegelt sich in der Ästhetik von Schriftstellern wie Flaubert, Joyce und Thomas Mann wider, die den Künstler ausdrücklich mit Gott vergleichen und eine Analogie zwischen dem Wort als einem Instrument der Schöpfung und dem Wort als Logos herstellen. Die Apotheose dieser Lehre waren die Wagnerinszenierungen in Bayreuth, wo die Kunst selbst zu einem religiösen Ritual wurde. Die Aufführung des *Rings* in Bayreuth zu erleben, war eine überaus mystische Erfahrung – nicht nur für eine gebildete Elite, sondern auch für Menschen vom Zuschnitt Adolf Hitlers: »Wenn ich Wagner höre, ist mir, als seien das Rhythmen der Vorwelt!«[1]

Der Verrat des Glaubens. Am Vorabend des Ersten Weltkrieges fand die westliche Gesellschaft sich in einer nie dagewesenen Situation. Die Vergangenheit war stets von einem alles durchdringenden Absolutum, einer alles durchdringenden Sinngebung geprägt. Nun jedoch hatte man es mit einer Vielzahl widersprüchlicher und unversöhnlicher Absoluta zu tun, von denen jedes Anspruch auf Sinngebung erhob, darauf pochte, die Antworten auf die bedeutendsten Fragen, die definitive Hoffnung für die Zukunft zu enthalten. Jedes bekräftigte seine eigene Vorherrschaft, jedes wollte zu einer Religion werden. Die menschliche Intelligenz sollte dieses Chaos gegensätzlicher Ansprüche einschätzen und war natürlich überfordert. Wie war zwischen ihnen zu wählen? Wo sollte man sich engagieren, ohne daß dieses Engagement als ein willkürliches erschien? Eine unvermeidliche Folgerung, die unser eigenes Jahrhundert charakterisiert, bestand darin, daß es zwecklos sei, sich für irgend etwas außer dem eigenen Nutzen zu engagieren.

Das Ausmaß dieser Krise wurde nicht sofort deutlich. Die Zeit vor dem Ersten Weltkrieg war eine Periode des überschäumenden Optimismus, wahrscheinlich die optimistischste – zweifellos die selbstgefälligste – Periode, welche die westliche Kultur je erlebt hatte. Die Zukunft erschien als überaus rosig. Die neueröffneten Wissensbereiche schienen Forschungen anzukündigen, die der Menschheit nur von Vorteil zu sein schienen. Kunst, Naturwissenschaft, Psychologie und Soziologie wurden als wertvolle Hilfen zur Verbesserung des menschlichen Daseins betrachtet; mit ihrer Hilfe sollten die dem Fortschritt, der Kultur, der Zivilisation und der ungezügelten Kapitalvermehrung innewohnenden Tugenden ein reales Utopia hervorbringen. Dies war die Einstellung, die von den bekanntesten Schriftstellern jener Epoche, H. G. Wells und Jules Verne, vertreten wurde. Für Wells wie Verne war die Vervollkommnung der Menschheit nur eine Frage der Zeit und der Feinabstimmung.

Fortschritt, Kultur und Zivilisation wurden vor 1914 zu einer Religion. Sie lieferten das scheinbar gültige Umfeld für den ausbrechenden Widerstreit der Absoluta, und sie lieferten, wie man glaubte, ein Mittel für die Schlichtung und Lösung dieses Konflikts. In ihrem Namen glaubte man alles in Schutz nehmen und beilegen zu können. In dem Maße, wie sie die Dinge im Lot hielten und den Menschen ein Gefühl von Sinn, Zweck und Rechtfertigung gaben, in dem Maße kann man behaupten, daß sie die traditionelle Aufgabe einer Religion übernahmen.

Der Krieg zerschmetterte diese neue Religion natürlich nicht nur, sondern ließ sie im Rückblick als grausamen Trug erscheinen. Fortschritt, Kultur und Zivilisation schienen den in sie gesetzten Glauben verraten zu haben. Die Naturwissenschaft, die Hoffnungen für die Verbesserung des menschlichen Lebens geweckt hatte, brachte statt dessen neue und schrecklichere Mittel zu seiner Zerstörung hervor. Für die Generation, die im Ersten Weltkrieg diente, wurde Naturwissenschaft nahezu gleichbedeutend mit U-Boot, Luftangriff und – am allerschlimmsten – Giftgas. Der Fortschritt war in erster Linie auf die Sphäre der Vernichtung beschränkt. Kultur und Zivilisation hatten, statt die Gesellschaft durch ihren Einfluß zu humanisieren und sie zu friedlicher, segensreicher Tätigkeit zu bewegen, zu dem blutigsten und wahnsinnigsten Krieg aller Zeiten geführt. Daß die maßgebenden Vertreter dieser Kultur und Zivilisation vernünftig seien, mußte ernstlich bezweifelt werden. Die Religion als Fortschritt, Kultur und Zivilisation fiel dem zum Opfer, was den damals Lebenden als die Erfüllung eines lange verborgenen europäischen Todeswunsches erschien.

Die Lebensfähigkeit einer Religion hängt von der Reife ihrer Anhänger ab. Der Erste Weltkrieg bewies, daß die technische Entwicklung die psychische Reife hinter sich gelassen hatte. In technischer Hinsicht waren wir in ein neues Zeitalter vorgedrungen, in geistiger Hinsicht lebten wir immer noch im 18., wenn nicht einem früheren Jahrhundert. Deshalb glich die Technik einer entschärften Granate in den Händen eines Kindes. Diese Diskrepanz hat sich bis heute erhalten und ist vermutlich noch bedrohlicher geworden. Die Gesellschaft ist nicht sichtlich reifer, doch der Sprengkörper in ihren Händen ist noch gefährlicher.

Die Zeit nach dem Ersten Weltkrieg war eine Periode bitterer und tiefer Enttäuschung. Der Konflikt der absoluten Werte, weit von einer Lösung entfernt, brach wieder aus. Die Gesellschaft verfiel in wachsende Lethargie, da sie unfähig war, zwischen den verschiedenen, einander ausschließenden Ansprüchen sich immer weiter spezialisierender Wissensbereiche zu wählen. Nach dem Trauma, das man gerade durchgemacht hatte, schien keiner dieser Bereiche zuverlässig oder respektabel. Nachdem wir verraten worden waren, vermochten wir auch kein Vertrauen mehr zu gewähren – außer vielleicht den überflüssigen Dingen gegenüber. Zum Beispiel konnten wir der Atomtheorie durchaus vertrauen, doch sie bot kaum eine Hilfe, was die Probleme des Lebens und die Verdeutlichung der Werte betraf. Am Ende der zwanziger Jahre ließen eskalierende Inflation und der Börsenkrach sogar Geld als instabil und unzuverlässig erscheinen. Das Ergebnis war ein Sprung in den Nihilismus, ein Glaube an nichts, eine fieberhafte Suche nach Ablenkung von der Leere, welche die Zukunft repräsentierte. Die Jahre unmittelbar nach dem Ersten Weltkrieg sind heute als Zeit der »verlorenen Generation« bekannt.

Die Situation wurde verschärft durch die auswuchernden Spezialkenntnisse, was zunächst kaum jemand bemerkte. Während Naturwissenschaft, Soziologie und Psychologie ihre Positionen festigten, begannen sie, vier der bedeutendsten Voraussetzungen der westlichen Gesellschaft in Frage zu stellen: Zeit, Raum, Kausalität und Persönlichkeit. Konventionelle oder traditionelle

Vorstellungen von Zeit und Raum verloren zunehmend an Verbindlichkeit. Zum Beispiel hatte die Psychologie äußere Maße aufgeweicht, indem sie die Bedeutung von innerer Zeit und innerem Raum betonte. Die Zeit war nicht mehr auf den Kalender und die Uhr beschränkt, der Raum nicht mehr auf Richtscheit und Karte. Folglich erwiesen sich äußere Maße nicht mehr als definitive Wahrheiten, sondern als nur der Bequemlichkeit dienende Erscheinungen, die letzten Endes willkürlich, lediglich Erfindungen des menschlichen Intellekts waren. Und sogar die Gültigkeit dieser bequemen Bräuche wurde von der Einsteinschen Relativitätstheorie in Zweifel gezogen. Zeit und Raum wurden nun fließend, unberechenbar, ungewiß, relativ.

Das gleiche galt für das so hoch geschätzte Prinzip der Kausalität. Die Psychologie hatte festgestellt, daß es unmöglich ist, die menschliche Motivation zu messen oder zu vereinfachen, und sie bestand auf einer Ambivalenz des menschlichen Verhaltens. Sie widerlegte die logische Gleichung von Ursache und Wirkung. Unbestimmtheit, Unberechenbarkeit, Zufallselemente, unvorhergesehene Mutationen und Quantensprünge ergriffen immer stärker vom naturwissenschaftlichen Denken Besitz. Wenn Zeit und Raum ganz und gar relativ waren, dann hatte damit auch die Kausalität ihren zeitlichen und räumlichen Bezugspunkt eingebüßt. Diese neue Instabilität griff auf andere, praktischere Bereiche über. Zum Beispiel basierte die Idee von Moral weitgehend auf den Begriffen Strafe und Belohnung, die ihrerseits wieder von Ursache und Wirkung abhingen. Da Ursache und Wirkung kompromittiert waren, wurden die für Strafe und Belohnung geltenden Regeln immer flexibler. Ein Vergehen zog nicht mehr automatisch eine Strafe nach sich, und Tugend wurde nicht mehr automatisch belohnt. Im Gegenteil, man konnte hoffen, der verdienten Strafe zu entgehen und unverdienten Lohn einzuheimsen.

Zeit, Raum und Kausalität waren die drei wichtigsten Säulen der westlichen Philosophie gewesen, und der Begriff der Persönlichkeit bildete die vierte. Seit Aristoteles hatte man den Charakter als eine mehr oder weniger unveränderliche Eigenschaft und das Individuum als ein einzigartiges Wesen betrachtet. Nun aber sah sich der individuelle Charakter, die Persönlichkeit, plötzlich dem traumatischen Bewußtsein der eigenen Instabilität – wenn nicht sogar der eigenen Nichtexistenz – ausgeliefert. Die Soziologie stellte die Persönlichkeit nicht als etwas Unveränderliches und Einzigartiges dar, sondern als etwas Hinzugekommenes, eine Schichtung von konditionierten Reflexen, die fast ausschließlich von Umgebung und Erbgut bestimmt würden. Die Naturwissenschaft untermauerte solche Behauptungen, und die Psychologie, welche die Existenz des Unbewußten postulierte, versetzte der früheren Auffassung von Persönlichkeit den Gnadenstoß. Träume, die man einst auf äußere Ursachen am Rande der eigenen Identität zurückführte, wurden jetzt in demselben Grade zur Ausdrucksform des Selbst erklärt wie das wache Bewußtsein. Wahnsinn war nicht mehr eine zufällige Erscheinung, nicht einmal eine Krankheit im herkömmlichen Sinne, sondern eine Möglichkeit, die jeder Mensch in sich trägt. Wir wurden zunehmend zu der Erkenntnis gezwungen, daß wir in unserem Inneren viele Ichs, viele Impulse, viele Dimensionen bergen, die nicht alle miteinander in Einklang zu bringen sind. Wenn wir wirklich existierten, waren wir komplexer, anders, als wir uns selbst eingeschätzt hatten. Infolge größeren Wissens wurden wir zu einem noch größeren Rätsel für uns selbst.

Während Zeit, Raum, Kausalität und Persönlichkeit als unwandelbare Prinzipien immer fragwürdiger wurden, veränderte sich auch die Welt, in der wir lebten. Jeder Glaube des Menschen, sogar der Glaube an sich selbst, wurde unmöglich. Das Leben verlor immer mehr an Sinn, an Bedeutung, wurde zu einem rein zufälligen Phänomen ohne besonderen Zweck. Überall hörte man die Aussage, die heute zu einem Klischee geworden ist: »Alles ist relativ.«

Der österreichische Schriftsteller Robert Musil meinte, dieses Zeitalter sei von einer an epistemologische Panik grenzenden Relativität gekennzeichnet gewesen. Eine sehr zutreffende Beschreibung, denn der Westen war tatsächlich in einem Zustand der Panik, was Wissen und Sinn betraf, die beiden Hauptthemen der Epistemologie (Erkenntnistheorie). Hinter der fieberhaften Zügellosigkeit der Charleston-Ära lauerte ein Gefühl der Verzweiflung, ein oft krankhaftes Entsetzen über das Fehlen von Sinn und die Unsicherheit allen Wissens. Sinn und Wissen wurden so relativ, so wandelbar, so provisorisch wie alles andere auch.

12. Ersatzreligionen: Sowjetunion und Nazi-deutschland

Ungewißheit und Verzweiflung sind besonders empfängliche Dispositionen, wenn es darum geht, den religiösen Impuls zu wecken. In einem solchen Vakuum kann die Religion, die ein neues Gefühl von Sinn und Zusammenhalt bietet, ihre Ansprüche am wirksamsten vorbringen. Die Zeit unmittelbar nach dem Ersten Weltkrieg verlangte geradezu nach Interpreten. Die Menschen wollten unbedingt erfahren, wozu das alles geschehen war, was es bedeutete. Aber die organisierte Religion machte keinen ernsthaften Versuch, sich dem Problem zu stellen und den Bedürfnissen der Zeit gerecht zu werden. Sie tat einfach nur so, als sei nichts passiert, und versuchte, so fortzufahren, wie sie es seit Jahrhunderten getan hatte, nämlich als eine soziale, politische und kulturelle Institution, nicht als Interpretin eines neuen Sinns. Deshalb hatte die organisierte Religion in den zwanziger Jahren weitgehend an Glaubwürdigkeit verloren, deshalb galt sie als unfähig, die Leere zu füllen, die sich in der westlichen Welt aufgetan hatte.

Da die organisierte Religion keine Lösungen für die Sinnkrise zu bieten hatte, suchte die Gesellschaft verständlicherweise anderswo nach einem Halt. So entstanden zwei neue Prinzipien, die den alles umfassenden Status einer Religion zu entwickeln begannen. Und tatsächlich sollten diese Prinzipien die Religionen – oder zumindest die Ersatzreligionen – der dreißiger Jahre werden.

Die Religion Lenins und Stalins. Die erste der neuen Religionen war der Sozialismus, besonders in seiner marxistisch-leninistischen Variante, wie sie damals von der Sowjetunion und der Kommunistischen Partei vertreten wurde. Das marxistische Gedankengut war rund ein Dreivierteljahrhundert alt, und der Sozialismus war noch älter. Aber in der berauschenden Zeit nach der Russischen Revolution gewann die Doktrin den Rang eines Glaubensbekenntnisses. Und im Westen lieferte sie Intellektuellen und Idealisten eben jenes Anliegen, dessen sie bedurften. In Spanien starben viele von ihnen, in England spionierten viele von ihnen im Namen der Doktrin.

Die marxistisch-leninistische Lehre verwirft offiziell jede Religion. Doch es gibt förmliche und funktionelle Parallelen zwischen Marxismus-Leninismus und organisierter Religion, die allgemein anerkannt und zu offensichtlich sind, als daß sie hier erörtert werden müßten. Man ahnt jedoch gemeinhin nicht, in welchem Maße die sowjetische Lehre durch kalkulierte Politik dazu gebracht wurde, nicht nur die Form und Aufgabe einer Religion zu übernehmen, sondern tatsächlich eine solche zu werden. Lenin war ein äußerst scharfsinniger Manipulator mit einem tiefen Verständnis für die Bedürfnisse der Psyche. Er erkannte die Notwendigkeit, sein System den religiösen Impulsen des Menschen anzupassen, wie zynisch er selbst diesem Impuls auch gegenüberstehen mochte.

Deshalb – und aus vielen anderen Gründen – läßt sich der Standpunkt vertreten, daß Lenins Gedankengut stärker von Bakunin als von Marx geprägt ist. Wie Lenin selbst in seinen Notizen einräumt, leitete sich die Struktur seiner revolutionären Partei – was Organisation, Rekrutierungsmethoden, Stärkung der Loyalität bei den Anhängern, messianische Eindringlichkeit betrifft – direkt von Bakunin her. Aber für Bakunin war die Revolution nicht nur eine gesellschaftliche und politische Erscheinung, sondern dem Wesen nach letztlich kosmisch, theologisch, religiös. Nachdem Bakunin mehr als zwanzig Jahre darauf verwandt hatte, sich in den Rängen des Freimaurertums emporzuarbeiten, besaß er ein metaphysisches, philosophisches Gerüst für seine sozialen und politischen Ideen. Bakunin war ein selbsternannter Satanist; einem Kommentator zufolge sah er Satan »als das spirituelle Oberhaupt von Revolutionären, den wahren Urheber der menschlichen Befreiung«[1]. Satan war nicht nur der oberste Rebell, sondern auch der oberste Freiheitskämpfer gegen den tyrannischen Gott des Judaismus und des Christentums. Die etablierten Institutionen von Kirche und Staat waren für Bakunin Werkzeuge des repressiven judäisch-christlichen Gottes, und der Mensch hatte die moralische und theologische Verpflichtung, sich ihnen zu widersetzen. Lenin selbst gab sich solchen kosmologischen Vorstellungen zwar nie ausdrücklich hin, aber es ist keine Frage, daß er ihren Nutzen durchschaute. Bakunin und Lenin »waren beide apokalyptische Zeloten, während ihre marxistischen Rivalen . . ., mit ihnen verglichen, Pharisäer waren«[2]. Dementsprechend wollte Lenin den Bolschewismus zu weit mehr als einer politischen Partei oder einer politischen Bewegung machen. Der Bolschewismus sollte eine säkulare Religion werden und als solche das Bedürfnis des Menschen nach Sinn erfüllen. Zu diesem Zweck wurde er bedenkenlos mit allem Beiwerk eines religiösen Glaubens ausgestattet.

Stalin achtete darauf, vielleicht mit noch größerem Zynismus, daß dieses Beiwerk nicht verlorenging. Er hatte an einer Priesterausbildung an einem theologischen Seminar in Tiflis teilgenommen, und man weiß, daß er eine Zeitlang – im Jahre 1899 oder 1900 – bei der Familie eines der einflußreichsten Weisen und spirituellen Lehrers oder Gurus lebte, nämlich G. I. Gurdshews.[3] So lernte Stalin nicht nur, den religiösen Impuls zu erkennen, sondern auch, wie er zu aktivieren und zu manipulieren sei. Deshalb ist es nicht besonders erstaunlich, wenn man entdeckt, daß er sich ein unmißverständlich religiöses Ritual einfallen ließ. Der folgende liturgische

Text mit seinem Wechselgesang ist nicht bloß die Parodie eines religiösen Rituals, sondern soll selbst ein religiöses Ritual sein:

Von uns gehend, trug Genosse Lenin uns auf, die große Berufung der Parteimitgliedschaft hoch- und reinzuhalten.

– WIR GELOBEN DIR, GENOSSE LENIN, DASS WIR DIESES DEIN GEBOT EHRENHAFT ERFÜLLEN WERDEN.

Von uns gehend, trug Genosse Lenin uns auf, die Einheit der Partei zu hüten . . .

– WIR GELOBEN DIR, GENOSSE LENIN, DASS WIR DIESES DEIN GEBOT EHRENHAFT ERFÜLLEN WERDEN.

Von uns gehend, trug Genosse Lenin uns auf, die Diktatur des Proletariats zu hüten und zu stärken . . .

– WIR GELOBEN DIR, GENOSSE LENIN, DASS WIR DIESES DEIN GEBOT EHRENHAFT ERFÜLLEN WERDEN . . .[4]

Stalin bemühte sich systematisch, Lenins Tod möglichst viel religiöse Bedeutung abzugewinnen. Deshalb wurde Lenins Leiche im Säulensaal des Gewerkschaftshauses aufgebahrt und dort vier Tage lang zur Schau gestellt, während Zehntausende bei eisigen Temperaturen anstanden, um am Sarg vorbeidefilieren zu können.

Beim zweiten Allunionskongreß der Sowjets wurde beschlossen, Lenin einen nahezu gottgleichen Status zu geben. Man machte seinen Todestag zu einem nationalen Trauertag und ließ seine Statue in jeder wichtigen Stadt der Sowjetunion errichten. Seine Leiche wurde einbalsamiert, mumifiziert und in einem Steingewölbe von ausgeprägt religiösem Zuschnitt untergebracht, in einem Gebäude, das an die Stufenpyramiden des Alten Assyrien und Babylon erinnert. Noch heute wird Lenins Körper (oder eine überzeugende Wachsnachbildung) auf dem Roten Platz zur Schau gestellt, und sein Mausoleum läßt sich mit einem mittelalterlichen Wallfahrtszentrum vergleichen. Die der Leiche dargebrachte Verehrung erinnert an die Anbetung christlicher Relikte, und Lenins Grabstätte hat vieles gemeinsam mit der Grabstätte in Santiago de Compostela. Dies alles steht in deutlichem Gegensatz zu einem rationalistischen, absolut säkularen Glaubenssystem, das sich nicht nur als atheistisch, sondern auch als feindlich allen Religionsformen gegenüber bezeichnet – nicht zu reden von der Ablehnung des »Personenkults«.

Die Mystik, welche – besonders in den dreißiger Jahren – die kommunistische Parteimitgliedschaft umgab, war ebenfalls ihrem Wesen nach religiös oder zumindest ersatzreligiös. Die Parteiaufnahme war so symbolisch, so ritualisiert, so sehr von beschwörender Resonanz erfüllt wie die Initiation in eine alte Mysterienschule oder in eine Freimaurerloge. Vor allem bei Kindern wurde der religiöse Impuls häufig bewußt geweckt und dann systematisch in Richtung Partei kanalisiert. Die Aufnahme in den Kreis der Pioniere im Alter von neun Jahren war das große Ereignis im Leben eines Kindes, ein regelrechter *rite de passage*, vergleichbar der Erstkommunion, doch mit jener Vitalität und Bedeutungsfülle ausgestattet, welche die Erstkommunion seit langem verloren hatte. Unter verschiedenen quasiliturgischen Eiden und Gelübden wurde dem neuen Pionier ein heiliger Talisman, ein rotes Taschentuch, ausgehändigt. Dieses Stück Stoff erklärte man zu seinem kostbarsten Besitz und befahl ihm, es zu hüten, zu ehren und von keiner anderen Hand berühren zu lassen, da es das Blut der revolutionären Märtyrer symbolisiere. Das Postulat, wonach das Blut symbolisch in einem Stück Stoff enthalten sei, unterscheidet sich kaum von dem Postulat, wonach Blut mehr oder weniger symbolisch in Wein verborgen sei. Die Prämisse ist im wesentlichen religiöser Art, und das rote Taschentuch des jungen Pioniers sollte eine ähnliche Wirkung haben wie ein Kruzifix, ein Rosenkranz oder irgendein anderer vertrauter religiöser Talisman.

Um ihre Position innerhalb wie außerhalb der Sowjetunion zu festigen, erhob die Kommunistische Partei der dreißiger Jahre den Marxismus-Leninismus zu einer religiösen Lehre. Zwar behauptete sie, die Religion abgeschafft zu haben, doch in Wirklichkeit ersetzte sie nur eine Religion durch eine andere. Aber eine Religion darf nicht allein den Intellekt ansprechen, sondern muß, um ein Klischee zu benutzen, Herz und Geist gleichermaßen für sich gewinnen, das heißt, sie muß tiefe emotionale Bedürfnisse befriedigen und nicht nur der Logik gerecht werden. Sie muß sich der irrationalen Dimension des Menschen stellen und Antworten auf Fragen liefern, die aus dieser Dimension erwachsen. Und sie muß Motive wie die Sehnsucht nach Liebe, die Furcht vor dem Tode, die Qual der Einsamkeit zumindest anerkennen und, wenn möglich, in sich aufnehmen.

Es gibt einen entscheidenden Unterschied zwischen einer Religion einerseits und einer Philosophie oder Ideologie andererseits. Ungeachtet aller seiner Bestrebungen ist der Marxismus-Leninismus in Wahrheit nie mehr als eine Philosophie oder Ideologie gewesen. Seine Abstraktheit, seine emotionale Sterilität hat den inneren Bedürfnissen des Menschen nicht gerecht werden können – weder was die Anerkennung dieser Bedürfnisse noch was ihre Befriedigung betrifft. In diesem Sinne ist der Marxismus-Leninismus von psychologischer Naivität. Er nahm vereinfachend an, daß innere Bedürfnisse durch einen vollen Magen und eine logisch überzeugende Weltanschauung gestillt werden könnten. Folglich bot er Brot und eine Theorie über die Produktion, den wirtschaftlichen Wert und die Verteilung von Brot an. Daneben hatte er die Geschichte, als ein erhabenes Absolutum, und den Begriff des Volkes zu bieten.

Doch es gilt nun einmal, daß der Mensch nicht vom Brot allein lebt und auch nicht von Theorien über Brot. Themen wie Entfremdung von der Arbeit, Verhältnis zwischen Arbeit und Kapital, Dialektik, sogar Klassenkampf und ungerechte Verteilung des Wohlstandes rufen keine instinktive Reaktion hervor, befriedigen nicht das weniger greifbare, weniger gut definierte, aber dennoch beherrschende und quälende Verlangen des Menschen nach Seelenfrieden, emotionaler und geistiger Erfüllung, nach dem Verständnis seines Platzes im Universum, nach Antworten auf Fragen, die jenseits von Soziologie und Ökonomie, jenseits des Materialismus liegen. Außerdem reicht die Idee der Geschichte als eines Absolutums nicht aus, um die menschliche Sehnsucht nach dem Heiligen oder Göttlichen zu umfassen.

Was das Problem der Sinngebung betrifft, hatte der Marxismus-Leninismus nur provisorische Lösungen zu bieten. Zweck und Richtung des menschlichen Tuns wurden nur für einen festen Ort in einem festen Moment festgelegt, sonst aber Revision und Wandel unterworfen. Doch der religiöse Impuls des Menschen sucht etwas Dauerhafteres. Nicht in bezug auf soziale oder ökonomische Fragen ist das Bedürfnis nach Sinn am stärksten ausgeprägt, sondern auf Mysterien wie Zeit, Tod, Einsamkeit, Liebe und Gewissen. Und gerade diese Mysterien – hier liegt der eigentliche Wirkungskreis der Religion – hat die Ersatzreligion des Marxismus-Leninismus am wenigsten bewältigen, ja nicht einmal akzeptieren können. Damit war sie den inneren Bedürfnissen des Menschen immer weniger gewachsen.

Aus diesem Grunde überrascht es nicht, daß die organisierte Religion innerhalb des sowjetischen Imperiums hartnäckig weiterexistiert – trotz offizieller Mißbilligung, Verfolgung und ehrgeiziger Indoktrinierungsprogramme zu ihrer Neutralisation. In Ländern wie Polen und der Tschechoslowakei stellt die Kirche eine immer stärkere Herausforderung für das Regime dar, gerade weil sie sich tieferen Bedürfnissen widmet, die vom Regime verworfen werden. Und in der Sowjetunion selbst wird das Politbüro nicht nur von einem immer noch lebenden Christentum geplagt, sondern auch von einem beträchtlichen Aufschwung des Islam. Ob Religion »Opium für das Volk« ist oder nicht, eine Sucht kann nicht einfach dadurch geheilt werden, daß man die Drogenquelle zuschüttet und es dem Menschen überläßt, ohne jede Hilfe mit den Qualen des Entzugs zu ringen.

Adolf Hitler als Hoherpriester. Die zweite Ersatzreligion der dreißiger Jahre waren die totalitären Bewegungen, die man heute pauschal als Faschismus bezeichnet. In Italien erreichte die ursprüngliche, von Mussolini geprägte Variante des Faschismus allerdings nie den Status einer Religion, sondern blieb, in vielleicht noch höherem Maße als der Marxismus-Leninismus, eine politische Philosophie, eine Ideologie. Die traditionelle Rolle der Religion war weitgehend der Kirche überlassen. Dies trug dazu bei, daß sich der italienische Faschismus, besonders wenn man ihn mit anderen Ausformungen vergleicht, als relativ hohles Gebilde erwies.

In Spanien war Franco bemüht, seinen Faschismus

eng mit der Kirche zu verknüpfen und dadurch eine Art göttlichen Mandats für diesen Faschismus abzuleiten. Dadurch verfügte sein Faschismus über bedeutend mehr Energie, über mehr Dynamik als das italienische Gegenstück – und er verfügte über die einzigartige Brutalität, derer nur religiöser Fanatismus fähig ist. In vieler Hinsicht, wenigstens aus der Distanz eines halben Jahrhunderts, erscheint Mussolini nahezu lächerlich, während Franco, der Spanien und das spanische Volk in seine Gewalt zwang, eine weitaus unheimlichere Gestalt ist.

Aber das unüberbietbare Beispiel eines rechtsgerichteten Totalitarismus, der den Status einer Religion gewann, bildet das nationalsozialistische Deutschland. Im Gegensatz zum Faschismus in Italien war der Nationalsozialismus nicht bloß eine Philosophie oder Ideologie. Im Gegensatz zur spanischen Variante des Faschismus verbündete der Nationalsozialismus sich nicht mit religiösen Interessen. Vielmehr machte er sich daran, solche Interessen systematisch zu beseitigen und sich selbst als eine völlig neue Religion zu etablieren.

Mittlerweile sind mehr als vierzig Jahre seit dem Ende des Zweiten Weltkrieges vergangen. In diesen Jahren ist der Strom historischer Kommentare, Darlegungen und Erklärungen über das Phänomen Adolf Hitler, die NSDAP und das Dritte Reich nicht abgerissen. Und trotzdem sind die Fragen nicht beantwortet, trotzdem bleiben die Rätsel bestehen. Wie konnte ein zivilisiertes und kultiviertes Volk, das der Welt Goethe und Beethoven, Kant und Hegel, Bach und Heine schenkte, einem so niederträchtigen Rattenfänger aufsitzen und sich en masse in eine so scheußliche, so dämonische Orgie der Zerstörung stürzen? Man hat versucht, diese Frage auf unterschiedliche Art und Weise zu beantworten. Der

Nationalsozialismus wurde als soziales, kulturelles, politisches oder wirtschaftlichen Phänomen gedeutet; man hat die Schuld im Versailler Vertrag, in einer finanziellen Krise, einer galoppierenden Inflation, in einem Verlust nationaler Selbstachtung, im Aufstieg des Kommunismus, im Zusammenbruch der Mittelschicht und einer Vielzahl anderer Dinge gesucht.

Gewiß, all diese Faktoren spielten eine wichtige Rolle, und gewiß besteht eine Beziehung zwischen ihnen. Aber das entscheidende Element für das Verständnis des Nationalsozialismus besteht darin, das Ausmaß abzustecken, in dem der religiöse Impuls des deutschen Volkes bewußt aktiviert wurde. Er rief eine emotionale wie eine intellektuelle Reaktion hervor, das heißt, er vereinigte Herz und Geist, wenn auch auf bösartige Weise. Der Nationalsozialismus wurde zu einer vollwertigen Religion und erlöste das Deutschland nach dem Ersten Weltkrieg aus dem Fegefeuer der Sinnlosigkeit. Diese religiöse Dimension des Nationalsozialismus rief die Dynamik, den historischen Fanatismus, die gespenstische Energie und wilde Kraft hervor, welche die totalitären Bewegungen in Italien und Spanien verblassen ließen. Man könnte mit einiger Berechtigung behaupten, das Dritte Reich sei der erste Staat der westlichen Geschichte seit dem alten Rom gewesen, der letztlich nicht auf sozialen, ökonomischen oder politischen, sondern auf religiösen, magischen Prinzipien aufgebaut war. Und sein selbsternannter Führer wäre dann weniger ein Politiker – nicht einmal ein Demagoge – als ein Schamane gewesen.

Der Aufstieg des Dritten Reiches ereignete sich nicht einfach, mehr oder weniger zufällig, infolge des vergiftenden Charismas eines einzigen Mannes. Im Gegenteil, er war sorgfältig geplant und peinlich genau ausgearbeitet worden. Die NSDAP machte sich mit einem erschrekkenden Grad an Selbsterkenntnis und psychologischer Raffinesse daran, den religiösen Impuls des deutschen Volkes zu wecken und zu manipulieren, die Frage nach dem Sinn auf religiöse Weise zu beantworten. Das nationalsozialistische Deutschland bot neben einer Philosophie und Ideologie auch eine Kosmologie an. Es zielte nicht nur auf den Intellekt, sondern auch auf Herz, Nervensystem und Unbewußtes. Dabei benutzte es viele der ältesten Techniken der Religion: ausgeklügelte Zeremonien, Singsang, rhythmische Wiederholung, beschwörende Rhetorik, Farbe und Licht. Die berüchtigten Nürnberger Parteitage waren keine politischen Versammlungen der Art, wie sie sich heute im Westen abspielen, sondern schlau inszenierte Theatervorstellungen, wie sie beispielsweise ein wesentlicher Bestandteil der griechischen Feste waren. Alles – die Farben der Uniformen und Fahnen, die Plazierung der Zuschauer, die nächtliche Stunde, der Einsatz von Punktscheinwerfern und Flutlichtern, der Ablauf –, alles war genau kalkuliert. Die Filmausschnitte zeigen Menschen, die sich berauschen, die sich mit dem Mantra »Sieg Heil!« in einen Zustand des Entzückens und der Ekstase versetzen und den Führer wie eine Gottheit verehren. Die Gesichter in der Menge sind von einer blinden Seligkeit, einer leeren, bezauberten Abstumpfung, völlig austauschbar mit den Gesichtern bei einer Veranstaltung der heutigen religiösen Erweckungsbewegung. Dabei geht es nicht um überzeugende Rhetorik. Hitlers Rhetorik ist alles andere als überzeugend, meist ist sie banal, kindisch, voll von Wiederholungen, uninteressant. Aber sein Vortrag hat eine gehässige Energie, einen Rhythmus, der so exotisch ist wie der einer geschlagenen Trommel. Und diese Vortragsweise, verbunden mit ansteckenden Massenemotionen, dem Druck von Tausenden von Menschen, die auf engstem Raum zusammengepfercht sind, mit einer kalkuliert ekklesiastischen Art des Pompösen und einem zu wagnerschen Proportionen aufgeblasenen Schauspiel, ruft Massenhysterie, eine im Kern religiöse Leidenschaft hervor. Was man bei Hitlers Parteitagen beobachtet, ist eine Bewußtseinsveränderung, die Psychologen gewöhnlich mit einem mystischen Erlebnis in Verbindung bringen. Und Hitler selbst wird zu einem schwarzen Messias, er agiert als Instrument der religiösen Energie, die er heraufbeschworen hat. Mit den Worten eines Kommentators: »Es dauerte nicht lange, da sah das Volk in Hitler nicht einen Menschen, sondern den Messias Deutschlands. Öffentliche Versammlungen, vor allem die Parteitage in Nürnberg, nahmen einen quasi religiösen Charakter an. Die ganze Aufmachung zielte darauf ab, eine übernatürliche und religiöse Atmosphäre zu schaffen.«[5]

Auch die Deutschen erkannten damals die religiöse Dimension dessen, was Hitler tat. Sie erkannten sie nicht nur, sondern begrüßten sie in den meisten Fällen. So verkündete der Bürgermeister von Hamburg: »Wir brauchen keine Priester und Pfarrer. Wir sind mit Gott in direkter Verbindung durch Hitler. Er hat viele christusähnliche Eigenschaften.«[6] Im April 1937 stimmte eine rheinische Gruppe von Deutschen Christen für folgende Resolution: »Hitlers Wort ist Gottes Gesetz, seine Verordnungen und Gesetze sind von göttlicher Autorität.«[7]

Die vielleicht wertvollsten Informationsquellen zu Hitlers Denken lieferte Hermann Rauschning, einer der frühesten Anhänger der NSDAP, der er im Jahre 1926 beitrat. Er gehörte bald zu Hitlers engsten Vertrauten und stieg 1933 zum Präsidenten des Danziger Senats auf. Im Jahre 1935 nahm er voller Bestürzung die Geschehnisse in Deutschland wahr, und er emigrierte 1936 zunächst in die Schweiz, dann in die Vereinigten Staaten. Er versuchte, die Welt vor dem Dritten Reich zu warnen und veröffentlichte in den Jahren unmittelbar vor dem Krieg zwei Bücher, in denen er viele Hitlersche Äußerungen anführte. Die Bücher machen deutlich, daß Hitler genau wußte, was er tat, und daß die Erweckung des religiösen Impulses im deutschen Volk Teil eines sorgfältig kalkulierten Plans war.

Rauschning zitiert Hitler folgendermaßen: »Ich habe die Masse fanatisiert, um sie zum Werkzeug meiner Politik zu machen. Ich habe die Masse erweckt. Ich habe sie über sich selbst hinausgehoben, ich habe ihr einen Sinn und eine Funktion gegeben . . . In einer Massenversammlung ist das Denken ausgeschaltet. Und weil ich diesen Zustand brauche, weil er mir den größten Wirkungsgrad meiner Reden sichert, lasse ich alle in die Versammlungen schicken, wo sie mit zur Masse werden, ob sie wollen oder nicht. ›Intellektuelle‹ und Bürger so gut wie die Arbeiter. Ich mische das Volk. Ich spreche zu ihm als Masse.«[8]

Hitler selbst schreibt in *Mein Kampf*: »In allen diesen Fällen handelt es sich um Beeinträchtigung der Willensfreiheit des Menschen. Am meisten gilt dies natürlich für Versammlungen, in die an sich Menschen von gegenteiliger Willenseinstellung kommen, und die nunmehr einem neuen Wollen gewonnen werden müssen. Morgens und selbst tagsüber scheinen die willensmäßigen Kräfte der Menschen sich noch in höchster Energie gegen den Versuch der Aufzwingung eines fremden

Willens und einer fremden Meinung zu sträuben. Abends dagegen unterliegen sie leichter der beherrschenden Kraft eines stärkeren Wollens . . .

Dem gleichen Zwecke dient ja auch der künstlich gemachte und doch geheimnisvolle Dämmerschein katholischer Kirchen, die brennenden Lichter, Weihrauch, Räucherpfannen usw.«[9]

Hitler räumte ein, daß er religiöse Techniken verwandte, und er gab auch zu, wo er sie sich angeeignet hatte: »Vor allem habe ich von dem Jesuitenorden gelernt. Übrigens tat das Lenin auch, soviel ich mich erinnere.«[10] Und nach einem seiner höchst charakteristischen Angriffe auf das Freimaurertum fügt er hinzu: »Der hierarchische Aufbau und die Erziehung durch Symbole und Riten, das heißt ohne den Verstand zu behelligen, sondern durch Befruchtung der Phantasie, durch magische Einwirkung von kultischen Symbolen – das ist das Gefährliche und Große und von mir Übernommene. Sehen Sie nicht, daß unsere Partei etwas ganz Ähnliches sein muß? Ein Orden, die hierarchische Ordnung eines weltlichen Priestertums.«[11]

Der Nationalsozialismus übernahm nicht nur das Beiwerk einer Religion, sondern er wurde buchstäblich auch zu einer Religion, was seine Substanz betraf. Einiges davon stammte von Richard Wagner, der im 19. Jahrhundert die Heiligkeit des germanischen Blutes gepriesen hatte und, mit den Worten eines Kommentators, »leidenschaftlich an das Theater als Tempel einer germanischen Kunst glaubte, wo mystische Riten das deutsche Volk und die deutsche Seele« erlösen könnten.

Aber Wagners Einfluß war nur einer von vielen, die gemeinsam die Vision des Nationalsozialismus formten. Hitler machte auch Anleihen bei Friedrich Nietzsche, von dessen Gedanken er viele falsch verwendete, aus ihrem Kontext löste und für seine eigenen Ziele entstellte. Nietzsche konnte nicht mehr protestieren. Aber der Dichter Stefan George, dessen Werke die Nationalsozialisten auf ähnliche Weise auszuschlachten gedachten, lebte noch und äußerte vernichtende Kritik. Um seine Ablehnung und Verachtung deutlich zu machen, emigrierte er in die Schweiz; vorher hatte er jedoch die Keime des deutschen Widerstandes gegen Hitler in einem seiner engsten Schüler, dem jungen Claus Graf Schenk von Stauffenberg, gesät, der das Attentat auf Hitler am 20. Juli 1944 verantworten sollte.

Auch einige kleine Gruppen und Geheimgesellschaften beeinflußten Hitler und seine Umgebung: etwa der sogenannte Neutemplerorden, der Germanenorden und die Thulegesellschaft, die zwischen den späten siebziger Jahren des 19. Jahrhunderts und der Zeit nach dem Ersten Weltkrieg aktiv waren.[12] In deren Lehren stößt man auf eine militante Feindschaft gegenüber dem Christentum und auf eine Betonung des alten germanischen Heidentums.

Das Ausmaß, in dem Hitler selbst mit okkulten Gruppen zu tun hatte, ist nie eindeutig geklärt worden. Doch unzweifelhaft kannte er Personen, die solche Verbindungen pflegten, und die Mitgliedschaft dieser Gruppen überschneidet sich beständig mit jener der frühen NSDAP. Man weiß zum Beispiel, daß Rudolf Heß und Alfred Rosenberg in der Thulegesellschaft tätig waren. *Mein Kampf* ist Dietrich Eckart gewidmet, einem unbedeutenden, wahnsinnigen Dichter, der eine führende Rolle nicht nur in der Thulegesellschaft, sondern auch in anderen ähnlichen Organisationen spielte.

Was also war das Wesen von Hitlers neuer Religion?

Wie gelang es ihr, Herz und Geist derjenigen zurückzugewinnen, welche die traditionelle Kirche verloren hatte? Ein Beobachter der späten dreißiger Jahre nennt die totalitäre nationalsozialistische Weltanschauung einen heidnischen Glauben, der das Christentum als fremd und antagonistisch einschätzte.[13]

Im Jahre 1938 publizierte dieser Beobachter – Arthur Frey, Chef des Schweizer Evangelischen Pressedienstes – ein Buch, das auch heute noch eine der sorgfältigsten Untersuchungen des Nationalsozialismus und seines religiösen Gehalts darstellt. Zwar hatte Frey als Christ seine eigenen Interessen zu verteidigen, doch seine Wahrnehmungen sind deshalb nicht weniger wichtig. Nach Frey zielte das Dritte Reich darauf ab, »nicht nur Staat, sondern auch religiöse Gemeinschaft, das heißt Kirche«[14] zu sein. Und weiter: »Der Führer ist nicht nur weltlicher Kaiser, der im Staate die Aufgabe der Obrigkeit erfüllt, er ist zugleich Messias, der ein tausendjähriges Reich anzukündigen vermag.«[15]

Diese Interpretation ist nicht überzogen. Sie entspricht fast wörtlich einer Erklärung Baldur von Schirachs, der als Reichsjugendführer für die Erziehung einer Generation junger Deutscher verantwortlich war: »Wir meinen, dem Allmächtigen zu dienen, wenn wir mit unseren jungen Kräften versuchen, Deutschland wieder einig und groß zu machen . . . uns erscheint der Dienst an Deutschland als ein wahrer und treuer Gottesdienst, die Fahne des Dritten Reiches scheint uns Seine Fahne und der Führer des Volks der von Ihm bestimmte Retter . . .«[16] Was das Christentum in Deutschland betraf, so sagte Hitler selbst: »Was wir tun sollen? Was die katholische Kirche getan hat, als sie den Heiden ihren Glauben aufgepfropft hat: erhalten, was zu erhalten geht und umdeuten. Wir werden den Weg zurückgehen: Ostern ist nicht mehr Auferstehung, sondern die ewige Erneuerung unseres Volkes, Weihnachten ist die Geburt *unseres* Heilandes . . . Meinen Sie, die werden nicht *unseren* Gott auch in ihren Kirchen lehren, diese liberalen Pfaffen, die keinen Glauben mehr haben, sondern nur ein Amt?«[17]

Arthur Frey faßt das Glaubensbekenntnis des Nationalsozialismus folgendermaßen zusammen: »Dem Deutschen Glauben ist das Blut heilig . . . Das schaffende Geheimnis des vererbten Blutes gestaltet sich im Laufe von Jahrhunderten zu der Rasse.«[18]

Die Bedeutung des Blutes wird deutlich bei einer Nazizeremonie, die, dem französischen Schriftsteller Michel Tournier zufolge, einer »Besamung der Fahnen« entspricht. Bei dieser Zeremonie wurde die Hakenkreuzfahne – getränkt mit dem Blut der Putschisten, die sie vorantrugen, als Hitler 1923 zum erstenmal die Macht an sich zu reißen versuchte – rituell ausgestellt. Man berührte mit dieser »Blutfahne« andere, neue Fahnen, auf daß sie, wie durch eine groteske Form sexueller Magie, etwas von ihrer Heiligkeit abgebe. In der folgenden Passage beschreibt einer von Tourniers Protagonisten die Zeremonie:

»Das Weitere kennen Sie: die Schießerei, sechzehn Leute aus Hitlers Gefolge tot, Göring schwer verletzt, Hitler selbst, von dem tödlich getroffenen Scheubner-Richter im Sturz mitgerissen, verrenkt sich die Schulter. Und dann die achtmonatige Haft des Führers in der Festung Landsberg, in der er *Mein Kampf* schreibt. Doch all das ist nebensächlich. Bei allem, was von nun an Deutschland betrifft, ist der Mensch nebensächlich. Was an diesem 9. November 1923 in München ganz allein zählt, das ist eine Fahne, die Hakenkreuzfahne der Putschisten, die inmitten von sechzehn Leichen in eine Blutlache fällt und nun vom Blut getränkt und geweiht ist. Von nun an wird diese *Blutfahne* zur heiligen Reliquie der Partei. Nach 1933 wird sie jedes Jahr zweimal öffentlich ausgestellt: einmal am 9. November, wenn in München der Marsch zur Feldherrnhalle feierlich nachvollzogen wird wie der Leidensweg Christi in einem mittelalterlichen Passionsspiel, vor allem aber im September beim Reichsparteitag in Nürnberg, der den Höhepunkt des NS-Rituals darstellt. Da wird die Blutfahne wie ein Zuchttier, das eine unendliche Reihe weiblicher Tiere befruchtet, mit den neuen Fahnen in Berührung gebracht, die es nach solcher Besamung gelüstet. Ich habe das Schauspiel schon mitangesehen, ich versichere Ihnen: die Bewegung, die der Führer macht, wenn er diesen Trauungsritus für Symbole vollzieht, ist die Bewegung des Viehzüchters, der eigenhändig die Rute des Stiers in die Scheide der Kuh einführt. Und man sieht ganze Heere vorbeimarschieren, die nur aus Fahnenträgern bestehen und nichts sind als *Fahnenheere,* ein weites, vom Wind bewegtes, wogendes Meer von Standarten, Abzeichen, Bannern, Symbolen und Wimpeln. Und nachts vollenden Scheinwerfer dieses übermenschliche Schauspiel; sie tauchen die Fahnen – den Schaft, das Tuch und die Bronzefiguren der Fahnenspitzen – in flammendes Licht und lassen die Menschenmassen, dunklem Ziel geweiht, in der Finsternis der Erde versinken. Wenn dann endlich der Führer hervortritt auf den riesigen Altar, um seine Messe zu zelebrieren, flammen mit einem Schlage hundertfünfzig Flakscheinwerfer auf und schaffen über der Zeppelinwiese einen Lichtdom, dessen achttausend Meter hohe Pfeiler von der sternenweiten Bedeutung des Geheimnisses zeugen, das hier gefeiert wird.«[19]

Diese »Besamung der Fahnen« war nur eines der Feste und Gedenkfeiern, mit denen die Nazis den christlichen Kalender für ihre eigenen, spezifisch heidnischen Zwecke revidierten und ausnutzten: »›Darum feiern die Menschen überall Sonnen-, Jahres-, Wachstums-, Erntefeste, wo sie nicht durch eine weltfremde, erdfeindliche Religion zerstört worden sind.‹«[20] Ein sehr bedeutender Ritus dieser Art war das alte indogermanische Fest des jungen Sonnengottes. In besonderen, von der SS geleiteten Ausbildungsstätten für Jungen wurde das Weihnachtsfest nicht als der Geburtstag Christi gefeiert, sondern als die Auferstehung – zur Wintersonnenwende – des »Sonnenkindes« aus der Asche. Es ist unnötig, sich lange über den religiösen oder den spezifisch heidnischen Charakter solcher Rituale auszulassen. Bei ihnen handelt es sich im Grunde um eine moderne Erscheinungsform des alten *Sol-Invictus*-Kultes, dem Konstantin der Große vor fast 1600 Jahren anhing. Der einzige wirkliche Unterschied besteht darin, daß für den Nationalsozialismus sogar die Sonne auf irgendeine nicht meßbare Weise typisch germanisch war.

Wenn Hitler den Messias einer neuen Religion verkörperte, dann war die elitäre schwarzgekleidete Schutzstaffel (SS) seine Priesterschaft. Hitler bezeichnete Heinrich Himmler, den Reichsführer SS, als »meinen Ignatius von Loyola«, wodurch er eine Parallele zwischen der SS und den Jesuiten herstellte. In vieler Hinsicht war die SS tatsächlich dem Jesuitenorden nachgebildet, und auf Gebieten wie psychologischer Konditionierung und Erziehung setzte sie bewußt jesuitische Methoden ein. Aber die Jesuiten selbst hatten einen großen Teil ihres Aufbaus und ihrer Organisation von noch älteren militärisch-religiösen Orden wie den Tempelrittern und den

Deutschrittern übernommen. Himmler sah die SS als einen Orden in genau diesem Sinne, und zwar genauer als einen wiederhergestellten Deutschritterorden, das heißt als modernes Gegenstück zu den Rittern mit weißen Mänteln und schwarzen Kreuzen, die siebenhundert Jahre zuvor den früheren germanischen Drang nach Osten – nach Rußland – eingeleitet hatten.

Die SS der Vorkriegszeit war in der Tat, was Rekrutierung, Organisation und Rituale betraf, so strengen Regeln unterworfen wie der mittelalterliche Deutschritterorden. Die komplizierte und mystische Einführungszeremonie sollte an den feierlichen Akt des Ritterschlags erinnern. Kandidaten mußten eine Ahnentafel vorlegen, die für wenigstens zweieinhalb Jahrhunderte – oder, im Falle künftiger Offiziere, für drei Jahrhunderte – rein »arisches« Blut nachwies. Jeder Kandidat mußte eine Probezeit religiösen Zuschnitts bestehen, ehe der Orden ihn aufnahm. Von den Freimaurern hatte die SS gelernt, wie wichtig rituelle Insignien sind. Deshalb legte sie besonderen Nachdruck auf hierarchische Ringe und Dolche, ebenso auf Runen. Die Ärmel jeder SS-Uniformjacke waren mit einer silbernen Runeninschrift bestickt. Und das Emblem der Organisation selbst, das doppelte S in Gestalt von zwei gezackten Blitzen, wurde als *Siq*-Rune gedeutet, die Rune der Macht, mit der altgermanische Stämme angeblich den Blitz des Donnergottes (nach manchen Berichten Thor oder Donar, nach anderen Odin oder Wotan) bezeichneten.

Himmler führte immer neue Verstiegenheiten in die Organisation ein. SS-Hochzeiten hatten weniger mit einer christlichen Eheschließung als mit heidnischen Trauungsfeierlichkeiten gemeinsam. Himmler befand, auf einem Friedhof gezeugte Kinder würden von dem

Geist der dort liegenden Toten erfüllt. Deshalb ermunterte man SS-Angehörige, ihre Nachkommen auf Grabsteinen – Grabsteinen edler Arier, wie sich versteht – zu zeugen. Friedhöfe, auf denen nachweislich die Gebeine geeigneter nordischer Menschen ruhten, wurden angepriesen, und man publizierte regelmäßig derartige Verzeichnisse in der offiziellen SS-Zeitung.[21]

Um seine eigene Person suchte Himmler einen inneren Kader von Hohenpriestern aufzubauen, ein Konklave von zwölf SS-Obergruppenführern (was dem Rang eines Generalleutnants entsprach), die seine persönlichen Ritter der Tafelrunde sein sollten. Dieser quasi-mystische Zirkel von dreizehn Mitgliedern – die Zahl erinnert bewußt an okkulte Hexenvereinigungen, wie natürlich an Jesus und seine Jünger – sollte sein Hauptquartier in dem Städtchen Wewelsburg bei Paderborn haben. Die Bauarbeiten wurden bis Kriegsende nicht abgeschlossen, doch Wewelsburg war als offizielle Hauptstadt der SS, als ihr Kultzentrum, vorgesehen und wurde als »Mittelpunkt der Welt« beschrieben.[22]

Mitten in dem Ort befand sich eine Burg, mit je einem Zimmer für jeden der dreizehn hohen Würdenträger. Diese Räume sollten im Stil einer bestimmten historischen Periode ausgestattet sein – der Periode, die der vermutlichen früheren Inkarnation des Besitzers entsprach. In dem großen Nordturm sollten sich die dreizehn Ritter in ritualisierten Abständen versammeln. Genau im Zentrum der Krypta unter dem Turm war ein heiliges Feuer geplant, erreichbar über drei Stufen, und an den Wänden sollten zwölf steinerne Podeste stehen, deren Zweck unbekannt ist. Symbolik spielte die entscheidende Rolle: Um die Burg herum, mit der

Krypta im Mittelpunkt, sollte die geplante Stadt in sorgfältig gezogenen konzentrischen Zirkeln errichtet werden.

Himmler selbst sprach häufig von Geomantie, »Erdzauber«, und »Brachlinien«. Er stellte sich Wewelsburg gern als ein »okkultes« Machtzentrum vor, mit Stonehenge zu vergleichen. Die offizielle Zeitschrift *Ahnenerbe* – sozusagen das Forschungsbüro der SS – brachte oft Artikel mit solcher Themenstellung.

Interessanterweise kommt keiner der okkulten Aspekte Nazideutschlands in dem umfangreichen Beweis- und Dokumentationsmaterial der Nürnberger Prozesse vor. Warum nicht? Wußten die alliierten Ankläger damals nichts von ihnen? Verwarfen sie diese Aspekte als unwichtig? Weder das eine noch das andere. Die Ankläger wußten nur zu gut Bescheid. Sie waren weit davon entfernt, diese Merkmale zu unterschätzen, im Gegenteil: Sie hatten Angst vor ihrer Tragweite. Sie fürchteten die psychologischen und geistigen Konsequenzen im Westen, wenn öffentlich bekannt wurde, daß ein Staat des 20. Jahrhunderts sich auf der Grundlage solcher Prinzipien hatte etablieren und solche Macht erlangen können. Laut Airey Neave, einem der Nürnberger Ankläger, stufte man die rituellen und okkulten Aspekte des Dritten Reiches deshalb absichtlich als unzulässig für die Beweiserhebung ein.[23] Die Erklärung liegt auf der Hand: Ein geschickter Verteidiger hätte an die westliche Rationalität appellieren und für die von ihm vertretenen Kriegsverbrecher verminderte Zurechnungsfähigkeit geltend machen können.

Wir haben uns so eingehend mit der religiösen Seite Hitlerdeutschlands befaßt, weil gerade sie am wichtigsten für die heutige Suche nach Sinn ist. In der westlichen Nachkriegskultur hat man sich angewöhnt, die Nationalsozialisten einfach als eine extremistische politische Partei und das Dritte Reich als einen Staat anzusehen, der von einer kleinen Gruppe Wahnsinniger regiert wurde. Die Regierenden mögen durchaus wahnsinnig gewesen sein, aber das ist nicht der springende Punkt. Entscheidend ist vielmehr, daß sie fähig waren, ihren Wahnsinn weiterzugeben und ihn in eine Form messianischer Energie zu transformieren. Der Nationalsozialismus war, wie gesagt, nicht nur eine politische Philosophie oder Ideologie, mit deren Hilfe das deutsche Volk übertölpelt wurde, sondern er war eine Religion, die eben deshalb solche Macht ausübte, weil sie die traditionellen religiösen Aufgaben übernahm und einer Welt Sinn und Zusammenhalt gab, der diese unentbehrlichen Merkmale offensichtlich fehlten.

In dieser Hinsicht dient das Dritte Reich heute vielleicht als schlagendstes Schulbeispiel und als schrecklichste Warnung. Viele Menschen der Gegenwart, die vom Materialismus enttäuscht sind, befürworten einen Staat, der letztlich auf geistigen Prinzipien beruht. Dieses Ziel ist theoretisch ein durchaus anerkennenswertes, und welcher verantwortungsbewußte Mensch kann daran Anstoß nehmen? Aber das Dritte Reich zeigt, daß ein auf geistigen Prinzipien beruhender Staat deshalb allein noch nicht lobens- oder wünschenswert zu sein braucht. Wenn die geistigen Prinzipien verzerrt werden, ist das Zerstörungspotential wahrscheinlich noch größer als das des Materialismus. Wenn der Geist außer Kontrolle gerät, ist er weit gefährlicher als bloße Materie. Ein heiliger Krieg kann der unheiligste aller Kriege sein, ob er nun von islamischen Fundamentalisten im Nahen Osten oder von christlichen Fundamentalisten in Amerika geführt wird.

Auf seine sinnwidrige Art gab Hitler dem deutschen Volk ein neues Sinngefühl, bedachte es mit einer neuen Religion und erlöste es dadurch aus der schrecklichen Ungewißheit, der absoluten Relativität aller Dinge. Paradoxerweise gab er der übrigen Welt gleichfalls ein neues Sinngefühl. Durch Hitler und das Dritte Reich erhielt die Welt einen Sinn, wenigstens vorübergehend.

Der Erste Weltkrieg war ein irrsinniger Krieg gewesen. Er schien deshalb besonders entsetzlich, weil der Wahnsinn überall grassierte und so ungreifbar wie eine Giftgaswolke war. Es gab keine wirklichen Helden und Schurken. Niemand war schuld, und jeder war schuld; jeder wollte den Krieg, und niemand wollte ihn, und nachdem er einmal begonnen hatte, verfügte der Moloch über eine schreckliche Macht, die niemand zu kontrollieren vermochte. Der Wahnsinn des Ersten Weltkrieges war im Grunde formlos, und was keine Form hat, dem kann man sich nicht entgegenstemmen. Es gab keinen anderen Ausweg als Zermürbung und Erschöpfung.

Im Gegensatz dazu hatte der Zweite Weltkrieg einen Sinn. Er war der vielleicht vernünftigste Krieg, der in der modernen Geschichte ausgefochten wurde. Er war vom Standpunkt der Alliierten aus vernünftig, weil Deutschland den kollektiven Wahnsinn der Menschheit verkörperte. Weil Deutschland sich alles auflud – Entsetzen, Schande, Greuel, bestialische Grausamkeit –, brachte es paradoxerweise die übrige westliche Welt zur Vernunft. Auschwitz und Bergen-Belsen waren nötig, uns die Bedeutung des Bösen zu lehren – nicht als abstrakte theologische Aussage, sondern als konkrete Wirklichkeit. Auschwitz und Bergen-Belsen waren nötig, uns zu lehren, zu welchen Handlungen wir fähig sind. Im Unterschied zu dem Krieg von 1914 bis 1918 wurde der Krieg gegen das Dritte Reich zu einem legitimen Kreuzzug im Namen der Moral, der Menschlichkeit, der Zivilisation.

So gesehen, gab Deutschland nicht nur seinem eigenen irregeleiteten Volk ein neues Sinngefühl, sondern auch, was wichtiger ist, der übrigen westlichen Welt. Es gab keine Frage, welche Seite das Böse vertreten hatte. Und es war das Böse, nicht bloß Dummheit oder herkömmliche Tyrannei im Stil Napoleons oder sogar Stalins. Kurz gesagt, der kollektive Wahnsinn der Welt hatte durch seine Verkörperung in einem bestimmten Volk Form angenommen, und nun konnte man ihm Widerstand entgegensetzen. Dieser Akt des Widerstandes ließ die zusammengebrochene Wertehierarchie wiedererstehen.

Leider lernte der Westen durch diese Erfahrung nicht so viel, wie er hätte lernen können. Weil Historiker das Dritte Reich als ein gesellschaftliches, politisches und wirtschaftliches Phänomen abtaten, übersahen sie die psychologischen Bedürfnisse, die Hitler und seine Clique ausnutzten und die den nationalsozialistischen Staat hervorgebracht hatten. Und der Westen ignoriert die Realität und Bedeutung der Bedürfnisse noch immer, man hat sich immer noch nicht ernsthaft mit dieser Frage auseinandergesetzt. Infolgedessen lauert sie weiter, unterschwellig, im Hintergrund. Das nationalsozialistische Deutschland schien beispielhaft für das Irrationale gewesen zu sein. Deshalb begann die westliche Gesellschaft, dem Irrationalen zu mißtrauen und all seine Erscheinungsformen abzulehnen – abgesehen von jenen wenigen Stunden, streng umgrenzt und in sich abgeschlossen, die man für den Gottesdienst am Sonntag erübrigt. Man machte sogar den Versuch, den Gottesdienst mit einfachen, modernisierten Fassungen von Gebetbuch und Bibel zu entmystifizieren. Da Hitler sich als ein falscher Prophet erwiesen hatte, mißtraute die westliche Welt nun allen Propheten. Da das Dritte Reich seine eigenen verzerrten absoluten Werte gepredigt hatte, mißtraute die westliche Gesellschaft nun allen absoluten Werten. Letzten Endes gipfelte dieses Mißtrauen wieder einmal in einer allumfassenden Relativität.

Die Änderung kam nicht über Nacht. In den Jahren nach 1945 konnte man sich noch an die Werte halten, die während des Kreuzzuges gegolten hatten: Moral, Menschlichkeit und Zivilisation. Sie hatten sich nun mit einem neuen Glauben, dem Glauben an materiellen Fortschritt verschwistert. Schließlich waren es materielle Mittel gewesen, die Hitlers Niederlage herbeigeführt hatten, weshalb solche Mittel getrost als Kräfte des Guten einzuschätzen waren. Gekoppelt mit Moral, Menschlichkeit und Zivilisation schienen sie etwas darzustellen, an das man aufrichtig glauben konnte. Aus diesem Grunde betrachtete man die Atombombe in den späten vierziger Jahren als ein Instrument des Friedens, nicht als potentielle Gefahr.

Dieser Glaube an den Fortschritt trug dazu bei, den Westen in eine kurzlebige Epoche materialistischer Selbstzufriedenheit zu befördern, für welche die Graue-Flanellanzug-Mentalität der Regierung Eisenhower und Macmillans Worte »Ihr hattet es noch nie so gut« ziemlich exemplarisch waren. Das auffallendste Merkmal der neuen Epoche war das Aufblühen dessen, was man Konsumgesellschaft nennt. Aber die Werte, welche die Konsumgesellschaft stützten, waren letztlich nur provisorischer Art. Man verkündete nicht, daß sie absolut seien, und erhob keinen Anspruch darauf, daß sie die elementaren Sinnfragen beantworten könnten. Das große Ideal dieser Zeit wurde aus dem Schlagwort Normalität formuliert, was in der Praxis auf bloße Uniformität hinauslief. Alles Anomale, jede Äußerung tiefer innerer Bedürfnisse – religiöse Sehnsüchte oder Erfahrungen, Nervenzusammenbrüche, Neurosen, sogar einfache Abweichungen von der Konvention – wurden geächtet und als pathologisch eingestuft.

Was in jener Zeit noch am ehesten Sinn und Zweck vermittelte, war der sogenannte kalte Krieg. Für Männer wie Senator Joseph McCarthy bestanden Sinn und Zweck des Westens darin, ein »Bollwerk gegen den Kommunismus« aufzurichten und aufrechtzuerhalten. Mit anderen Worten: Der Westen wollte sich mit Hilfe seines Gegenteils definieren, ohne genau zu wissen, was dieses Gegenteil war. Folglich wurde Kommunismus mehr oder weniger zu einem Synonym für Anomalie – die schmerzhafteste Verirrung der Epoche. Im Rückblick scheint dies alles sonderbar und naiv, aber es war auch gefährlich hohl. Denn es genügt nicht zu wissen, wogegen man ist, man muß auch wissen, wofür man ist. Wenn Menschen sich selbst einfach als Bollwerk gegen etwas definieren, dessen Charakter unklar ist, verfügen sie über ein unsicheres Fundament zum Aufbau und zur Sinngebung einer Gesellschaft. Und doch wurde diese Doktrin zum einzig verfügbaren Unterbau für den neuen Glauben, das heißt für den verbraucherorientierten Materialismus. In der westlichen Nachkriegskultur wirkte keine positive schöpferische Energie, nichts, was umfassend für Ordnung und Zusammenhalt hätte sorgen können.

Schon Mitte der sechziger Jahre herrschte Verwirrung im Westen, dessen Werte (wenn man sie so nennen kann) zunehmend fragwürdig geworden waren. Nationalistische Bewegungen überall in der Welt hatten begonnen, das Bewußtsein der Völker zu beeinflussen und die Annahme in Frage zu stellen, daß die westliche Gesellschaft »die beste aller möglichen« sei. Die Ermordungen John F. und Robert F. Kennedys und Martin Luther Kings traumatisierten nicht nur Amerika, sondern die ganze westliche Welt, denn sie enthüllten die Anfechtbarkeit der bestehenden Strukturen. Die junge Generation erhob sich, trotzte den Vorurteilen der Älteren, verkündete ihre Enttäuschung über den Materialismus und stellte Anomalie voller Stolz zur Schau. Anomalie war für sie gleichbedeutend mit Originalität, Kreativität, Ausdruck der eigenen Persönlichkeit. Und soziale Unruhen, von den Bürgerrechts- und Anti-Vietnambewegungen in den Vereinigten Staaten bis hin zum Studentenaufstand 1968 in Paris, stellten zweifellos die Zerbrechlichkeit und Leere des materialistischen Konsumdenkens bloß.

Heute, wie in der Zeit zwischen den beiden Weltkriegen, schwebt die westliche Gesellschaft wieder im Niemandsland der Ungewißheit. Wieder einmal ist alles relativ. Wieder einmal gibt es keine konkrete Richtung, sondern nur eine nebulöse, zum Selbstzweck gewordene Vorstellung, daß man sich irgendwie durchschlagen und überleben müsse. Wieder einmal gibt es eine Sinnkrise. Doch das unterschwellige Gefühl der Angst wird durch drei Faktoren verstärkt, die früher keine Rolle bei der Zukunftsplanung spielten: die Gefahr der Überbevölkerung, die mit jedem Jahrzehnt bedrohlicher wird; die sich ankündigende Zerstörung einer bewohnbaren Welt durch Überindustrialisierung und Verschmutzung; das Gespenst des nuklearen Holocaust. Diese drei Faktoren werfen einen schrecklichen Schatten auf unser Leben, einen Schatten, der unseren Glauben an die Zukunft, gar eine logische Zukunft verdunkelt, wenn nicht gänzlich vertreibt. Ohne Glauben an die Zukunft werden wir um so schmerzlicher in eine immer fieberhaftere Gegenwart gezwungen. Damit beginnen wir, die Gegenwart zunehmend in Zweifel zu ziehen, so daß sie kritischen Betrachtungen nicht mehr gewachsen ist.

Das Ergebnis dieses Prozesses ist eine neue Suche nach Sinn – nach etwas, das die Aufgabe einer Religion erfüllt, dem Leben einen Zweck und eine Richtung gibt. Die organisierte Religion hat wenig ernsthafte Versuche gemacht, dem Bedürfnis gerecht zu werden und das Vakuum zu füllen. Auf sozialer Ebene ist sie durchaus vital, und man kann, muß ihre humanitäre und karitative Arbeit nur bewundern. Aber solche Aktivitäten können unsere inneren Bedürfnisse nicht befriedigen. Was sie betrifft, scheint die organisierte Religion weitgehend kapituliert und das Feld geräumt zu haben.

In einigen Fällen ist sie träge, statisch geblieben, weigert sie sich zu wachsen, sich anzupassen, Verbindlichkeit für unsere Zeit zu gewinnen und die Verantwortung für solche Leitprinzipien zu übernehmen, die modernen Problemen angemessen sind. Die anglikanische Kirche zum Beispiel, die sich ohnehin schon in einem kläglichen Zustand befindet, verschwendet Zeit und Energie darauf, Freimaurern zuzusetzen, und verirrt sich in Wortklaubereien über die Ordinierung von Frauen – obwohl sie so viele wichtige Dinge tun könnte, und dies mit Hilfe von Freimaurern und ordinierten Frauen. Aber während die anglikanische Kirche auf der Stelle tritt, ist die katholische Kirche unter Papst Johannes Paul II. geradezu rückschrittlich. In den letzten Jahren hat Rom gleichsam Scheuklappen angelegt und versucht, sich hinter überholten Werten zu verschanzen, die nicht nur unbrauchbar für die zeitgenössische Welt sind, sondern auch seine Glaubwürdigkeit und damit seine Autorität immer stärker belasten. Wer veraltete Dogmen predigt, gleichzeitig aber bewußt Fragen ignoriert, die mit der Rolle der Frauen, mit Geburtenkontrolle und Abtreibung, mit der Gefahr von Überbevölkerung zu tun haben, weist die Verantwortung von sich. Im Grunde kümmert die Kirche sich nicht mehr um ihre Gemeinde, löst ihre Verpflichtungen ihren Gläubigen gegenüber nicht mehr ein, stillt ihre Bedürfnisse nicht mehr. Im Gegenteil, sie ordnet diese Bedürfnisse ihren eigenen unter, das heißt ihrem Programm der Selbsterhaltung und des Überlebens. Damit macht sie ihre Gläubigen immer verletzlicher, und gleichzeitig schlägt sie einen Kurs ein, der mit Selbstzerstörung, mit institutionellem Selbstmord enden muß.

Angesichts dieser Situation hat die westliche Gesellschaft verständlicherweise begonnen, anderswo Ausschau zu halten nach Alternativen, die wirksamer als die organisierte Religion die Sehnsucht nach einem Sinn befriedigen. Der Charakter einiger dieser Alternativen zeigt, wie verzweifelt die Suche ist.

14. Vertrauen und Macht

Eine der Hauptkomponenten jeder wirksamen Religion ist Vertrauen. Eine Religion muß als unzerbrechlicher Hort des Vertrauens dienen, und sie muß fähig sein, es schöpferisch zur Grundlage ihrer Autorität zu machen.

Nur durch das Element des Vertrauens kann eine Religion ihren Auftrag der Sinngebung erfüllen.

Wir, individuell wie kollektiv, haben das instinktive Bedürfnis, Vertrauen zu schenken – das Bedürfnis, gewisse Aspekte unseres innersten Lebens mit einem anderen oder etwas anderem zu teilen. In der persönlichsten Sphäre bedenken wir Familie, Freunde, Ehe- oder Sexualpartner, Psychoanalytiker, Pfarrer, Beichtvater oder Wahrsager mit unserem Vertrauen. Aber das Bedürfnis erstreckt sich auch auf weniger persönliche Sphären, zum Beispiel auf Institutionen, denen wir Rechenschaft schulden oder die unser Leben auf die eine oder andere Weise beeinflussen. Firmen, Armeen, Regierungen, erzieherische und religiöse Strukturen sind sämtlich Horte des Vertrauens. Und der Firmendirektor, der militärische Befehlshaber, das Staatsoberhaupt, der Erzieher und der religiöse Anleiter müssen in der Lage sein, das Vertrauen nicht nur eines Individuums, nicht nur mehrerer, sondern sehr vieler Personen zu verkraften.

Die Verantwortung oder Autorität, mit der solche Personen betraut sind, ist natürlich unterschiedlich. Ein Politiker beispielsweise mag mit der Autorität betraut sein, über das Schicksal eines Menschen zu verfügen, wenn er ihn in den Krieg schickt, aber er wird nicht notwendig die Last des schlechten Gewissens auf sich nehmen müssen. Eine Religion, wenn sie ernst genommen wird, hat es mit einem breiteren Spektrum von Vertrauen zu tun als jede andere Institution, denn ihre Autorität erstreckt sich nicht nur auf die soziale und kulturelle Sphäre, sondern auch auf unser Innenleben: unser Schuldbewußtsein, unsere geheimsten Sehnsüchte und Motive, unsere Unsicherheit, unsere ganz tief verborgenen Ängste und letztlich unser Bedürfnis nach Sinn. Im Unterschied zu einem politischen Führer kann ein Priester oder Pfarrer mit der Katharsis des Sündenbekenntnisses dienen, ob in Gestalt eines ritualisierten Sakraments wie in der katholischen Kirche oder im weniger formellen Rahmen anderer Konfessionen.

Wir vergessen leicht, daß die Übertragung von Vertrauen kein passiver Prozeß ist. Zwar sprechen wir gedankenlos von einem Akt des Vertrauens, machen uns jedoch nicht klar, daß die Übertragung von Vertrauen tatsächlich ein aktiver Prozeß ist: Die eine Seite gibt etwas, die andere nimmt es entgegen.

Zwischen Vertrauen und Macht besteht eine innere, notwendige Verbindung. Vertrauen macht in dem Moment, in dem es jemandem geschenkt wird, so etwas wie eine chemische Veränderung durch: Im Besitz des Empfängers verwandelt es sich in Macht. Wenn man einer Person Vertrauen entgegenbringt, räumt man ihr einen gewissen Grad an Macht ein. Wenn zwanzig Menschen demselben Individuum Vertrauen schenken, wird dessen Macht größer. Als achtzig Millionen Deutsche Adolf Hitler Vertrauen schenkten, statteten sie ihn mit ungeheurer Macht aus. Überhaupt könnte man die Macht Hitlers – oder die des Ayatollah Khomeini oder jedes anderen Demagogen – einfach als die Summe des Vertrauens definieren, das eine Vielzahl von Menschen in ihn setzen. Es ist unmöglich, diese Transaktion zwischen Vertrauen und Macht außer acht zu lassen.

Daraus ergeben sich wie von selbst drei Hauptfragen. Die erste betrifft die Art und Weise, wie Vertrauen in einer gegebenen Situation erreicht wird. Ist es ehrlich verdient oder mit irgendwelchen anderen Mitteln – zum Beispiel durch Betrug oder Erpressung – erschlichen worden? Manche der großen Männer der Geschichte – etwa Abraham Lincoln – nötigen uns respektvolle Zuneigung ab und erwecken (zu Recht oder zu Unrecht) den Eindruck, das in sie gesetzte Vertrauen verdient zu haben. Andere, etwa Bismarck, verschafften sich Vertrauen fraglos durch zweifelhaftere Mittel.

Die zweite Hauptfrage betrifft das Wesen des Vertrauens in einer gegebenen Situation. Wie weit erstreckt es sich? Unter den Vertretern der Öffentlichkeit, die das Vertrauen großer Menschenmengen genießen, finden sich militärische Befehlshaber, Politiker und religiöse Würdenträger. Ein gläubiger Katholik, so patriotisch er auch sein mag, wird sein Staatsoberhaupt nicht so hoch einschätzen wie den Papst. Andererseits gibt es gelegentlich Fälle – zum Beispiel Hitler oder Khomeini –, in denen viele unterschiedliche Arten von Vertrauen sozusagen zu einem verschmelzen. Dann ersteht gewöhnlich – was auf Hitler, den Ayatollah oder, vor einem Jahrhundert, auf den Mahdi zutraf – eine Gestalt von messianischem Zuschnitt.

Die dritte Hauptfrage richtet sich natürlich auf das, was der Empfänger des Vertrauens mit der ihm bescherten Macht macht. Verwendet er sie, um seinerseits denen Nutzen zu bringen, die sie ihm verliehen haben, oder beutet er die Spender als bloße Schachfiguren für seine ehrgeizigen Spiele aus? Im Falle Gandhis oder Martin Luther Kings wurde Vertrauen, nachdem es sich in Macht verwandelt hatte, ganz anders eingesetzt als im Falle Stalins.

Die zeitgenössische Suche nach Sinn ist gleichzeitig eine Suche nach einem würdigen Empfänger für besonders großes Vertrauen – mit anderen Worten, nach einem religiösen Prinzip. In dem Maße, wie die organisierte oder institutionalisierte Religion keinen Lebenssinn liefert, vermag sie auch kein Vertrauen zu wecken, und in dem Maße, in dem sie kein Vertrauen zu wecken vermag, wird sie zunehmend ohnmächtiger. Dies ist die Lage der heutigen organisierten Religion: Das ihr entgegengebrachte Vertrauen hat sich verringert, während Ärzte, Psychiater, Politiker und verschiedene andere Empfänger von Vertrauen einen immer größeren Anteil beanspruchen.

Das mittelalterliche Papsttum oder die anglikanische Kirche im 17. Jahrhundert oder der Glaube der puritanischen Gründerväter in Amerika geboten über sehr reale Macht, die sich auf alle Aspekte des menschlichen Lebens erstreckte, von Problemen des persönlichen Gewissens bis hin zu bedeutenden Staatsangelegenheiten. Frühere Mißbräuche tragen dazu bei, daß die Macht in ihren modernen Erscheinungsformen völlig symbolisch ist, wenn sie überhaupt existiert. Gott hat immer mehr Macht über einen immer kleineren Bereich gewonnen, so daß man sich immer nachdrücklicher fragen muß, worauf sich Seine angebliche Allmacht eigentlich bezieht. Polizei, Gerichte und Regierungen können Ohren und Glieder abschlagen, Menschen inhaftieren und foltern, Besitz beschlagnahmen und Todesurteile verhängen – nicht im Namen Gottes, sondern des Strafgesetzbuches, der Partei, des Staates oder sogar im Namen einer vagen Formel wie der von der nationalen Sicherheit. Unterdessen muß Gott sich verdrießlich damit bescheiden, ab und zu einen Blitz in eine Kathedrale einschlagen zu lassen.

Der Mißbrauch des Vertrauens. Welches sind die Mittel, mit deren Hilfe Individuen und/oder Institutionen das Vertrauen ihrer Anhänger gewinnen? Im Rahmen dieses Buches ist es unmöglich, auch nur einen oberflächlichen Überblick zu geben, aber gewisse Techniken sind der Erwähnung wert, weil sie den religiösen Impuls auf besondere Weise auslösen.

Eine dieser Techniken ist der kalkulierte Einsatz von Einschüchterung und Furcht. Der Mechanismus ist recht vertraut und muß kaum erläutert werden. Man postuliert einen verallgemeinerten Gegner: zum Beispiel Satan, Antichrist, Kommunismus oder Faschismus. Dieser Gegner wird folgendermaßen stilisiert: Er wird immer einflußreicher, immer monströser, immer bedrohlicher für jedes wertvolle Gut, für die Familie, für die Lebensqualität und so weiter. Wenn man ausreichend Panik erzeugt hat, braucht man nur noch sich selbst oder seine eigene Institution als Bollwerk, Schutz, Zuflucht, Hort der Sicherheit anzubieten. Die Lektionen der Geschichte hätten uns inzwischen lehren müssen, solche Methoden zu durchschauen, und doch zeigt schon ein oberflächlicher Blick auf die heutige Welt, wie wirksam sie fortdauern. Wir leben in einer Welt der Etiketten und Parolen, von denen die meisten entweder von einem angeblich furchtbaren Gegner oder einer angeblichen Bastion der Rettung künden.

Daneben gibt es subtilere Tricks. Zum Beispiel appellieren Politiker häufig an Vernunft oder gesunden Menschenverstand – oder an das, was als Vernunft oder gesunder Menschenverstand gilt. Überdies gehen sie, wie jedermann weiß, verschwenderisch mit Versprechungen um. Solche Versprechen sind spezifisch auf die Erwartungen und Bedürfnisse der Menschen abgestimmt und haben oft keine oder nur wenig Aussicht auf Realisierung. Aber durch das Versprechen werden diese Erwartungen und Bedürfnisse implizit anerkannt. Und häufig genug reicht eine solche Anerkennung aus. Das Versprechen braucht nicht unbedingt gehalten zu werden; mehr noch, daß es wahrscheinlich gebrochen wird, akzeptiert man allgemein, so daß sich in der Regel niemand zu rechtfertigen hat. Allein die Anerkennung der Bedürfnisse und Erwartungen wird als hinreichendes Zeichen guten Willens eingeschätzt. Wir sind heute so desillusioniert, daß ein bloßes Zeichen guten Willens uns nicht nur beruhigt, sondern uns sogar des Vertrauens wert scheint.

Es ist eine Binsenweisheit, daß die moderne Politik stark auf die Medien angewiesen ist. Dies bedeutet in der Praxis, daß sie damit steht oder fällt, wie sie das Reklamepotential der Medien zu nutzen weiß. Im Laufe des letzten Vierteljahrhunderts ist immer deutlicher geworden, daß der Erwerb von Vertrauen mit Werbung, Publizität und Public Relations weitgehend Hand in Hand geht. Politiker, die Politik im allgemeinen und politische Konzepte im besonderen werden heute präsentiert wie Gebrauchsartikel. Mit anderen Worten, sie müssen verkauft werden. Zu diesem Zweck nutzt man geschickt alle Werbemethoden, darunter zahlreiche Techniken der psychologischen Manipulation.

Natürlich ist es nicht ganz risikolos, Politik auf das Niveau von Werbung zu senken. Studien aus jüngerer Zeit haben erwiesen, daß Zuschauer mit TV-Fernbedienung dazu neigen, während der Werbespots den Kanal zu wechseln oder den Ton abzustellen. Dies hat die Werbeindustrie leicht beunruhigt, und angeblich erwägt man Gegenmaßnahmen. Doch aus solchen Studien läßt sich folgern, daß die Zuschauer einen großen Teil der Fernsehwerbung für langweilig, albern oder sogar beleidigend halten. Die meisten gutinformierten Verbraucher – und die Mehrheit der Verbraucher ist heute gut informiert – sind viel klüger, als die Werbeindustrie meint. Sie lassen sich nicht so leicht verführen, schmeicheln oder überreden. Sie reagieren eher wie Zyniker; wenn sie ein bestimmtes Produkt kaufen, dann wahrscheinlich nicht deshalb, weil sie von den Sprüchen der Reklamespots überzeugt sind. Wer Politik auf dem Niveau der Werbung betreibt, fördert einen ähnlichen Zynismus auch ihr gegenüber. Die Menschen mögen weiterhin ihr Votum aus Trägheit, Neugier oder dem Wunsch nach etwas Neuem abgeben, aber die Macht und das Mandat, die man auf diese Weise erwirbt, werden sich stark von dem Mandat und der Macht unterscheiden, die auf Vertrauen basieren.

Andererseits ist einzuräumen, daß die Techniken der Werbung einige bemerkenswerte – wenn auch fragwürdige – Erfolge verbuchen konnten. Nicht alle dieser Erfolge sind politischer Art. In den Vereinigten Staaten wird heute auch Religion wie Haarspray, Deodorant oder Kaugummi vermarktet. Die Erlösung wird im Fernsehen feilgeboten wie ein spiritueller Fluorzusatz, der garantiert vor moralischer Fäulnis schützt. Man kann sich durch Postversand oder durch einen Besuch in einer Autokirche retten lassen. Mit solchen Techniken heimst man nicht nur ein gewisses Maß an Vertrauen ein, sondern auch riesige Geldsummen. Später werden wir versuchen herauszufinden, wie effektiv diese Entwicklungen die Aufgabe der Sinngebung erfüllen, das heißt, ob sie zu Recht als Religion bezeichnet werden können oder ob sie etwas ganz anderes sind.

Ritual und Bewußtsein. Der Mensch hat den angeborenen Trieb, Vertrauen zu schenken, aber er hat auch eine angeborene Neigung zu zweifeln, seinen Intellekt und seine Kritikfähigkeit im Dienst der Skepsis zu mobilisieren. Dadurch unterstreicht er seine Individualität, das Gefühl seiner Einzigartigkeit. Durch die Jahrhunderte hindurch hat sich die Religion bemüht, den Hang des Menschen zum Skeptizismus auszuschalten, indem sie den Intellekt gleichsam narkotisierte. Dazu dient oft ein Angriff auf die Sinne. Licht, Farbe, Geräusch, Geruch werden so intensiviert, daß das Bewußtsein von jeder anderen Realität schwindet. Zum Beispiel benutzt man absichtlich flackernde Kerzen, eine Zusammenstellung gleißender Farben, Singsang, Wiederholung, rhythmische Effekte und Weihrauch, um eine allgemeine Atmosphäre der Jenseitigkeit, gleichsam eine von der irdischen Welt losgelöste Dimension, eine Art Verzauberung zu schaffen. Und manche dieser Techniken gehen sehr subtil vor; Forscher haben zum Beispiel herausgefunden, daß der Herzschlag sich zunächst einem synchronen, dann beschleunigten Trommelrhythmus anpaßt. Auf diese Weise wird – wie manche Popstars spätestens seit den sechziger Jahren wissen – Erregung erzeugt.

All das gehört natürlich zum Ritual. Es soll einen Geisteszustand hervorrufen, der sich mit Trance oder leichter Hypnose vergleichen läßt. In einem solchen Zustand ist die Wahrnehmungsfähigkeit des Individuums gelähmt, es kann von etwas Größerem absorbiert werden: von der Gemeinde oder der Masse, der Idee oder der Atmosphäre, den proklamierten Werten. Sehr oft führt dieses Gefühl der Befreiung vom eigenen Selbst, das Gefühl der Aufnahme durch ein anderes Wesen zu einer an Ekstase grenzenden Erregung. In ihrer psychologischen Dynamik, wenn auch nicht notwendig ihrem Inhalt nach, hat diese Ekstase viel gemeinsam mit der sogenannten religiösen Erfahrung oder der mystischen Erfahrung. Derartiges läßt sich zum Beispiel bei evangelistischen Zusammenkünften beobachten, wenn Menschen in einen Zustand der Verzückung geraten und in Zungen zu sprechen beginnen, unter Tränen oder wie bei einem epileptischen Anfall zusammenbrechen. Ähnliches wird von Sekten oder Kultgemeinden fast aller Religionen praktiziert. Es charakterisierte auch – in strukturierterer, gelenkterer und inszenierterer Form – die Nürnberger Parteitage des Dritten Reiches. Weniger stark strukturiert, doch viel unberechenbarer ist das Phänomen bei vielen Rockkonzerten zu finden. Man braucht nur an den Effekt zu denken, den Elvis Presley, die Beatles oder die Rolling Stones anfangs bewirkten: das wogende Gekreische, die selige Verzückung, die Raserei, die ekstatischen Ohnmachtsanfälle.

Solche Geisteszustände sind an eine zeitweilige Umwandlung, wenn nicht gar die völlige Umnachtung des Bewußtseins gekoppelt. Der Rockstar agiert – wie Adolf Hitler – als Schamane und vermittelt seinem Publikum eine Art religiöser Erfahrung. Im Grunde ist er eine Erscheinungsform des alten Rattenfängers von Hameln, und wie der Rattenfänger kann er seine Macht für das Gute oder das Böse einsetzen. Am Anfang ist der Rattenfänger eine positive Figur, welche die Stadt Hameln von ihren Ratten befreit und diese in den Fluß lockt. Doch am Ende der Geschichte zeigt er dämonische Eigenschaften, wenn er die Kinder des Städtchens in den Tod lockt. Hitler ist beispielhaft für die zweite Version. Die meistens Rockstars wollen gute Geister sein. Doch wie das Konzert der Rolling Stones 1969 im kalifornischen Altamont zeigte, kann das Gegenteil eintreten, wenn der Zauberlehrling die Kontrolle verliert über die Geister, die er rief.

Ein Sturm auf den Intellekt und die Sinne kann religiöse Ekstase herbeiführen. Bei manchen islamischen Sekten werden die Namen Gottes so lange skandiert, bis sie jede Bedeutung verloren haben und zu reinen Geräuschen geworden sind, die das Bewußtsein vernebeln. Dieser Effekt kann durch jeden rhythmischen Gesang erzielt werden, sei es »Jesus saves« oder »Peace now« oder »All you need is love« oder »Deutschland vor, noch ein Tor« oder »Sieg Heil«. Der sich anschließende Geisteszustand ist einer der Porosität, einer, der ohne jede kritische Prüfung durch den Intellekt Daten assimiliert und emotionale Reaktionen erzeugt. Die Preisgabe der Kritikfähigkeit – in der man auch eine zeitweilige Selbstaufgabe sehen kann – ist ein höchst dramatisches Beispiel des Vertrauensaktes. Im gerade beschriebenen Geisteszustand wird Vertrauen aktiv geschenkt und entgegengenommen, was nicht nur für die Beteiligten, sondern auch für objektive Betrachter erkennbar ist.

Eine solche Wandlung des Bewußtseins strebte der Schamane in der primitiven Gesellschaft an, und je erfolgreicher er war, desto inniger wurde er verehrt. In späteren Kulturen hatten Priester aller Religionen das gleiche Ziel, und sie haben es noch heute. Manche Ideologen und Demagogen verhalten sich ähnlich. Auch das Militär.

Der Vorteil dieses Zustands besteht darin, daß er den Geist vorübergehend zu einer Tabula rasa werden läßt. Jede vorangegangene Programmierung ist – jedenfalls im Moment – ausgelöscht. Dies mag für den Rockstar nebensächlich sein, es ist es nicht für den religiösen, politischen und militärischen Führer. Er findet hier Gelegenheit, ein neues Programm einzugeben, welches das Individuum mehr oder weniger beeinflußt und ändert. Dieses neue Programm kann so etwas wie eine religiöse Bekehrung beinhalten, es kann auch auf eine Art Gehirnwäsche abzielen.

Die nächste Frage betrifft natürlich den Charakter des neuen Programms. Für das Militär besteht es aus einem Verhaltenscode, einer Reihe von Reflexen und Reaktionen, einer beschränkten Zahl von Verhaltensweisen in einer streng abgegrenzten Sphäre. Der politische oder religiöse Führer hingegen hat ein viel umfassenderes neues Programm im Auge. In manchen Fällen schließt es eine Antwort – mehr oder weniger gültig, mehr oder weniger praktikabel – auf die Sinnfrage ein. In anderen Fällen lenkt es nur von dieser drängenden Frage ab.

Archetypen und Mythen. Es gibt noch eine erwähnenswerte jahrhundertealte Technik, Vertrauen zu wecken und das Bedürfnis nach Sinn zu befriedigen – oder scheinbar zu befriedigen. Diese Technik ist so alt wie die des Rituals, aber viel subtiler. Aus diesem Grunde war sie von besonderem Wert nicht nur für religiöse und politische Einrichtungen, sondern auch für Organisationen wie die der Freimaurer, der verschiedenen Rosenkreuzer – und der Prieuré de Sion. Sie setzt Symbole in einer Weise ein, die, in der Sprache Jungs, als Aktivierung und Manipulierung von Archetypen beschrieben werden kann.

Es ist unmöglich, in diesem Buch auch nur eine verkürzte Darstellung von Jungs Theorien zu geben. Für unsere Zwecke genügt es, Wesen und Funktion dessen zu beschreiben, was Jung Archetypen nannte. Nach Jung ist ein Archetypus eine elementare Erfahrung oder ein Erfahrungsmuster der Menschheit seit unvordenklichen Zeiten. So definiert, sind Archetypen und archetypische Muster durchaus vertraut, und wir nehmen die meisten von ihnen heutzutage als selbstverständlich hin. Zu ihnen gehören Ereignisse wie Geburt, Pubertät, erste sexuelle Erfahrung, Tod, die Traumata des Krieges, der Zyklus der Jahreszeiten sowie abstraktere Begriffe, etwa Furcht und Begehren, die Sehnsucht nach einem geistigen Heim und natürlich die Suche nach Sinn, von der wir gesprochen haben.

Da solche Archetypen den elementarsten und ursprünglichsten Schichten der menschlichen Natur zugrunde liegen, können die Mittel der Sprache ihrer Bedeutung oft nicht habhaft werden. Sprache ist ein Produkt des Intellekts und der Rationalität, während Archetypen und archetypische Muster über Intellekt und Rationalität hinausgehen. Deshalb können sie auf direkteste Art mit Hilfe von Symbolen ausgedrückt werden; ein Symbol wendet sich nicht allein an den Intellekt, sondern weckt Resonanz in tieferen Schichten der Psyche – in dem, was die Psychologen das Unbewußte nennen. Aus diesem Grunde sind Symbole stets von höchster Bedeutung nicht nur für den Priester und das religiöse Oberhaupt, sondern auch für den Künstler gewesen, besonders wenn er eine priesterliche Funktion übernommen hat.

Es gibt viele Gruppen von Symbolen. Zum Beispiel hat jeder Mensch persönliche Symbole – Bilder, die er mit seiner individuellen und intimen Erfahrung assoziiert. Der eine mag eine bestimmte Blume oder einen bestimmten Stein zum Talisman wählen, der andere mag einen Gegenstand zur Erinnerung an eine geliebte Person aufbewahren, für den dritten mag eine sportliche Trophäe sinnbildlich für einen Triumph oder eine Leistung stehen. Daneben existieren allgemeinere kulturelle und nationale Symbole: das alte Lilienwappen Frankreichs, das Lothringerkreuz, das Charles de Gaulle während des Zweiten Weltkrieges für die freien Franzosen übernahm, das Hakenkreuz der Nationalsozialisten, der weißköpfige Seeadler der Vereinigten Staaten. Auch Menschen können zu kollektiven Symbolen werden. Johanna von Orléans wird gelegentlich dargestellt, als verkörpere sie eine bestimmte Qualität Frankreichs; das gleiche gilt für König Artus von England oder El Cid von Spanien.

Archetypische Symbole haben einen noch weiter gespannten Bezugsrahmen. Sie beschränken sich nicht auf Individuen, sondern zielen auf die Menschheit als Ganzes. Der Phönix mit seinen Merkmalen von Tod und Wiedergeburt etwa ist ein genuin archetypisches Symbol, ebenso wie das Einhorn, das man mit jungfräulicher Reinheit und mystischer Weihe in Verbindung bringt. Das Paradies der christlichen Tradition, die Walhalla der alten germanischen Stämme, die Inseln der Seligen in der keltischen Legende und die elysischen Gefilde der Griechen sind weitgehend Symbole für denselben Archetypus oder dieselbe archetypische Sehnsucht. Archetypische Muster werden häufig auch von anthropomorphen Gestalten sichtbar gemacht: vom Helden, vom Wanderer, von der verfolgten Jungfrau, der Femme fatale, von den im Tode vereinten Liebenden, den sich bekriegenden Brüdern oder Zwillingen, vom sterbenden und wiederauferstehenden Gott, von der weisen Alten, dem Einsiedler im Wald oder in der Wüste, vom Gottesnarren, von den verlorenen oder vertriebenen Königen.

Solche Gestalten verkörpern Prinzipien von universeller Bedeutung, sind anwendbar auf alle Kulturen und Zeitalter. Manchmal erscheinen sie verkleidet, das heißt, sie passen sich den oberflächlichen Merkmalen einer Ära an und bleiben doch unter der Oberfläche dieselben. Zum Beispiel ist der edle Geächtete aus Arthur Penns Film *Bonnie and Clyde* nur das heutige Gegenstück einer viel früheren Gestalt: Robin Hood. Kojak, der Manhattan säubert, ist eine zeitgenössische Variante von Wyatt Earp, der Dodge City säubert. Wyatt Earp ist seinerseits eine spätere Verkörperung des mittelalterlichen fahrenden Ritters. Der moderne fahrende Ritter sitzt nicht mehr auf dem Pferd, sondern im Auto, aber das Grundmuster seiner Aktivitäten ist das gleiche wie vor Jahrhunderten. Jetzt entspricht die moderne Stadt dem Dschungel, dem gefahrvollen Grenzland, dem bedrohlichen Zauberwald, wo Ungeheuer – menschliche und unmenschliche – im Hinterhalt lauern und jeder dunkle Pfad Gefahr birgt. Der Mensch hat die Grenzen und Wälder der Vergangenheit zerstört und statt dessen neue im Zentrum seiner Zivilisation geschaffen. Aber hinter der Kulisse jeder Epoche versteckt sich etwas Zeitloses: ein archetypisches Symbol oder Bild, das durch die Jahrhunderte hindurch ständig wiedergeboren wird.

Symbole können entweder vereinzelt oder in Verbindung mit anderen wirksam sein. Zum Beispiel werden in religiösen Zeremonien oft mehrere Symbole benutzt, die zusammenwirken und ein Bündel von Effekten hervorrufen. Wenn Symbole zu einer einheitlichen Erzählung oder Geschichte zusammengefügt sind, werden sie zu einem Mythos. Das Wort Mythos sollte nicht in dem modischen Sinne von Märchen oder Trugbild benutzt werden, wie man das lange tat. Es bezeichnet etwas viel

Komplexeres und Tiefgründigeres. Mythen wurden nicht einfach zur Unterhaltung und zum Amüsement erdacht, sie sollten einen Sachverhalt erklären, die Realität wiedergeben. Für die Völker des Altertums – Babylonier und Ägypter, Kelten und Teutonen, Griechen und Römer – war Mythos gleichbedeutend mit Religion und umfaßte alles, was wir heute Naturwissenschaft, Psychologie, Philosophie, Geschichtswissenschaft nennen, also das gesamte Spektrum des menschlichen Wissens. Auf dieser Grundlage kann ein Mythos als jeder systematische Versuch definiert werden, die Realität, gestern oder heute, zu erklären. Nach dieser Definition läßt sich jedes Glaubenssystem – Christentum, Darwinismus, Marxismus, Psychologie, Atomtheorie – als Mythos betrachten, was keine Herabsetzung bedeutet. Alle Glaubenssysteme entwickeln sich, weil sie den gleichen Zweck haben: die Ordnung der Dinge zu entdecken, der Welt Sinn zu geben.

Die klassische Mythologie war die Naturwissenschaft, Psychologie und Philosophie ihrer Zeit, und wir sind naiv, wenn wir meinen, daß die Naturwissenschaft, Psychologie und Philosophie unserer Zeit nicht ähnliche Formen des Mythos sind und irgendwann in der Zukunft nicht auch als solche gelten werden.

Wie die Symbole, aus denen er besteht, kann ein Mythos – je nachdem, welche seiner Aspekte betont werden – persönlicher oder archetypischer Art sein oder irgendwo dazwischen liegen, etwa als nationaler oder als Stammesmythos. Der persönliche Mythos bedarf keiner Erläuterung: Jeder Mensch hat, implizit oder explizit, seine eigene Auffassung von der Realität; jeder Mensch hat Erfahrungen oder Abenteuer hinter sich, die, vor allem im Rückblick, mythische Ausmaße annehmen, wie

Kindheitsereignisse, frühere Liebesbeziehungen, Schulstreiche. Nostalgie ist sehr häufig aus demselben Stoff wie der Mythos. Zeitliche wie räumliche Entfernung ist oft entscheidend für die Mythenbildung. Wir alle mythologisieren unsere eigene Vergangenheit: unsere Kindheit, unsere Eltern, die Personen, die unser Leben vor langer Zeit beeinflußten. Außerdem neigen wir dazu, Dinge, Orte und Individuen zu mythologisieren, von denen wir – durch geographische Distanz, erzwungene Entfremdung oder durch den Tod – getrennt sind. Jeder weiß, welchen Status abwesende Freunde oder geliebte Menschen in der Psyche annehmen können. Oft werden sie auf die einfachsten Züge reduziert, alles Komplexe schwindet, so daß man sich nur noch an besonders hervorstechende Merkmale erinnert, die eine machtvolle emotionale Reaktion auslösen. Personen wie John F. Kennedy und Marilyn Monroe hatten schon zu Lebzeiten einen mythischen Status. Ihr Tod veränderte sie radikal, und ihr mythischer Status wurde erhöht.

Die meisten kollektiven Mythen haben sowohl einen archetypischen wie einen reinen Stammesaspekt. Jeder dieser Aspekte kann auf Kosten des anderen betont werden, und der Mythos selbst wird dann entweder zu einem archetypischen oder einem Stammesmythos. Ein archetypischer Mythos spiegelt, wie die von ihm verkörperten archetypischen Symbole, gewisse universelle Konstanten der menschlichen Erfahrung wider. Gleichgültig, aus welcher Zeit oder von welchem Ort er kommt, er bezieht sich auf etwas, das von der ganzen Menschheit geteilt wird. Der einzigartige Vorteil des archetypischen Mythos besteht darin, daß er hervorhebt, was Menschen gemeinsam haben, daß er deshalb also benutzt werden kann, um Menschen miteinander zu versöhnen. Die archetypischen Aspekte des Christentums – etwa das Prinzip eines göttlichen oder nichtgöttlichen Erlösers, der zum Märtyrer wird, um seinem Volk spirituelles Leben zu schenken – können Nichtchristen wie Christen ansprechen. Die Missionare des Christentums konnten in so andersartigen Gesellschaften wie der Mexikos und Japans im 16. Jahrhundert überhaupt nur Fuß fassen, weil sie auf diese archetypischen Aspekte zurückzugreifen vermochten.

Stammesriten dagegen heben nicht hervor, was Menschen gemeinsam haben, sondern was sie trennt. Sie gehören nicht zu den universellen Aspekten der menschlichen Erfahrung; vielmehr dienen sie dazu, einen Stamm, eine Kultur, ein Volk, eine Nation oder eine Ideologie zu preisen oder aufzuwerten – notwendigerweise auf Kosten anderer Stämme, Kulturen, Völker, Nationen und Ideologien. Statt nach innen zu weisen, auf die Auseinandersetzung mit dem Ich und auf die Selbsterkenntnis, weisen Stammesmythen nach außen, auf die Selbstverherrlichung und Selbstverklärung. Solche Mythen beziehen ihre Antriebskraft und Energie aus Unsicherheit, Blindheit, Vorurteil – und aus der bewußten Schaffung von Sündenböcken. Da ihnen ein innerer Kern fehlt, müssen sie einen äußeren Gegner herstellen, mit dem sie streiten können. Dieser Gegner wird überzeichnet, er soll die Last all dessen tragen, was man ablehnen und nach außen projizieren will. Stammesmythen reflektieren eine tiefverwurzelte Unsicherheit hinsichtlich der inneren Identität; sie definieren eine äußere Identität mit Hilfe von Kontrast und Negation. Weiß wird genannt, was nicht schwarz ist, und umgekehrt. Was der Feind ist, ist man selbst nicht. Was der Feind nicht ist, ist man selbst.

Im Laufe der gesamten Geschichte haben Religionen sich sowohl archetypische wie Stammesmythen zunutze gemacht. Besser gesagt, sie haben im wesentlichen denselben Mythos verwendet und entweder seine archetypischen oder seine Stammesaspekte hervorgekehrt – um Vertrauen zu wecken und im Austausch dafür Sinn oder wenigstens einen Anschein von Sinn zu vermitteln. Der von einem archetypischen Mythos vermittelte Sinn kann oft vernünftig und vital sein, wenn etwa die Kirche den archetypischen Status der Mutter besetzt und die mütterliche Rolle der Heilenden, Versöhnenden, Obdach Gewährenden, Tröstenden und Mitleidenden übernimmt. Im Gegensatz dazu ist der von Stammesmythen gelieferte Sinn zumeist unecht; es handelt sich weniger um Sinn als um eine Ablenkung davon, daß kein Sinn vorliegt. Zum Beispiel unterstrich die katholische Kirche während der Kreuzzüge oder während ihrer Kriege gegen den Protestantismus die Stammesaspekte ihrer Lehre, das heißt, sie definierte sich selbst vor allem mit Hilfe ihres erklärten Gegners, sie denunzierte den Ungläubigen oder den Häretiker als Sündenbock. Hier bot die Kirche nicht Sinn, sondern bestenfalls eine Ablenkung von der Tatsache, daß sie unfähig war, einen Sinn zu liefern, oder sie suchte ganz einfach die von ihr begangenen Greueltaten, Eroberungen und Plünderungen zu rechtfertigen. Wenn eine Religion auf der Ebene des Stammesmythos wirksam ist, verdient sie ihren Namen nicht mehr und wird zu einer Ersatzreligion.

Das Weltende als Archetypus. Von den symbolischen und mythischen Motiven klingt das der Apokalypse am stärksten nach. Wir begegnen ihm oft in der Geschichte der meisten Weltreligionen. Manchmal wird es als

Archetypus benutzt, um ein Individuum oder eine Kultur vor dem angekündigten Jüngsten Tag zur Selbstbetrachtung und Selbsteinschätzung zu bewegen. Manchmal dient es als Erklärung für verschiedene – wirkliche, vermeintliche oder prophezeite – Übel. Manchmal wird es verwendet, um Menschen einzuschüchtern, um Vorteile aus ihrem Schuldbewußtsein zu ziehen, ihren Widerstand zu brechen und Vertrauen zu erpressen. Manchmal benutzt man es als primitiven Stammesmythos, um eine selbsternannte Elite der Erlösten im Gegensatz zur Masse der Verdammten zu schaffen. Manchmal dient es gar als Vorwand, die vermeintlich Verdammten zu verfolgen.

Wir sind im ersten Teil dieses Buches darauf eingegangen, wie der Archetypus der Apokalypse während der Letzten Tage des 1. Jahrhunderts – also zu Lebzeiten Jesu und seiner Brüder – ausgenutzt wurde und wie mächtig ein solcher Archetypus werden kann, wenn er aktiviert und manipuliert wird. Diese Macht ist, wie wir noch sehen werden, von erheblicher Bedeutung für die zeitgenössische Welt. Wenn die Sehnsucht des Menschen nach Sinn heute nur durch den Archetypus der bevorstehenden Apokalypse gestillt werden kann und wenn die Apokalypse wörtlich zu nehmen ist, dann sind die Folgerungen in der Tat sehr bedenklich.

Die Geheimgesellschaft als Archetypus. Ein zweiter bemerkenswerter Archetypus ist das, was man die Clique oder den unsichtbaren Rat oder ganz populär die Geheimgesellschaft nennen könnte. Derartiges finden wir überall auf der Welt, in jeder Kultur, in jedem Zeitalter. Gewöhnlich ist die Geheimgesellschaft durch eine Handvoll Drahtzieher charakterisiert, einen verborgenen

Zirkel von Menschen, die hinter den Kulissen auf Gutes oder Böses hinwirken, andere manipulieren, Ereignisse aufeinander abstimmen, Druck ausüben, »dafür sorgen, daß etwas passiert«. In der jüdischen esoterischen Tradition gibt es zum Beispiel ein Dutzend oder mehr (die Zahl variiert) weiser Männer oder »tugendhafter Männer«, die der Menge unbekannt bleiben, die über die ganze Welt verstreut sind und deren Rechtschaffenheit Gott so sehr erfreut, daß Er ihretwegen das Universum unversehrt läßt. Mit anderen Worten, sie garantieren die Realität durch ihre Macht. In gewissen Varianten des Buddhismus sowie in Theosophie und Anthroposophie wird eine ähnliche Funktion von den sogenannten Geheimen Meistern ausgeübt, die übernatürliche Weisheit und Macht besitzen, in jeder Epoche wiedergeboren werden und angeblich in einer mystischen, im Himalaja verborgenen Stadt wohnen.

Dies sind natürlich ausgefallene Spielarten des Motivs. Weniger ausgefallene lassen sich direkt in den religiösen Institutionen finden. Zum Beispiel ist jede Priesterschaft eine mehr oder weniger gut organisierte Clique oder Geheimgesellschaft. Und jede Priesterschaft hat einen inneren, noch geheimeren Zirkel. So verfügen die Jesuiten über einen inneren Orden, die mysteriöse Hierarchie, welche den Gesamtorden leitet und, wie es heißt, im Besitz eines bedeutsamen Geheimnisses ist. Vor gar nicht so langer Zeit war das Heilige Offizium, also die Inquisition, das eindrucksvollste Beispiel einer Clique innerhalb des Katholizismus. Heute ist der mystische Schleier, der sowohl den inneren Orden der Jesuiten wie das Heilige Offizium umgab, zum Teil vom Opus Dei übernommen worden, jener einflußreichen, allerdings nur schemenhaft auszumachenden Organisation, die nun den vatikanischen Rundfunk kontrolliert, überall in der westlichen Welt ungeheure Investitionen tätigt, Immobilien und Firmenbeteiligungen ihr eigen nennt und ein System von Schulen unterhält, deren drastische Erziehungsprinzipien von der BBC bloßgestellt wurden. Zudem gibt es Gelegenheiten – etwa die Wahl eines neuen Papstes –, bei denen auch die Kurie die Rolle einer geheimen Gesellschaft spielt.

Das den Tempelrittern zugeordnete Geheimbundelement ist vielleicht der Hauptgrund jener Faszination, die die Ritter noch heute, fast acht Jahrhunderte nach ihrer Auflösung, auf viele Menschen ausüben. Die psychologische Kraft der Clique als eines Archetypus wird an den ursprünglichen Rosenkreuzern des frühen 17. Jahrhunderts deutlich. Sie – wer immer sie waren – verkündeten ihre unsichtbare Existenz mit Hilfe von marktschreierischen Traktaten und Pamphleten. Ihre historische Existenz als Organisation ist nie überzeugend nachgewiesen worden, doch der Glaube an sie genügte, um eine Welle der Hysterie über ganz Europa fluten zu lassen, so daß die Rosenkreuzer, wie Frances Yates ausführte, im 17. Jahrhundert eine bedeutende Rolle in der Entwicklung von Philosophie, Kultur und politischen Institutionen spielten. Nicht zu vergessen ist das Freimaurertum, wahrscheinlich das markanteste Beispiel eines archetypischen Geheimbundes im 18. und 19. Jahrhundert. Es erschien nicht nur Außenstehenden als Clique, sondern seine eigene Hierarchie – vor allem wenn sie in unbekannten Vorgesetzten gipfelte – stellte eine Clique innerhalb der Clique dar, eine rätselhafte Pyramide, deren Spitze verborgen blieb.

Der Archetypus der Clique ist für die zeitgenössische westliche Gesellschaft von besonderer Bedeutung. Er taucht immer dann auf, wenn wir eine Verschwörung – zu guten oder bösen Zwecken – ausfindig machen wollen: in der Mafia, (wiederum) im Freimaurertum, in Regierungen und politischen Parteien, im internationalen Terrorismus, in den Institutionen der Hochfinanz und ganz besonders in den modernen Geheimdiensten. Von MI 5 und MI 6, CIA und KGB sind im Grunde nur die Initialen bekannt; es handelt sich um Geheimgesellschaften im wahrsten Sinne des Wortes. Aber ihre Mystik stärkt sowohl ihre Abgeschirmtheit wie ihren Einfluß. Der moderne Geheimdienst ist zu einer Art Schreckgespenst geworden, durch dessen bloße Erwähnung man ganze Gruppen von Menschen wie Kinder einschüchtern oder manipulieren kann.

Aus diesen Beispielen lassen sich bestimmte Merkmale der Clique als Archetypus ableiten. Die Clique ist vor allem streng organisiert, geheim und wird zumindest für mächtig gehalten. Ob sie auch in Wirklichkeit mächtig ist, bleibt letzten Endes unwichtig; sie kann einfach dadurch mächtig werden, daß andere Menschen an ihren Einfluß glauben. Manche Cliquen – etwa die Geheimdienste – üben zweifellos eine sehr reale Macht aus, die durch den Glauben der Menschen noch potenziert wird. Andere Cliquen mögen überhaupt keine Macht haben, außer der ihnen zugeschriebenen – was gelegentlich jedoch genügt, ihnen erheblichen Einfluß zu verleihen. Im frühen 19. Jahrhundert erfanden gewisse Personen bewußt Einzelheiten über eine Reihe völlig fiktiver Geheimgesellschaften und verbreiteten sie. (Zu diesen Personen gehörten Charles Nodier, der damalige Großmeister der Prieuré de Sion, und Filippo Buonarroti, ein hervorragender Konspirateur, der zum Beispiel von Bakunin bewundert wurde.) Die Details waren so überzeugend erfunden, daß völlig unschuldige Menschen wegen angeblicher Mitgliedschaft in Geheimorganisationen drangsaliert und verfolgt wurden. Angesichts dieser Verfolgung begannen die Opfer, aus Notwehr eine wirkliche Geheimgesellschaft zu gründen, die genau dem Schema der fiktiven entsprach. Auf diese Weise gebar der Mythos Realität. Dies ist die praktische Macht eines aktivierten Archetypus.

Man kann die Geheimgesellschaft als unheilvoll oder lobenswert oder beides betrachten, je nachdem, wie sehr ihre Ziele mit den eigenen zusammenfallen. In jedem Fall wird sie eine gewisse Faszination ausüben und gewöhnlich auch irgendeine emotionale Reaktion hervorrufen. Wenn man zufällig auf derselben Seite ist wie die Clique, kann ihre Existenz – oder sogar ihre vermeintliche Existenz – überaus beruhigend wirken. Wenn man zufällig auf der anderen Seite steht, wird sie wahrscheinlich eine heftigere Reaktion auslösen, denn nun spricht sie unsere Paranoia an – und Paranoia gegenüber Geheimbünden und Verschwörungen ist zu einer der psychologischen und kulturellen Moden unserer Zeit geworden. (Nicht, daß solche Paranoia stets unbegründet wäre. Im Gegenteil, wir haben in diesem Jahrhundert nur zu gut beobachten können, wieviel sich von einer kleinen, gut organisierten, hinter den Kulissen arbeitenden Gruppe vollbringen läßt. Und wir sind zu Recht mißtrauisch jeder Machtkonzentration in den Händen einer solchen Gruppe gegenüber, besonders wenn wir nicht wissen, wie sie sie einsetzt.)

Doch selbst wenn die Geheimgesellschaft als feindlich empfunden wird, enthält sie oft noch ein beruhigendes Element. Warum? Einmal, weil wir Trost finden in dem Gedanken, daß Komplikationen und Umwälzungen in menschlichen Angelegenheiten wenigstens von Menschen, nicht von Faktoren außerhalb der menschlichen Kontrolle bewirkt werden. Der Glaube an eine Clique von Drahtziehern bestärkt uns in der Annahme, daß gewisse Ereignisse nicht zufällig, sondern angeordnet sind, und zwar von einer menschlichen Intelligenz. Dies läßt solche Ereignisse verständlich und potentiell kontrollierbar werden. Wenn man eine Geheimorganisation mit einer Folge von Geschehnissen in Verbindung bringen kann, besteht immer die Hoffnung, so dürftig sie auch sein mag, daß man die Macht der Clique brechen oder sich ihr anschließen und einen Teil der Macht selbst ausüben kann. Letztlich ist der Glaube an die Macht der Clique gleichzeitig eine Bekräftigung der Menschenwürde – eine oft unbewußte, doch notwendige Bestätigung, daß der Mensch nicht völlig hilflos, sondern, zumindest bis zu einem gewissen Grade, für sein eigenes Schicksal verantwortlich ist.

In einem Teil dieses Buches beschäftigen wir uns mit einer geheimen Clique: der Prieuré de Sion. Was die Prieuré bedeutsam macht und was sie von vielen anderen zeitgenössischen Cliquen unterscheidet, ist ihr genaues Verständnis und ihre Nutzung genau jener Mechanismen, die wir beschrieben haben. Soweit wir die Prieuré bei unseren Nachforschungen kennengelernt haben, ist sie eine Organisation, die sich ihres Tuns vollauf bewußt ist, mehr noch: die im Rahmen einer kalkulierten Politik Archetypen aktiviert, manipuliert und ausbeutet. Sie bietet nicht nur vertraute und traditionelle Archetypen an – einen vergrabenen Schatz, den verlorenen König, die Heiligkeit einer Dynastie, ein jahrhundertealtes ominöses Geheimnis. Sie stellt sich auch selbst absichtlich als einen Archetypus dar. Sie bemüht sich, das Bild so zu manipulieren, daß sie selbst als eine archetypische Clique, wenn nicht überhaupt als *die* archetypische Clique erscheint. Während Wesen und Ausmaß ihrer gesellschaftlichen, politischen und wirtschaftlichen Macht sorgfältig verschleiert bleiben, darf ihr nicht unerheblicher psychologischer Einfluß durchaus erkennbar werden. Sie ist in der Lage, sich als das darzustellen, wofür sie gehalten werden möchte, denn sie durchschaut die Dynamik, mit der solche Eindrücke geweckt werden. Wir haben es, wie deutlich werden wird, mit einer Organisation von außergewöhnlicher psychologischer Subtilität und Raffinesse zu tun.

15. Der Künstler als Priester, der König als Symbol

Seit mehr als einem Jahrhundert hat die Glaubwürdigkeit der organisierten Religion immer stärkere Niederlagen einstecken müssen, aber das religiöse Gefühl des Heiligen, des Numinosen, eines kohärenten Musters, das über die persönliche Erfahrung hinausgeht, blieb für sehr viele Menschen im Grunde unversehrt. Die traditionellen Hüter des Spirituellen mögen kompromittiert worden sein oder sich selbst kompromittiert haben, doch für sehr viele Menschen bleibt das Spirituelle eine Realität, wenngleich es nicht mehr von der organisierten Religion vertreten wird.

Im Spektrum des heutigen Welt- und Kulturverständnisses gibt es eine Facette, die ein Streben nach Sinn und dem Spirituellen außerhalb des Rahmens der institutionalisierten Religion widerspiegelt. Zum Beispiel versuchte Einstein, wie Newton, seine monumentalen und verwirrenden Entdeckungen mit einem heiteren Sinn für das Göttliche in Einklang zu bringen. Immer mehr Individuen haben den Bankrott der bestehenden Systeme durchschaut und sich um das eine oder andere gültige Mittel für die Kittung einer zersplitterten Realität bemüht.

Ein Musterbeispiel dieses Prozesses ist C. G. Jung, der im Rückblick nicht nur als Psychologe, sondern als Philosoph, wenn nicht gar als Prophet eingestuft werden kann. Jungs Hauptanliegen war letztlich religiöser Art. Er konzentrierte sich auf die universelle Erfahrung und verwendete das entscheidende Instrument nicht der Analyse, sondern der Synthese, weil er die Welt wieder zusammensetzen, sie wieder mit Sinn erfüllen wollte. Vor allem aber hielt er sich dabei nicht an rein theoretische (oder theologische) Richtlinien, sondern legte Maßstäbe an, die man direkt erfahren, nicht als Glaubensartikel akzeptieren sollte. Diese Maßstäbe sollten, in die Sprache der psychologischen Dynamik umgesetzt, nicht nur sonntags, sondern auch für das gesamte Leben eines Menschen praktische Gültigkeit haben.

Im Gegensatz zu Freud sah Jung Psychologie und Religion nicht als unvereinbare Bereiche an. Er verstand sie als komplementär, er glaubte, daß die eine der anderen helfe, ein neues Gefühl von Sinn und Zusammenarbeit hervorzubringen. Jung begriff die Religion in ihrer weitesten, grundlegendsten und gültigsten Bedeutung: nicht als bloßes Gebäude abstrakter Dogmen, nicht als irgendeine bestimmte Konfession, sondern als etwas, das alle Dogmen und Konfessionen hinter sich läßt, als Grundelement der menschlichen Psyche. Deshalb machte Jung sich daran, gemeinsame Quellen, gemeinsame Nenner, gemeinsame psychologische Triebkräfte, gemeinsame Verhaltensmuster *(patterns of behaviour)* herauszuarbeiten und zu vergleichen – nicht nur im Bereich der Weltreligionen, sondern auch in den meisten anderen menschlichen Aktivitäten. Das Ergebnis könnte in der Tat als lebensfähiges religiöses Prinzip für die heutige Zeit gelten: ein Modus des Denkens und Verstehens, der Sinn vermittelt und gleichzeitig Toleranz, Flexibilität und Menschlichkeit fördert.

Der Jesus der Geschichte ist für Jung nebensächlich, während der Jesus des Glaubens – der Jesus, der als psychologische Realität für den Gläubigen existiert – zu einem Archetypus wird; Episoden wie die Versuchung in der Wüste, die Niederfahrt zur Hölle oder die Auferstehung verwandeln sich in Bestandteile eines archetypischen Musters, das von der gesamten Menschheit geteilt wird. Versuchung, Abstieg in die Unterwelt und triumphaler Aufstieg aus ihr sind Motive, die in jeder Kultur, Religion, Mythologie enthalten sind. Mit Hilfe dieser Motive läßt sich Jesus mit anderen archetypischen Gestalten überall auf der Welt in Einklang bringen. Sie haben an ihm teil und er an ihnen, und sie alle verkörpern gewisse bleibende, universelle Wahrheiten. Gleichzeitig ist Jesus als Archetypus – ganz buchstäblich – in jedem Menschen zu finden, was ja das Christentum behauptet. Jeder kann in seinem persönlichen Leben der Versuchung ausgesetzt sein. Jeder kann den Tod erfahren, entweder im wörtlichen oder im metaphorischen Sinne des Abstiegs in die Tiefen der eigenen Psyche – in die Hölle, die alle Menschen irgendwo in ihrem Inneren verbergen. Jeder kann eine Form der Wiedergeburt und Erneuerung durchmachen. Da wir die Erfahrungen Jesu teilen, werden wir wirklich eins mit ihm und er mit uns. Und solche Erfahrungen geraten in keinerlei Konflikt mit den historischen Tatsachen.

Zu Jungs Lebzeiten und in den Jahren unmittelbar nach seinem Tod (1961) war er dem orthodoxen, überwiegend freudianischen psychologischen Establishment suspekt, das ihn für einen Mystiker hielt und folglich ablehnte. Heute ist man weithin der Meinung, daß er einen der originellsten und wertvollsten Beiträge zum Gedankengut des 20. Jahrhunderts geleistet hat. Zudem hat er anderen in so unterschiedlichen Disziplinen wie Anthropologie, Psychologie und vergleichender Religionswissenschaft den Weg gewiesen; sie folgten ihm und suchten eine Versöhnung zwischen Psychologie und Religion, zwischen der persönlichen Erfahrung des Menschen und seinem tiefverwurzelten Gefühl für das Heilige herbeizuführen. Bezeichnenderweise sagt Don Cupitt – im Zusammenhang mit der Krise der organisierten Religion im späten 20. Jahrhundert – von Jung, daß »wir alle ihm wahrscheinlich folgen müssen«.

Die Heimstatt des Heiligen. Aber Jungs Lehre und ihre Ableger sind keineswegs die einzigen ernsthaften Versuche, in der zeitgenössischen Welt einen Sinn zu finden. Ein ähnlicher Prozeß läßt sich in der Kunst entdecken, bei vielen Kulturgestalten des Jahrhunderts, die der alten Verantwortung des Künstlers gerecht zu werden versuchen, indem sie sich die Frage nach dem Sinn stellen. In manchen Fällen tun sie es spontan, in anderen im Rahmen eines sorgfältig geplanten Programms. Mitte des 19. Jahrhunderts geißelte zum Beispiel Flaubert die organisierte Religion, weil sie ihre Verpflichtung nicht erfülle, weil sie nicht mehr als eine Heimstatt für den Sinn und das Heilige wirke. Um diesen Mangel zu beheben, bemühte er sich systematisch, den Künstler zu einem neuen Priestertypus zu machen, ihn mit der Vermittlung von Sinn zu betrauen. Für Flaubert persönlich hatte die Kunst stets eine solche Aufgabe gehabt, doch nun sollte sie diese Verpflichtung im Rahmen eines bewußten, von allen Künstlern akzeptierten Verfahrens übernehmen. Während Flaubert diese Prinzipien in seinen Briefen zum Ausdruck brachte, machte Richard Wagner sie in Deutschland der Öffentlichkeit bekannt. Und in Rußland beschäftigten sich Persönlichkeiten wie Dostojewski und Tolstoi mit dem gleichen Gedanken.

Flaubert mag heute als Sprecher eines anachronistischen Ästhetizismus abgetan werden, doch viele der größten Literaten des 20. Jahrhunderts – um nur Joyce, Proust, Kafka und Thomas Mann zu nennen – folgten seinem Beispiel und bekannten offen ihre Dankesschuld. Man kann nicht bestreiten, daß die Kunst tatsächlich versucht hat, eine religiöse Funktion auszuüben, als Heimstatt des Heiligen zu dienen und dem menschlichen Leben einen Sinn zu geben. In manchen Fällen – zum Beispiel in der mystischen katholischen Dichtung Paul Claudels – wird ein bestimmter konfessioneller Standpunkt vertreten, während die Arbeiten anderer Schriftsteller, etwa die Tolstois, umfassend christlich orientiert sind und sich konfessionellen Kategorien widersetzen, aber dennoch nicht weniger religiös sind. Daneben gibt es Werke – von D. H. Lawrence, Patrick White, von einigen lateinamerikanischen Schriftstellern –, die gar nicht unbedingt christlich sind, aber ein grundlegend religiöses Gefühl und eine grundsätzlich religiöse Vision vermitteln. Joyce, Proust und Thomas Mann können zwar nicht als religiöse Schriftsteller gelten, doch auch sie behandeln Fragen, die ins Hoheitsgebiet der organisierten Religion fallen. Alle hier Genannten sind bemüht, sich dem Problem des Sinns zu stellen und es zu lösen, und dabei zeigen sie eine spirituelle Orientierung, die sich nur als religiöse beschreiben läßt.

Seit den achtziger Jahren des 19. Jahrhunderts haben die Werke, welche die Weisheitstradition des Orients ausmachen – Bücher wie die *Bhagawadgita*, das *Ramajana*, das *Mahabharata* und das *Taoteking* –, viel Aufsehen erregt. Europäer und Amerikaner mit mystischen Neigungen fragen oft, weshalb es keine vergleichbare Tradition im Westen gibt. In Wirklichkeit gibt es eine, und sie ist in unserem kulturellen Erbe enthalten. Das *Ramajana* und das *Mahabharata* sind epische Gedichte, die *Bhagawadgita* ist eine Mischung zwischen einem epischen und einem dramatischen Gedicht. Sie unterscheiden sich kaum von Werken wie die *Göttliche Komödie, Das verlorene Paradies* oder Goethes *Faust*. Und wenn sie sich überhaupt von den Dramen Shakespeares oder Puschkins, den Romanen Tolstois oder Hermann Brochs unterscheiden, dann höchstens, was das Genre, nicht, was den Inhalt oder die Vision betrifft. Das *Taoteking* besteht aus einer Reihe kurzer mystischer Gedichte. Im Westen würde ihnen die mystische Lyrik von Yeats, Eliot, Stefan George oder, vor allem, von Rilkes *Sonette an Orpheus* entsprechen.

Der Westen hat eine eigene Weisheitstradition, die ständig wächst und sich weiterentwickelt. Wenn die Mehrzahl der Werke sich von der organisierten Religion gelöst hat, so ist dies hauptsächlich auf die Beschränktheit und Unzulänglichkeit der organisierten Religion zurückzuführen. Die Darstellung Jesu in einem Buch wie Kazantzakis' *Die letzte Versuchung* ist letztlich im tieferen Sinne religiös und christlich als das von den Kirchen im allgemeinen gebotene retuschierte Porträt. In dieser Hinsicht ist Flauberts Ziel erreicht worden: Die Kunst ist wahrhaftig zu einer Heimstatt des Heiligen und des Sinns geworden.

Es ist ein Nachteil und ein Verlust für die westliche Gesellschaft, daß sie diesen Sachverhalt häufig nicht wahrnimmt. Zunächst einmal liegt das an ihrer Trägheit. Im industrialisierten Westen ist es nahezu ausgeschlossen, daß ein großes Werk der ernsten Literatur zu einem Bestseller wird. Gelegentlich, wenn es mit einem bedeutenden Preis ausgezeichnet wird, eine Kontroverse auslöst oder die Grundlage einer ausgiebig publizierten Film- oder Fernsehproduktion bildet, kann es einen kommerziellen Erfolg haben. Doch selbst dann wird man es immer noch vornehmlich als Stoff zur Unterhaltung oder Zerstreuung betrachten, und wenn man es für zu schwierig hält – das heißt, wenn es hohe Ansprüche an die Konzentration des Lesers stellt –, ist seine baldige Vergessenheit ohnehin programmiert. Die westliche Gesellschaft behandelte ihre Literatur nicht immer so nachlässig. Noch im 19. Jahrhundert, zu ihren Lebzeiten, schrieben Goethe, Byron, Puschkin und Victor Hugo Bestseller, die von Millionen Menschen verschlungen wurden und die Werte und Maßstäbe ihrer Gesellschaft bestimmten. Und in anderen Teilen der Welt, die angeblich weniger entwickelt sind als unsere Region, nimmt man die Kunst auch heutzutage ernst, gestattet ihr, die religiöse Funktion der Sinngebung zu erfüllen.

Im Jahre 1968 erschien der Roman *Hundert Jahre Einsamkeit* von Gabriel García Márquez. Nach der Übersetzung ins Englische wurde das Buch sofort als das Werk eines modernen Klassikers, als einer der wahrhaft großen Romane des 20. Jahrhunderts gefeiert – und flugs vom akademischen Establishment, wo es seine eigene Dissertationsindustrie hervorbrachte, mit Beschlag belegt. Bevor der Autor im Jahre 1982 den Nobelpreis erhielt, waren er und das Buch dem allgemeinen Publikum jedoch weitgehend unbekannt. Das mag ungeachtet des Nobelpreises noch immer der Fall sein. Viele westliche Leser, die sich bereitwillig durch tausend Seiten von Gurdshew oder Rudolf Steiner oder durch Abhandlungen über östliche Philosophie quälen, um Sinn oder Selbstverwirklichung zu finden, schieben García Márquez beiseite, weil er zu schwierig ist. Aber in Lateinamerika selbst wurde *Hundert Jahre Einsamkeit* von allen Leserschichten in Caracas, Santiago oder Mexico City verschlungen. Der Roman verkaufte sich in so großer Zahl wie sonst nur die Bibel, er wurde in Bars, in Billardsälen und auf der Straße zitiert. Man bezog sich auf Einzelheiten wie auf allgemein Bekanntes. Die Menschen waren so vertraut mit dem Buch, wie man in Großbritannien oder den Vereinigten Staaten mit den letzten Verwicklungen im *Denver Clan* oder in *Dallas* vertraut ist.

Zugegeben, ein solches Buch spricht zweifellos diejenigen unmittelbarer an, deren Welt es reflektiert, doch dies allein erklärt schwerlich, weshalb englische und amerikanische Leser es schwierig finden oder weshalb man zum Vergleich *Dallas* und den *Denver Clan* anführen muß – mit anderen Worten, weshalb kein Werk der englischen oder amerikanischen Literatur, ob klassisch oder modern, in seinem eigenen Milieu allen Menschen derartig vertraut ist. Bei einer Vorlesung hatten wir einmal die Möglichkeit, einem Besucher aus Lateinamerika diese Fragen zu stellen. Seine Antwort war aufschlußreich: »Weil wir unsere Literatur *studieren*«, sagte er stolz. »Wir studieren sie so, wie die Menschen in Europa vor ein paar Jahrhunderten die erste Bibelübersetzung Luthers studierten – nicht im akademischen Sinne, sondern als

Anleitung zum Leben und zum Verständnis anderer. Bücher wie dieses helfen uns, die moderne Welt zu begreifen. Wir suchen in ihnen nach Sinn, wie man früher in der Bibel nach Sinn suchte.«

Der Respekt, welcher bedeutender Literatur in Lateinamerika zuteil wird, erstreckt sich auch auf ihre Schöpfer. Lateinamerikanische Schriftsteller werden immer wieder mit wichtigen politischen Aufgaben betraut. Pablo Neruda, der Dichter und Nobelpreisträger, war ein enger persönlicher Freund und Berater von Präsident Salvador Allende in Chile. Der mexikanische Romanautor Carlos Fuentes hat als Botschafter seines Landes in Frankreich gedient. Sergio Ramírez, gegenwärtig Vizepräsident von Nicaragua, ist gleichzeitig ein hochgeachteter Autor. Dem peruanischen Schriftsteller Mario Vargas Llosa wurde die Präsidentschaft seines Landes angetragen.

Das Beste, was die britische Regierung auf diesem Gebiet zustande brachte, ist die Ernennung des Unterhaltungsschriftstellers Jeffrey Archer zum stellvertretenden Vorsitzenden der konservativen Partei (inzwischen wurde er durch einen Sexskandal zum Rücktritt gezwungen). Für Ronald Reagan wäre wahrscheinlich der Inhaber des für *Rambo* zuständigen Geistes, *soi-disant*, ein geeigneter Amtskandidat.

Der archetypische Aspekt der Monarchie. Die Jungsche Lehre und die Kunst sind also zwei Bereiche, in denen die alte religiöse Aufgabe, Sinn zu suchen, zu finden oder vielleicht zu schaffen, immer noch wahrgenommen wird. Aber bei beiden handelt es sich um engbegrenzte Interessen- und Tätigkeitsbereiche. Aus einer Reihe von Gründen – sie sind zu komplex, als daß sie hier angemessen dargestellt werden könnten – übt keiner der beiden nennenswerten Einfluß auf die Gesamtbevölkerung aus, und deshalb kann keiner von beiden der ganzen Gesellschaft den übergreifenden Schirm anbieten, den einst die Religion lieferte.

Aber sind keine anderen positiven Prinzipien in der zeitgenössischen Kultur wirksam? Gibt es, zum Beispiel, keine etablierten – das heißt fertigen – Institutionen, die unbestritten archetypisch sind, die zumindest unterschwellig auf das Kollektivbewußtsein einwirken und dadurch in gewissem Maße sinngebend tätig sind? In mancher Hinsicht kann die Monarchie als eine solche Institution gelten.

Im schlimmsten Fall kann Monarchie, was zahlreiche autokratische Regime der Vergangenheit beweisen, gleichbedeutend mit Tyrannei sein. Doch im besten Fall kann die Monarchie als sinnstiftende Einrichtung angesehen werden, die, wenn auch auf beschränkte Art, zumindest eine halbreligiöse Funktion erfüllt. Unzweifelhaft basiert die Monarchie auf einer archetypischen Grundlage. Das Königtum selbst ist ein Archetypus, die Königsfamilie liefert Stoff für Märchen, und das Märchen ist eine Erscheinungsform des Mythos (oben als schöpferischer Versuch definiert, die Realität zu erklären). Unter welcher Regierungsform ein Mensch auch lebt, von Kindheit an wird seine Psyche von Königen und Königinnen, Prinzen und Prinzessinnen bevölkert sein. Auch wenn man noch so republikanisch ist, solche Gestalten sind Teil eines kollektiven kulturellen Vermächtnisses und haben eine eigene psychische Gültigkeit. Wenn keine echte Dynastie vorhanden ist, versucht der Mensch, sich ein Ersatzkönigtum aus Filmstars, Popsängern – oder, in den Vereinigten Staaten, aus Familien wie den Kennedys – zu schaffen. Doch ein solcher Ersatz ist stets nur eine schwache Kopie des Originals. Trotz gegenteiliger Wunschvorstellungen erkennt man instinktiv, daß ein Filmbild letztlich nichts als Zelluloid ist. Und der königliche Status von Familien wie den Kennedys wird unweigerlich vom politischen Kitsch beschädigt.

Kurz vor dem Ersten Weltkrieg klagte der Präsident der Dritten Französischen Republik, er erfahre selbst in Zylinder und Frack keinen Respekt von seinem Volk, während jeder unbedeutende Duodezfürst, angetan mit goldenen Tressen und Straußenfedern, der Paris besuche, durch ein Spalier jubelnder Stadtbewohner Einzug halten könne. Mit anderen Worten, der französische Präsident bemerkte sehr scharfsinnig die ureigene Faszination von Monarchie, Pomp und das Ausmaß, in dem sich das französische Volk nach beidem sehnte. Seine Einsicht, daß er, als Zivilist verkleidet, neben der Majestät und dem Glanz anderer Staatsoberhäupter eine reizlose Figur abgab, hatte nichts mit kleinlicher Eitelkeit zu tun, sondern eher mit nationaler Selbstachtung. Wenn Franzosen sich schämten, Franzosen zu sein, weil das Staatsoberhaupt ihnen schäbig und jämmerlich erschien, dann gab es wirklich Grund zur Sorge.

Rund fünfundsechzig Jahre zuvor sah sich ein französischer Präsident dem gleichen Dilemma gegenüber. Im Dezember 1848 wurde Louis Napoleon – der Neffe Napoleons I. – zum Präsidenten der Zweiten Republik gewählt, was ihn mit sehr begrenzter Macht ausstattete. Auch er machte gegenüber dem Pomp und Glanz anderer europäischer Herrscher eine unvorteilhafte Figur. Deshalb inszenierte Louis Napoleon am 2. Dezember 1851 einen Staatsstreich, der ihm praktisch die Regierungsgewalt bescherte und die Vollmachten der Präsidentschaft radikal zu seinen Gunsten umdefinierte. Dann traf er eine beispiellose Maßnahme: Er legte seine Handlungsweise – in Form eines Plebiszits – dem französischen Volk zur Billigung vor. Es sanktionierte sie mit überwältigender Mehrheit. Ein Jahr später, am 2. Dezember 1852, nutzte Louis Napoleon den berühmten Namen seines Onkels und rief sich zum Kaiser Frankreichs aus; auch diese Aktion ließ er durch ein Plebiszit bestätigen. Im Grunde fragte Louis Napoleon das französische Volk, was es vorziehe: die demokratische Symbolik einer Republik oder den hierarchischen Pomp und Glanz eines Kaiserreiches. Das französische Volk sprach sich nachdrücklich für die zweite Möglichkeit aus, und Louis Napoleon bestieg als Napoleon III. den Thron eines neuen Imperiums, das Frankreich zum kulturellen Mittelpunkt der Welt machen sollte.

Als Louis Napoleon Kaiser wurde, sahen die revolutionären republikanischen Kräfte in Frankreich ihr Ideal in den Vereinigten Staaten von Amerika. Sie hatten schließlich über ein Jahrzehnt früher als Frankreich eine Revolution durchgeführt, die, im Gegensatz zu Frankreich, nicht in den Auswüchsen einer Terrorherrschaft oder dem Aufstieg eines neuen Diktators kulminierte. Aber die Vereinigten Staaten wurden nicht als eine Republik im heutigen Sinne des Wortes geschaffen. Die meisten verantwortlichen Männer waren überzeugte Freimaurer, und die neue Nation sollte ursprünglich jenem idealen politischen Gebilde entsprechen, das auf bestimmten Freimaurerriten basierte. Der Staat als Ganzes wurde als eine Erweiterung – ein Makrokosmos – der Loge betrachtet. Damit nicht genug, die Männer, welche die Unabhängigkeitserklärung gestalteten, waren zunächst selbst nicht in der Lage, sich etwas anderes als eine Monarchie vorzustellen. Amerikaner vergessen sehr leicht, daß man

George Washington, nachdem er die dreizehn ehemaligen Kolonien zur Unabhängigkeit geführt hatte, wie selbstverständlich und mit allgemeiner Billigung den Status eines Königs anbot.

Zugegeben, die Welt hat sich seit dem Vorabend des Ersten Weltkrieges radikal geändert, noch radikaler als seit den Zeiten Napoleons III. oder George Washingtons, aber die vom Königtum ausgeübte Faszination läßt sich nicht leugnen. Das Ansehen des Prinzen und der Prinzessin von Wales außerhalb Großbritanniens spricht Bände. Die Medien verfolgen sie, machen sie zu Objekten von Klatsch und schauerlicher Spekulation, behandeln sie wie Berühmtheiten des Showbusiness, und doch genießen sie unfaßlicherweise einen fast an Ehrfurcht grenzenden Respekt, von dem umjubelte Film- oder Popstars nur träumen können. Dieser Effekt ist auch in Amerika zu beobachten, wo republikanische Prinzipien in der Verfassung verankert sind und wo man von der »Ungleichheit«, die ja von der Idee des Königtums ausgeht, nichts wissen will. In der *Times* vom 8. November 1985 beschrieb Michael Binyon die Hysterie, die den bevorstehenden Besuch des Prinzen und der Prinzessin von Wales in Washington begleitete.

». . . Amerikaner haben eine zwiespältige Haltung der Monarchie gegenüber. Die Vereinigten Staaten – bestehend aus Menschen, deren Vorfahren aus den Tyranneien Europas flüchteten und die in der Tradition von Gleichheit und freiem republikanischen Geist erzogen worden sind – werden immer noch von dem Gefühl beherrscht, daß ihnen ein Symbol in ihrer Mitte fehlt, ein lebender Konzentrationspunkt für ihre Überlieferungen und Werte. Sie haben zwar eine Fahne und die Präsidentschaft, aber die Fahne kann nicht alle patriotischen

Gefühle befriedigen, und die Präsidentschaft kann, da sie parteipolitisch ausgerichtet ist, die Nation nicht so objektiv vereinen und repräsentieren wie ein Monarch.«

Und im folgenden: »Viele Amerikaner würden den Gedanken zurückweisen, sie sehnten sich nach den alten europäischen Symbolen. Aber dies ist häufig der Fall. Mrs. Jacqueline Kennedy brachte etwas davon ins Weiße Haus, und Nixon versuchte, die Posten des Weißen Hauses in zeremonielle Uniformen, mit Troddeln und Quasten, einzukleiden. Sie wirkten so lächerlich, daß der Plan rasch fallengelassen wurde. Aber man versucht, die Person des Präsidenten mit Zeremoniell zu umgeben . . .«

Michael Binyon hätte hinzufügen können, daß die Präsidenten im Laufe der letzten rund fünfunddreißig Jahre bemüht gewesen sind, sich majestätisches Gebaren und majestätisches Beiwerk zuzulegen, und durch den Umgang mit Vertretern von Königsfamilien etwas von deren Glanz zur Schau zu stellen versuchten. Aber der Charakter der amerikanischen Präsidentschaft wirkt einem königlichen Status entgegen – nicht nur, weil sie parteipolitisch gebunden ist, wie Binyon schreibt, und nicht nur weil gewisse Amtsinhaber der jüngeren Vergangenheit die Präsidentschaft diskreditiert haben (schließlich gab es genug Monarchen, die sehr wenig für das Ansehen ihres Throns leisteten), sondern letztlich deshalb, weil die amerikanische Präsidentschaft nicht die gleiche Resonanz wie eine Monarchie wecken kann, denn die Voraussetzungen der Monarchie sind Kontinuität und Dauer. Weder das eine noch das andere läßt sich mit Hilfe einer vier- oder, bestenfalls, achtjährigen Amtszeit herstellen. Dem Königtum liegt das dynastische Prinzip zugrunde, das die Zeit überdauert und symbolisch überwindet. Durch ihre Fähigkeit, die Zeit gewissermaßen zu neutralisieren, erfüllt eine Dynastie die gleiche Funktion wie etwa die Kirche. Sie steht für fortdauernde Werte und ein Ziel- und Identitätsbewußtsein, die nicht bei der nächsten Wahl revidiert oder gar umgestoßen werden können. Sie verkörpert so, was einer bloßen Regierung unmöglich ist, die mystischen Inhalte von Begriffen wie Mütterchen Rußland, deutsches Vaterland, la belle France. Diese Inhalte liegen in einer an Religiöses grenzenden Sphäre jenseits der Politik.

Im Jahre 1981 führte die Hochzeit des Prinzen und der Prinzessin von Wales zu einem ganz ungewöhnlichen Überschwang an Loyalität und Enthusiasmus, und zwar bei »dem Volk«, in dessen Namen nicht nur der Marxismus, sondern auch der Republikanismus amerikanischen Stils das Königtum verurteilt. Der entscheidende Grund für einen solchen Gefühlsüberschwang lag im Ritual einer königlichen Hochzeit und in allem, was eine solche Hochzeit impliziert: Nachkommen, die Fortsetzung einer Dynastie und der von ihr verkörperten Werte. Man setzte diese Werte mit England gleich und feierte etwas archetypisch Zeitloses: die heutige Kristallisation einer bestimmten Ordnung, die aus ferner Vergangenheit herrührt, und die Verheißung, daß diese Zusammenhalt gewährende Ordnung auch in Zukunft fortdauern werde. Jede Einzelheit der Zeremonie – die uralte Kulisse, die Kutschen, die Uniformen, sogar die gesprochenen Worte – trug dazu bei, die Zeitlosigkeit des Moments zu unterstreichen. Alles, was Gegenwart und Zukunft an Bedrohlichem enthalten, war vorübergehend vergessen.

Für die meisten, die 1981 zu der Hochzeit strömten, war sie eben eine Garantie für Stabilität in einer sonst erschreckend unbeständigen Welt. Und während das

Pfund an Wert verlor, politische Enttäuschung, soziale Unruhe, rassische Gegensätze, Arbeitslosigkeit um sich griffen, Streiks an der Tagesordnung waren wie parlamentarische Beschuldigungen, stellte die Monarchie ein Prinzip der Dauerhaftigkeit und Kontinuität dar. Dauerhaftigkeit und Kontinuität sind wichtige Aspekte der Sinngebung. Da die Monarchie diese Eigenschaften widerspiegelt, kann sie als Heimstatt von Sinn dienen.

Um zu überleben, muß die Monarchie sich den Zeiten anpassen. Sie kann natürlich nicht mehr jene Institution sein, die von manchen royalistischen Kreisen auf dem Kontinent immer noch propagiert wird; sie kann weder explizit noch implizit ein Prinzip göttlichen Rechts für sich beanspruchen; sie darf zu keiner starren, in der Vergangenheit üblichen Gesellschaftshierarchie auffordern; sie darf keine Rückkehr zu einem Despotismus oder Absolutismus im Stil eines Ancien régime befürworten; sie darf sich nicht einmal von unglaubwürdig gewordener Politik und Regierungsarbeit anstecken lassen. Aber eine konstitutionelle Monarchie – wie in Großbritannien oder Spanien, den Niederlanden oder Belgien, Dänemark oder Schweden – kann eine sehr schöpferische Funktion erfüllen.

Hervorzuheben ist, daß eine solche Monarchie auf jenen Prinzipien ruht, die von der Prieuré de Sion verfochten und mit dem alten Merowingergeschlecht von Frankreich in Verbindung gebracht werden. Für die Merowinger herrschte der König zwar, regierte jedoch nicht. Mit anderen Worten, er war letztlich eine symbolische Gestalt. Da er sich dem billigen Geschäft der Politik und der Regierung fernhielt, blieb sein symbolischer Status makellos. Einer der Autoren der Prieuré de Sion erklärt in einem Artikel: »Der König *ist.*« Anders ausgedrückt: Sein

Wert zeigt sich in dem, was er als Symbol verkörpert, nicht in irgendeiner seiner Handlungen oder in realer Macht. Die wirkungsvollsten Symbole üben stets unangreifbare Autorität aus, welche durch die greifbareren Formen der Macht nur kompromittiert würde. Zum Beispiel geriet das Papsttum während jener Jahrhunderte, in denen es weltliche Souveränität besaß, zunehmend in Verruf; wir kennen das unrühmliche Schauspiel, daß sich des öfteren zwei oder mehr Päpste schamlos um den Heiligen Stuhl stritten. Erst als das Papsttum seinen Anspruch auf weltliche Souveränität aufgab, errang es wieder ein gewisses Maß an Respekt.

Gerade durch ihre offizielle Machtlosigkeit übt eine konstitutionelle Monarchie wie die britische einen sehr realen, wenn auch nicht greifbaren Einfluß aus. Eine einzige Erklärung des Prinzen von Wales kann für Riesenschlagzeilen sorgen, die freudige Zustimmung der Bevölkerung hervorrufen, das Establishment der Architektur aus dem Gleichgewicht bringen und die Pläne für einen Ausbau der National Gallery durchkreuzen. Einfach dadurch, daß der Prinz ein Interesse an ihnen bekundet, kann er der Psychologie Jungs und gewissen Formen der alternativen Medizin eine neue und wohl auch verdiente Legitimität verleihen. Selbst wenn man ihn falsch zitiert oder unverantwortliche Berichte über einen seiner Auftritte veröffentlicht, kann seine Sorge um den Verfall der Stadtkerne und um die Desillusionierung einer ganzen Generation von Jugendlichen die Versuche zur Behebung solcher Probleme aktivieren.

Die nicht greifbare Autorität der Monarchie kann noch weitergehen. Während der deutschen Besetzung Dänemarks im Zweiten Weltkrieg wurde dänischen Juden befohlen, den gelben Stern am Mantel zu tragen, um ihre

Identifizierung und Verschleppung in Konzentrationslager zu erleichtern. König Christian demonstrierte seine Mißachtung der Besatzungsmacht und legte selbst einen gelben Stern an, um Sympathie und Solidarität seinen jüdischen Untertanen gegenüber zu bekunden. Tausende nichtjüdische Dänen folgten dem Beispiel ihres Königs. Die Wirkung dieser Geste war mehr als symbolisch: Antisemitismus und Denunziationen von Juden gingen zurück, so daß zahllose Juden gerettet wurden.

Ein jüngeres Beispiel monarchischer Autorität ereignete sich im Jahre 1981. Am 23. Februar stürmten Abteilungen der Guardia civil die Cortes, das spanische Parlament, und versuchten, im Verein mit Garnisonsbefehlshabern in verschiedenen Landesteilen, einen Militärputsch zu inszenieren. Die Sache hätte üble Konsequenzen haben können, wenn nicht König Juan Carlos im Fernsehen erschienen wäre und an die Zurückhaltung aller appelliert hätte. Als König war er in der Lage, seinen Appell aus einer Position außerhalb der Politik, über dem ideologischen Gegensatz von Linken und Rechten, auszusprechen. Als Verkörperung des Kontinuitätsprinzips war er fähig, für Spanien als Ganzes zu sprechen, nicht nur für eine bestimmte Fraktion. Ohne seinen Monarchen wäre Spanien vielleicht in einen neuen Bürgerkrieg getaumelt, genauso entsetzlich und kostspielig wie jener der dreißiger Jahre, oder es hätte, was genauso beunruhigend ist, einer rechten Militärdiktatur nach Art des schlimmen Franco-Regimes zum Opfer fallen können.

Es gibt einen wichtigen Aspekt der Monarchie, der heutzutage weitgehend unwichtig geworden ist und der in nächster Zukunft kaum wiederaufleben dürfte. Aber er ist der Erwähnung wert, weil er zumindest eine gewisse Rolle in den Überlegungen der Prieuré de Sion zu spielen scheint. Es handelt sich um den Aspekt der dynastischen Eheschließung.

Heute wirkt schon die Idee einer dynastischen Heirat – einer Heirat aus politischen Gründen – abstoßend und erinnert an einen widerwärtigen Überrest des Feudaldenkens. Seit Jahrhunderten herrscht im Westen der Gedanke vor, daß die Ehe ausschließlich auf der Grundlage von Liebe und Zuneigung zu ruhen habe. Wir selbst würden uns nicht im Traum einfallen lassen, die echte Liebe herabzusetzen, und doch gibt es ohne Zweifel auch heute Menschen, wie immer ihre erhabenen Gefühle aussehen mögen, die aus allen anderen Gründen die Ehe eingehen: aus Einsamkeit; um Sicherheit zu erwerben; aus Zweckmäßigkeit, um zum Beispiel dem Partner Staatsbürgerschaft oder Wohnrecht zu verschaffen; aus finanziellen, Status- und Prestigegründen. Keines dieser Motive ist besonders edel, aber alle werden stillschweigend gebilligt, sogar akzeptiert. Kann man also die Nase rümpfen, wenn zwei Menschen heiraten – wie es oft zwischen königlichen und aristokratischen Häusern der Vergangenheit geschah –, um zwei Nationen einander näherzubringen oder um einen Krieg zu verhindern? Wenn eine hochrangige Eheschließung zum Beispiel dem Libanon Frieden bringen könnte, wäre sie dann verwerflich?

Vom Beginn der schriftlich fixierten Geschichte bis ins 20. Jahrhundert hinein waren dynastische Bündnisse nicht nur die Norm, sondern sogar einer der Grundsteine der internationalen Politik. Erst seit ungefähr fünfundsiebzig Jahren lehnt der Westen ein politisches Prinzip ab, das zuvor über dreißig oder vierzig Jahrhunderte hinweg gegolten hat. Vom Alten Ägypten und von alttestamentlichen Zeiten bis hin zu Europa am Rande des Ersten Weltkrieges dienten Eheschließungen, im selben Maße wie die heute akzeptierten Formen der Diplomatie, den Bindungen zwischen verschiedenen Völkern, Nationen und Kulturen. Zugegeben, diese Bindungen waren oft brüchig und konnten die angestrebte Eintracht nicht gewährleisten. Auch das dichteste Netz dynastischer Verknüpfungen war nicht in der Lage, die Katastrophe von 1914 zu verhindern. Doch das Prinzip hat, solcher Fehlschläge ungeachtet, mindestens ebenso häufig Erfolg gehabt wie andere Formen der Diplomatie. Seine Bedeutung sollte auch heute nicht völlig außer acht gelassen werden.

Wir wollen ein rein hypothetisches Beispiel konstruieren. Nehmen wir an, der britische Thronfolger (oder die Thronfolgerin) heiratet Mitte oder Ende des 21. Jahrhunderts die spanische Thronfolgerin (oder den spanischen Thronfolger). Das Ergebnis einer solchen Allianz wäre ein Vereinigtes Königreich von Großbritannien und Spanien. Dies würde natürlich keine Rückkehr zur Autokratie bedeuten, denn der König würde, im Einklang mit den Grundsätzen der konstitutionellen Monarchie, herrschen und nicht regieren. Es bedeutet auch nicht, daß Großbritannien und Spanien zu einer künstlichen Vereinigung gezwungen wären. Im Gegenteil, beide Länder würden so unabhängig wie heute bleiben, und das britische Parlament und die spanische Cortes würden die Macht ausüben. Dennoch wäre eine ganz bestimmte Beziehung zwischen den beiden Nationen geknüpft worden, in mancher Hinsicht vergleichbar mit der zwischen Großbritannien und Australien, wo man die nominelle Autorität der Königin noch immer offiziell anerkennt, solange daraus kein politischer Nutzen gezogen wird.

Würde Spanien ein solches Arrangement ablehnen? Wahrscheinlich nicht. Angesichts der Verehrung, die man dem Prinzen und der Prinzessin von Wales heute entgegenbringt, darf man wohl annehmen, daß die meisten Nationen Europas überaus erfreut wären, wenn die Nachkommen des Paares sich in ihrem Staat niederließen – vorausgesetzt natürlich, daß dies keine Beeinträchtigung ihrer Werte, ihrer Kultur, ihrer konstitutionellen Unabhängigkeit, ihres Erbes oder ihrer Traditionen nach sich zöge. Die königliche Hochzeit von 1981 war ein internationales Medienereignis, ein Märchen, an dem ganz Westeuropa, wenn nicht die gesamte Welt, teilhatte. Wie sähe der Effekt eines ähnlichen Ereignisses aus, wenn nicht nur eine, sondern zwei königliche Dynastien die Hauptakteure wären?

16. Harmageddon entgegen

Wer bereit ist, sich mit der Lehre C. G. Jungs und seiner Nachfolger vertraut zu machen, könnte in ihr zumindest eine teilweise Sinngebung finden, denn hier werden Psychologie und Religion integriert, indem man die Grenzen beider neu festlegt, ihre Parameter erweitert und beide mit Leben erfüllt. Auch die Kunst könnte denjenigen als Heimstatt von Sinn dienen, die bereit sind, in ihr nicht nur Unterhaltung oder einen esoterischen Kult zu sehen – bereit also, sie als Instrument der Vision zu nehmen und sie so zu studieren, wie die Menschen des 16. Jahrhunderts die Lutherübersetzung der Bibel studierten. Eine ähnliche Aufgabe könnte die Monarchie unter gewissen wichtigen Voraussetzungen erfüllen, und zwar in viel breiterem Rahmen, auf viel zugänglichere Weise. Aber letztlich ist jede Heimstatt von Sinn soviel wert, wie die Menschen aus ihr machen. Zum Beispiel ist das Christentum nur in dem Maße lebensfähig, wirksam, relevant, umfassend, funktional archetypisch, wie seine Gemeinden es zulassen.

Die gegenwärtige Vielzahl von Sekten, Kulten, Disziplinen, Therapien und Programmen der einen oder anderen Art zeugt davon, wie drängend die moderne Suche nach Sinn ist. Was man früher in der Kirche, in der organisierten Religion zu finden hoffte, wird nun in den Kolumnen gesucht, die Zeitschriften wie *Time Out* oder *The Village People* auf ihren letzten Seiten bringen. Sehr oft kommt das Bedürfnis nach Sinn in zahlreichen oberflächlichen Symptomen zum Ausdruck: Einsamkeit, Schuldbewußtsein, Selbstentfremdung, Minderwertigkeitsgefühl, Mangel an Orientierung oder Motivation, Depression, Apathie, sexuelle Unsicherheit, Identitätskrisen. Solche Symptome, so oberflächlich sie sind, können derart beunruhigend sein, daß viele Menschen versuchen, sie rasch kurieren zu lassen, während sie den eigentlichen Ursachen ihrer Beschwerden nicht zu Leibe rücken. Und viele Sekten, Kulte, Disziplinen, Therapien und Programme, an die sie sich in ihrer Verzweiflung wenden, beschäftigen sich in erster Linie, wenn nicht ausschließlich, mit Symptomen, das heißt, sie haben nichts mit Sinngebung zu tun, sondern dienen einfach nur als Beruhigungsmittel.

Natürlich hat es stets Sekten, Kulte und Mysterienschulen gegeben, von denen einige zutiefst aufrichtig in ihrem Tun waren und eine stichhaltige psychologische Dynamik besaßen, während andere nur Pseudolehren zu bieten hatten. Zudem hat der Mensch in der Beziehung zu seinen Göttern und in seiner Suche nach Sinn stets den einfachen Weg bevorzugt: irgendein Mittel, mit dessen Hilfe er der sonst erforderlichen Arbeit, der Energie, der psychischen Anstrengung und den nötigen Opfern aus dem Weg gehen kann. Früher betrachtete man solche Versuche stets mit Argwohn, doch heute, im Rahmen der Konsumgesellschaft, haben sie eine nie gekannte Legitimität gewonnen. Das Konsumentendenken hat der Abkürzung in fast jedem Bereich zu Ansehen verholfen. Jede Abkürzung ist eine gefragte Ware.

Auf einer prosaischen Ebene manifestiert sich dieser Trend in einer Vielzahl von Produkten, die Zeit, Arbeit und Energie sparen sollen: in Fast-Food-Imbißketten, Tiefkühlmahlzeiten, schnell löslichem Pulverkaffee und allem anderen, was ein ähnliches »Schnell«-Etikett trägt. In den sechziger Jahren nannte man solche Waren Plastik und mied sie. Plastik wurde zu einem Synonym von Schund. Es deutete auf etwas hin, das mit einem lebenden, sich entwickelnden Universum nicht in Einklang stand; es ließ an »Ersatz« denken. Aber es gibt eine psychologische oder spirituelle Entsprechung von Plastik, die der Dichter Stefan George zu Beginn dieses Jahrhunderts als »das Leichte« diagnostizierte. Es grassiert heute bei den Sekten und Kulten, die in der westlichen Gesellschaft blühen, und es füllt die Therapie- und Gesundungs-Kolumnen von Zeitschriften. Vorgefertigte Selbsterkenntnisprogramme, tütenfertiges Urteilsvermögen, tiefgekühlte oder gefriergetrocknete Aufklärung – so lauten die Versprechen von Organisationen, die ihren Anhängern Millionen von Mark, Pfund oder Dollar abpressen. Man propagiert entscheidende Durchbrüche, mit deren Hilfe die Probleme eines ganzen Lebens rasch vertrieben werden können, wenn ein einziges Wochenende darauf verwendet wird, zu schreien, zu weinen, auf die eigene Nasenspitze zu schielen, einen Ersatzgeschlechtsverkehr mit Kissen durchzuführen oder sich beschimpfen zu lassen. Klugheit und Verständnis, die normalerweise Jahre der Erfahrung voraussetzen, lassen sich laut gewissen Anzeigen wie Pillen verteilen und mit einer Coca-Cola und einem Schinkenbrot hinunterschlukken. Maßlos verspricht man, direkt oder indirekt: Selbstvertrauen, Erfolg (was immer das heißt), Gesundheit, Wohlstand, den Partner der Träume, verschiedene Fähigkeiten (von der Gedankenleserei bis hin zu dem Kunststück, sich unsichtbar zu machen), letztlich die Vereinigung mit dem Universum. Und damit gekoppelt natürlich die Sinnfindung.

Viele solcher Versuche und der sie fördernden Organisationen sind recht harmlos – jedenfalls so harmlos wie ein Kinobesuch, ein Fußballspiel oder eine andere Art, sein Geld auszugeben. Manches kann durchaus hilfreich sein, sofern man es nicht überbewertet. Anderes wiederum ist durchaus schädlich. Seit Jahren berichten Zeitungen und Fernsehen nun von Gehirnwäsche, psychischer Manipulation und Einschüchterung, Kidnapping, erzwungenen Eheschließungen, Spielarten von Voodoo-Kulten, Vergeltungsmaßnahmen gegen Abtrünnige, gelegentlich gar von rituellen Morden. Ein schreckliches Beispiel ereignete sich in Jonestown, Guyana, in einer von dem selbsternannten Reverend Jim Jones und der Gemeinde seines Volkstempels gegründeten südamerikanischen Siedlung. Dort wurden am 18. November 1978 drei amerikanische Journalisten und ein amerikanischer Kongreßabgeordneter erschossen, während neunhundert Menschen Selbstmord begingen, indem sie mit Zyankali versetzten Fruchtsaft tranken (Jones und seinen Anhängern drohte eine Kongreßuntersuchung).[1] Das Jonestown-Massaker illustriert, welche Macht eine Sekte oder ein Kult über die Mitglieder ausüben kann. Diese Macht resultiert aus dem Vertrauen, das sie in die

Organisation setzen, und aus deren Fähigkeit, Sinn oder den Anschein von Sinn zu vermitteln.

Eine weitere Abkürzung auf der Suche nach Sinn, also eine Ersatzreligion oder wiederum eine Erscheinungsform des Leichten, waren die Drogenkultur der sechziger Jahre und einige ihrer jüngeren Ausläufer. Es läßt sich nicht leugnen, daß psychedelische Drogen eine legitime Funktion in vielen religiösen Überlieferungen haben oder daß sie sich für viele Künstler und Denker im Westen als wertvoll und erhellend erwiesen. Aber der Gebrauch solcher Rauschgifte in den sechziger Jahren – gewissermaßen als Fahrkarte in ein unverzüglich zu erreichendes Nirwana – ist zweifellos eine weitere Manifestation des Leichten. Im schlimmsten Fall – besonders wenn die sie begleitenden Rituale im Namen einer Sekte oder eines Kults vollzogen werden –, kann der Gebrauch von Rauschgiften schreckliche Formen annehmen. Das wohl bedrückendste Beispiel einer solchen Sekte oder eines solchen Kults war der psychedelische Satanismus von Charles Manson und den Leichtgläubigen, aus denen seine Familie bestand. Mansons Gruppe zeigt, daß die Grenze zwischen einem Guru und einem Führer, zwischen einem Jünger und einem Sklaven nur sehr unsicher ist.[2]

Das Spektrum der Esoterik – Magie in ihren verschiedenen Formen, Astrologie, Alchimie, Symbolsysteme für Weissagerei, etwa Tarock oder das I-Ging, körperliche oder geistige Disziplinen wie Yoga und die Kabbala – ist so alt wie die organisierte Religion, wenn nicht noch älter.

Seit wenigstens drei Jahrhunderten ist es en vogue, sich über Esoterik lustig zu machen. Heutige Wissenschaftler und Kirchenvertreter pflegen die Bereitwilligkeit zu beklagen, mit der das Esoterische oft von Menschen akzeptiert wird. Manchmal hört man sogar selbsternannte moralische Reformatoren Finsteres von Hexerei und Gottlosigkeit murmeln. Aber das Wiederaufleben von Esoterik in unserer eigenen Zeit ist nicht bloß eine Marotte, ein vorübergehender Trend. Es ist symptomatisch für ein tiefer wurzelndes Übel und für ein sehr dringliches Bedürfnis. Hier wird deutlich, wie schmerzlich die organisierte Religion, die Wissenschaft und die Programme der moralischen Reformatoren versagt haben. Und es zeugt wieder einmal dafür, wie drängend die Suche nach Sinn in der zeitgenössischen Gesellschaft ist. Und die Esoterik reduziert sich auch nur allzuoft auf das Leichte: in astrologischen Kolumnen, Handbüchern für Do-it-yourself-Zauberei und anderen Formen des Okkultismus für die Massen.

Während des letzten Vierteljahrhunderts haben sich auch viele Menschen dem orientalischen Gedankengut – Hinduismus, Buddhismus und Taoismus – zugewandt. Gewiß, Westler haben seit mindestens zwei Jahrhunderten nach Osten geblickt und dort oftmals Wahrheiten gefunden, die für sie grundlegender und lebenswichtiger sind als jene der judäisch-christlichen Tradition. Aber während des letzten Vierteljahrhunderts beschäftigen sich immer mehr verirrte Geister in der gleichen Weise mit orientalischer Philosophie wie mit Esoterik. Sie akzeptieren oberflächliche, verfälschte, vorgefertigte Versionen, laufen jedem selbsternannten Meister oder Guru zu, der eine attraktive Variante darbietet, verpflichten sich blindlings, unkritisch einem Ashram und seiner andersartigen Lebensweise – und knüpfen daran Erwartungen, die in ihrer Maßlosigkeit lächerlich sind. Die indische Autorin Gita Mehta schreibt über die

Generation von westlichen Jugendlichen, die auf der Suche nach Erleuchtung nach Indien strömten: »Nie zuvor hatte man sich so optimistisch auf das Gefühl der Leere gestürzt. Alle Beteiligten argwöhnten, Amerika würde bekommen, was es haben wollte. Warum nicht das Nirwana?«[3] Ferner: »Das Verführerische lag in dem Chaos. Sie glaubten, sie seien schlicht. Wir glaubten, sie seien Neon. Sie glaubten, wir seien tiefgründig. Wir wußten, daß wir provinziell waren. Jeder hielt den anderen für lachhaft exotisch, und jeder verstand alles falsch.«[4]

Die Fundamentalisten. Zu den fragwürdigen Ersatzreligionen, denen die zeitgenössische Gesellschaft anhängt, muß man ferner die fundamentalistischen Lehren rechnen, die von manchen Sekten und Kirchen in Großbritannien, Südafrika und den Vereinigten Staaten verbreitet werden. Wie alle Ersatzreligionen scheuen diese Lehren jede Verantwortung für alles, was eine echte Religion mit sich bringt, und bieten statt dessen etwas anderes – etwas potentiell Gefährliches – als schmerzlinderndes Mittel an.

Ohne Zweifel verfügte das Christentum, wie die meisten anderen Religionen, früher ausreichend über Fanatiker, die sich für allzu vereinfachte Gebote und Verbote einsetzten und mehr Wert darauf legten, ihre Nachbarn zu Konformität zu zwingen, als ein eigenes Sinngefühl herzustellen. Man kann durchaus argumentieren, daß die soziale, kulturelle und politische Geschichte der Religion, zumindest im Westen, die Geschichte solcher Zwänge ist. Der Judaismus und der Islam müssen sich ähnliche Vorwürfe gefallen lassen, aber es ist beunruhigend, in welchem Ausmaß das gleiche Phänomen im

Westen heute um sich greift. Die Vereinigten Staaten haben Jahrhunderte benötigt und mit viel Blut bezahlen müssen, ehe sie sich eine gewisse Toleranz aneigneten. Die Tatsache, daß wir uns heute solcher Verirrungen wie Inquisition oder mittelalterlicher Hexenprozesse schämen, zeugt von einigen Fortschritten in unserem Wissen, auch von echter Bildung in dem Bereich, auf den es wirklich ankommt: dem der Werte und Einstellungen. Es verheißt nichts Gutes, wenn solche Erfolge durch eine Rückkehr zu fundamentalistischen Vereinfachungen bedroht werden – mit anderen Worten, durch eine Rückkehr zur Religion als bloßem Stammesritus.

In der Vergangenheit diente fundamentalistische Vereinfachung oft als Zuflucht für unterdrückte Minderheiten oder für die Bevölkerung eines besetzten Landes. Manchmal nahm sie gewalttätige und aggressive Gestalt an, wie zum Beispiel der polnische Katholizismus, als Polen im 19. Jahrhundert unter dem Joch des lutherischen Preußen und des orthodoxen Rußland lebte. Manchmal bot sie den Hilflosen Trost, indem sie zu Schicksalsergebung riet, gleichzeitig aber Hoffnung verhieß. Fundamentalistische Lehren erfüllten im 19. Jahrhundert eine wahrhaft therapeutische Aufgabe für jüdische Ghettos in Osteuropa oder für schwarze Gemeinden im Süden der Vereinigten Staaten.

Heute bekennen sich jedoch keine unterdrückten und verfolgten Minderheiten zu fundamentalistischen Vereinfachungen, sondern äußerst wohlhabende, in angenehmsten Verhältnissen lebende, mächtige und, jedenfalls theoretisch, sehr gut ausgebildete Menschen. Dabei geht vieles von dem zugrunde, was die westliche Kultur so mühsam erlernt hat, nicht nur auf rein akademischen Gebieten wie Bibelwissenschaft und Evolutionstheorie, sondern auch auf den letztlich wichtigeren Gebieten von Humanität und Toleranz. Seit den Auswüchsen des Puritanismus im 17. Jahrhundert – Cromwells Protektorat in England, Hexenprozesse in Neuengland wie in Westeuropa – waren religiöser Fanatismus und religiöse Bigotterie im Westen niemals mit solchem Reichtum und solcher Macht gekoppelt, außer im Dritten Reich.

Der moderne Fundamentalismus in Amerika leitet sich her vom Puritanismus des 17. Jahrhunderts mit seiner Idee von Auserwählten, die ein spezielles Bündnis mit Gott geschlossen hätten. Zu diesen Auserwählten gehörten natürlich auch die Männer, die heute als Gründerväter der Vereinigten Staaten verehrt werden. Aber die tieferen Wurzeln des modernen Fundamentalismus sind in der gebrochenen und von freien Assoziationen geprägten Geschichtslehre zu finden, die gewisse theologische Propagandisten im 19. Jahrhundert verbreiteten. Zum Beispiel veröffentlichte ein Londoner Phrenologe namens John Wilson im Jahre 1840 ein Buch mit dem Titel *Our Israelitish Origin* (Unsere israelitische Herkunft). Laut Wilson hat Gott Sein Gelöbnis, den Samen Abrahams zu erhalten, treu erfüllt. Die Israeliten, von den Assyrern in die Verbannung getrieben, seien zu den Skythen geworden, die ihrerseits als Vorfahren der Sachsen zu gelten hätten. Mit Hilfe dieser verrückten Logik kam Wilson zu dem Schluß, daß die Engländer die direkten Nachfahren des Stammes Ephraim seien. Ein wichtiges Indiz für diese Großtat historischer Erhellung war die Ableitung des Wortes *Saxon* (Sachse) – offenbar von der Annahme ausgehend, daß die alten Hebräer und Skythen englisch sprachen – von *Isaac's sons* (Isaaks Söhne).[5] All das hätte einen gewissen närrischen Charme, wenn Wilsons Behauptungen nicht auch heute noch in fundamentalistischen Lehrbüchern zu finden wären.

Im Jahre 1842 veröffentlichte Wilson ein zweites Buch, *The Millenium* (Das Tausendjährige Reich Christi), in dem er folgerte, die Wiederkunft Christi stehe bevor. Diesem Ereignis werde sich die Gründung des Tausendjährigen Reiches anschließen. Zuerst erscheine jedoch der Antichrist und stürze die Welt in eine Periode des Chaos. Der Antichrist aber sei bei aller Bedrohlichkeit a priori zur Niederlage verdammt. Die europäische Kultur sei so großartig, daß sie nur die Leistung eines neuen auserwählten Volkes sein könne, das Gott, Seinem Bündnis getreu, nie im Stich lassen werde.[6] In den folgenden hundertvierzig Jahren sollte diese Erklärung europäischer Überlegenheit nur zu gern von burischen Siedlern in Südafrika übernommen werden, die sie noch heute als einen Eckpfeiler der Apartheid betrachten.

Wilson schlossen sich andere Autoren von ähnlicher Denkungsart an. Zum Beispiel versuchte im Jahre 1861 ein gewisser Reverend Glover, die Briten mit dem Löwen des Stammes Juda in Verbindung zu bringen. Ungeachtet aller Kritik übernahm er dann Wilsons Behauptung und identifizierte England mit dem Stamm Ephraim, während er die Waliser und Schotten mit dem Stamm Manasse gleichsetzte.[7] Im Jahre 1870 publizierte Edward Hine aus Manchester sein Werk *The English Nation Identified with the Lost House of Israel by Twenty-seven Identifications* (Die englische Nation, durch siebenundzwanzig Identifikationen mit dem verlorenen Haus Israel identifiziert). Vier Jahre später erschien eine revidierte Fassung des Buches, in der Hine weitere zwanzig Identifizierungen nachlieferte. Für Hine hatte Großbritannien nicht nur mit ein oder zwei der verlorenen zehn Stämme

Israels zu tun, sondern mit allen. Da er offenbar nicht wußte, daß die Wendung *Tuatha de Danann* der irischen Überlieferung einfach das Volk der Göttin Danu beschreibt, stellte Hine den Namen als irgendeine Art gälischer Umschreibung des Stammes Dan dar[8] – ein Irrtum, der noch heute von Fundamentalisten wiederholt wird. Seine Behauptung schien auch dadurch bestätigt zu werden, daß *Dun* – laut Hine eine Variante von *Dan* – oft in irischen Ortsnamen auftaucht. In Wirklichkeit steht *Dun* für nichts anderes als eine befestigte Ortschaft, und davon gab es natürlich in Irland sehr viele.

Wie Wilson rechnete Hine mit einer baldigen Wiederkehr Jesu: »Harmageddon zeichnet sich drohend in der Ferne ab. Dies ist die Zeit, da sich nahezu die ganze Welt zum Kampf gegen uns zusammenschließen wird, und wir müssen auf sie vorbereitet sein.«[9]

Man muß natürlich beachten, daß die Ideen von Männern wie Wilson, Glover und Hine typische Produkte des Viktorianischen Zeitalters waren. Gewiß, selbst im Rahmen der damaligen Zeit dürften die meisten Menschen sie für lächerlich gehalten haben, aber sie wirkten wahrscheinlich nicht ganz so lächerlich wie heutzutage, denn sie standen im Einklang mit der vorherrschenden Stimmung von Selbstgefälligkeit und Selbstbeweihräucherung. Das Britische Empire näherte sich damals dem Höhepunkt seiner Größe, den glücklichen Tagen der Pax Britannica. Die ganze Welt respektierte die britische Leistung. Kaum etwas widersprach der Überzeugung, daß die Kultur unter der gütigen Schirmherrschaft Großbritanniens nahezu Vollkommenheit erreicht habe, und dies begünstigte die Interpretation, daß Gott alles gebilligt habe oder daß hier sogar Sein göttlicher Plan wirke.

Die spätere Auflösung des britischen Kolonialreichs

war natürlich lästig für die Nachfahren Wilsons, Glovers und Hines, von denen einer im Jahre 1969 recht bitter (wenn auch etwas vage) erklärte: »Wir können heute nicht mehr unbefangen vom Identitätszeichen reden, davon, daß wir die Tore unserer Feinde besäßen. Wir können nicht voll Stolz sagen, eines der Zeichen von Israel sei, daß wir die reichste Nation sind, die leiht, aber nie borgt; wir können wirklich nicht mit großem Nachdruck von Großbritannien sprechen.«[10] Aber dafür gibt es natürlich einen Grund: ». . . das Maß unseres Falls in Ungnade und in elende Verhältnisse ist das Maß unserer Entfernung vom Allmächtigen Gott.«[11]

Während Großbritannien also in Ungnade gefallen war, galt dies nicht für Amerika. Hine hatte schon die britischen – das heißt die weißen, angelsächsischen, protestantischen – Ursprünge der Amerikaner betont und sie dadurch mit dem Stamm Manasse identifiziert. Bis zum Ende des Ersten Weltkrieges waren die Gedanken von Männern wie Hine wie eine Grippeepidemie über den Atlantik gedrungen. Wie man sieht: Der Qualitätsverlust britischer Exportartikel ist keineswegs auf die Gegenwart beschränkt.

Der moderne amerikanische Fundamentalismus setzt Dinge voraus, die ebenso anachronistisch wie naiv sind. Die Bibel gilt als unwandelbar, als das unbestrittene und unabänderliche Wort Gottes, als hätten die Konzile von Nizäa nie stattgefunden und als gäbe es keine alternativen Evangelien. Sie enthalte in ihrer derzeitigen Form alles Wissen, welches für die individuelle Erlösung erforderlich ist. In dieser Hinsicht hat der Fundamentalismus allerdings viel mit anderen christlichen Sekten gemeinsam, besonders mit den evangelistischen Strömungen. Aber es gibt Prämissen, die für die Fundamentalisten charakteristisch sind.

Die erste besagt: Die Vereinigten Staaten und das Vereinigte Königreich sind mit den verstreuten Überresten des Alten Israel – manchmal symbolisch, aber meist ganz buchstäblich – identisch. Oder: Der moderne Judaismus leitet sich von dem biblischen Stamm Juda her, während sich die Nachfahren der übrigen Stämme in den weißen angelsächsischen Protestanten Großbritanniens und Amerikas – und ihren Verwandtschaften im Ausland, etwa in Südafrika – finden. Sie sind die neuen Auserwählten, das neue auserwählte Volk.

Die zweite Prämisse des modernen Fundamentalismus schreibt der biblischen Prophezeiung entscheidende Bedeutung zu. Bestimmte Quellen werden wiederholt zitiert, vornehmlich die Offenbarung des Johannes (die aus dem späten 1. oder frühen 2. Jahrhundert n. Chr. stammt) und die klassischen Prophezeiungen des Alten Testaments (aus dem 8. bis 5. Jahrhundert v. Chr.). Diese Belege seien vor allem zu dem Zweck abgefaßt worden, Ereignisse der modernen Welt vorauszusagen. Trotz zahlreicher offenkundiger Schnitzer, die den Propheten des Alten Testaments in bezug auf ihre eigene Epoche unterliefen, hält man sie für unfehlbare Propheten für unsere Zeit. Doch es lohnt sich durchaus, wenigstens einen Teil der historischen Ereignisse, die die Fundamentalisten so unbekümmert ignorieren, im Gedächtnis zu behalten. Schließlich war das Alte Israel ein lose gefülltes, schwer zu umreißendes und oft unregierbares politisches Gebilde, kleiner als die Grafschaft Yorkshire oder der Staat New Jersey, mit kaum einem Bruchteil von deren heutiger Bevölkerung. Es stellte ein unbedeutendes Fragment der damals bekannten Welt dar. Und trotzdem werden die Aufzeichnungen über seine internen Streitigkeiten, vom persönlichen Verhalten bis hin zur Außenpolitik, als unfehlbare Anleitung für das späte 20. Jahrhundert genommen. Das ähnelt dem Versuch, mit Hilfe der Zukunftsvision eines heutigen Ratsmitglieds von Yorkshire oder eines Abgeordneten von New Jersey im 50. oder 60. Jahrhundert Spannungen zwischen Kanada und China oder gar zwischen Erdkolonien im All zu erklären.

Die dritte Prämisse des modernen Fundamentalismus betrifft die bestimmte Botschaft gewisser Prophezeiungen, das heißt die Mitteilung, die Apokalypse stehe bevor. Für die Fundamentalisten haben die Letzten Tage der Welt begonnen, was man ja auch zur Zeit Jesu glaubte. Der Antichrist werde bald erscheinen (wenn er es nicht schon getan hat) und vielerlei Art Unheil anrichten. Eine Zeit der Drangsal werde in der epischen Schlacht von Harmageddon ihren Höhepunkt erreichen, und die Welt werde durch einen Holocaust zerstört werden. Dann werde sich die Wiederkunft Christi ereignen: Er werde in all seinem Glanz vom Himmel herabsteigen, die Toten würden aus ihren Gräbern auferstehen, und das neue Königreich werde beginnen. Unnötig zu betonen, daß nur die Auserwählten oder die Geretteten mit einer Aufenthaltsgenehmigung rechnen dürfen.

Dies ist in groben Zügen die Vision fundamentalistischer Prediger. Hier und dort äußern manche von ihnen sich etwas genauer. So wird der Antichrist häufig mit der Sowjetunion identifiziert, mit dem von Ronald Reagan geschmähten Reich des Bösen. Doch eine der reichsten und mächtigsten fundamentalistischen Organisationen setzt das bedrohliche zehnköpfige Tier in der Offenbarung des Johannes – gemeint ist der Antichrist – sehr präzise mit den zehn Mitgliedstaaten der EWG gleich.[12] (Daß die EWG mittlerweile zwölf Mitgliedstaaten hat, ist vermutlich irgendein neuer, bösartiger und verschlagener Trick des Tieres.) Man prophezeit, die Nationen der EWG würden Krieg gegen die Vereinigten Staaten und das Vereinigte Königreich führen, sie besiegen und dann versklaven. Großbritannien und Amerika also als Satelliten einer neuen europäischen Weltmacht, die dann den Dritten Weltkrieg beginnen werde[13], vermutlich gegen die Sowjetunion. Man bemüht biblische Prophezeiungen, um auszurechnen, daß der Krieg zweieinhalb Jahre dauern und zwei Drittel der britischen und amerikanischen Bevölkerung das Leben kosten werde – all das, um die Menschen zur Denkweise Gottes zu bekehren. »In diesem schrecklichen, gräßlichen Atomzeitalter wird der Dritte Weltkrieg mit nuklearer Vernichtung *beginnen*, die ohne Warnung London, Birmingham, Manchester, Liverpool, New York, Washington, Philadelphia, Detroit, Chicago und Pittsburgh heimsucht!«[14] Seltsamerweise sind die Großstädte an der amerikanischen Westküste, die sich doch gewiß zum Sodom und Gomorrha der modernen Welt eignen, von diesem Katalog zerstörerischer Vergeltung ausgenommen. Andererseits gibt es für den modernen Interpreten wahrscheinlich einen größeren Fehlerspielraum, da die Propheten des Alten Testaments keine der betreffenden Städte je erwähnten. Es war taktlos von Jeremia, daß er kein Wort über Hollywood sagte und dessen Bewohner im ungewissen über ihr Schicksal ließ.

Am Ende des Dritten Weltkrieges wird die Entscheidungsschlacht von Harmageddon irgendwo im Nahen Osten ausgefochten werden. Der Antichrist wird zurückkehren – oder vielleicht ist es ein anderer Antichrist – und gegen die Streitkräfte Gottes kämpfen. Da das

Ergebnis feststeht, werden Gottes Streitkräfte, von Jesus in der Rolle eines Feldmarschalls befehligt, natürlich triumphieren, aber das Ganze wird überaus blutig vor sich gehen. Wer jedoch jetzt bereut, sich retten läßt und vor allem der Kirche einen finanziellen Beitrag leistet, wird all dem Gemetzel entgehen und an einen sicheren Ort gebracht werden, bis der Tumult sich gelegt hat. Manche fundamentalistischen Prediger sprechen von einem Moment in der gegenwärtigen Generation, in dem die Gläubigen entrückt werden.[15] Ohne jede Warnung werden alle wahren Gläubigen sich plötzlich auflösen, sich entmaterialisieren, im Bruchteil einer Sekunde aus ihren Büros, Häusern, von ihren Golfplätzen, aus ihren Autos (die führerlos über Straßen und Autobahnen rasen) verschwinden und zu einem persönlichen Gespräch mit Jesus in den Himmel enteilen. Im Schutz seiner himmlischen Gefolgschaft werden sie die folgende Katastrophe aus der Ferne betrachten dürfen – wie ein Fußballspiel.

Nichts ist leichter, als sich über solche Ansichten lustig zu machen, mit denen verglichen der Glaube vieler primitiver Gesellschaften geradezu niveauvoll anmutet. Aber eine ständig wachsende Zahl von heutigen Amerikanern nimmt sie ganz ernst und findet sich nicht nur mit der bevorstehenden Apokalypse ab, sondern freut sich in gewisser Hinsicht sogar darauf, weil sie eine glückselige Ewigkeit im tausendjährigen Reich der Wiederkunft Christi verspricht. Zu diesen Menschen gehört, wie verlautet, auch der Präsident der Vereinigten Staaten. In einem Artikel, der sowohl in der *Washington Post* wie im *Guardian* erschien, schreibt zum Beispiel der prominente amerikanische Journalist Ronnie Dugger: ». . . Amerikaner könnten sich zu Recht fragen, ob ihr Präsident . . . von der fundamentalistischen Theologie zu der persönlichen Neigung bewogen wurde, auf eine Art Harmageddon, beginnend mit einem Atomkrieg im Nahen Osten, zu warten.«[16] Und weiter: »Wenn eine Krise im Nahen Osten ausbricht und sich zu einer nuklearen Konfrontation zu entwickeln droht, könnte Präsident Reagan dann zu dem Glauben neigen, daß Harmageddon nahe und daß dies der Wille Gottes sei?«[17]

Laut Reagan haben gewisse namentlich nicht genannte Theologen ihm erklärt, daß nie zuvor in der Weltgeschichte »so viele Prophezeiungen zusammenfielen«[18]. In einem Fernsehinterview sagte er im Jahre 1980 während seiner Kampagne für die Nominierung durch seine Partei: »Wir könnten die Generation sein, die Harmageddon erlebt.«[19] Während derselben Kampagne äußerte er in einer Rede vor prominenten New Yorker Juden folgende Worte: »Israel ist die einzige stabile und zuverlässige Demokratie in einer Gegend, in der sich Harmageddon ereignen könnte.«[20]

Im Jahre 1983 erklärte der Präsident, daß er, wenn er die Propheten des Alten Testaments und von »den Zeichen, die Harmageddon ankündigen«, lese, zwangsläufig über die Wahrscheinlichkeit nachdenke, daß die Schlacht in der gegenwärtigen Generation stattfinde. Jedenfalls hätten die alten Propheten jene Umstände, die nun von der zeitgenössischen Welt durchlebt würden, ganz genau beschrieben.[21] Laut der *Washington Times* erinnert sich James Mills, ein kalifornischer Politiker, an ein Gespräch, in dem der Präsident ausführlich auf Harmageddon einging. Er habe aus den Prophezeiungen Hesekiels zitiert und dann gesagt: »Alles fügt sich nun zusammen. Es kann nicht mehr lange dauern.«[22]

In einem im März 1986 an uns geschriebenen Brief meint Ronnie Dugger: ». . . ich bin nun überzeugt, daß seine Harmageddon-Ideologie seiner Außen- und Kernwaffenpolitik der Sowjetunion gegenüber zugrundeliegt.« Wie es die Ironie des Schicksals will, wurde Duggers Schlußfolgerung von Jerry Falwell vorweggenommen, einem der prominentesten fundamentalistischen Prediger. Er war Vorsitzender der selbsternannten Moral Majority (sie ist mittlerweile in der Liberty Federation aufgegangen), die eine bedeutende Rolle in Reagans Wahlkämpfen spielte. Falwell erklärte: »Reagan ist ein guter Mann. Er glaubt, was die Moral Majority glaubt, was Gott uns mitteilt.«[23] Auf die Frage eines Interviewers, ob der Präsident biblische Prophezeiungen als Anleitung für die Zukunft betrachte, erwiderte Falwell: »Ja. Er sagte mir, damals während des Wahlkampfes . . .: ›Jerry, manchmal scheint mir, daß wir uns jetzt sehr schnell auf Harmageddon zubewegen.‹«[24]

Der Präsident ist nicht der einzige, der an ein nahendes Harmageddon zu glauben scheint. In der Harvard University wurde Verteidigungsminister Caspar Weinberger gefragt, ob er das Ende der Welt erwarte und, wenn ja, ob die Hand des Menschen oder Gottes es herbeiführen werde. Weinberger antwortete, er sei mit den biblischen Prophezeiungen vertraut: ». . . und ja, ich glaube, daß die Welt enden wird – ich hoffe, durch einen Akt Gottes –, aber jeden Tag denke ich, daß die Zeit knapp wird.«[25] Der amerikanische Schriftsteller Christopher Reed berichtet, daß Weinberger sogar deutlich gemacht habe, wo Harmageddon seiner Meinung nach stattfinden werde. Er nannte das israelische Dorf Megiddo, rund 25 Kilometer südöstlich von Haifa[26], ohne jedoch zu erläutern, wie ein Konflikt von so kosmischen Ausmaßen auf eine so kleine Fläche begrenzt werden könne – es sei denn, er stellt sich vor, Ronald Reagan und Michail Gorbatschow trügen ein Duell mit Laserschwertern wie im Film *Krieg der Sterne* aus.

Ein weiterer Vertreter des apokalyptischen Denkens ist

anscheinend James Watt, Reagans früherer Innenminister, dessen Vorgehen von ähnlicher Subtilität ist wie das eines Elefanten im Porzellanladen. Vor einem Ausschuß des Weißen Hauses erklärte Watt: »Ich weiß nicht, mit wie vielen künftigen Generationen wir noch rechnen können, bis der Herr zurückkehrt.«[27] In der *Sunday Times* berichtet Simon Winchester von einem Gespräch mit dem hochrangigen Berater eines amerikanischen Senators, der folgendermaßen zitiert wird: »Dutzende von jungen Männern und Frauen im Kongreß, im Pentagon, in den verschiedenen Ministerien sind überzeugt, daß wir die Generation sein werden, die das Glück hat, die Rückkehr Christi zu erleben.«[28] Admiral James Watkins, Chef der amerikanischen Marineoperationen, hat in aller Öffentlichkeit »die Kräfte des Antichrist« für libanesische Todeskommandos verantwortlich gemacht, und General John Vessey, der Vorsitzende der Vereinigten Stabschefs, fordert junge Männer auf, »sich von Gottes Armee anwerben zu lassen«. Bei einer Frühstückskonferenz soll ihn seine messianische Leidenschaft so sehr hingerissen haben, daß er Hochrufe auf Gott ausbrachte.[29]

All das erschiene auch wiederum lächerlich, wäre es nicht so bedrohlich. Sämtliche Prämissen des Fundamentalismus tragen dazu bei, massenhafte Selbstaufopferung moralisch und theologisch akzeptabel, wenn nicht sogar wünschenswert zu machen. Der moslemische Fundamentalist im Libanon, den Admiral Watkins als einen Agenten des Antichrist brandmarkt, ist durch und durch überzeugt, daß er seinem »Satan« einen Schlag versetzt, wenn er sich selbst und seine Feinde vernichtet; zudem meint er, dadurch sofort ins Paradies einzugehen. Der christliche Fundamentalist vertritt, von einem völlig entgegengesetzten Standpunkt aus, genau die gleiche Überzeugung. Der eine ist ein Spiegelbild des anderen, und beide reagieren auf die gleiche Weise, wenn sie in die Enge getrieben werden. Aber die Selbstaufopferung eines Mannes, der den Atomknopf unter dem Finger hat, wird die ganze Menschheit ins Verderben stürzen. Und das alles im Namen Gottes.

Auch wenn man von Harmageddon absieht, wird der Fundamentalist vom Bild eines Krieges beherrscht, den er als Kreuzzug rationalisiert und rechtfertigt. Zu den Opfern, die dieser Krieg bereits gefordert hat, gehören auch Bücher. Wenn das gedruckte Wort dazu dienen kann, den Willen Gottes zu verbreiten, kann es auch, wie der Fundamentalismus meint, den Willen des göttlichen Widersachers transportieren. Deshalb ist es in den letzten Jahren in den Vereinigten Staaten zu einer neuen Welle der Zensur gekommen. In Gemeinden von mehr als dreißig amerikanischen Staaten hat man große Werke der Belletristik und der Sachliteratur verboten – nicht nur in Schulen und Schulbüchereien, sondern auch in öffentlichen Bibliotheken, so daß nicht einmal Erwachsene Zugang zu ihnen haben. Dies alles ist ein Teil dessen, was die fundamentalistische Liberty Federation als ihren Kreuzzug gegen die »Religion des weltlichen Humanismus« beschreibt. Theoretisch sind Obszönität, Pornographie oder der Vermerk »Ungeeignet für Minderjährige« die einzige vom Gesetzgeber vorgesehene Handhabe gegen ein Buch, doch in der Praxis hat man Bücher verboten, weil sie (sogar Biologielehrbücher) sexuell zu freizügig seien, unorthodoxe Familienverhältnisse beschrieben, die amerikanische Obrigkeit wenig schmeichelhaft darstellten, die Ethik der Geschäftswelt kritisierten, fragwürdige politische Ideen verträten und »über Christus spekulierten«. Auf der Liste der angegriffenen Bücher stehen Kurt Vonneguts *Schlacht-*

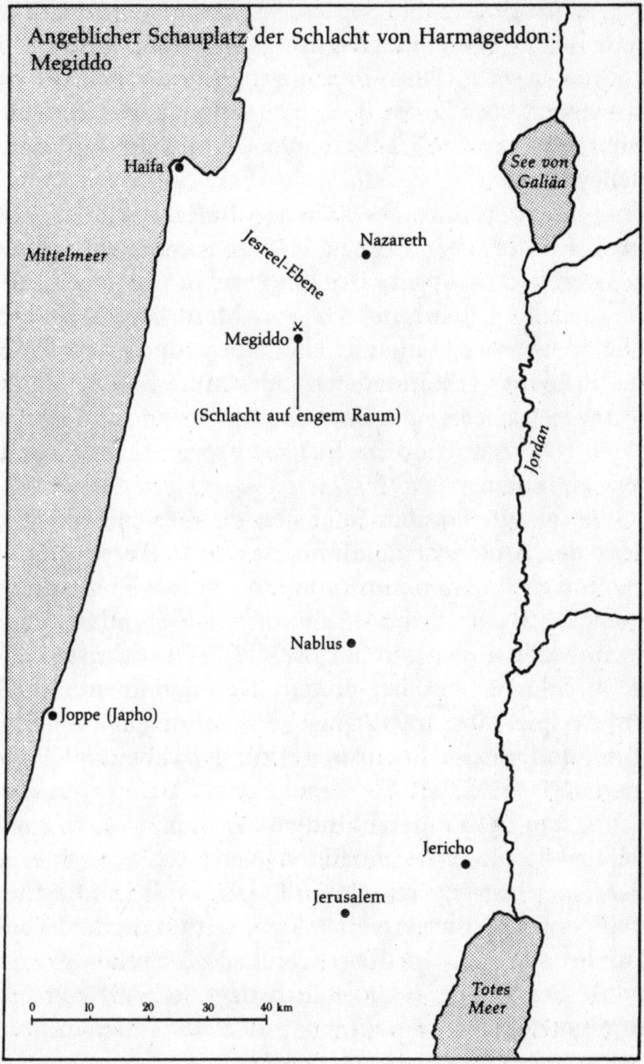

Angeblicher Schauplatz der Schlacht von Harmageddon: Megiddo

hof 5, Eldridge Cleavers *Seele auf Eis*, Desmond Morris' *Der nackte Affe*, Sylvia Plaths *Die Glasglocke*, Philip Roths *Portnoys Beschwerden*, Peter Benchleys *Der weiße Hai*, Avery Cormans *Kramer gegen Kramer*, Mario Puzos *Der Pate*, Joseph Hellers *Catch 22*, George Orwells *1984*, Aldous Huxleys *Schöne neue Welt*, John Steinbecks *Früchte des Zorns*, Erich Fromms *Die Kunst des Liebens*, William Goldings *Herr der Fliegen*, Ernest Hemingways *In einem anderen Land*, J. D. Salingers *Der Fänger im Roggen*, klassische Werke des 19. Jahrhunderts von Mark Twain, Robert Louis Stevenson, Nathaniel Hawthorne und Edgar Allan Poe und (am verblüffendsten) Alexander Solschenizyns *Ein Tag im Leben des Iwan Denissowitsch* – von *The American Heritage Dictionary* und *The Dictionary of American Slang* gar nicht zu reden.

Wie gesagt, Fundamentalisten glauben, einen Krieg gegen den Antichrist zu führen, dessen Verkörperung sie gewöhnlich im Kommunismus und in der Sowjetunion sehen. Doch paradoxerweise fördern viele fundamentalistische Maßnahmen gerade die Ziele des Antichristen, die sie durchkreuzen sollen. Indem der Fundamentalismus zum Beispiel eine amerikanische Isolationspolitik befürwortet und finstere Erklärungen zur EWG abgibt, treibt er einen Keil zwischen die Vereinigten Staaten und ihre wichtigsten Verbündeten. Indem der Fundamentalismus Bücher wie die oben genannten verbietet, schneidet er Amerika selbst von seinem kulturellen Erbe und seinen intelligentesten Bürgern ab – wenn nicht von der Intelligenz im allgemeinen. Kein wohlkalkuliertes Programm könnte den Zielen des KGB günstiger sein. Es gibt vernünftige Argumente dafür, daß der Fundamentalismus dem KGB im Grunde die Arbeit abnimmt.

Die Absurdität der Apokalypse. Obwohl die Welt seit zweitausend Jahren erlöst ist, scheint sie heute nicht merklich sicherer, vernünftiger oder menschlicher zu sein als zur Zeit Jesu. Diese Worte sollen das Christentum oder seine Gültigkeit auf der Ebene des individuellen Glaubens natürlich nicht verunglimpfen, doch auf der Ebene historischer Tatsachen ist kaum zu bestreiten, daß Jesus als Erlöser ein eindeutiger Versager war. Das ist zwar keineswegs seine Schuld, denn er hatte nicht die Absicht, als Erlöser in dem ihm später zugeschriebenen Sinne tätig zu sein. Aber seit zweitausend Jahren haben die Menschen unmögliche Erwartungen an ihn geknüpft und nach Rationalisierungen für seine Unfähigkeit gesucht, diese Erwartungen zu erfüllen. Irgend jemand oder irgend etwas mußte stets für die Enttäuschung verantwortlich gemacht werden.

In dieser Hinsicht hat sich sehr wenig geändert, man hat kaum etwas aus den Lektionen der Geschichte gelernt, und die Mentalität, die während der Letzten Tage des 1. Jahrhunderts vorherrschte, herrscht auch heute. Heute wie damals läßt sich nicht ignorieren, daß etwas im argen liegt. Heute wie damals vermutet man instinktiv, die Menschheit sei verantwortlich, da Gott ja keine Schuld angelastet werden könne. Folglich herrschen heute wie damals überall Schuldgefühle. Aber die Schuld wird abgewälzt, projiziert auf andere, deren Werte und Einstellungen sich von den eigenen unterscheiden und deshalb risikolos als sündhaft bezeichnet werden können. Andere Menschen sind schuld, nicht wir selbst. Und man versucht nicht, die Welt oder die Seelen anderer zu retten, sondern nur die eigene Seele. Die übrige Menschheit überläßt man selbstgefällig einem Schicksal, vor dem man sich, schuldbewußt wie man selbst ist, insgeheim fürchtet. »Zur Hölle mit den Gottlosen, aber bloß nicht mit mir«, lautet die Parole.

Wir sind oben auf den Unterschied zwischen Stammes- und archetypischen Mythen eingegangen und haben erläutert, wie archetypische Mythen zur Auseinandersetzung mit dem Selbst und zur Erkenntnis dessen führen, was den Menschen gemeinsam ist, während Stammesmythen Sündenböcke produzieren, die als Gegner zu dienen haben und dadurch zu Selbstverherrlichung, zum Konflikt und zur Betonung von Differenzen führen. Jeder Mythos kann, wie erwähnt, entweder der einen oder der anderen Gattung angehören, je nachdem, welche Aspekte betont werden und wie man den Mythos benutzt.

Die Mythologie des Christentums ist ihrem Wesen nach archetypisch. Diese archetypische Vision macht letztlich den grundlegenden Wert des Christentums aus. Ob man an die Göttlichkeit Jesu glaubt oder nicht, sein Leben, wie es in seinen Lehren, in den Evangelien und der Apostelgeschichte dargestellt wird, ist eine Sammlung archetypischer Motive. Auf dieser Ebene hat das Christentum viel mitzuteilen: über den Charakter und die Bedeutung von Opfern, über die Beziehung der Menschheit zu ihren Göttern, über persönliche Integrität, über die Einsamkeit des Visionärs, über die Unvereinbarkeit spiritueller Ansprüche mit dem irdischen Leben, über Anstand, Wohltätigkeit, Vergebung, Menschlichkeit und eine Vielzahl anderer Werte, die das Beste im Menschen repräsentieren oder reflektieren. Wenn diese Aspekte des Christentums hervorgehoben werden – etwa, um nur ein Beispiel zu nennen, in der Gestalt Mutter Theresas –, verwandelt sich das Christentum selbst in einen Archetypus, in etwas, was die gesamte Menschheit anspricht und in sich einschließt. Es wird zu einer Religion im strengen Sinne des Wortes, die den zahlreichen Erfahrungen des einzelnen Bedeutung verleiht, Verständnis fördert, nicht nur zu Wissen, sondern zu echter Weisheit führt – Weisheit, was einen selbst, was andere, was die Welt betrifft.

Andererseits ist es genauso leicht möglich, die Stammesaspekte des Christentums zu betonen: die Elemente, die den autokratischen Trieb stärken, anderen die eigenen Werte aufzuzwingen, die eine elitäre Einschätzung der eigenen Überlegenheit begünstigen, die Selbstgerechtigkeit, Scheinheiligkeit und Selbstgefälligkeit fördern. Dies ist das Kennzeichen des amerikanischen Fundamentalismus und der mit ihm verwandten Glaubensrichtungen in anderen Ländern. Fundamentalismus stützt sich nicht auf die anerkannten christlichen Tugenden Nächstenliebe, Versöhnlichkeit und Verständnis, sondern auf Krieg – auf einen imaginären epischen Konflikt zwischen den Kräften Gottes und denen seines Widersachers. Die Realität wird auf den einfachen Gegensatz zwischen uns und ihnen reduziert. Dieses Glaubensbekenntnis definiert sich selbst mit Hilfe seines Gegenteils und definiert seine Anhänger mit Hilfe all derer, die sie nicht sind. Alles, was gewissen Grundprinzipien widerspricht – nicht denen Jesu, sondern denen der Gemeinde und ihrer charakteristischen Bibelinterpretationen – ist *ipso facto* zu verurteilen.

Durch diesen Prozeß verliert das Christentum seine universelle Anwendbarkeit und wird statt dessen lediglich zu einer Bestätigung von etwas weitaus Eingeengterem. Man setzt das Christentum mit den Werten des mittelständischen Amerika gleich; Gott gilt beispielsweise als Schutzpatron von Peoria, Illinois, und solche Orte werden sozusagen als Entwürfe für das Paradies angesehen. Dostojewskis berühmtes Gleichnis vom Großinquisitor ist heute womöglich noch zutreffender als vor etwas mehr als einem Jahrhundert, zur Entstehungszeit der *Brüder Karamasow*. Wenn Jesus tatsächlich zurückkehrte, auf den Straßen von Peoria erschiene und zu predigen begänne, würde er sofort wegen unamerikanischer und subversiver Umtriebe (unter anderem) verhaftet werden. Selbst wenn er erkannt und identifiziert würde, müßte man ihn mundtot machen und fortschaffen. Es gibt keinen Zweifel daran, er wäre für das in seinem Namen verbreitete Glaubensbekenntnis äußerst peinlich. Dieses Bekenntnis ist eine gesellschaftliche, kulturelle und politische Institution und könnte nicht riskieren, durch seine Anwesenheit kompromittiert oder, was wahrscheinlicher ist, öffentlich von ihm abgelehnt zu werden.

Doch obwohl der moderne Fundamentalismus viele Züge hat, die Jesus selbst – der historische Jesus oder der Jesus des Glaubens – entsetzlich, erschreckend, geradezu blasphemisch und, gemessen an seinen eigenen Grundsätzen, einfach unmoralisch finden würde, gibt es zumindest ein Merkmal, das ihm vertraut wäre: die messianische Erwartung, die apokalyptische Hysterie, die an die Letzten Tage seiner eigenen Epoche erinnert. Auf diese fast rührend einfältige Art – sie ist zweitausend Jahre alt und längst von der historischen Entwicklung überholt – versuchen sehr viele heutige Amerikaner, die zeitgenössische Welt mit Sinn zu erfüllen. Die bloße Tatsache, daß sie es tun, spiegelt den Mangel an Alternativen wider, an anderen Prinzipien, die einer außer Kontrolle geratenen Realität Zusammenhalt geben könnten.

Die apokalyptische Hysterie kann, wie wir dargestellt haben, eine praktische Rolle spielen, indem sie einer Epoche einen herrschenden Mythos liefert und einer ansonsten bruchstückhaften Realität Bedeutung verleiht. Aber wir können es uns nicht leisten, sie zum beherrschenden Mythos unserer eigenen Epoche werden zu lassen, denn die Menschheit ist heutzutage durchaus imstande, ihre eigene Apokalypse, ihr eigenes Harmageddon zu schaffen und die Verantwortung dafür auf Gott abzuwälzen. Wenn man zuläßt, daß die Hysterie des amerikanischen Fundamentalismus zu einer sich selbst erfüllenden Prophezeiung wird, die sogar im Weißen Haus Anhänger findet, könnte das Ergebnis im wahrsten Sinne des Wortes das Ende der Welt bedeuten – nicht im Sinne einer trauten Rückkehr längst verblichener Zadokiden, die Hand in Hand durch elysische Gefilde tändeln, sondern im Sinne des langsamen, atemlosen Todeskampfes in einem nuklearen Winter. Die Tatsache, daß wir, die Autoren, ohne das Gefühl von Übertreibung solche Aussichten beschreiben können, ist ein Zeichen dafür, in welchem Maße die Menschheit heute die Möglichkeit eines Massenselbstmordes akzeptiert, wenn nicht gar erwartet. Wenn dies der einzige Sinn ist, der sich in der heutigen Zeit finden läßt, dann ist die Menschheit zweifelsohne ruiniert, dann hat Gott – wie man Ihn auch konfessionell besetzen mag – einfach Seine Zeit verschwendet.

Und doch müssen wir uns genau ausdrücken. Letzten Endes geht es nicht darum, daß »die Menschheit sich selbst vernichtet«. Die Menschheit hat nicht das geringste Verlangen, derartiges zu tun. Wenn die Menschheit vernichtet wird, dann nicht von »dem Menschen«, sondern von einer Gruppe bestimmter Individuen, die ihre Macht, die auf dem ihnen geschenkten Vertrauen basiert, falsch angewandt und mißbraucht haben. Die Masse der Araber will Israel nicht zerstören, und die Masse der Israelis will nicht den Libanon besetzen. Die Argentinier beschlossen nicht einhellig, auf den Falklandinseln zu landen, die Russen waren nicht allesamt dafür, in Afghanistan einzumarschieren, und die Amerikaner entschieden nicht kollektiv, in Vietnam Krieg zu führen. Die Amerikaner stehen nicht en masse hinter jeder Aktion von Georg Bush, die Russen hinter jeder Aktion von Michail Gorbatschow, die Briten hinter jeder Aktion von Margaret Thatcher, die Franzosen hinter jeder Aktion von François Mitterrand. Es ist nicht die Menschheit, sondern ein erschreckend kleiner Kreis politischer Gestalten – manche mehr oder weniger demokratisch gewählt, manche nicht –, der über Leben und Tod des gesamten Planeten entscheidet. Einige sind intelligent und verantwortungsbewußt, doch andere sind phantasielos, ohne Sensibilität, sogar ausgesprochen dumm. Manche sind eindeutig inkompetent, andere möglicherweise wahnsinnig. Aber sie sind in der Lage, mit einer Unterschrift auf einem Dokument oder sogar mit einem einzigen Wort Menschen in die Schlacht zu schicken, die Nationalität von Personen zu bestimmen, die Umstände zu diktieren, unter denen man lebt, zu entscheiden, wohin man gehen darf und wohin nicht, was man tun kann und was nicht. Sie können zum Beispiel, indem sie eine Linie auf einem Papier ziehen, eine Grenze entstehen lassen, eine Barriere, die so einengend und unüberwindlich ist wie jede physische Mauer. Sie können sogar den Bau einer physischen Mauer anordnen, um die von ihnen erfundene Grenze zu kennzeichnen. Und es sind sie, nicht die Menschheit, die eine Apokalypse verursachen werden, wenn es wirklich dazu kommt.

Man braucht nicht zu betonen, wie ungeheuer absurd, im tiefsten moralischen Sinne des Wortes falsch eine

Situation ist, in der so wenige die Menschheit nicht nur repräsentieren, sondern sogar über deren Zukunft zu bestimmen vermögen – zumal sie immer wieder bewiesen haben, daß sie zu dieser Aufgabe nicht befähigt sind. Aber es ist äußerst unwahrscheinlich, daß die bestehenden Verhältnisse sich ändern werden. Viele Regime, ob in der Vergangenheit oder in der Gegenwart, verbieten den Luxus der Wahl, und selbst wo man die Wahl hat, erstreckt sie sich häufig nur auf verschiedene Formen von Mittelmäßigkeit. In den westlichen Demokratien haben wir uns weitgehend mit unserer Hilflosigkeit abgefunden, wie wir uns mit den Wechselfällen des Klimas abfinden. Je ferner und unzugänglicher die Regierung wird, desto mehr nimmt sie den unerbittlichen Charakter einer Naturgewalt an. Man fügt sich, wenn auch murrend, einer Dürre des Sinns und des Geistes, wie man sich einer vom Wetter verursachten Dürre fügt.

Aber wer das Glück hat, wenigstens in geringem Maße mitbestimmen zu können, sollte Unfähigkeit nicht durch Schweigen sanktionieren. Sogar vom Wetter verursachte Dürren (oder Hungersnöte) können gemildert werden, wie etwa Bob Geldofs *Live Aid* zeigte – ein Kreuzzug im Namen dessen, was die Menschheit als Ganzes teilt. Wenn wir die von *Live Aid* freigesetzte Energie aufzubringen vermögen, um mit der Gewalt einer Naturkatastrophe fertig zu werden, sind wir dann nicht zu ähnlichen Anstrengungen fähig, um mit dem Unheil fertig zu werden, das wir durch unsere Nachlässigkeit in unseren eigenen Belangen geschaffen haben? Damit meinen wir natürlich nicht Revolutionen, Streiks, Märsche, Petitionen oder andere Massenbewegungen, die im wesentlichen auf Parolen beruhen – auf Parolen, die so hohl sind wie die politische Rhetorik, gegen die sie sich angeblich wenden. Es gilt vielmehr, persönliche Verantwortung dafür zu übernehmen, daß Sinn geschaffen und verbreitet wird.

Die meisten politischen und religiösen Amtsträger sind heute selbst verängstigt und haben ihr eigenes Sinngefühl verloren. Viele können ihren Anhängern nur einen oberflächlichen Ersatz für die frühere Sinngebung bieten. Wenn wir diesen Ersatz unkritisch hinnehmen, werden wir nicht aus unserer Hilflosigkeit ausbrechen können. Wenn man Vertrauen zu sorglos und zu verschwenderisch gewährt, wird es verraten werden, und die Macht wird sich auf Kosten derer ausdehnen, die sie durch ihr Vertrauen verliehen haben. Es wird Zeit, daß Menschen für sich selbst, aus sich selbst heraus Sinn schaffen und nicht passiv Surrogate aus zweiter Hand akzeptieren. Je öfter es uns gelingt, unsere eigenen Entscheidungen zu treffen, desto weniger Spielraum werden andere haben, sie für uns zu treffen.

Aber wir wissen natürlich, daß solche Ermahnungen schon immer ausgesprochen wurden, ohne daß sich irgend etwas geändert hätte. Wir sind nicht so naiv zu glauben, daß unsere Mahnungen erfolgreicher sein werden. Die Gesellschaft wird weiterhin vorgefertigte Realitäten – und einen vorgefertigten Sinn ihrer Realitäten – bevorzugen. Sie wird weiterhin nach Abkürzungen suchen und weiterhin die eine oder andere Stütze zu Hilfe nehmen. Es kommt also darauf an, daß man sich seine Hilfsmittel klug auswählt.

Drittes Buch

Die Geheimgesellschaft

17. Fragmente in der Post

Noch während *Der Heilige Gral und seine Erben* in der Herstellung war, tauchten neue Informationen auf, die entweder gar nicht oder nur als Anmerkungen in letzter Minute in dem Buch untergebracht werden konnten. Einige Informationen stammten aus den Quellen der Prieuré de Sion, vor allem aus einigen Schriften des Marquis Philippe de Chérisey. Andere Informationen hatten wir uns selbst besorgt, und noch andere wurden von Menschen beigebracht, die von unserem Projekt wußten, selbst Ermittlungen angestellt und uns ihre Schlußfolgerungen mitgeteilt hatten.

Nach der Veröffentlichung des Buches erreichte uns eine Flut an Informationen. Das Material der Prieuré de Sion wurde merklich konzentrierter; wir setzten natürlich unsere eigene Forschung fort; manche Leser boten uns sofort alle Angaben an, über die sie verfügten. Das Ausmaß der eingehenden Post überraschte uns, wir waren sehr erfreut über den allgemeinen Inhalt. Der größte Teil der Briefe stammte von intelligenten, logischen und nachdenklichen Lesern, und manche Schreiben enthielten wertvolle neue Beweisstücke, aus einer Vielzahl unterschiedlicher Quellen herausgearbeitet.

Natürlich folgten der Veröffentlichung allerlei alberne Stellungnahmen, und einige der besonders exzentrischen Briefe hätten die Zusammenfassung in einem eigenen Buch verdient. Ein Messias nach dem anderen beeilte sich – aus Gründen, die keiner von ihnen zufriedenstellend angab –, mit uns Kontakt aufzunehmen. Einer inszenierte voller Verdruß ein Sit-in bei unserem Verlag. Ein anderer schickte uns ein Foto, das ihn gleichsam in der Luft hängend und an einen Torpfosten geklammert zeigte

– »damit ich nicht forttreibe«. Ein dritter legte eine Ahnentafel bei, um seine Abstammung nicht nur von Jesus, sondern auch von Robin Hood zu beweisen. »Ich bin derjenige, den Sie suchen«, erklärten mehrere. Dabei hatten wir keine Ahnung, daß wir jemanden suchten. Oder andere spielten das unverwüstliche Spiel »Findet den Antichrist« und bezeichneten uns als denselben. Manche verfluchten uns und bezichtigten uns nicht nur der Blasphemie, sondern fanden uns schuldig an verschiedenen sozialen und moralischen Übeln, von der Arbeitslosigkeit bis hin zu Nacktstränden. Ein paar Schreiber forderten, sowohl höflich als auch anmaßend, ihren »gebührenden Lohn«: den Teil eines imaginären Schatzes, einen Prozentsatz unserer Tantiemen oder, in einem Fall, einfach einen nicht näher festgelegten »Teil der Erträge«. Einige baten uns um eine offizielle Anerkennung oder eine Bescheinigung oder ein Zeichen der Billigung. Glücklicherweise plagten uns nicht nur Messiaskandidaten, wir erhielten auch einen Brief von Gott selbst, der sich aus einem englischen Küstenstädtchen meldete. Sein weltlicher Name laute Ian. Er hatte etwas Mühe mit der Rechtschreibung, aber er war lobenswert zurückhaltend und alles in allem aufgeschlossener als manche öffentliche Gestalten, die unter dem einen oder anderen menschenfreundlichen Anschein nach Göttlichkeit streben.

Neben den selbsternannten Erlösern gab es zahlreiche Schreiber, die Anspruch auf eine merowingische Abstammung erhoben, meist weil ihr Familienname aus dem Französischen abzuleiten war, oder, in einem Fall, aufgrund eines unleserlichen Pergaments, das sich schließlich als Ernennungsurkunde eines Offiziers im Heer Ludwigs XV. erwies. Manche dieser Neomerowinger verlangten ebenfalls einen Teil des Schatzes, der ihnen ja rechtmäßig zustehe, und einer bedrängte uns, seinem Anspruch auf den französischen Thron Nachdruck zu verleihen. Andere baten nur darum, in die Prieuré de Sion eingeführt und ihrem Großmeister Pierre Plantard de Saint-Clair vorgestellt zu werden.

Außerdem schrieben uns Schatzsucher und Okkultisten. Erstere waren in Scharen in die Umgebung von Rennes-le-Château eingefallen, ausgerüstet mit allen möglichen Werkzeugen, vom Spaten bis zu Metallsuchgeräten. Unseres Wissens fanden sie nur Löcher im Boden, und einige stellten ohne Zweifel neue Löcher her. Mehrere Personen teilten uns mit, sie hätten eine Höhle entdeckt. In Anbetracht der Tatsache, daß die Gegend von Höhlen, verlassenen Minenschächten und unterirdischen Gängen wimmelt, boten solche Entdeckungen nur begrenzten Anlaß zum Jubeln.

Was die Okkultisten betrifft, so weigerten sie sich zu glauben, daß wir keineswegs eingeweiht seien in irgendein mystisches Geheimnis, welches wir unseren Lesern bewußt vorenthielten und nur hier und dort ein paar ominöse Hinweise für die Kundigen einstreuten. Außerdem erhielten wir einen Brief von einem Zauberer, der erklärte, er habe sein Handwerk bei einem berühmten Meister (dessen Namen er nicht verriet) erlernt; er bot uns an, uns unserer löblichen Unternehmung wegen zu seinen Lehrlingen zu machen. Eine Woche später bekamen wir einen Brief von dem berühmten Meister des Mannes; er erkundigte sich, ob er unser Lehrling werden dürfe. Hätten wir einen eigenen Kult, Hexenzirkel oder Geheimbund gründen wollen, es hätte kein Mangel an Bewerbern bestanden.

Zahlreiche Menschen glaubten, uns überraschenderweise unbedingt auf das Turiner Grabtuch hinweisen zu müssen. »Und was ist mit dem Turiner Grabtuch?« fragte man uns wiederholt. (Ja, was eigentlich?) Oder: »Welche Wirkung hat das Turiner Grabtuch auf Ihre These?« Zwar hat einer von uns an David Rolfes prämiertem Film über dieses Grabtuch, *The Silent Witness* (Der stumme Zeuge), mitgearbeitet und das Drehbuch geschrieben. Auch deutet einiges darauf hin, daß das Grabtuch einst im Besitz der Tempelritter war, aber ansonsten hatte es nicht das geringste mit dem Material unseres Buches zu tun. Vorläufig ist noch offen, was es beweist oder widerlegt. Und was immer es letztlich beweisen oder widerlegen mag, ist unerheblich für die politische Aktivität Jesu oder für die Möglichkeit einer auf ihn zurückgehenden Dynastie.

Außerdem gab es Briefe, die sich jeglicher Klassifizierung entzogen. Eine Frau aus den Vereinigten Staaten meldete sich, die in einer Vorschau auf die amerikanische Fassung von *Wiedersehen mit Brideshead* die Worte »Et in Arcadia Ego« auf ihrem Fernsehschirm bemerkt haben wollte. Sie war überzeugt, die Prieuré de Sion versuche mit Hilfe unterschwelliger Botschaften die westliche Zivilisation einer Gehirnwäsche zu unterziehen.

Doch solche Briefe waren eher die Ausnahme. Die meisten Briefe waren klar, ernsthaft und, selbst wenn sie uns kritisierten, logisch.

Der Heilige Gral und seine Erben scheint eine bescheidene verlegerische Industrie zum Thema Rennes-le-Château gezeitigt zu haben. Ein paar Wochen nach Erscheinen unseres Buches kam in Frankreich in aller Eile ein dünner, aber prächtig ausgestatteter und üppig illustrierter Band auf den Markt. Das Werk trägt den Titel *Rennes-le-Château: capitale secrète de l'histoire de France* (Rennes-le-Château: die heimliche Hauptstadt der Geschichte Frankreichs), erschien in einer Auflage von 200 000 Exemplaren und wurde wie eine Zeitschrift an Kiosken verkauft. Eine Reihe von Personen, die mit der Prieuré de Sion zu tun haben, war an der Produktion beteiligt. Wenn man einigen Erklärungen glauben kann, stellt die Anordnung der Fotos in dem Band eine verschlüsselte Botschaft dar. Bisher ist es niemandem gelungen, sie zu entschlüsseln.

In englischer Sprache kam ein Bändchen mit dem Titel *The Holy Grail Revealed* (Die Enthüllung des Heiligen Grals) heraus, dessen Klappentext eine »vernichtende Widerlegung« unserer Arbeit verspricht. In Wirklichkeit läßt sich weder von Vernichtung noch von Widerlegung sprechen. In dem Buch wird nur recht vage angedeutet, der Gral könne irgendein konkretes Objekt sein – vielleicht ein eigentümliches Gerät oder eine »Energiequelle«, geschaffen von einer »alten, längst vergessenen Technologie«, die mit einem Raumschiff auf die Erde gebracht worden sei.

Recht ähnlich ging Elizabeth van Buren in *The Sign of the Dove* (Das Zeichen der Taube) vor; sie gibt sich als moderne Anhängerin Zarathustras und präsentiert unser Buch als einen Kommentar zu der kosmischen Schlacht zwischen Licht und Finsternis. Jesus, die Merowingerdynastie und ihre Nachfahren sind Vertreter der Kräfte des Lichts. Das Hauptquartier dieser Kräfte befindet sich in irgendeiner transgalaktischen Sphäre. Der Quinotaurus, ein mythisches Seegeschöpf, das sich in Legenden über die Merowinger findet, ist laut Elizabeth van Buren »fast mit Sicherheit ein extraterrestrischer Astronaut, der auf einem der Ozeane dieses Erdballs landete«.

In einem weiteren dünnen Band, *Rebirth of a Planet* (Wiedergeburt eines Planeten), meldete Ruth Leedy eine andere Sorge an. Ihr Buch erreichte uns zusammen mit einem vorgedruckten Brief, der besagt, daß der Empfänger »sorgfältig ausgewählt« worden sei und dazu beitragen solle, »die größte und heimtückischste Verschleierung unserer Zeit« zu beenden. Diese Verschleierung bestehe in einer Konspiration der Behörden, die Wahrheit der »Theorie der hohlen Erde« zu verbergen. In ihrem Text führt die Autorin aus, wir seien, wenn man »zwischen den Zeilen« unseres Buches lese, als Befürworter dieser Theorie zu erkennen. Ein großer Teil ihrer Argumentation beruht auf einer gründlichen, kritischen Analyse des Gedichts von Jehan l'Ascuiz, das wir als Motto für *Der Heilige Gral und seine Erben* benutzt hatten.

Und schließlich verknüpft David Wood in einem üppig aufgemachten Werk mit dem Titel *Genisis* [sic!] streng geometrische Berechnungen mit Numerologie, ägyptischer Mythologie, Auszügen aus verschiedenen esoterischen Traditionen und Hinweisen Platons auf Atlantis. Dies alles benutzt er wie einen Rorschachtest, um zu beweisen, daß Rennes-le-Château die historische Existenz von Atlantis sowie einer außerirdischen Superrasse belege, von der die Menschheit abstamme.

Was uns angeht, waren wir verblüfft, wie viele Menschen es offensichtlich in die unteren Regionen der Science-fiction hinabdrängt. Wir waren überzeugt, daß jene Geheimnisse, mit denen wir uns beschäftigten, ausschließlich auf die Sphäre der menschlichen Geschichte beschränkt seien. Die Tatsache, daß es für einige von ihnen keine urkundlich belegte Erklärung gibt, rechtfertigt keinen Quantensprung des Glaubens in irgendeine andere Dimension. Jedenfalls sind wir bei unseren Forschungen nie auf irgendein Anzeichen dafür gestoßen, daß wir es nicht nur mit Menschen zu tun haben könnten. Die Tatsache, daß so viele unbedingt an das Eingreifen von etwas Übermenschlichem – von galaktischen Besuchern bis zu geheimen Meistern im Himalaja – glauben wollen, scheint uns ein weiteres Zeugnis für die heutige Sinnkrise zu sein. Während die organisierte Religion und ihre dogmatischen Gottesvorstellungen immer mehr an Glaubwürdigkeit verlieren, beginnen Menschen anderswo nach einer höheren Intelligenz zu suchen – und sei es jenseits der Milchstraße. Sie scheinen, da sie sich von den Gottheiten der Vergangenheit verlassen fühlen, aus reiner Panik gezwungen zu sein, eine neue Form der Zusicherung zu erfinden, daß »wir nicht allein sind«. Diese Art der Umleitung des religiösen Impulses in die Sciencefiction erklärt die Popularität von Filmen wie *Krieg der Sterne* mit seiner mystischen, quasitaoistischen Macht oder *Unheimliche Begegnung der dritten Art*. Wieder einmal blicken die Menschen nach außen, um Lösungen zu finden, statt sie in ihrem eigenen Inneren zu suchen.

Der unsichtbare Redakteur. Einige der Briefe enthielten, wie wir erwähnten, Andeutungen von Gewicht. Wir gingen ihnen nach und gerieten dabei gelegentlich auf faszinierende, wenn auch sehr spezialisierte Gebiete. Doch das anregendste neue Material kam, wie zu erwarten, von der Prieuré de Sion selbst oder aus Quellen, welche dem Orden direkt oder indirekt zugeordnet sind.

Gegen Ende 1981 erhielten wir zum Beispiel mehrere Päckchen mit Dokumenten von dem Marquis de Chérisey, einem engen Freund und Mitarbeiter des Großmeisters der Prieuré de Sion. Ein Teil des Materials war von rein historischem Interesse; es bezog sich auf bestimmte Ereignisse oder auf Persönlichkeiten, die wir in unserem gerade abgeschlossenen Buch erwähnt hatten. Aber es gab auch andere Details von aktuellerem Charakter und unmittelbarerer Bedeutung. Eines dieser Details hatte mit jenen Urkunden zu tun, die Bérenger Saunière im Jahre 1891 in der Kirche von Rennes-le-Château gefunden haben will. Wir waren im Besitz sich widersprechender Darstellungen hinsichtlich des weiteren Schicksals dieser Dokumente, aber sie alle waren zu vage, als daß wir sie hätten nachprüfen können. Zwar wurde später deutlich, daß Chérisey persönlich die Urkunden nicht gesehen hatte, aber er lieferte uns wenigstens einige greifbare Hinweise. Ein bejahrter Aristokrat namens Henri, Comte de Lenoncourt, habe ihm anvertraut:

»Saunière fand es – und trennte sich nie von ihm. Seine Nichte, Madame James von Mantazels, erbte es im Februar 1917. Im Jahre 1965 verkaufte sie es an den Internationalen Bund Antiquarischer Buchhändler. Sie konnte nicht ahnen, daß es sich bei dem einen der beiden auftretenden achtbaren Anwälte um Captain Ronald Stansmore vom britischen Geheimdienst und bei dem anderen um Sir Thomas Frazer, die *éminence grise* von Buckingham [sic!], handelte. Die Urkunden von Blanca von Kastilien befinden sich gegenwärtig in einem Schließfach der Lloyds Bank Europe Limited. Seit einem Artikel im *Daily Express,* einer Zeitung mit einer Auflage von 3 Millionen Exemplaren, ist niemand in Großbritannien sich im unklaren hinsichtlich der Forderung nach Anerkennung der merowingischen Rechte, die Sir Alexander Aikman, Sir John Montague Brocklebank, Major Hugh Murchison Clowes und neunzehn andere Männer 1955 und 1956 im Büro von P. F. J. Freeman, Hofnotar der Königin, vorbrachten.«[1]

Im Laufe unserer Nachforschungen sollten diese Vorgänge an Bedeutung gewinnen. Später stellte sich ferner heraus, daß Chérisey (oder Lenoncourt) einige seiner

Informationen – und zumindest einen Namen – durcheinandergebracht hatte. Immerhin hatte er uns einen konkreten Anhaltspunkt geliefert, auf den wir unsere weiteren Untersuchungen konzentrieren konnten. Darüber hinaus lieferte er uns etwas noch Faszinierenderes und Verblüffenderes.

Unser erstes Treffen mit Pierre Plantard de Saint-Clair war im Jahre 1979 von einer Forschungsmitarbeiterin der BBC, einer in Paris lebenden Journalistin namens Jania Macgillivray, arrangiert worden. Jania hatte an unserer ersten Begegnung mit den Vertretern der Prieuré de Sion teilgenommen, und sie war auch anwesend, als wir einen Film für die BBC drehten, der im Herbst 1979 unter dem Titel *The Shadow of the Templars* (Der Schatten der Templer) ausgestrahlt wurde.

Im Spätsommer 1979, als *The Shadow of the Templars* noch geschnitten wurde, hatte Jania einen Artikel darüber geschrieben, wie sie die Dinge sah. Aus einer teils skeptischen, aber doch engagierten journalistischen Distanz beschrieb sie ihre Rolle als Vermittlerin und machte unabhängige Interviews mit gesprächsbereiten Vertretern der Prieuré de Sion. Sie legte eine Kopie des Artikels einer Presseagentur vor, die den Text zur Übersetzung ins Französische und zur Veröffentlichung an die französische Zeitschrift *Bonne Soirée* weiterleitete. Eine weitere Kopie, in der englischen Originalfassung, wurde zu Händen unseres BBC-Produktionsleiters an uns übersandt, doch er gab sie aus Gründen, die wohl nur er selbst kennt, nicht an uns weiter. Folglich wußten wir nicht, was Jania geschrieben, auch nicht, daß sie überhaupt einen Artikel verfaßt hatte, bis uns der Marquis de Chérisey im Jahre 1981 eine französische Übersetzung schickte. Der französische Text überraschte uns. Wir nahmen Verbindung mit

Jania auf und ließen uns bestätigen, was wir schon vermutet hatten: daß hier eine fremde Hand am Werk gewesen war.

Auf den ersten elf des zwölf Seiten langen Artikels entsprach der französische Text mehr oder weniger dem englischen Original. Aber die letzte Seite hatte nichts mit Janias Vorlage zu tun. Laut Titelblatt war die Übersetzung von einem gewissen Robert Suffert angefertigt worden, den wir bisher, allen Bemühungen zum Trotz, nicht haben aufspüren können. Jania gegenüber leugnete man sowohl bei *Bonne Soirée* wie bei der Presseagentur, irgendwelche Angaben über ihn zu besitzen. Es ist sogar unklar, ob Suffert wirklich existiert oder ob sein Name ein Pseudonym ist (vielleicht des Marquis de Chérisey selbst). Zudem wissen wir nicht, ob Suffert oder jemand anders Janias Text veränderte. Wie auch immer, die letzte Seite von Janias Artikel war von einem ganz anderen Autor verfaßt worden. Weder sie noch wir haben herausfinden können, wann dieser völlig harmlose, einer französischen Zeitschrift vorgelegte Artikel derartig verfälscht wurde.

Ein wichtiger Punkt des frisierten Textes betraf eine Frage, die uns seit langem zu denken gab: nämlich die nach der Identität des Großmeisters der Prieuré de Sion zwischen 1963 und 1981. Laut eigenen Erklärungen und Unterlagen der Prieuré hatte Jean Cocteau von 1918 bis zu seinem Tod im Jahre 1963 als Großmeister amtiert. Im Jahre 1981 war Pierre Plantard de Saint-Clair zum Großmeister gewählt worden, worüber die französische Presse seinerzeit berichtete. Aber wer hatte das Amt in der Zwischenzeit innegehabt, also während jener entscheidenden Periode, als Informationen über die Existenz der Prieuré und der Inhalt vieler ihrer Dokumente nach und nach an die Öffentlichkeit durchsickerten? Im Jahre 1979 hatte man uns gesagt, ein einflußreicher französischer Belletristikautor und Geistlicher, der Abbé François Ducaud-Bourget, bekleide den Posten. Dies warf verblüffende Fragen und Widersprüche auf, denn Ducaud-Bourget selbst hatte sowohl uns wie *Bonne Soirée* gegenüber jegliches Engagement dieser Art bestritten. Und der Marquis de Chérisey erklärte in einem Brief an uns, daß Ducaud-Bourget nicht »von einem vollen Quorum« gewählt worden sei und das Amt später ohnehin selbst zurückgewiesen habe.

Auf der eingeschobenen letzten Seite von Janias Artikel war die Frage, wer zwischen 1963 und 1981 Großmeister der Prieuré de Sion war, teilweise beantwortet: »Man weiß nicht, wer der gegenwärtige Großmeister ist, doch es wird angenommen, daß die Macht seit Cocteaus Tod von einem Triumvirat, bestehend aus Gaylord Freeman, Pierre Plantard und Antonio Merzagora, ausgeübt wurde.«

Folgt man dem verborgenen Übersetzer und Redakteur von Janias Artikel, dann hatte es während jener achtzehn Jahre, die uns so interessierten, keinen Großmeister gegeben, sondern die Aufgaben des Großmeisters waren von drei Männern wahrgenommen worden. Damals sagten die Namen Gaylord Freeman und Antonio Merzagora uns nichts. Das gilt immer noch für Merzagora, doch der Name Gaylord Freeman sollte bald allergrößte Bedeutung gewinnen.

Der vielleicht wichtigste Zusatz zum verfälschten Text war das Zitat einer Person, die nur als Baron Blackford bezeichnet wird. Jania hatte ihn nie interviewt, war ihm nie begegnet und hatte nie von ihm gehört. Doch in dem revidierten Text hieß es: »Vor ein paar Jahren war ich in der Lage, einen der 121 hochrangigen Angehörigen der Prieuré de Sion, den Ehrenwerten Baron Blackford, zu interviewen.«

In den ihm zugeschriebenen Äußerungen zeigt sich Blackford als ungewöhnlich kenntnisreich und ungewöhnlich gesprächig, was die Prieuré de Sion betrifft. Er weist sogar auf eine vielleicht schwerwiegende Spaltung innerhalb des Ordens hin, die 1955 oder 1956 stattfand:

»Eine Prieuré de Sion genannte Vereinigung mit bestimmten Zielen wurde tatsächlich um 1956 in Frankreich gegründet. Sie existierte legal, war in das *Journal officiel* eingetragen und wurde nach den französischen Ereignissen von 1958 aufgelöst, als Plantard de Saint-Clair Generalsekretär der Komitees für Öffentliche Sicherheit war. Diese neue Organisation von 1956 verdeutlichte eine innere Krise des ehrwürdigen Sionis Prioratus, der um 1099 in Jersualem gegründet worden war. Die Umstrukturierung [der neuen Organisation] wurde im Jahre 1955 durch die Reformen Jean Cocteaus notwendig, die den Mitgliedern des Ordens Anonymität verweigerten. Damals wurden alle Mitglieder gezwungen, eine Geburtsurkunde und eine notariell beglaubigte Unterschrift vorzulegen. Vielleicht eine Notwendigkeit . . . aber ein Eingriff in die Freiheit.«

Als wir diese Aussage im Jahre 1981 lasen, waren uns Blackford wie Antonio Merzagora und Gaylord Freeman völlig unbekannt. Außerdem durchschauten wir noch nicht, von welcher Tragweite diese Behauptung war. Aber sowohl Blackford wie die ihm zugeschriebenen Worte sollten bald sehr wichtig werden.

Gespräch mit Monsieur Plantard. Während wir an unserem Buch arbeiteten, hatten wir den Vertretern der Prieuré de Sion, mit denen wir in Verbindung standen, nichts von seinem Inhalt verraten. Ihre Reaktion war also nicht vorauszuahnen, wobei wir allerdings annahmen, daß sie nicht völlig positiv ausfallen werde. Vielleicht gaben wir Dinge preis, welche die Prieuré geheimhalten wollte; vielleicht brachten wir sogar irgendeinen Zeitplan durcheinander, an dem sich der Orden orientierte.

Doch als das Buch abgeschlossen war, warteten wir natürlich neugierig auf die Reaktionen der Prieuré. Wir erwogen gar scherzhaft die Möglichkeit, daß Monsieur Plantard, Monsieur Chérisey oder einige andere Personen, die als mögliche Nachfahren Jesu genannt wurden, gerichtliche Schritte einleiten würden. Auf welcher Grundlage? Wegen Verleumdung? Kann die Andeutung, jemand stamme von Jesu ab, als Verleumdung angesehen werden? Wenn ja, wir würden jedenfalls für einen juristischen Präzedenzfall sorgen – und dabei das Wort Merowinger ein wenig unter die Leute bringen.

Die ersten Äußerungen der Prieuré waren keineswegs eindeutig, ja sie waren sogar überraschend unabgestimmt. Bei unserem ersten Treffen mit Monsieur Plantard im Jahre 1979 hatte der Schriftsteller Jean-Luc Chaumeil als Kontaktmann gedient, der, wie er selbst erklärte, kein Mitglied des Ordens war. Als unser Buch erschien, war Monsieur Chaumeil bereits von der Bühne abgetreten, und ein anderer Schriftsteller, Louis Vazart, spielte nun den Mittelsmann der Prieuré. Monsieur Vazart besuchte einen unserer Freunde in Paris und erklärte in Monsieurs Plantards Namen, dieser sei »erfreut«. Gleichzeitig aber erhielten wir einen ausgesprochen groben Brief von Monsieur Chérisey und einen anmaßend zornigen von Monsieur Plantard. Der letztere zeigte sich besonders verärgert über die Tatsache, daß wir sein Wappen verfälscht hatten. Das Motto seines Wappens war von uns als »Et in Arcadia Ego« reproduziert worden, während, wie Monsieur Plantard hervorhob, drei Pünktchen hinter diesen Worten hätten stehen müssen: »Et in Arcadia Ego . . .« Man hätte das als kleinlichen Einwand abtun können, wäre da nicht ein interessanter Hinweis gewesen. Drei Pünktchen hinter einer rätselhaften Wendung – war das der Beginn eines nachfolgenden Satzes?

Natürlich waren wir nicht bereit, unser Buch gemäß den Vorstellungen der Prieuré de Sion zu zensieren, zu ergänzen oder abzuändern, aber wir hatten nichts dagegen, daß Monsieur Plantard uns auf Irrtümer hinsichtlich des Ordens aufmerksam machte, damit wir sie in künftigen und/oder fremdsprachigen Ausgaben korrigieren konnten. Zudem war uns Monsieur Plantard im Laufe unserer früheren Begegnungen sympathisch geworden, und wir wollten ihn nicht unnötig verärgern, zumal wir für unsere weiteren Forschungen mit ihm in Verbindung bleiben mußten. Deshalb entschlossen wir uns zu diplomatischen Schritten.

Im Februar 1982 riefen wir eines Abends Monsieur Plantard von London aus an. Wir rechneten mit einer brisanten Abfuhr, die er uns brieflich schon hatte zuteil werden lassen. Aber zu unserer Überraschung begrüßte Monsieur Plantard uns sehr herzlich und schien sich aufrichtig über unseren Anruf zu freuen. Er wiederholte die im Brief vorgebrachten Vorwürfe, aber sehr freundlich, fast onkelhaft. Sein Brief sei ein offizielles Dokument gewesen, von dem man Kopien an die anderen Mitglieder des Ordens weitergeleitet habe. Auf persönlicher Ebene sei er zu weniger eisigem Gedankenaustausch bereit.

Dann beschwerte er sich, was uns durchaus belustigte, daß das Foto von ihm und seinem Sohn in dem Buch nicht sehr gut sei. Wir stimmten zu und erklärten, die Aufnahme sei im Jahre 1979 bei einer unserer Begegnungen von einem Produktionsleiter der BBC gemacht worden. Monsieur Plantard erbot sich, uns ein besseres Foto für spätere Auflagen zu schicken. Wie es schien, sind selbst Großmeister der Prieuré de Sion nicht frei von Eitelkeit.

In den beiden folgenden Monaten führten wir noch mehrere Telefongespräche mit Pierre Plantard, während Louis Vazart sich weiterhin mit unserem Freund in Paris traf. Gegen Ende März, als die Werbung für unser neues Buch nachzulassen begann und wir keine Interviews mehr zu geben hatten, arrangierten wir eine Reise nach Paris zu einer persönlichen Begegnung mit Monsieur Plantard. Inzwischen hatte *Newsweek* einen Artikel über das Buch gebracht, und zwar mit Zitaten von Jean-Luc Chaumeil.[2] Dies erstaunte uns etwas, da Chaumeil ja von der Bildfläche verschwunden war. Welches Interesse hatte er an der Angelegenheit? Mit welcher und mit wessen Autorität äußerte er sich? Louis Vazart berichtete, daß Chaumeils Aussagen nicht mehr ernst zu nehmen seien. Monsieur Chaumeil, erklärte er nachdrücklich, spreche nicht mehr für die Prieuré de Sion.

Mitte April kamen wir mit Monsieur Plantard in Paris zusammen. Wie gewöhnlich wurde er von einem Gefolge begleitet, das diesmal aus Louis Vazart und zwei Journalisten bestand: Jean-Pierre Deloux und Jacques Bretigny, die *Rennes-le-Château: capitale secrète de l'histoire de France* geschrieben hatten. Jean-Luc Chaumeil war natürlich nicht anwesend. Wir erkundigten uns nach ihm, erhielten jedoch nur vage, abweisende, sogar etwas beleidigende Antworten. Einmal wurde angedeutet, Monsieur Chaumeil besitze Urkunden der Prieuré de Sion und versuche möglicherweise, diese zu einem horrenden Preis zu verkaufen; niemand stellte jedoch klar, um welche Art Urkunden es sich handelte und wie Chaumeil in ihren Besitz gelangt war.

Monsieur Plantard erzählte, er sei an jenem Abend, an dem wir unser Treffen vereinbarten, noch von jemandem angerufen worden, der sich als einer von uns ausgegeben habe. Er sei gerade in Paris eingetroffen, und er bat Monsieur Plantard um ein Treffen am selben Abend in einem Hotel. Da wir gerade von London aus mit ihm telefoniert hatten, ließ Plantard sich nicht täuschen, doch er schickte zwei Mitarbeiter an den vereinbarten Treffpunkt. Sofort nach ihrer Ankunft tauchte die Polizei auf, die von einem anonymen Anrufer gewarnt worden war, in der Umgebung werde eine Bombe explodieren.

Wir konnten uns den Vorfall nicht erklären. Gab es wirklich eine Verbindung zwischen dem falschen Anruf an Plantard und dem Bombenalarm? Welchen Zweck konnte sie haben? Monsieur Plantard vermutete, jemand könne beabsichtigt haben, ihn am Schauplatz des Schwindels zu fotografieren. Aber was wäre damit zu erreichen gewesen? Wenn die ganze Sache nicht einen uns völlig unbekannten Aspekt hatte, war dies alles sinnlos – kleinlich, kindisch, unangenehm.

Bei unserer Begegnung im April 1982 nahm Monsieur Plantard unserem Buch gegenüber eine zwiespältige Haltung ein. Im großen und ganzen billigte er es und erbot sich, in der französischen Ausgabe einige unklare Hinweise zu korrigieren. Gleichzeitig wollte er unsere These, die Dynastie der Merowinger stamme von Jesus ab, jedoch weder bestätigen noch bestreiten. Es gebe keine Beweise dafür oder dagegen, sagte er unverbindlich. Alles liege »zu weit in der Vergangenheit«, alles sei »zu lange her«. Man verfüge über keine zuverlässigen Ahnentafeln, und außerdem habe Jesus Brüder gehabt. Immerhin räumte er ein, die Merowinger seien jüdischer Herkunft gewesen und aus dem königlichen Geblüt Davids hervorgegangen.

Monsieur Plantard widersprach ferner unseren Behauptungen hinsichtlich des Engagements der Prieuré de Sion in der heutigen Politik. Die Prieuré de Sion, erklärte er nüchtern, habe keine politischen Ambitionen. Wir fragten, ob sie nicht früher solche Ambitionen gehabt habe.

»In der Vergangenheit, ja«, gab er zu, »aber jetzt nicht mehr. Heute sind die Ziele der Prieuré de Sion philosophischer Art.«

»Was bedeutet das?« wollten wir wissen. »Wird Politik von Philosophie oder Philosophie von Politik bestimmt?«

»Politik von Philosophie natürlich«, erwiderte Monsieur Plantard mit einem ironischen Lächeln.

Im Laufe dieses Gesprächs wurden zwei interessante Details deutlich. Monsieur Plantard erwähnte beiläufig, Abgesandte Heinrich Himmlers hätten ihm während des Krieges den Titel eines Herzogs der Bretagne angeboten, für einen Treueschwur dem Dritten Reich gegenüber. Er hatte das Angebot abgelehnt und statt dessen eine seltsame Zeitschrift mit dem Titel *Vaincre* herausgegeben, die man den Widerstandszeitschriften zurechnete; außerdem soll er von der Gestapo inhaftiert und gefoltert worden sein. Weshalb also sollte man ihm das Herzogtum der Bretagne angeboten haben? Schon der Gedanke mag absurd erscheinen, aber er ist nicht ganz unlogisch. Ohne Zweifel plante die SS die Schaffung eines eigenen Staates nach dem Vorbild des mittelalterlichen Fürstentums Burgund; er sollte dem Namen nach auf feudaler oder ritterlicher Grundlage aufgebaut sein und in kleinere Einheiten unterteilt werden, festgelegt nach alten politischen Grenzen und überkommenem Regionalismus. Das übrige Frankreich sollte die Bezeichnung Gallien tragen, und es ist durchaus möglich, daß ein Herzogtum der Bretagne in den Plänen der SS existierte. Weshalb man es jedoch Monsieur Plantard angeboten haben soll, ist eine andere Frage.

Der zweite interessante Punkt, der bei unserem Treffen mit Plantard im April 1982 zur Sprache kam, war noch weniger klar. Des öfteren ging Monsieur Plantard während unserer Unterhaltung auf den Zeitpunkt des »Erscheinens« unseres Buches ein. Anscheinend war es ungünstig gewesen. Wir hätten das Buch »zu früh« veröffentlicht. »Es war nicht der richtige Moment«, sagte Plantard mindestens dreimal. Diese Worte klangen etwas bitter und vorwurfsvoll, als hätten wir irgendeinen Zeitplan durchkreuzt, nach dem die Prieuré de Sion sich richtete. Trotzdem, räumte Monsieur Plantard ein, wolle er das Beste aus der Situation machen, damit unsere Arbeit sich als wertvoll erweisen werde, wenn »der richtige Moment *gekommen* ist«.

Wir fragten nach dem Zeitpunkt, erhielten jedoch keine eindeutige Antwort. Bei späteren Gelegenheiten, als wir mit Monsieur Plantard und anderen sprachen, verstärkten sich die Hinweise, 1984 werde ein entscheidendes Jahr für die Pläne der Prieuré de Sion sein. Deshalb beobachteten wir die Ereignisse in Frankreich während dieses Jahres sehr aufmerksam. Nichts geschah, was in irgendeiner Weise relevant für die Prieuré de Sion hätte sein können. Zumindest was das öffentliche Leben betraf, war 1984 eine große Enttäuschung. Aber was die inneren Angelegenheiten der Prieuré de Sion anging, so sollte 1984 sich als ein Jahr bedeutenden Wandels erweisen.

18. Die britische Verbindung

Unsere Untersuchungen, deren Schlußfolgerungen wir in *Der Heilige Gral und seine Erben* vorgelegt haben, entzündeten sich an rätselhaften Vorgängen im Süden Frankreichs, in dem Dorf Rennes-le-Château in den Vorhügeln der Pyrenäen. Dort hatte der Dorfpfarrer Bérenger Saunière im Jahre 1891 eine Sammlung antiker Pergamente entdeckt. Dieser Fund hatte ihn außerordentlich reich gemacht und es ihm ermöglicht, ungeheure Geldsummen auszugeben. Wir vermuteten zunächst – wie andere Autoren –, die Urkunden hätten Saunière zu irgendeinem Schatz geführt. Tatsächlich gab es Gründe anzunehmen, Saunière habe den Schatz des Tempels von Jerusalem gefunden. Der Tempel war im Jahre 70 n. Chr. von den Römern geplündert worden, die den Inhalt nach Rom brachten; im Jahre 410 waren die Westgoten in Rom eingefallen und hatten den Schatz in die Gegend von Rennes-le-Château verschleppt. Als wir der Sache gründlicher nachgingen, wurde klar, daß Saunière, selbst wenn hier ein Schatz im Spiel sein konnte, in erster Linie einem Geheimnis auf die Spur gekommen war, das von diesem kleinen Provinzdorf auf die gesamte westliche Kultur ausstrahlte und zweitausend Jahre Geschichte überbrückte.

Daneben gab es eine Reihe reizvoller unbeantworteter Fragen. Einige betrafen die Urkunden, welche Saunière angeblich gefunden hatte. Nach allen Darstellungen, von denen wir gehört oder die wir gelesen hatten, hatte Saunière vier Pergamente entdeckt. Drei davon werden sehr präzise beschrieben und immer wieder zitiert: 1. eine aus dem Jahr 1244 stammende Ahnentafel mit dem Siegel von Königin Blanca von Kastilien, der Mutter König Ludwigs IX., was das Überleben des merowingischen Geschlechts bestätigt; 2. eine neuere Ahnentafel, die sich auf die Zeit von 1244 bis 1644 erstreckt und von François-Pierre d'Hautpoul, damals Grundherr von Rennes-le-Château, auf das Jahr 1644 datiert wurde; 3. das Testament Henri d'Hautpouls von 1695, dessen Inhalt als Staatsgeheimnis gilt und nie verbreitet wurde. Warum ausgerechnet diese Urkunden so bedeutsam waren, schien nicht klar. Enthielten die Rückseiten der Originalurkunden besondere Hinweise?

Wie immer die Antworten auf diese Fragen ausfallen, drei Urkunden wurden fortwährend genannt. Doch schon 1967 hatte die Prieuré de Sion den Inhalt von zwei der von Saunière entdeckten Dokumente an die Öffentlichkeit gelangen lassen: die rätselhaften biblischen Texte mit verschlüsselten Botschaften, die in verschiedenen Büchern, Zeitschriften, Artikeln und in unseren eigenen Fernsehfilmen wiedergegeben wurden. Der eine Text ist ein Auszug aus dem Johannesevangelium (12,1–12), der andere entstammt den Evangelien des Lukas (6,1–5), des Matthäus (12,1–8) und des Markus (2,23–28). In beiden sind die Wörter ohne Zwischenräume aneinandergefügt, nur an Zeilenenden gibt es mitunter willkürlich scheinende Unterbrechungen. Unter einigen Buchstaben tauchten mysteriöse Pünktchen auf, andere Buchstaben waren etwas höher als die sie umgebenden oder absichtlich kleiner gehalten; außerdem sind überflüssige Buchstaben eingeschoben. Der entschlüsselte Text aus dem

Johannesevangelium lautet folgendermaßen: »A DAGOBERT II ROI ET A SION EST CE TRESOR ET IL EST LA MORT.« (Dieser Schatz gehört König Dagobert II. und Zion, und dort liegt er tot.)

Die Verschlüsselung des zweiten Textes ist weit komplizierter. Er enthält eine längere Botschaft: »BERGERE PAS DE TENTATION QUE POUSSIN TENIERS GARDENT LA CLEF PAX DCLXXXI PAR LA CROIX ET LE CHEVAL DE DIEU J'ACHEVE CE DAEMON DE GARDIEN A MIDI POMMES BLEUES.« (Schäferin, keine Versuchung. Daß Poussin, Teniers den Schlüssel besitzen; Friede 681. Beim Kreuz und diesem Pferd Gottes beende – oder zerstöre – ich diesen Dämon von Wächter zu Mittag. Blaue Äpfel.)[1]

Bei unserer ersten Begegnung mit Monsieur Plantard im Jahre 1979 teilte er uns mit, die beiden verschlüsselten Texte seien Fälschungen, die der Marquis de Chérisey im Jahre 1956 für eine kurze Fernsehsendung zusammengestellt habe. Wir bezweifelten diese Aussage. Die ungeheure Mühe, welche eine solche Verschlüsselung erfordert, schien für einen solchen Zweck unangemessen, ja lächerlich. Plantard räumte ein, die Fälschungen hielten sich sehr eng an die Originale. Mit anderen Worten, sie waren überhaupt nicht von Monsieur Chérisey zusammengestellt worden, sondern dieser hatte sie kopiert und nur ein paar Zusätze gemacht. Wenn man diese Zusätze strich, blieben die von Saunière gefundenen Originaltexte übrig.

Aber wenn diese beiden biblischen Texte authentisch waren und wenn es noch drei weitere Pergamente gab – zwei Ahnentafeln und das Testament von d'Hautpoul –, dann hatte man es insgesamt mit fünf verschiedenen Dokumenten zu tun. Doch Saunière sollte nur vier Dokumente entdeckt haben.

Eine zweite, noch drängendere Frage lautete: Was war aus den Urkunden geworden? Nach einem Bericht waren sie durch Betrug erworben worden und in den Besitz des Bundes Antiquarischer Buchhändler gelangt – oder zumindest in die Hände gewisser Männer, die gewöhnlich Roland Stansmore und Sir Thomas Frazer heißen und sich als Vertreter des Bundes Antiquarischer Buchhändler ausgeben. Einem anderen Bericht zufolge waren sie in Paris aus der Bücherei des Abbé Emile Hoffet – kurz nach seinem Tode im Jahre 1946 – gestohlen worden. Dann sollen sie in den Archiven der Malteserritter aufgetaucht sein. Bei unseren frühen Gesprächen mit Monsieur Plantard hatte er eine Aussage bestätigt, die sich in einigen Quellen der Prieuré de Sion finden: Die Urkunden befänden sich seit 1979 in einem Schließfach von Lloyds International in London. Aber er erklärte nicht, wie sie dorthin gelangt waren. In einem anderen geheimnisvollen Zusatz zu Jania Macgillivrays Artikel nämlich hieß es, die Pergamente seien von ihrem Aufbewahrungsort in London entfernt und in einem Schließfach in einer Pariser Bank – ihre Adresse: 4 Place de Mexico – deponiert worden. Wenn dies stimmt, befanden sich die Urkunden seit Ende 1979 also wieder in Frankreich. Aber es gab keinen Hinweis, wer sie zurückgebracht hatte und weshalb, wer Zugang zu ihnen hatte und wer für die dubiosen Transaktionen verantwortlich war.

Die notariell beglaubigten Dokumente. Während unseres Gesprächs am 17. Mai 1983 ging Monsieur Plantard auf zwei äußerst wichtige Fragen ein, die sich im Zusammenhang mit Saunières Urkunden stellten – und stiftete, charakteristischerweise, weitere Verwirrung. Saunière habe tatsächlich nur vier Urkunden gefunden, so behauptete er. Drei von ihnen seien diejenigen, auf die man sich wiederholt bezogen habe: eine auf das Jahr 1244 datierte Ahnentafel mit dem Siegel Blancas von Kastilien, eine Ahnentafel der d'Hautpouls aus dem Jahre 1644 und das Testament von Henri d'Hautpoul aus dem Jahre 1695. Die vierte Urkunde sei jenes Original, anhand dessen der Marquis de Chérisey eine modifizierte Fassung hergestellt habe. Laut Monsieur Plantard enthielten beide Seiten des Blattes je eine chiffrierte Botschaft. Anscheinend hatten die beiden Texte irgendwie miteinander zu tun – wenn man sie etwa gegen das Licht hielt und sozusagen in Überlagerung betrachtete. Wir hörten sogar, daß Monsieur Chériseys Änderung einfach darin bestanden habe, die beiden Seiten desselben Blattes als getrennte Blätter – und nicht im Originalmaßstab – zu reproduzieren.

Es stellte sich natürlich die Frage: Waren die drei anderen von Saunière gefundenen Pergamente vielleicht nicht ihres Inhalts wegen von Bedeutung, sondern aus einem anderen Grunde – etwa wegen des Materials, das man verwendet hatte? Was stand zum Beispiel auf der Rückseite? Eine Ahnentafel der Familie d'Hautpoul hätte kaum dieses Interesse geweckt, nicht einmal bei Menschen, die an der Familie und ihrem Eigentum an Rennes-le-Château interessiert waren. War auf der Rückseite des Pergaments vielleicht noch etwas anderes vermerkt?

Zweifellos gibt es dokumentierte Hinweise auf die Ahnentafel der d'Hautpouls von 1644, die sie als wichtig erscheinen läßt. Man weiß, daß die Eintragung am 23. November 1644 von einem Mann namens Captier, Notar des Städtchens Esperaza, unweit von Rennes-le-Château, vorgenommen wurde. Nachdem das Dokument eine Zeitlang verschwunden war, wurde es von Jean-Baptiste Siau, Notar von Esperaza, im Jahre 1780 wiederentdeckt. Er nannte die Eintragung ein Dokument von »großer Tragweite«, das er nicht aus der Hand geben werde. Er bot an, persönlich mit der Urkunde zu jedem Befugten zu reisen und sie ihm zu zeigen. Er bestand jedoch darauf, sie danach wieder in seinem Tresorraum zu verwahren.[2] Gelegentlich sprach man im Zusammenhang mit diesem Dokument von einem Staatsgeheimnis. Irgendwann nach 1780 verschwand es erneut, oder es wurde bei Ausbruch der Französischen Revolution vorsorglich versteckt. Nachkommen der Familie d'Hautpoul wußten offenbar von seiner Existenz und versuchten es ausfindig zu machen, aber sie scheinen keinen Erfolg gehabt zu haben.

Monsieur Plantard weigerte sich, einen Kommentar zu den Urkunden der Familie d'Hautpoul oder zu der Ahnentafel von 1244 mit dem Siegel Blancas von Kastilien abzugeben. Er behauptete einfach, die vierte von Saunière gefundene Urkunde bestehe aus zwei chiffrierten Bibeltexten, und zwar jeweils einem auf beiden Seiten. Doch dann zog er plötzlich zwei mit Bändern und Siegel ausgestattete Dokumente aus seiner Aktentasche.

Die Dokumente, die Monsieur Plantard uns zeigte und von denen er uns Fotografien übergab, enthielten zwei notariell beglaubigte Aussagen. Die erste, vom 5. Oktober 1955, war ein Antrag an das französische Konsulat in London auf Exportgenehmigung für drei Urkunden: eine auf das Jahr 1244 datierte Ahnentafel mit dem Siegel Blancas von Kastilien, eine auf das Jahre 1644 datierte Ahnentafel für François-Pierre d'Hautpoul und das aus dem Jahre 1695 stammende Testament von Henri d'Hautpoul. Der Text begann: »Ich, Patrick . . . Freeman, öffentlicher Notar . . . bestätige . . . daß die Unterschrift R. S. Nutting am Ende des beigefügten

Ersuchens von Captain Ronald Stansmore Nutting stammt . . .«

Freeman beglaubigte auch die Richtigkeit von Nuttings Geburtsurkunde, die angeblich beigeheftet wurde. Doch die Geburtsurkunde auf dem Foto gehörte nicht Captain Nutting, sondern Viscount Frederick Leathers.

Leathers' Name war uns damals unbekannt, aber Captain Nutting schien jedenfalls die Person zu sein, deren Name im Lauf der Zeit zu Roland oder Ronald Stansmore entstellt worden war. Zum Beispiel hatte der Marquis de Chérisey im Jahre 1981 in einer bereits zitierten Passage »Captain Ronald Stansmore vom britischen Geheimdienst« erwähnt, der sich als »achtbarer Anwalt« ausgegeben und Saunières Urkunden angeblich im Auftrag des Internationalen Bundes Antiquarischer Buchhändler erworben hatte. In derselben Passage war die Rede von der »Forderung nach Anerkennung der merowingischen Rechte, die Sir Alexander Aikman, Sir John Montague Brocklebank, Major Hugh Murchison Clowes und neunzehn andere Männer 1955 und 1956 im Büro von P. F. J. Freeman, Hofnotar der Königin, vorbrachten«.

Die erste Seite der uns von Plantard gezeigten Dokumente trug die Überschrift »Antrag auf Genehmigung durch den Generalkonsul von Frankreich«. Im folgenden Text wurden drei Engländer genannt: der Sehr Ehrenwerte Viscount Leathers, CH, geboren am 21. November 1883 in London; Major Hugh Murchison Clowes, DSC, geboren am 27. April 1885 in London; Captain Ronald Stansmore Nutting, OBE, MC, geboren am 3. März 1888 in London. Diese drei Gentlemen baten den Generalkonsul von Frankreich um Erlaubnis zur Ausfuhr von »drei Pergamenten, deren Wert nicht zu schätzen ist und die uns zu Zwecken historischer Forschung von Madame

James, wohnhaft . . . in Montazels (Aude), anvertraut wurden. Sie gelangte durch ein Vermächtnis ihres Onkels, des Abbé Saunière, Curé von Rennes-le-Château (Aude), in den legalen Besitz dieser Gegenstände.«

Dann folgt die Beschreibung der drei genannten Urkunden, und es heißt weiter: »Diese Ahnentafeln enthalten den Beweis der direkten Abstammung des Hauses Plantard, Grafen von Rhédae, von der männlichen Linie Sigiberts IV., des Sohns von Dagobert II., König von Austrasien, und sie dürfen auf keine Weise reproduziert werden.«

Der Text trägt die Unterschriften von Viscount Leathers, Major Clowes und Captain Nutting. Am Kopf der Seite befinden sich Stempel und Siegel, datiert auf den 25. Oktober 1955, von Olivier de Saint-Germain, dem französischen Konsul. In Wirklichkeit beglaubigte Saint-Germain jedoch nur, daß die Unterschrift und das Siegel des Notars P. J. F. Freeman korrekt sind.

Monsieur Plantard zeigte uns weitere Dokumente, die dem ersten glichen, aber ein Jahr später datiert waren. Sie brachten eine neue und, auf ihre Art, erlauchte Persönlichkeit ins Spiel, deren Geburtsurkunde beigelegt war: Roundell Cecil Palmer, Earl of Selborne. Auf der Vorderseite bestätigte Patrick Freeman, Notar bei der Firma John Newman and Sons, 27 Clemens Lane, Lombert Street, London, daß die Unterschrift am Fuß des beigehefteten Antrags Lord Selborne gehöre und in Anwesenheit des Notars zu Papier gebracht worden sei. Mr. Freeman bestätigte auch die Authentizität und Gültigkeit von Lord Selbornes Geburtsurkunde. Die Erklärung stammte vom 23. Juli 1956. Unter Mr. Freemans Unterschrift befanden sich Siegel und Stempel des französischen Generalkonsuls in London, der nun, ein Jahr später, nicht mehr

Olivier de Saint-Germain, sondern Jean Guiraud hieß. In dem folgenden Text legte Lord Selborne, »geboren am 15. April 1887 in London«, über das Büro des öffentlichen Notars Patrick Freeman dar, er bitte den Generalkonsul von Frankreich, gewisse französische Dokumente behalten zu dürfen. Dann machte er, »bei meiner Ehre«, genauere Angaben zu den Dokumenten. Außerdem bestätigte Lord Selborne, daß diese Dokumente fünfundzwanzig Jahre später gemäß den Wünschen von Madame James, die sie gestiftet habe, legal an Monsieur Pierre Plantard, Graf von Rhédae und Graf von Saint-Clair, geboren am 18. März 1920, zurückfallen würden. Sollte Monsieur Plantard sie nicht zurückfordern, würden sie an das Französische Nationalarchiv übergehen. Im nächsten Absatz erklärte Lord Selborne, daß die betreffenden Dokumente, von Captain Nutting, Major Clowes und Viscount Leathers beim Internationalen Bund Antiquarischer Buchhändler, 39 Great Russell Street, London, hinterlegt, »an diesem Tage« in einem Tresorfach bei der Lloyds Bank Europe Limited untergebracht würden. Über ihren Inhalt sollte nichts bekanntgemacht werden. Unten auf der Seite hatte Lord Selborne unterschrieben.

Aus diesen beiden notariell beglaubigten Ausführungen lassen sich die Ausgangspunkte einer Geschichte zusammenfügen. Im Jahre 1955 scheinen Viscount Leathers, Major Clowes und Captain Nutting drei der vier Urkunden erhalten zu haben, die Saunière im Jahre 1891 fand. Sie erhielten die Pergamente von Saunières Nichte, Madame James, die damals in Saunières Heimatdorf Montazels wohnte, unweit von Rennes-le-Château. Man hatte sich – offenbar mit Erfolg – um Ausfuhr dieser Urkunden nach England bemüht. Am 5. Oktober 1955 besuchten die drei Engländer das Büro des Notars Patrick

Freeman und ließen ihren Antrag beglaubigen, vielleicht auch nur irgendein Schriftstück, das mit der Angelegenheit zu tun hatte, jedenfalls Geburtsurkunden und Unterschriften.

Im Jahre 1956 bemühte sich Lord Selborne um die Genehmigung, die Urkunden in England zu behalten. Sein Antrag wurde wiederum, am 23. Juli, von Patrick Freeman beglaubigt und vom französischen Generalkonsul am 29. August bestätigt. Die Urkunden, ursprünglich beim Internationalen Bund Antiquarischer Buchhändler hinterlegt, wurden dann in der Lloyds Bank Europe verwahrt. Nach Ablauf von fünfundzwanzig Jahren – das heißt 1980 oder 1981 – sollten sie an Pierre Plantard de Saint-Clair oder, falls er keinen Anspruch auf sie erhob, an die französische Regierung zurückfallen.

Gentlemen der Londoner City. Seit Beginn unserer Recherchen zum Rätsel von Rennes-le-Château waren wir auf zwei Engländer gestoßen, die Saunières Urkunden an sich gebracht haben sollen. Sie hatten, wie oben erwähnt, früher unter den Namen Sir Thomas Frazer und Captain Roland oder Ronald Stansmore eine Rolle gespielt, und letzterer hatte sich als Captain Ronald Stansmore Nutting entpuppt. Die Namensmaskerade deutete darauf hin, daß diejenigen, die ihn Jahre zuvor an die Öffentlichkeit brachten, selbst unsicher waren und nur über ungenaue Informationen verfügten.

Im Jahre 1981 waren wir im Zusammenhang mit dem verfälschten Text von Jania Macgillivray auf einen weiteren englischen Namen gestoßen: den eines gewissen Baron Blackford. Und im Jahre 1981 hatte der Marquis de Chérisey die Liste englischer Personen ergänzt, die mit der Geschichte zu tun hatten. Durch ihn erfuhren wir von

Sir Alexander Aikman, Sir John Montague Brocklebank und Major Hugh Murchison Clowes, die, zusammen mit neunzehn anderen, im Büro des Notars P. F. J. Freeman die »Anerkennung der merowingischen Rechte« gefordert haben sollen.

Nun, im Jahre 1983, wurde die Rolle einiger dieser Männer aufgrund der notariell beglaubigten Dokumente, die Monsieur Plantard uns gezeigt hatte, durchsichtiger. Die Verwirrung hinsichtlich Nuttings Namen war ausgeräumt, und wir wußten nun von zwei weiteren Beteiligten: von Viscount Frederick Leathers und Lord Selborne. So hatten wir aus verschiedenen Quellen acht Engländer, die angeblich irgendwie mit den von Saunière entdeckten Urkunden zu tun hatten: Frazer, Nutting, Aikman, Brocklebank, Clowes, Blackford, Leathers und Selborne. Daneben gab es noch den Notar P. F. J. Freeman und einen Hinweis auf »neunzehn andere«.

Wer waren diese Personen? Welches Interesse hatten sie an den Pergamenten, die 1891 in Rennes-le-Château gefunden worden waren? Warum waren diese Urkunden so wichtig für diese Gruppe von Engländern? Und was war von der Andeutung zu halten, daß irgendeine Verbindung zu Spionage- und Geheimdiensten bestand? Nutting war, wie nicht zu vergessen ist, als Angehöriger des britischen Geheimdienstes beschrieben und Frazer die *éminence grise* von Buckingham genannt worden (es handelt sich um eine Übersetzung aus dem Französischen und wahrscheinlich ist Buckingham Palace gemeint). Frazer war mit dem OBE (Order of the British Empire) ausgezeichnet und im Jahre 1947 zum Ritter geschlagen worden. Seine Aktivitäten beschränkten sich, soweit festzustellen war, hauptsächlich auf die Geschäftswelt. Er war unter anderem Aufsichtsratsmitglied von North British and Mercantile Insurance.

Nutting, ein ehemaliger Hauptmann bei den Irish Guards, hatte sich ebenfalls im Geschäftsleben betätigt, besonders im Speditions- und Bankwesen. Er hatte im Vorstand von nicht weniger als vierzehn Firmen gedient, darunter Arthur Guinness und Guardian Assurance, und er war Vorstandsvorsitzender der British and Irish Steam Packet Company gewesen. Bis 1929 war er einer der Direktoren der Bank of Ireland. Nach Aussage eines Geschäftspartners, den wir interviewten, hatte er auch als Agent für den britischen Geheimdienst MI 5 gearbeitet.[3]

Sir Alexander Aikman war zwischen 1946 und 1954 ebenfalls Aufsichtsratsvorsitzender der EMI. Bei der Gründung des Kommerzfernsehens ITV (Independent Broadcasting Authority) hatte er eine Rolle gespielt. Zu den Gesellschaften, in deren Aufsichtsrat er tätig gewesen war, gehörten Dunlop und – wiederum – Guardian Assurance.

Wie Nutting hatte Sir John Brocklebank im Speditions- und Versicherungswesen gearbeitet. Seine Familie war seit zwei Jahrhunderten im Schiffahrtsgeschäft, und er selbst war Vorstandsvorsitzender von Cunard. Zudem war er Vorsitzender der Liverpool Steamship Owners' Association gewesen und saß im Aufsichtsrat von zwei Versicherungsgesellschaften; eine von ihnen war eine Tochtergesellschaft von Guardian Assurance.

Vor dem Zweiten Weltkrieg hatte Viscount Frederick Leathers einen guten Namen als internationaler Schifffahrtsexperte. Während des Krieges war er ein enger persönlicher Freund von Winston Churchill und diente als Kriegstransportminister. Er zeichnete für die logistische Planung der Invasion in Nordfrankreich verantwortlich. Unter anderem bekleidete er Aufsichtsratsposten bei P & O, bei der National Westminster Bank und Guardian Assurance.

Während des Ersten Weltkrieges hatte Baron Blackford, damals noch Glyn Mason, als hoher Offizier unter General Allenby in Palästina gedient. Von 1922 bis 1940 war er konservativer Parlamentsabgeordneter gewesen. Während des Zweiten Weltkrieges übernahm er das Kommando über eine Bürgerwehrabteilung, und später wurde er Stellvertretender Sprecher der Oberhauses. Baron Blackford war Vorstandsvorsitzender von Guardian Assurance.

Wie Viscount Leathers war Lord Selborne ein enger persönlicher Freund Churchills, er hatte zweifellos mit Leathers zusammengearbeitet. Von 1942 bis 1945 war er Minister für Wirtschaftskriegführung und arbeitete in dieser Funktion auch eng mit Sir William Stephenson zusammen, mit dem Mann, den man »den Unerschrockenen« nannte.[4] Die Hauptaufgabe von Selbornes Ministerium bestand darin, dem Feind alles Material vorzuenthalten, welches ihm im Krieg von Nutzen sein konnte. Als Minister für Wirtschaftsführung war Selborne außerdem Dienstherr der SOE (Special Operations Executive), die Agenten in besetztes Gebiet einschmuggelte, Verbindung zu örtlichen Widerstandsgruppen hielt, Ziele für Luftangriffe benannte sowie Sabotage und Subversion hinter den feindlichen Linien betrieb. SOE kooperierte eng mit dem amerikanischen OSS (Office of Strategic Services), dem Vorläufer der CIA (Central Intelligence Agency). Nur ein paar Schritte vom SOE-Hauptquartier in 64 Baker Street entfernt lag das geheime Londoner Hauptquartier aller Spezialagenten der Freien Franzosen, die ebenfalls Selborne unterstanden.

Viele SOE-Angehörige wurden aus dem Bank- und Speditionswesen, aus Journalismus und der Versicherungsbranche rekrutiert. In dem Amt, das Lord Selborne zu Kriegszeiten bekleidete, mußte er engen Kontakt zu Versicherungsgesellschaften halten. Laut Sir William Stephenson: »Wenn man Zugang zu den Akten von Versicherungsgesellschaften hat, wird man ausführliche Studien der Schwachstellen jedes Verarbeitungsprozesses oder jedes Bergbauverfahrens finden. Versicherungsgesellschaften können durch Unfälle ein Vermögen verlieren, und deshalb beschäftigen sie Experten, die jede erdenkliche Möglichkeit eines Versagens ermitteln. Ihre Berichte sind Anleitungen für Saboteure.«[5]

Sir Colin Gubbins, der letzte Leitende Direktor der SOE, bevorzugte Sachverständige von Versicherungen für Schadensfälle: »In Friedenszeiten haben sie es mit Schadenersatzansprüchen von Fabriken zu tun. Sie wissen also, was eine Maschine außer Betrieb setzt, und zwar schnell.«[6]

Nach dem Krieg interessierte Lord Selborne sich zunehmend für religiöse Fragen, für die Beziehungen zwischen Kirche und Staat und für die Verfahren der Church of England zur Ernennung von Dekanen und Bischöfen. Im Oberhaus war er Vorsitzender des Laienkomitees der Kirche. Während der späten fünfziger Jahre wurde er derart konservativ, daß man ihn für unheimlich oder kauzig hielt oder für beides. Zum Beispiel brachte er im Jahre 1956 den Entwurf eines Pressekontrollgesetzes ein, das alle britischen Zeitungen zwingen sollte, sich nach den von der *Times* im Mai desselben Jahres gesetzten Maßstäben zu richten. Nach Mitteilung seiner Tochter, die wir interviewten, glaubte er, »ein Nachhutgefecht für das Empire zu führen«. Dies mag ihn veranlaßt haben, royalistische Bestrebungen auf dem Kontinent zu unterstützen. Seine Tochter erklärte ferner, er habe sich sehr für Genealogie interessiert und häufig in der Umgebung der Pyrenäen Urlaub gemacht. Was seine Geschäftstätigkeit betrifft, war er Vorstandsmitglied – wie Sir Thomas Frazer – der North British and Mercantile Insurance Company.

Hatte Lord Selborne während des Krieges durch die Arbeit seiner Organisation in Frankreich etwas über Saunières Urkunden erfahren? Schließlich sollen auch Monsieur Plantard und die Prieuré de Sion in der Résistance aktiv gewesen sein oder de Gaulle auf irgendeine andere Weise geholfen haben. Wenn dies stimmt, dann hat Selborne zweifellos von ihnen gewußt, und die SOE stand wahrscheinlich in irgendeiner Verbindung mit ihnen. Solche Kontakte wurden vielleicht durch André Malraux geknüpft, der eine wichtige Rolle in den Operationen der Résistance spielte und während des Krieges Beziehungen zum britischen Geheimdienst und Sabotageorganisationen knüpfte. Er ist ferner wiederholt als hochrangiges Mitglied der Prieuré de Sion bezeichnet worden, und sein Bruder gehörte der SOE an. Aber weshalb sollte Lord Selborne mehr als zehn Jahre später etwas mit der Prieuré zu tun haben?

Jedenfalls schien es etwas zu geben, das das Engagement der Engländer bestimmte. Zwischen den meisten bestanden nachgewiesene und zwischen den übrigen äußerst wahrscheinliche Verbindungen. Einige hatten im Krieg nicht nur an Planungen der höchsten Stellen, sondern auch an geheimen Operationen der einen oder anderen Art teilgenommen. Alle acht waren in den Bereichen Schiffahrt und Versicherungswesen tätig. Zwei – Selborne und Frazer – waren Vorstandsmitglieder der

North British and Mercantile Insurance gewesen. Die übrigen sechs hatten mit Guardian Assurance (heute Guardian Royal Exchange Assurance) zu tun – vier als Mitglieder, einer als Vorsitzender des Vorstands und einer als Vorstandsmitglied einer Tochtergesellschaft.

Aber dieses ganze Geflecht war so spärlich, daß sich weitere Fragen aufdrängten. Was, zum Beispiel, hatte Guardian Assurance in den Jahren 1955 und 1956 unternommen? Hatte die Gesellschaft als Tarnung oder Fassade für geheime Aktionen gedient? Oder hatten gewisse Mitglieder ihres Vorstands sie als Tarnung oder Fassade benutzt? Was taten Frazer und Selborne, die nicht mit Guardian Assurance verknüpft waren? Warum sollten acht Männer, alle Vorstandsmitglieder von Versicherungsgesellschaften, überhaupt daran interessiert sein, sich Ahnentafeln zu verschaffen, welche die Legitimität eines merowingischen Anspruches auf den französischen Thron untermauerten? Konnte die damalige französische – oder anglo-französische – Politik vielleicht eine Erklärung liefern?

Es war zweifellos eine turbulente Zeit. Ein Jahr zuvor, im Mai 1954, war die französische Armee in Indochina bei Dien Bien Phu besiegt worden. Innenpolitisch befand Frankreich sich in einem Zustand des Umbruchs, die Schreckensbilder von Regierungszusammenbruch, Staatsstreich und vielleicht sogar Bürgerkrieg zeichneten sich bedrohlich am Horizont ab. Anfang 1955 waren bereits 20 000 französische Soldaten nach Algerien entsandt worden, und die dortige Situation geriet immer mehr außer Kontrolle. Unterdessen war Großbritannien mit der Situation auf Zypern beschäftigt, wo 1955 offiziell der Ausnahmezustand erklärt wurde. Im selben Jahr trat Churchill zurück, Anthony Eden wurde Premierminister.

Im Juli 1956 übernahm Nasser den Suezkanal. Im Oktober erhob Ungarn sich gegen die Sowjets, die mit einer Invasion antworteten. Weniger als einen Monat später brach die Suezkrise aus: Britische, französische und israelische Truppen marschierten in Ägypten ein.

Daneben gab es andere Entwicklungen, die erst später bekannt wurden, sich in den Jahren 1955 und 1956 aber hinter den Kulissen bedrohlich zuspitzten. Zum Beispiel wurde im Januar 1957 eine Verschwörung der französischen Armee aufgedeckt, die einen Teil Algeriens besetzen wollte. Man skizzierte Entwürfe für die EWG, die im Jahr 1957 zum Vertrag von Rom führen sollten.

Zu erwähnen ist ferner, daß 1956 ein entscheidendes Jahr für die inneren Angelegenheiten der Prieuré de Sion gewesen zu sein scheint. Damals ging sie zum erstenmal an die Öffentlichkeit und ließ sich in das französische *Journal officiel* eintragen.[7] Im selben Jahr begann man, Material über den Orden in der Bibliothèque Nationale zu archivieren.

Stand die Transaktion, durch welche die Urkunden Saunières nach England gelangten, in Zusammenhang mit gewissen Ereignissen der damaligen Zeit, insbesondere mit Entwicklungen in der französischen Politik und in den Angelegenheiten der Prieuré de Sion? Wenn ja, wie? Zu welchem Zweck? Wurden Saunières Urkunden nach England geschafft, um sie von jemandem fernzuhalten? Wenn ja, von wem? Und in wessen Auftrag arbeiteten Selborne, Nutting, Leathers und ihre Kollegen? War ihr Interesse rein persönlicher Art – das Interesse von Altertumsforschern, die entschlossen waren, sich die Urkunden aus wissenschaftlichen Gründen anzueignen? Oder hatte es sich um eine offizielle Aktion im Rahmen hoher internationaler Politik gehandelt?

Angesichts ihrer Tätigkeit während des Krieges schien es nicht ungewöhnlich, daß Selborne, Nutting, Leathers und ihre Kollegen zehn Jahre später immer noch Verbindungen zum Geheimdienst unterhielten und weiterhin, wenn auch nur ab und zu, für die Regierung tätig waren. Vielleicht gab es auch einen festen Arbeitsbereich für sie außerhalb der etablierten Geheimdienste. Am Ende des Krieges gründete Colin Gubbins eine Mitgliedervereinigung für frühere SOE-Angehörige. Sie war mehr als eine herkömmliche Veteranenorganisation. Sie sollte sicherstellen, daß Menschen mit besonderen Talenten und besonderer Erfahrung in einem künftigen Krisenfall rasch benachrichtigt und zusammengerufen werden konnten. André Malraux schuf eine ähnliche Vereinigung in Frankreich. Bis 1947 hatte er praktisch eine Privatarmee – die RPF (Rassemblement du Peuple Français) – organisiert, um de Gaulles Stellung zu festigen und eine kommunistische Machtübernahme zu vereiteln. Die RPF setzte sich in erster Linie aus früheren Widerstandskämpfern zusammen. Im Jahre 1958 wurde sie in »Vereinigung zur Unterstützung General de Gaulles« umbenannt, sie beschäftigte sich vorsorglich mit allen Problemen, die aus de Gaulles Rückkehr an die Macht im selben Jahr erwachsen mochten. Malraux' Vereinigung muß eng mit den Komitees für öffentliche Sicherheit im französischen Mutterland zusammengearbeitet haben, die ebenfalls eine wichtige Rolle für die Rückkehr de Gaulles an die Macht spielten und deren Generalsekretär Pierre Plantard zu sein behauptete. Im Jahre 1962 wurde Malraux' Organisation früherer Widerstandskämpfer in Vereinigung für die Fünfte Republik umgetauft. Wenn Malraux tatsächlich ein Mitglied der Prieuré de Sion war, dürften er und seine Vereinigung als Vermittler für die Wahrnehmung von

Interessen der Prieuré in England gedient haben. Natürlich ist sehr gut möglich, daß Kontakte zwischen Malraux und Colin Gubbins' Organisation früherer SOE-Mitarbeiter bestanden. Von Gubbins wäre es nur noch ein kleiner Schritt bis zu Selborne gewesen.

Jedenfalls machten unsere Forschungen uns rasch klar, daß im Hintergrund mysteriöse Kräfte am Werk waren. Diese Kräfte waren nicht ausschließlich jene der Prieuré de Sion. Es fiel uns immer schwerer, den Verdacht beiseite zu schieben, der eine oder andere Geheimdienst – Großbritanniens, Frankreichs oder vielleicht sogar der Vereinigten Staaten – habe die Hand im Spiel.

Einleitende Nachforschungen. Ehe wir eigene Schlußfolgerungen anstellen konnten, war zunächst die Echtheit der notariell beglaubigten Dokumente zu bestätigen. Dann mußten wir mehr über die Transaktion in Erfahrung bringen, die Saunières Urkunden wohl im Jahr 1955 nach England gebracht hatte. Unsere bisherigen Informationen ließen eine Reihe von Spuren erkennen. Es kam nun darauf an, jeder einzelnen systematisch zu folgen.

Eine Spur begann bei Lloyds Bank International, wo die Pergamente Saunières laut dem 1956 notariell beglaubigten und von Lord Selborne unterzeichneten Dokument hinterlegt und von wo sie, laut Mitteilung des Marquis de Chérisey von 1981, unlängst entfernt und in ein Schließfach einer Pariser Bank gebracht worden waren. Wir unterhielten uns mit zwei Gewährsleuten aus dem Bankwesen. Sie lieferten uns zwei wichtige Informationen.

Nach der ersten war die Notarpraxis, der Patrick J. Freeman angehörte, auch für Lloyds Bank International tätig. Wenn bei der erwähnten Transaktion ein Bankschließfach und eine Notarpraxis benötigt wurden, dürfte man die Mr. Freemans herangezogen haben.

Die zweite wichtige Information unserer Gewährsleute bezog sich darauf, daß Lloyds seit 1979 keine Schließfächer mehr unterhielt – also seit dem Jahr, in dem die Urkunden laut Monsieur Chérisey nach Frankreich zurückgebracht worden waren. Seit 1979 verfügte Lloyds nur über einen Tresorraum, in dem Umschläge verwahrt werden konnten. Anscheinend hatten viele frühere Schließfachbesitzer ihre Fächer aufgelöst, als man diese neue Einrichtung einführte. So war es durchaus plausibel, daß die Urkunden, wenn sie sich bei Lloyds befunden hatten, im Jahre 1979 nach Paris geschafft worden waren. Wir hätten natürlich gern gewußt, ob es tatsächlich ein entsprechendes Schließfach bei Lloyds gegeben hatte. Dies ließ sich nicht feststellen, da wir nicht wußten, in wessen Namen es gemietet worden war.[8]

In dem 1956 von Lord Selborne unterzeichneten Dokument hieß es, die Pergamente seien zunächst beim Internationalen Bund Antiquarischer Buchhändler deponiert worden. Wir hatten diese Organisation schon früher unter die Lupe genommen, und unsere weiteren Nachforschungen erbrachten wenig Neues. In dem notariell beglaubigten Dokument von 1956 war als Adresse des Bundes 39 Great Russell Street angegeben worden, direkt gegenüber dem British Museum. Damals befand sich dort die Buchhandlung Henry Stevens, Son & Stiles; dieses Geschäft diente der britischen Filiale des Internationalen Bundes Antiquarischer Buchhändler zu jener Zeit tatsächlich als Hauptquartier. Aber diese Spur war inzwischen längst erkaltet.

Das Personal des französischen Konsulats war gern bereit, uns zu helfen. Wir zeigten einer Vizekonsulin

Fotos der notariell beglaubigten Dokumente. Sie bestätigte die Echtheit des offiziellen Siegels und der Unterschrift Jean Guirauds auf dem Dokument von 1956. Die Unterschrift auf dem Dokument von 1955 war ihr nicht bekannt. Eine kurze Nachprüfung ergab jedoch, daß der Unterzeichner Olivier de Saint-Germain damals im Konsulat gearbeitet hatte, und die Vizekonsulin sah keinen Grund, an der Echtheit seiner Unterschrift zu zweifeln. Andererseits fand sie es merkwürdig, daß das Konsulat sich überhaupt mit der Angelegenheit befaßt hatte. Normalerweise hätte man für eine Transaktion, bei der es um alte Manuskripte ging, nicht die Genehmigung des Konsulats, sondern des französischen Kulturministeriums in Paris beantragen müssen.

Die Vizekonsulin wollte auf unsere Bitte hin überprüfen, ob ein Treffen der genannten Männer im französischen Konsulat, während der entsprechenden Daten der Jahre 1955 und 1956, verzeichnet war. Leider stellte sich heraus – was im Laufe unserer Nachforschungen noch häufiger vorkam –, daß so alte Aufzeichnungen bereits vernichtet waren. Es bestand keine Aussicht, Angaben über eine Transaktion zu finden, die mehr als ein Vierteljahrhundert zurücklag.

Alles schien recht einleuchtend, was das französische Konsulat, Lloyds und den Bund Antiquarischer Buchhändler betraf. Die Indizien deuteten darauf hin, daß die notariell beglaubigten Dokumente echt waren. Da inzwischen so viele Jahre verflossen waren, blieben uns sowohl weitere Einzelheiten wie definitive Beweise vorenthalten. Das Material, das uns zugänglich wurde, erwies sich als immer weniger stichhaltig. Hatte man Spuren verwischt, oder waren die Vorgänge nach einem so langen Zeitraum einfach ganz normal?

Ein englischer Notar. Patrick J. Freeman, der Mann, der die Dokumente notariell beglaubigt hatte, praktizierte immer noch und wurde von uns interviewt. Unsere Farbfotos verblüfften ihn. Er sagte, das benutzte Papier entspreche dem seiner Firma; es handele sich zweifellos um sein Siegel und seine Unterschrift und anscheinend auch um seine Schreibmaschine. Die Dokumente seien offenkundig in seinem Büro aufgesetzt worden, aber er könne sich an keine Transaktion erinnern, welche die Einfuhr von Pergamenten aus Frankreich nach England zum Gegenstand hatte.

Kurz darauf trafen wir zum zweitenmal mit Mr. Freeman zusammen. Inzwischen hatte eine Überprüfung seiner Akten ergeben, daß es am 5. Oktober 1955 in der Tat zu einer Transaktion mit Nutting, Clowes und Leathers gekommen war – mit den Männern, deren Unterschriften auf dem an diesem Tag ausgestellten Dokument erschienen. Den Aufzeichnungen zufolge hatte Mr. Freeman für jeden von ihnen eine Erklärung unterzeichnet und ausgefertigt, die die Echtheit ihrer Unterschriften bestätigte. Dies sei damals das normale Verfahren gewesen. Im Jahre 1955 habe die französische Regierung verfügt, daß jeder, der eine Versicherungsgesellschaft in Frankreich legal repräsentieren wolle, eine notariell beglaubigte Unterschrift vorzulegen habe. Mr. Freeman konnte also bestätigen, daß ein Teil der Dokumente, die uns interessierten – nämlich seine Beglaubigungen der Unterschriften –, echt war. Aber in seinen Unterlagen waren Saunières Urkunden, Ahnentafeln oder die Einfuhr solcher Gegenstände nach England mit keinem Wort erwähnt.

Weiterhin bekräftigte Mr. Freeman, daß Lord Selborne am 23. Juli 1956 – dies war das Datum des zweiten Dokuments – eine Transaktion vorgenommen habe.

Doch nach seinen Unterlagen handelte es sich dabei auch nur um die Beglaubigung einer Unterschrift. Wiederum war nichts anderes erwähnt.

Mr. Freeman hatte auch keine Erklärung für die weiteren Details: für den Antrag von 1955, Saunières Urkunden nach England zu importieren, und das Ersuchen von 1956, sie für fünfundzwanzig Jahre in England aufzubewahren. Dies sei ihm unverständlich, denn er habe ein gutes Gedächtnis, besonders für ungewöhnliche Transaktionen solcher Art. Außerdem bewahre er Durchschläge von allen Papieren auf, die in seinem Auftrag aufgesetzt würden. Er räumte ein, daß zumindest ein Teil der Dokumente nur von ihm abgefaßt worden sein könne, doch weder sein Gedächtnis noch seine Aufzeichnungen verrieten etwas über weitere Details der Angelegenheit.

Wir hatten uns festgefahren. Einerseits gab Mr. Freeman zu, die Dokumente müßten in seinem Büro – unter Benutzung seines Papiers, seiner Schreibmaschine, seines Siegels – entstanden sein. Andererseits bestritt er jede Kenntnis ihres Inhalts und beharrte darauf, daß nur er die Unterschrift der Männer beglaubigt haben könne. Wir erwogen die Möglichkeit, daß er irgendwie getäuscht worden sei – indem man ihn etwa aufforderte, etwas Unwichtiges zu unterzeichnen, um später etwas Wichtigeres auf die Rückseite des Blattes zu tippen. Solche Erklärungen schienen nicht sehr einleuchtend. Der Text, der die Urkunden betraf, war offenkundig auf derselben Maschine getippt worden wie der Text, in dem Mr. Freeman die Echtheit der Unterschriften beglaubigte. Es schien auch unmöglich, das Blatt später in eine Schreibmaschine einzulegen, ohne das Siegel des Notars zu beschädigen. Wie also konnte ein gefälschter Textteil nachträglich hinzugefügt worden sein? Was als etwas verblüffendes, aber lösbares Problem begonnen hatte, nahm nun unerwartete Ausmaße an.

Verdacht auf Fälschung. Wir hatten bei Lloyds Bank, dem Bund Antiquarischer Buchhändler, dem französischen Konsulat und Patrick J. Freeman Nachforschungen angestellt. Danach blieb noch Guardian Assurance, jene Gesellschaft, in deren Aufsichtsrat so viele der erwähnten Männer vertreten waren. Im Jahre 1968 hatte die alte Guardian Assurance Company mit Royal Exchange zur heutigen Guardian Royal Exchange Assurance fusioniert. Im Oktober 1983 trafen wir uns mit dem Geschäftsführer der Firma und zeigten ihm Fotos der notariell beglaubigten Dokumente sowie der Unterschriften ihrer früheren Aufsichtsräte. Er zeigte sich äußerst überrascht und schlug uns ein Gespräch mit Ernest Bigland vor, einem früheren stellvertretenden Vorstandsvorsitzenden, der in den Jahren 1955 und 1956 Geschäftsführer gewesen war.

Während ein Treffen zwischen uns und Mr. Bigland arrangiert wurde, nahmen wir Kontakt mit dem Generaldirektor der Firma auf. Wie sich herausstellte, hatte er unser erstes Buch gelesen, war mit der Geschichte vertraut und freute sich auf die Gelegenheit, uns bei unseren Forschungen zu helfen. Er erklärte sich persönlich bereit, die alten Unterlagen der Gesellschaft zu prüfen. Dabei kam etwas Faszinierendes heraus: An dem Tag, an dem das erste Dokument notariell beglaubigt worden war, nämlich am 5. Oktober 1955, hatte eine außerplanmäßige Sitzung des Vorstands von Guardian Assurance stattgefunden.

Ein paar Tage später lieferte Guardian Royal Exchange Assurance uns Fotokopien der Anwesenheitslisten von Vorstandssitzungen im Herbst 1955; auch die außerplanmäßige Sitzung vom 5. Oktober war aufgeführt. Die Fotokopien zeigten die Unterschriften der Vorstandsmitglieder, die sich vor dem Ereignis in das Buch eingetragen hatten. Am Kopf der Seite fand sich die Unterschrift des Vorsitzenden Baron Blackford, unter ihr die von Viscount Leathers, Major Clowes und Captain Nutting. Zu unserer Überraschung hatten die Unterschriften nichts mit denen aus den notariell beglaubigten Dokumenten gemeinsam. Es waren nicht einmal grobe Fälschungen!

Wir waren wie vor den Kopf gestoßen. Plötzlich war unsere Untersuchung in eine völlig andere Richtung gedrängt, wenn nicht zunichte gemacht worden, ohne daß es eine logische Erklärung dafür gab. Waren die notariell beglaubigten Dokumente Fälschungen, oder waren sie echt? Wenn es sich um Fälschungen handelte, was war dann der Zweck der Täuschung? Und warum hatte man einen so offensichtlichen Betrug versucht? Wer die Unterschrift eines anderen fälschen will, versucht es gewöhnlich mit einer passablen Imitation.

Man verwendet keine Unterschrift, die nicht die geringste Ähnlichkeit mit dem Original aufweist. Schließlich wäre es einfach gewesen, die Originalunterschriften zu finden, etwa im Firmenregister, in den Jahresberichten von Guardian Assurance, in verschiedenen anderen Unterlagen. Und wenn die Unterschriften auf den Dokumenten Fälschungen waren, weshalb hatte Patrick J. Freeman dies nicht erwähnt? Im Gegenteil, er hatte bestätigt, die Echtheit der Unterschriften an den genannten Tagen beglaubigt zu haben.

Außerdem, wenn die Dokumente Fälschungen waren, wer hatte sie angefertigt? Und warum? Was erklärt die Auswahl gerade dieser Engländer? War es ein purer Zufall, daß so viele von ihnen mit Guardian Assurance zu tun hatten, oder hatte diese Verbindung aus irgendeinem Grunde besonderes Gewicht für den Fälscher?

Das Rätsel verdichtet sich. Im Februar 1984 trafen wir uns mit Ernest Bigland, dem früheren Geschäftsführer von Guardian Assurance. Mr. Bigland war von unserer Geschichte fasziniert. Damit nicht genug, er sah in ihr einen gewissen Sinn – oder hielt sie jedenfalls nicht für ganz unentwirrbar.

Vor allem war er weniger geneigt als wir, an eine Fälschung zu glauben. Die Abweichungen zwischen den Unterschriften in der Anwesenheitsliste der Vorstandsmitglieder und denen auf notariell beglaubigten Dokumenten beeindruckten ihn nicht. Solche Abweichungen hätten nichts zu bedeuten; Männer wie diese benutzten oft mehr als eine Unterschrift. Sie verwendeten möglicherweise ein hingeworfenes Gekritzel für routinemäßige Geschäftsvorgänge oder für rein firmeninterne Zwecke und eine sorgfältigere Version – etwa bei den Dokumenten – für wichtige oder offizielle Gelegenheiten. Mr. Bigland, der alle erwähnten Männer zu Lebzeiten gekannt und häufig mit ihnen zu tun gehabt hatte, zeigte sich im großen und ganzen bereit, die Unterschriften auf den Dokumenten als echt zu akzeptieren. Und er kam auf das zu sprechen, was auch uns aufgefallen war: Wenn die Unterschriften gefälscht waren, wieso hatte sich dann der Notar, Patrick J. Freeman, nicht dazu geäußert?

Mr. Bigland erinnerte sich sogar vage – die Sache lag ja schließlich dreißig Jahre zurück –, daß Baron Blackford, der Vorstandsvorsitzende, einmal äußerst wichtige Urkunden oder Pergamente erwähnt hatte, die aus Frankreich eingetroffen seien. Baron Blackford habe von der Notwendigkeit gesprochen, sie in einem Schließfach zu deponieren. Diese Bemerkungen seien, wenn er sich recht erinnere, in einer belanglosen Unterhaltung nach einer Vorstandssitzung gefallen. Mr. Bigland habe das für eine Privatangelegenheit gehalten, die ihm unverständlich geblieben sei, weshalb er ein rein antiquarisches Interesse vermutet habe. Über solche Dinge sei unter Vorstandsmitgliedern von Guardian Assurance in den fünfziger Jahren oft gesprochen worden. Er nannte zwei andere Vorstandsmitglieder, die ein gleiches Interesse bekundet hatten. Einer von ihnen habe ein Château in Südfrankreich besessen und sei ein leidenschaftlicher Sammler von Antiquitäten und wertvollen Manuskripten gewesen. Der zweite, ebenfalls ein Sammler, habe ein Original der Magna Charta im Wert von rund einer halben Million Pfund sein eigen genannt.

Schließlich sprach Mr. Bigland von Captain Ronald Stansmore Nutting. Unter den Vorstandsmitgliedern von Guardian Assurance habe Nutting die engsten Beziehungen zu Sir Alexander Aikman, Major Hugh Clowes und Baron Blackford gehabt. Er sei auch mit Sir John Montague Brocklebank von Cunard eng befreundet gewesen. Mr. Bigland bestätigte, daß Captain Nutting ein früherer Mitarbeiter von MI 5 gewesen sei; übrigens hätten auch mindestens einer der Abteilungsleiter von Guardian Assurance und der damalige Firmenvertreter in Frankreich als SOE-Agenten gearbeitet.[9]

Diese Informationen, so vage sie klangen, schienen die Echtheit der beglaubigten Dokumente zu unterstreichen. Wenn schon der frühere Geschäftsführer von Guardian Assurance die Unterschriften als echt akzeptierte – was konnten wir dann anderes tun? Das Pendel hatte sich wieder in den positiven Bereich zurückbewegt. Aber es war noch nicht ganz zur Ruhe gekommen.

Stillstand. Wir trafen von neuem mit Patrick J. Freeman zusammen. Wiederum bestritt er nachdrücklich jede Kenntnis der Transaktion, auf die sich die beglaubigten Dokumente bezogen. Wiederum erklärte er, die Sache sei ihm unverständlich. Und wiederum überlegte er – und wir mit ihm –, ob der Text der Dokumente irgendwie nachträglich hinzugefügt worden sein könnte, vielleicht Jahre später im Anschluß an einen Routinetext. Bislang hatten wir diese Variante ausgeschlossen, weil es uns unmöglich erschien, das Blatt ohne Beschädigung von Mr. Freemans Siegel in eine Schreibmaschine einzuspannen. Nun aber fragten wir ihn gezielt nach seinem Siegel. Er sagte, es sei nicht aus Wachs, er bezweifele aber, daß man es in eine Schreibmaschine einspannen und darüber hinwegtippen könne. Trotzdem holte er eines hervor; es bestand aus einer dünnen Papierscheibe, die auf das Blatt geklebt war und dann mit einem Prägestempel beschriftet wurde. Wir benutzten Mr. Freemans Papier und Schreibmaschine für einen Test, und wie sich herausstellte, konnte man ein Blatt mit dem Siegel tatsächlich in die Maschine einspannen und darauf einen Text tippen.

Während wir über diese neue Tatsache nachdachten, betrachtete Mr. Freeman noch einmal die Texte, die er und wir immer wieder gelesen hatten. Plötzlich bemerkte er etwas. Auf den ersten Blick schien es trivial, ein kleiner Patzer, den die meisten Leser, auch wir selbst, nicht bemerkt hätten. Dann aber wurde der kleine Patzer zu jenem wichtigen Punkt, mit dessen Hilfe sich, zumindest was das Dokument von 1956 betraf, eine Fälschung nachweisen ließ.

Das Dokument von 1956 trug Lord Selbornes Unterschrift, und der Text besagte, Saunières Urkunden würden in einem Schließfach der Lloyds Bank Europe aufbewahrt. Hier hakte Mr. Freeman ein: Wie uns Lloyds bestätigte, hatte Lloyds Bank Europe im Jahre 1956 noch gar nicht existiert. Damals hießen die europäischen Zweigstellen Lloyds Bank Foreign, und sie wurden erst am 29. Januar 1964 zu Lloyds Bank Europe. Folglich konnte dieser Teil des Textes unmöglich aus dem Jahre 1956 stammen, sondern er mußte nach 1964 entstanden sein.

Damit war bewiesen, daß wenigstens eines der beiden Dokumente, die Monsieur Plantard uns gezeigt hatte, nicht völlig echt war. Und nun waren auch Zweifel an den früheren Dokumenten von 1955 geweckt, aber hier konnten weder Echtheit noch Unechtheit bewiesen werden.[10] Mit Sicherheit ließ sich nur sagen, daß ein Teil des Dokuments von 1956 auf irgendeine Weise später hergestellt und vordatiert worden war. Das Siegel, Mr. Freemans Text und Unterschrift, Lord Selbornes Unterschrift, der Stempel des französischen Konsulats – dies alles schien durchaus echt zu sein. Mindestens acht Jahre später aber war ein gefälschter Text hinzugefügt worden. Doch zu welchem Zweck? Und wie hatte der Fälscher sich zunächst einmal den gültigen Teil des Dokuments verschafft? Er hätte ferner eine Originalunterschrift von Captain Nutting als Vorlage gehabt – warum also verwendete er dann eine so abweichende Unterschrift?

Eine mögliche Lösung. In *Der Heilige Gral und seine Erben* veröffentlichten wir den Text der vermeintlichen Statuten der Prieuré de Sion. Er trug die Überschrift »Sionis Prioratus«, war auf den 5. Juni 1956 datiert und von Jean Cocteau, dem vermuteten damaligen Großmeister des Ordens unterzeichnet. Die Statuten bestanden aus 22 Artikeln. Die meisten waren kompliziert, andere wirkten bürokratisch, manchmal rituell, doch einer von ihnen, Artikel X, stach durch seine nüchterne Einfachheit hervor: »Zu seiner Aufnahme muß das neue Mitglied seine Geburtsurkunde mitbringen und seine Unterschrift hinterlegen.«

Genau darum ging es letztlich bei den von Patrick J. Freeman beglaubigten Dokumenten: um eine offiziell beglaubigte Geburtsurkunde und Unterschrift. Ein Teil des Dokuments von 1956 war als eindeutige Fälschung entlarvt worden, und der entsprechende Teil des Dokuments von 1955 war nun zwangsläufig suspekt, obwohl man weder seine Echtheit noch Unechtheit beweisen konnte. Unbestreitbar war jedoch, daß Patrick J. Freeman die betreffenden Geburtsurkunden und Unterschriften notariell beglaubigt hatte.

In diesem Zusammenhang müssen wir auf das Baron Blackford zugeschriebene Zitat in dem verfälschten Text von Jania Macgillivrays Artikel (s. Seite 258) zurückkommen: »Die Umstrukturierung [der neuen Organisation] wurde im Jahre 1955 durch die Reformen Jean Cocteaus notwendig, die den Mitgliedern des Ordens Anonymität verweigerten. Damals wurden alle Mitglieder gezwungen, eine Geburtsurkunde und eine notariell beglaubigte Unterschrift vorzulegen. Vielleicht eine Notwendigkeit . . . aber ein Eingriff in die Freiheit.«

Dieses Statement war, woran man erinnern muß, zuerst aufgetaucht, als Janias Artikel verstümmelt wurde, also irgendwann zwischen 1979 und 1981. Wir hatten 1981 eine Kopie vom Marquis de Chérisey erhalten – zwei Jahre bevor Monsieur Plantard uns die notariell beglaubigten Dokumente mit Unterschriften von Männern zeigte, die mit Guardian Assurance zu tun hatten, einer Gesellschaft, deren Vorstandsvorsitzender Baron Blackford war.

Setzte sich der Kreis von Engländern, die in die Angelegenheit verwickelt waren, vielleicht aus langjährigen Mitgliedern der Prieuré de Sion zusammen? Vielleicht waren ihre Verbindungen zur französischen Résistance während des Zweiten Weltkrieges der Grund, dem Orden beizutreten. Vielleicht hatten sie ihm sogar schon länger angehört. Und obwohl Lord Blackford in dem ihm zugeschriebenen Statement anscheinend gegen Artikel X von Cocteaus Statuten aufbegehrte, hatten seine Kollegen sich möglicherweise gefügt, wenn auch widerwillig. Das würde jedenfalls die notariell beglaubigten Geburtsurkunden und Unterschriften erklären.

In einigen Mitteilungen – darunter in solchen von der Prieuré de Sion – war wiederholt von einer Krise oder Umwälzung innerhalb des Ordens im Jahre 1955/56 die Rede gewesen. Eine völlige Spaltung wurde, angeblich, nur durch die diplomatischen Fähigkeiten Pierre Plantards de Saint-Clair vermieden, der den Orden reintegriert haben soll. Ist es möglich, daß die Streitigkeiten von 1955/56 gewisse Mitglieder des Ordens veranlaßten, sich einige wertvolle Materialien, darunter Saunières Urkunden, anzueignen? Die Urkunden wären zumindest ein gutes Pfand gewesen.

Wir meinen, diese Möglichkeit ist nicht ganz von der Hand zu weisen. Aber denkbar ist noch etwas anderes: Wenn Männer wie Viscount Leathers, Major Clowes und Captain Nutting sich Artikel X der Statuten gebeugt hatten, dann werden sie – was ja auch der Fall gewesen zu sein scheint – notariell beglaubigte Kopien ihrer Geburtsurkunden und Unterschriften vorgelegt haben. Dies bedeutet in der Praxis, daß die Leitung der Prieuré de Sion eine Anzahl entsprechender Unterlagen erhielt, die vermutlich zu den Akten genommen wurden. Später – vor allem, wenn die Besitzer tot waren – hätte man die Unterlagen zu jedem beliebigen Zeitpunkt erneut verwenden können. Lord Selborne starb beispielsweise im September 1971. Irgendwann danach hätte man seine Geburtsurkunde und Unterschrift aus den Akten hervorholen, einen Text hinzufügen und ihn auf das Jahr 1956 datieren können. Wenn den Verfassern nicht der Patzer hinsichtlich Lloyds Bank Europe unterlaufen wäre, hätte die Sache nie aufgedeckt werden können.

Gewiß zeichneten sich hier Spuren eines bestimmten Verhaltensmusters ab. Artikel X der Statuten, Baron Blackfords angebliche Verurteilung und die vermutliche Befolgung des Artikels durch Nutting, Clowes, Leathers und Selborne – all das konnte kein reiner Zufall sein. Aber unser Szenario setzte voraus, daß jede mögliche Fälschung in den beglaubigten Dokumenten von der Prieuré de Sion – oder jedenfalls von einigen ihrer Mitglieder – verübt worden war. So plausibel uns dieses Szenario schien, wir konnten die Hinweise nicht ignorieren, daß jemand anders die Hand im Spiel hatte – jemand, der nicht für, sondern gegen die Prieuré de Sion zu arbeiten schien.

Monsieur Plantard hatte zwar schon früher von den notariell beglaubigten Dokumenten gesprochen, aber nie behauptet, sie gesehen zu haben. Er versicherte uns, er habe sie erst im Jahre 1983, kurz bevor er sie uns zeigte, erworben. Wir waren geneigt, ihm zu glauben. Die Entstellung von Captain Nuttings Namen vor 1983 und die allgemeine Verschleierung der Details ließen tatsächlich vermuten, daß Mitglieder der Prieuré de Sion in Frankreich die Dokumente nicht gesehen und sich nur dem

Hörensagen nach geäußert hatten. Zudem war Monsieur Plantard sichtlich schockiert und beunruhigt, als wir ihm von dem Patzer mit Lloyds Bank Europe erzählten. Er flehte uns geradezu an, unsere Nachforschungen fortzusetzen und ihn über jede Neuentwicklung auf dem laufenden zu halten. Daneben stellte er eigene Ermittlungen an, nach denen er bereitwillig, wenn auch voll Bedauern, zugab, daß das Dokument von 1956 gefälscht war. Dies alles bestärkte uns in der Ansicht, daß der Versuch, uns irrezuführen, nicht von Monsieur Plantard ausgegangen war (wenn es einen solchen Versuch gegeben hatte). Im Gegenteil, es schien, er selbst sollte irregeführt werden, und wir spielten nur zufällig eine Rolle dabei. Offensichtlich waren wir einfach in eine dunkle Intrige, ein unsichtbares Spiel zwischen der Prieuré de Sion und jemand anderem geraten.

Wenn man es mit einem Problem wie dem der notariell beglaubigten Dokumente zu tun hat, neigt man instinktiv zu einem Entweder-Oder. Entweder sind die Dokumente echt, oder sie sind es nicht. Wenn nicht, kann man sie nicht ernst nehmen und muß sie rückhaltlos ablehnen. In diesem Falle aber lagen die Dinge nicht so bequem einfach. Eines der Dokumente – oder zumindest ein Teil davon – hatte sich nachweislich als Fälschung erwiesen. Andererseits hatte die ganze Angelegenheit zu viele Aspekte – etwa Mr. Biglands Erklärung uns gegenüber –, die ziemlich solide waren und weitere Ermittlungen rechtfertigten. Je gründlicher wir der Sache nachgingen, desto klarer wurde uns, daß wir es nicht mit eindeutig echten Dokumenten oder mit bloßen Fälschungen zu tun hatten. Im Gegenteil, wir waren auf etwas gestoßen, das zwischen Wahrheit und Unwahrheit lag. Diese Kategorie des Dazwischen ist Geheimdienstlern recht vertraut, sie ist der Bereich ihrer Tätigkeiten. Sie heißt Desinformation. Dabei handelt es sich um die bewußte, kalkulierte Verbreitung zweifelhafter – teils wahrer, teils falscher – Angaben, mit deren Hilfe man etwas verbergen, Menschen von etwas ablenken, die Aufmerksamkeit in die eine oder andere Nebenrichtung umleiten will. Und die besten Lügen sind nicht pure Erfindungen, sondern Umschreibungen oder Variationen der Wahrheit. Die wirksamste Desinformation enthält immer einen wahren Kern. Von diesem Kern geht dann ein Labyrinth von Sackgassen und Irrwegen aus.

Wir und Monsieur Plantard waren die Opfer einer Desinformation gewesen. Wer immer sie ersonnen hatte, wußte ganz genau, was Pierre Plantard in den beglaubigten Dokumenten zu finden hoffte – so genau, daß er Plantard überzeugte, es tatsächlich gefunden zu haben. Wer immer verantwortlich war, kannte nicht nur Monsieur Plantard sehr gut, sondern auch die Prieuré de Sion, war sehr gut über die Umstände der Angelegenheit informiert und verfügte über einige eindrucksvolle Hilfsmittel. Der Betrug konnte nicht die Arbeit eines Amateurs sein. Dazu war er zu raffiniert, zu routiniert ersonnen.

Unser Verdacht richtete sich zwangsläufig auf die Geheimdienste Großbritanniens, Frankreichs oder sogar (obwohl wir bisher kein Motiv zu erkennen vermochten) der Vereinigten Staaten. Captain Nutting war von einem seiner Partner mit dem britischen Nachrichtendienst in Verbindung gebracht worden. Wir hatten auch Gründe dafür, eine Beteiligung des französischen Dienstes für Innere Sicherheit zu vermuten. Einem uns bekannten Journalisten war, während er in Paris arbeitete, von einem Beamten des französischen Sicherheitsdienstes nahegelegt worden, *Der Heilige Gral und seine Erben* zu lesen, weil das Buch, wie der Beamte geheimnisvoll andeutete, für aktuelle politische Fragen von Bedeutung sei. Außerdem darf man nicht vergessen, daß Versicherungsvertreter, die Mitte der fünfziger Jahre in Frankreich tätig waren, laut Gesetz notariell beglaubigte Geburtsurkunden und Unterschriften vorzulegen hatten. Die französische Regierung hätte also mühelos Zugang zu den Geburtsurkunden und Unterschriften der Männer gehabt, deren Namen auf den beglaubigten Dokumenten enthalten waren.[11]

Aber ein anderer Geheimdienst war gleichermaßen verdächtig. Er hatte während des Zweiten Weltkrieges sowohl mit dem britischen Nachrichtendienst wie mit dem amerikanischen OSS zusammengearbeitet, war bis in die Gegenwart aktiv geblieben und unterhielt enge Kontakte zur CIA und zum Vatikan. Seinem Charakter nach hatte er ein direktes und grundlegendes Interesse an allem, was sich auf das Christentum im allgemeinen und auf Jesus im besonderen bezog. Ihm gehörten – jedenfalls wurde uns dies später mitgeteilt – gewisse Mitglieder der Prieuré de Sion an, obwohl die beiden Organisationen einander in vieler Hinsicht diametral entgegengesetzt zu sein scheinen. Und Saunières Urkunden sollen in seine Archive gelangt sein. Es handelt sich um den Geheimdienst der Malteserritter.

19. Die anonymen Schriften

Als Monsieur Plantard uns im Frühjahr 1983 die Originale der notariell beglaubigten Dokumente zeigte, machte er zur Bedingung, daß wir mit niemandem über sie sprechen und ihren Wortlaut nicht publizieren sollten. Wenn etwas bekannt werde, könne dies unangenehme Folgen haben.

Bestimmte interessierte Gruppen – darunter, wie er andeutete, die französische Regierung – könnten sich der von Saunière gefundenen Urkunden zu bemächtigen oder sie durch einen Trick an sich zu bringen versuchen, und dann werde man sie nie wiedersehen. Sie würden dann ganz einfach als Staatsgeheimnisse in irgendeinem Archiv verschwinden. Im Gegensatz zu englischen und amerikanischen Archiven bleiben die französischen meist geschlossen.

Wir stimmten Monsieur Plantard zu und erklärten uns einverstanden, nichts über die Dokumente verlauten zu lassen, bis die Prieuré de Sion oder ihre Mitglieder dies getan hätten, und wir willigten ein, die Dokumente oder ihren Text nicht zu publizieren, bevor sie ohnehin an die Öffentlichkeit gelangt waren.

Im November 1983 übersandte uns Louis Vazart einen gerade fertiggestellten Text über Dagobert II. und einige andere historische Fragen im Zusammenhang mit unserer Arbeit. Es handelte sich um die gebundene Fotokopie eines Buchmanuskripts. Zu unserem Erstaunen enthielt es undeutliche Fotos der beglaubigten Dokumente.

Wir waren verdutzt. Warum hatte Monsieur Vazart die Dokumente veröffentlicht, wenn sie den Interessen der Prieuré de Sion schaden konnten? Und weshalb hatte Monsieur Plantard uns auf Geheimhaltung eingeschworen, wenn Louis Vazart die Dokumente in einem Buch reproduzieren wollte, längst bevor wir daran hätten denken können? Wir konnten uns nicht vorstellen, daß Vazart einen solchen Schritt ohne Plantards Kenntnis und Billigung unternommen hatte. In dem Moment, als wir Monsieur Plantard diese Fragen vorlegen wollten, nahmen die Ereignisse eine überraschende Wendung.

Mitte Dezember 1983 erhielten wir ein anonymes

Schreiben mit der Post – ein Machwerk von jener Art, die man von der französischen und italienischen Politik her kennt. Später erfuhren wir, daß dieses Schreiben nicht nur an uns verschickt worden war, sondern auch an andere Adressaten in Frankreich. Es bestand aus einer einzigen, sehr nachlässig getippten und dann fotokopierten Seite. Der Text war eine Vorankündigung eines Buches von Jean-Luc Chaumeil, dem Mann, der als Abgesandter der Prieuré de Sion agiert hatte, als wir im Jahre 1979 zum erstenmal Kontakt mit dem Orden aufnahmen. Später war Monsieur Chaumeil, wie oben ausgeführt, von dem Orden verstoßen worden.

Nichts in dem Text bewies, daß Monsieur Chaumeil selbst die Schrift verfaßt hatte. Das Blatt machte jedoch diesen Eindruck. An der oberen linken Ecke befand sich ein Emblem: eine geballte Faust mit einer Rose – das Symbol der französischen Sozialistischen Partei. Am Kopf der Seite verkündeten Großbuchstaben: »AB NÄCHSTEN JANUAR IN ALLEN BUCHLÄDEN: DIE DOKTRIN DER PRIEURÉ DE SION (FÜNF BÄNDE) JEAN-LUC CHAUMEIL.« Darunter folgender Text: »›Ich wurde von der Prieuré de Sion dahingehend beeinflußt, mein Buch *Le trésor du triangle d'or* [Der Schatz des goldenen Dreiecks] zu schreiben‹, erklärt J.-L. Chaumeil. ›Nun werde ich die ganze Wahrheit hinsichtlich dieser Affäre enthüllen.‹ Das Buch wird aufdecken, daß *L'Enigme sacrée* [französischer Titel von *Der Heilige Gral und seine Erben*] nichts als ein Riesenschwindel ist ohne jede ernsthafte Grundlage. Außerdem ist Pierre Plantard seit 1981 nicht mehr Großmeister, [und] die Prieuré wird von einer Engländerin namens Ann Evans geleitet, der wahren Autorin dieses paranoiden Hirngespinstes!

Pierre Plantard ist nichts als ein [nun werden Monsieur

Plantard, Monsieur Vazart und der Kurator des Museums von Stenay verleumdet, völlig unbegründet].[1]

In diesem Zusammenhang sei daran erinnert, dáß Pierre Plantard im Jahre 1952 für den illegalen Transfer von Goldbarren im Werte von mehr als hundert Millionen [Francs] aus Frankreich in die Schweiz (zur Union des Banques Suisses) sorgte . . .«

Es folgt eine üble persönliche Beleidigung Monsieur Plantards, die wir aus juristischen Gründen nicht wiederholen möchten und die ohnehin nicht das geringste mit unserer Geschichte zu tun hat. Der Text fährt dann fort:

»Diese Affäre wurde, wie die anderen, vertuscht, weil Pierre Plantard zu Beginn des Jahres 1958 ein Geheimagent de Gaulles war und das Sekretariat der Komitees für öffentliche Sicherheit übernommen hatte. Im Jahre 1960 verband er sich mit . . . Gérard de Sède und sicherte sich auch André Malraux' Unterstützung, um die Affäre Gisors hochzuspielen, in die . . . eine andere . . . Person, nämlich Philippe de Chérisey, verwickelt war . . .[2]

Im Jahre 1980 gründeten ein gewisser J.-P. Deloux und Bretigny [die Zeitschriften] *Inexpliqué, Atlas* und *Nostra* unter der Ägide von Gregory Pons, einem Mitglied der Prieuré de Sion. Sie veröffentlichten *Rennes-le-Château: capital secrète,* ein buntes Bändchen mit der Auflage von 220 000 Exemplaren. Als dies geschafft war, hatte *Nostra* die Aufgabe, Plantard zum künftigen Grand Monarque zu proklamieren, und nun unterstützt *Hebdo-Magazine* Jacques Chirac, der dem klingenden Appell der Prieuré wirklich sehr gut Folge leistet . . .«

Nur der erste Absatz dieses Textes enthält ein angebliches Direktzitat von Monsieur Chaumeil. Alles andere soll den Eindruck erwecken, es handle sich um Chaumeils Worte. Nichts deutet darauf hin, daß diese Worte wirklich von Jean-Luc Chaumeil stammen oder ob sie ihm von dem Autor der anonymen Schrift in den Mund gelegt wurden.

Der Text enthält offensichtlich einiges, was der Erklärung bedarf; der Leser findet sie in den Anmerkungen am Ende dieses Buches. Darüber hinaus gibt es Bemerkungen, die korrigiert werden müssen. Zumindest in einem Fall konnten wir feststellen, daß der Autor nicht nur übereilte, sondern geradezu abenteuerliche Schlüsse gezogen hat. In den Danksagungen für *Der Heilige Gral und seine Erben* haben wir Ann Evans, unsere literarische Agentin, besonders hervorgehoben, »ohne deren tatkräftige Unterstützung dieses Buch bestimmt niemals fertiggestellt worden wäre«. Aus diesen Worten hat der Verfasser der Schrift offenbar den Schluß gezogen, daß eine rätselhafte Engländerin namens Ann Evans in Wirklichkeit unsere Hauptinformationsquelle und sogar die wahre Verfasserin unseres Buches war. Ein Fauxpas dieser Art ließ alle folgenden Bemerkungen unglaubwürdig erscheinen. Trotzdem lohnt es sich, auf einige Punkte einzugehen.

Erstens ist offenkundig, daß die Schrift juristische Maßnahmen geradezu herausforderte. Wenn uns danach zumute gewesen wäre, hätten wir selbst Klage erheben können; das gleiche galt für Ann Evans. Die auf Vazart, Chérisey und Plantard gemünzten Beschimpfungen und Beleidigungen – von Jacques Chirac gar nicht zu reden – waren sogar noch strafbarer. Der Autor des Textes muß gewußt haben, daß er ein beträchtliches Risiko einging und daß seine Entdeckung gravierende Folgen hätte haben können. Weshalb also wurde der Text geschrieben und verteilt? Um Monsieur Chaumeils Standpunkt zu verdeutlichen? Oder um ihn in ein falsches Licht zu rücken? Und wenn ja, warum?

Zweitens verfolgt die Schrift das eindeutige Ziel, Monsieur Plantard und die Prieuré de Sion zu desavouieren. Aber dem Autor gelingt, entweder durch grobe Unfähigkeit oder listige Planung, nur das Gegenteil. Was immer Monsieur Plantards moralische Verfehlungen sein mögen, er erscheint als einflußreiche Persönlichkeit, als Geheimagent von de Gaulle nämlich, als jemand, der das Generalsekretariat der Komitees für öffentliche Sicherheit innehat, der die Hilfe von keinem Geringeren als André Malraux beanspruchen, gewaltige Geldsummen verschieben kann und, obwohl er angeblich vor Gericht erscheinen müßte, straflos davonkommt. Infolge dieser Vorwürfe erscheint Monsieur Plantard geradezu unheimlich, und keinesfalls wird seine Bedeutung geschmälert; ebensowenig wie die der Prieuré de Sion. Die Schrift deutet die Möglichkeit einer Beeinflussung von seiten der Prieuré an, etwa jemanden dazu zu bringen, ein Buch zu schreiben; diese bestimmt den Inhalt einiger Zeitschriften, sie kann Material nach Belieben veröffentlichen oder zurückhalten; sie hat Zugang zu den Medien und, wie man annehmen muß, erhebliche Einkünfte; sie ist sich der Sympathie Jacques Chiracs sicher. Wiederum ergibt sich der Eindruck einer Organisation, die vielleicht unheimlicher, auf keinen Fall aber weniger einflußreich oder mächtig ist als erwartet. Wenn die Schrift den Zweck hatte, Monsieur Plantard und die Prieuré de Sion »klein und häßlich zu machen«, war der anonyme Autor auf recht seltsame Weise vorgegangen.

Gestohlenes Archivmaterial. Um ein Treffen zu vereinbaren und Informationen über diesen Handzettel einzuholen, rief einer unserer Mitarbeiter in Paris bei Monsieur

Chaumeil an. Bei einer späteren Begegnung taten wir das gleiche. Bei beiden Gelegenheiten beteuerte Monsieur Chaumeil seine Unschuld. Er sei nicht für dieses Blatt verantwortlich. Zwar weise er keine der aufgestellten Behauptungen zurück, bestreite jedoch, sie verfaßt zu haben. Man wolle ihn denunzieren, was nicht ganz auszuschließen war. Monsieur Chaumeil erlaubte sich, im Privatleben wie in der Öffentlichkeit, gelegentlich recht taktlose, um nicht zu sagen bissige Sprüche. In einem seiner Bücher *(Du premier au dernier templier:* Vom ersten bis zum letzten Tempelritter), von dem er uns freundlicherweise ein Exemplar überließ, hatte er uns auf eine Weise angegriffen, daß einem durchaus die Zornesröte ins Gesicht hätte steigen können. Einige seiner Opfer verfügten nicht über unseren Humor, und sie hätten es ihm wahrscheinlich nur zu gern heimgezahlt.

Bei dem Treffen mit unserem Mitarbeiter hatte er sich nervös gezeigt, wie wir hörten. Anscheinend war Monsieur Plantard gewillt, gerichtliche Maßnahmen zu ergreifen. Wenn Chaumeil wirklich unschuldig war, wie er beteuerte, mußte er dies nun vielleicht jedoch vor Gericht beweisen.

Ein paar Tage nach Erhalt der anonymen Sendung traf ein Bündel Papiere von Monsieur Plantard ein. Vermutlich wußte er nicht, daß wir das Pamphlet bereits bekommen hatten, und legte uns ein Exemplar bei. Darüber hinaus enthielt die Sendung eine Erwiderung auf die Schrift in Form eines vorzüglich gedruckten Flugblatts mit dem Titel *La Camisole Bulletin »Torchon-Réponse« No. 1;* der Text stammte von Louis Vazart und war nicht weniger beleidigend als das Pamphlet, allerdings verständlicher formuliert. Unter den Papieren befand sich auch die Kopie eines Briefes von Plantard, in dem Chaumeil bezichtigt wurde, der Urheber der Schrift zu sein. Folglich forderte Plantard von ihm einen formellen öffentlichen Widerruf. Sollte dieser Widerruf nicht erfolgen, werde er – wie Louis Vazart und der Marquis de Chérisey – Anklage wegen Ehrabschneidung erheben.

Die folgenden Weihnachtsfeiertage brachten Frieden, jedenfalls zwischen den sich befehdenden Parteien in Paris. Im neuen Jahr hoben die Feindseligkeiten wieder an. In der ersten Februarwoche erhielten wir eine weitere Sendung mit Dokumenten von Monsieur Plantard, der uns weiterhin auf dem laufenden halten wollte. Das wichtigste Stück dieser neuen Sendung bestand aus einem zweiseitigen Text vom 17. Januar 1984. Die erste Seite trug den offiziellen Briefkopf der Prieuré de Sion, den wir nun zum erstenmal sahen, vor allem ein Wappen mit den Buchstaben R und C, mutmaßlich für Rose Croix. Außerdem enthielt die Seite etwas, was wie der Gummistempel eines offiziellen Siegels aussah: das R+C-Wappen, umschlossen von zwei konzentrischen Kreisen mit »Prieuré de Sion – Secretariat Général« und darunter die Unterschrift von Monsieur Plantard. Die obere linke Ecke enthielt eine Art Aktenzeichen: 3/3/6/84. Der Brief war mit »Mise en Garde« (Warnung) überschrieben und mit den typischen Freimaurervermerken adressiert: *Confidentielle à nos F . . .* (Vertraulich, an unsere Brüder . . .). Warum, so fragten wir uns, erhielten Außenseiter wie wir einen solchen Brief? Warum wollte man uns in die Auseinandersetzung zwischen Plantard und Chaumeil hineinziehen?

Der Text der »Mise en Garde« bildete einen krassen Gegensatz zur gewichtigen Förmlichkeit des Briefkopfs. Er bestand aus einer Flut von Beleidigungen und Ausfällen gegen Jean-Luc Chaumeil. Andererseits erklärte der Autor, er wolle zur Aufklärung aller Mitglieder der

Prieuré de Sion eine Art Anklageprotokoll präsentieren. Also begann er: »Wir sind verpflichtet, die vorliegende Mise en Garde vor der . . . als Jean-Luc Chaumeil bekannten Person, geboren am 20. Oktober 1944 in Lille, zu versenden . . ., gegen die am 16. Dezember 1983 von unserem G[roß] M[eister] eine Klageschrift wegen Verleumdung beim Hohen Gerichtshof in Nanterre 92 000 eingebracht wurde.«[3]

Es folgten eine Auswahl der Verleumdungen, deren Chaumeil bezichtigt wurde, sowie, um seinen Unschuldsbeteuerungen zu begegnen, fotokopierte Auszüge in seiner Handschrift. Die zweite Seite enthielt weitere Auszüge und die Anklageschrift, die zwei Kästen mit Archivmaterial der Prieuré de Sion von 1935 bis 1955 erwähnte: »Diese beiden Kästen wurden im Jahre 1967 aus dem damaligen Haus unseres Bruders Philippe de Chérisey gestohlen. Von wem? . . . Dieses bescheidene Päckchen enthielt Briefe unseres verstorbenen G[roß] M[eisters] Jean Cocteau, unserer Brüder Alphonse Juin, André Malraux etc. War J.-L. Chaumeil der Empfänger dieser gestohlenen Gegenstände? Wie auch immer, er versuchte jedenfalls, sie unserem Freund Henry Lincoln aufzudrängen . . .«

Diese Behauptung war eine schamlose Lüge. Chaumeil hatte uns gegenüber bestritten, im Besitz irgendeines Prieuré-Dokuments zu sein oder überhaupt noch ein Interesse an der Prieuré zu haben. Weder bei diesem Treffen noch zu irgendeiner anderen Zeit hatte er versucht, uns Dokumente zu verkaufen oder aufzudrängen. Weshalb wurden wir also wieder in die Sache hineingezogen? Die Prieuré schien jedenfalls so besorgt, daß sie sich zu folgender Warnung veranlaßt sah: »Die Prieuré de Sion und ihre Mitglieder haben kein Interesse an diesem

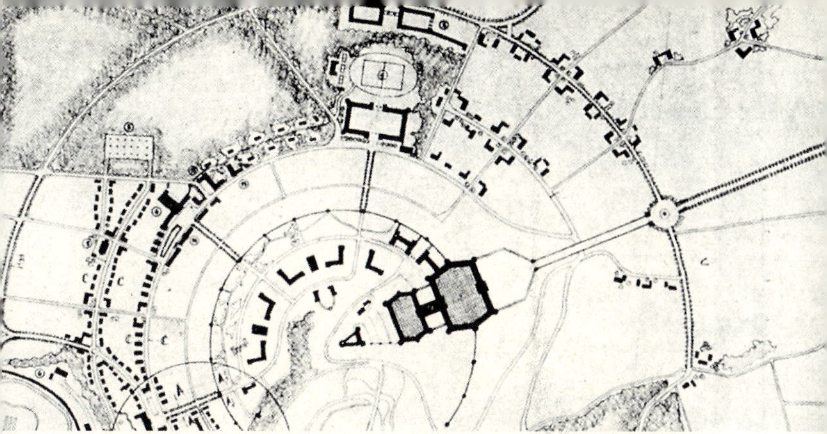

21 *Unten:* Die Krypta unter dem nördlichen Turm von Himmlers Burg in Wewelsburg, die als Kultzentrum der SS vorgesehen war. Drei Stufen führten zu einem Punkt hinab, wo eine heilige Flamme den genauen Mittelpunkt des geplanten Gesamtkomplexes kennzeichnen sollte. Darüber hinaus sollte die Burg den Weltmittelpunkt darstellen.

22 *Oben:* Geplante Bauten in Wewelsburg, 1941.

23 *Unten:* Geplante Bauten in Wewelsburg, 1944. In beiden Plänen ist der Ort, ausgehend vom Nordturm, strahlenförmig angelegt. Die Straße bildet den Schaft bis zur Speerspitze, an deren äußerem Ende die Burg liegt.

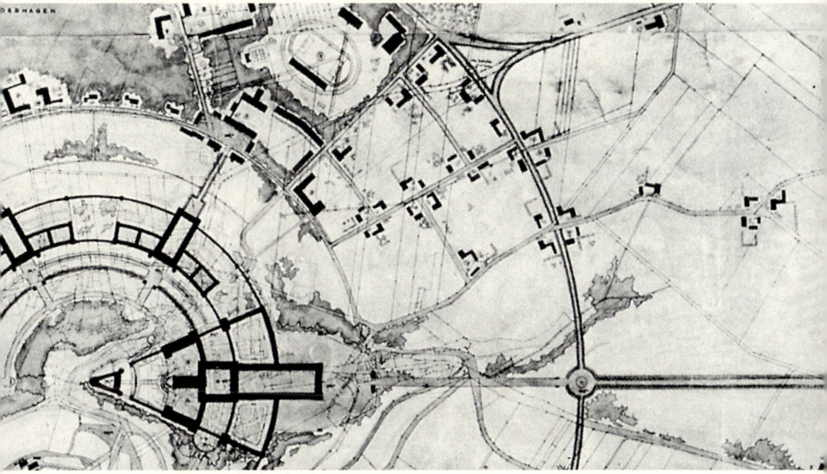

24 Leonardo da Vincis »Abendmahl«, Wandgemälde in S. Maria delle Grazie, Mailand. Man achte auf die Ähnlichkeit zwischen der Darstellung Jesu, in der Mitte, und der zweiten, im Profil gezeigten Gestalt

von links. Läßt sich dies damit erklären, daß Leonardo einer Renaissance-Version des alten Glaubens anhing, Jesus habe einen Zwillingsbruder – Thomas – gehabt?

25 *Oben:* Lenin-Mausoleum, Roter Platz, Moskau; das erste, behelfsmäßige Gebäude, das von Januar bis Juli 1924 benutzt wurde.

26 *Unten:* Das Lenin-Mausoleum aus dem Jahre 1930. Die pyramidenförmige Struktur des Gebäudes erinnert bewußt an die religiöse Architektur der vorchristlichen Zeit.

27 Das Grabmal von Jean Cocteau in der Kirche Saint-Blaise des Simples, Milly la Forêt. Der Innenraum und die Buntglasfenster wurden nach Entwürfen von Cocteau gestaltet.

N° 1 - 1ère Année

21 Septembre 1942

VAINCRE

POUR UNE JEUNE CHEVALERIE

ALPHA · GALATES · HONNEUR · PATRIE

DIRECTION-RÉDACTION, 10, Rue Lebouteux, PARIS (XVIIe)

VAINCRE...

par

Pierre de FRANCE

« Vaincre », mot prestigieux ...eut toujours le pouvoir de ...sembler les peuples, est au...rd'hui le titre de cet organe ...doit redonner à la patrie la ...ssance de vivre, avec un idéal ...valeresque et l'abnégation du ...oi.

Le plus beau parti, voyez...us, c'est l'ensemble de tous ...hommes penchés sur leur ...vail, à l'atelier, dans les Fa...ltés, dans les bureaux, coor...nant leurs volontés dans un ...me idéal d'entr'aide et qui ...fois lèvent la tête en son...ant qu'ils doivent *vaincre* ...r assurer leur avenir.

L'avenir pour eux, ce n'est ni ...e intrigue politique, ni un ...quenard de vendu, ce n'est ...la haine, ni l'anarchie, ce ...st ni la guerre, ni la révolu...n, avec leurs cortèges san...nts; il est beaucoup plus ...ple.

L'avenir, c'est vaincre pour ...re dans la sécurité, avec la ...titude que le salaire ne sera ...s synonyme de mauvaise sur...se, que le travail aura des ...demains réconfortants.

Vaincre, c'est en rentrant ...soi, le soir, après le travail, ...ouver une présence sous la ...e, et, dans un coin, le ber... sur lequel deux fronts vont ...cher.

Vaincre, c'est constituer, sou..., le petit pécule qui assu... la quiétude aux heures de ...ie et permettra peut-être ...de la petite reine de la ... même de la petite maison ...on rêve, ou d'un supplé... à la ration journalière. ...est aussi constituer une dot ...r les filles ou les fils qui, le ...ment venu, devront s'établir ...leur tour.

Vaincre, c'est organiser sa vie ...mme on trace un sillon en ...ofondeur et en rectitude.

Vaincre, c'est l'entr'aide nationale et l'entente des Peuples, unis dans un véritable socialisme, bannissant à jamais les querelles créées par des intérêts capitalistes.

Je connais beaucoup de ces braves travailleurs qui doutent du lendemain, qui vont, chancelant, de déception en déception, durement éconduits par les riches de ce monde aux égoïsmes confortables, ou bien douloureusement déçus par des meneurs cyniques travestis en apôtres.

Ceux-là, que pensent-ils donc?

Ils songent avec anxiété au pain quotidien, à l'avenir proche, à leur sort et à celui des leurs.

C'est toute cette grande famille que je veux grouper sans distinction d'origine ou de parti.

L'âge lui-même n'est pas une limite, parce qu'il y a de faux vieillards et de faux jeunes gens. Il y a des hommes d'âge pour qui le nombre des années n'est jamais que de la jeunesse accumulée, et des jeunes qui ont toujours eu le sens de la direction.

Il faut d'abord être unis, être groupés; il faut être [redacted]x, c'est-à-dire former un Grand Ordre de Chevalerie, parce que, si nous sommes *nombreux et disciplinés, nous serons forts, parce que, si nous sommes forts, nous serons craints et pourrons vaincre*, **c'est-à-dire imposer aux foules une doctrine et un idéal.**

Pierre de FRANCE

En outre, je veux ouvrir le cahier des revendications des travailleurs, centraliser leurs doléances, leurs récriminations, en dégager leurs aspirations communes, les traduire, en être devant les foules, le porte-parole tenace et passionné. *Je veux vaincre avec eux, pour eux.*

C'est pourquoi je veux d'abord créer un état d'esprit, puis appeler les hommes à l'action.

Il s'agit de cristalliser les volontés.

Il s'agit de grouper tous les hommes que n'a pas atteints le microbe politique, *dans une coalition qui dominera le présent et sauvera l'avenir.*

Qu'on le sache bien, pour poursuivre cette tâche, je n'ai pas besoin de l'aide de partis organisés, ...taires complaisants, de fanatiques politiciens.

7 JUIN 1943

SYNTHÈSES DE FORCES

« ...Quand un ruisseau est pollué, il est nécessaire pour trouver l'eau pure de remonter à la source; il en est de même pour la *tradition*, elle n'est restée pure qu'à son origine. »

Paul LECOURT,
Directeur de l'*Atlantis*.

« ...La nouvelle *construction d'Occident* puisera ses forces dans le vieil ordre Celtique, et la Bretagne qui conserve le dépôt inaltéré de la science sacrée, sera très certainement le berceau de l'Ordre Chevaleresque. »

G. TRARIEUX D'EGMONT,
Ecrivain et Poète.

« ...C'est très beau les discours, mais quelle est leur utilité? Voyez-vous ce qu'il faut à notre Patrie, c'est l'action, une *action chevaleresque*, dégagée des intrigues politiques où nos éminences s'embourbent... »

Henry COSTON
Directeur de la *Libre Parole*.

« ...Un Ordre de Chevalerie, mais c'est la pierre de base d'une nation, la France est justement morte pour avoir remplacé ses *Chevaliers par des Cavaliers...* »

FRANCHET D'ESPÉREY
Maréchal de France.

« ...Certes, une Chevalerie est indispensable, car notre pays ne peut *renaître que par ses Chevaliers...* »

Geneviève ZAEPFEL
Directrice
de l'*Arche Nationale*.

Notre ordre n'est pas en quête d'hommes avides de titres ou de rubans.

Ces lignes s'adressent uniquement aux forces saines de mon pays, à ceux qui sont capables de faire don de leur personne pour une cause désintéressée, à ceux qui ont juré, comme nous, de vaincre pour sauver la France.

DÉPOT D'IMP[redacted]

— ORGANE GRATUIT —

1. 70
3058

28 *Links:* Titelseite der ersten Nummer von »Vaincre«, 21. September 1942, mit einem Foto des Herausgebers und Chefredakteurs, Pierre de France (Pierre Plantard de Saint-Clair).

29 *Oben:* Illustration aus der ersten Nummer von »Vaincre«. Der Weg zu den «Vereinigten Staaten des Westens – 1937 bis 1946«, zwischen der Bretagne und Bayern. Unter der Karikatur ist eine Marschall Pétain gewidmete Hymne abgedruckt.

30 *Rechts:* Pierre Plantard de Saint-Clair, Großmeister der Prieuré de Sion vom 17. Januar 1981 bis zum 10. Juli 1984. Foto aus dem Jahre 1982.

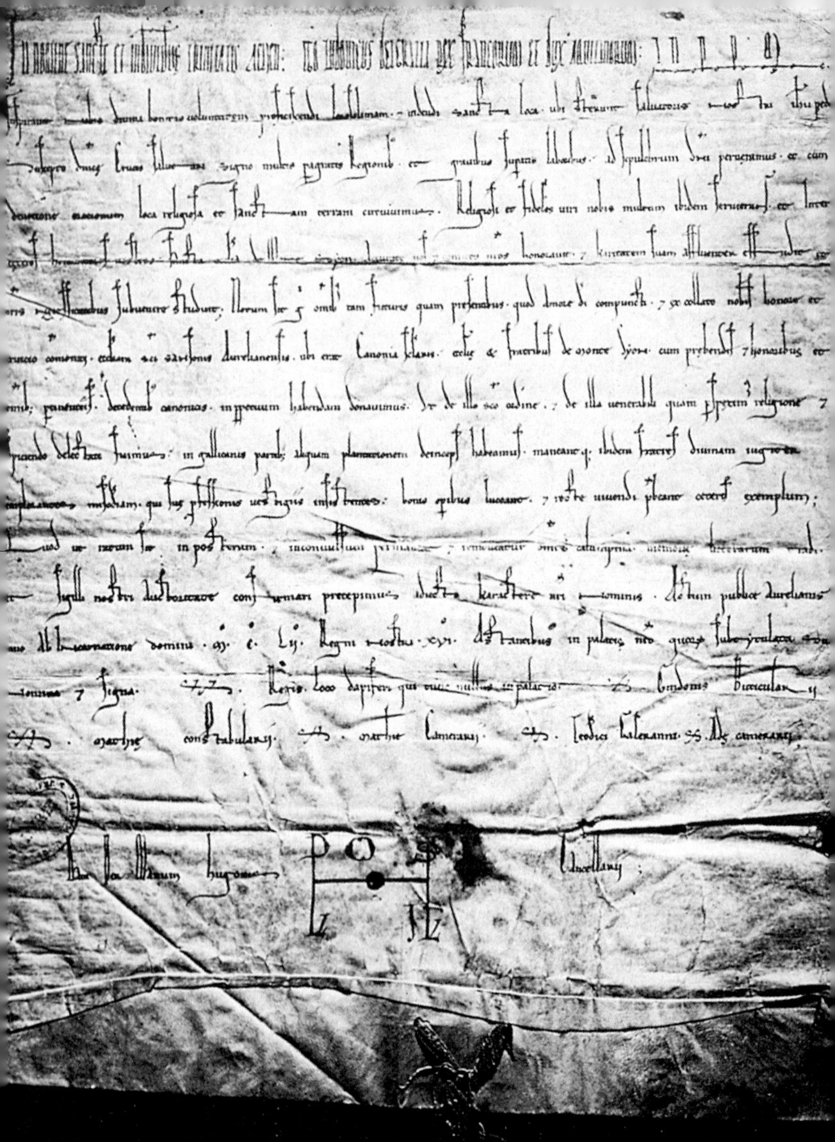

31 Urkunde aus dem Jahre 1152, mit der König Ludwig VII. dem Orden von Zion die Abtei Saint Samson, Orléans, schenkt.

32 Urkunde, in der die ausländischen Besitzungen des Ordens von Zion in Palästina, Sizilien, Neapel, Kalabrien, in der Lombardei, in Spanien und Frankreich bestätigt werden. Dabei handelt es sich um eine offizielle, 1337 angefertigte Kopie des aus dem Jahre 1178 stammenden Originals.

33 *Oben:* Rennes-le-Château, vom Bézu aus gesehen.

34 *Unten:* Das Sals-Tal. Blick vom Roque Nègre auf Rennes-les-Bains.

ETFACTVMESTEVMIN
SAbbATOSECVNdOPRIMO A
bIREPERSCCETESAISCIPVLIAVTEMILLIRISCOE
PERVNTVELLERESPICASETFRICANTESMANIbVS + MA
CAbANTqVIdAMAVTEMdEFARISAEISdT
CEbANTEIECCEqVIAFACIVNTdISCIPVLITVISAb
bATIS + qVOdNONLICETRESPONdENSAVTEMINS
SETXTTAdEOSNVMqVAMhOC
LECISTISqVOdFECITdAVTdqVANdO
ESVRVTIPSEETqVICVMEOERAT + INTROIbITINdOM
dEIET PANESPROPOSITIONIS REdIS
MANdVCAVITETdEdITETqVI bLES
CVMERANTVXqVIbVSNO
NLICEbATMANdVCARESINON SOLIS SACERdOTIbVS

JESVSCVRGOANTCCSEXdTPESPASChAEVENJTTbETbqANIAMVRAT
FVERAOTLAZA•VVSMORTYVVSqVEMMSVSCTYTAVITIYESVSFECCERVNT
LAVTEM•TTCAENAPMTbTETOMARThAhMINISTRRAbATLbAZARVSO
VEROVNXVSERATTE•dISCOVMLENTdTLVSCVJMMARTALERGOACbCEP
TTLXTbRAMYNNGENTTJNARdIPFTSTTCIqPRETTOVSTETVNEXTTPE
dPESIERVAETEXTEJRSTTCAYPTTRTSNSVISPEPdESERTPTETdOMbESTM
PLETTAESTEEXVNGEINTTOdAEREdIXALTERGOVRNVMEXdGTSCTPVLI
TSETVTXTVdAXqCAHJORTISqVIYERATCVbMTRAdITTVRVSqTVAREhOECVN
bENVTVMNONXVENVTTGREEENPATSdENAARVSETdAATVMESGTE
GENTESTdTXTNVTEMhOECNONqVSTAdEEGAENTSPERRTINEbEAT
AdEVTMSEdqVNnFVRELRTETLOVEVLOSbEAbENSECAqVAEMVTTIEbA
NMTVRPOTRAbETEdTXTTEJRGOIESbVSSINEPILLAMVNITXdIEMS
EPVLGTVRAEMSEAESERVNETILLqVdPAVPJERESENhTMSEMPGERhA
bEMTTSNObLTISCVMFMEAVIETMNONSESMPERhAVbEIISEJOGNO
VILTEROTZVRbAMVqLTAEXTMVdAETSTqVTATLOLTEESTXETVENE
ARVNTNONNPROTEPRTESVMETANTVMMSEdVILVZARVMPVTdER
Eh•TqVEMRSVSCTAOVTTAMORRTVTSEPOGTTAVERVNTAhVTEMP
RVTNETPEJSSACERCdOTVMVMTETLAZCARVMTNATERFTCTRENTq
LVTAMVLVTTPROPqTERTLhXVMAbThGNTEXVGT•AETSNETERE d
dEbANTTNTESVM

NO IS

JESV. MEdELA. VVLNERVM + SPES. VNA. PŒNITENTIVM.
PER. MAGdALANÆ. LACHRYMAS + PECCATA. NOSTRA. dILVAS.

35–36 *Oben:* Die beiden ersten Dokumente, die der Abbé Saunière 1891 in der Kirche von Rennes-le-Château fand. Der lateinische Text des ersten Dokuments ist eine Mischung aus Lukas 6, 1–5, Matthäus 12, 1–8, und Markus 2, 23–28; der zweite entstammte Johannes 12, 1–11. Beide enthalten chiffrierte Botschaften.

37 *Links:* Römische Straße zwischen Rennes-le-Château und Rennes-les-Bains. Das dichte Straßennetz der Gegend deutet auf eine weit größere Bevölkerung in früheren Zeiten hin.

38 Der Titus-Bogen in Rom, Ausschnitt. Dargestellt ist der Abtransport eines Teiles des Jerusalemer Tempelschatzes nach Rom.

Geschwätz von . . . J.-L. Chaumeil, und wer sich zum Komplizen bei der Verbreitung von Dokumenten und Verleumdungen macht, riskiert selbst eine Anklage vor dem Hohen Gerichtshof.«

Es folgten weitere Ausfälle gegen Monsieur Chaumeil. Ein offener Widerspruch ließ sich nicht übersehen: Einerseits wurde die Möglichkeit, Chaumeil könne ein Buch über die Prieuré de Sion schreiben, verächtlich abgetan, weil er ja nichts Stichhaltiges über die Prieuré zu Papier bringen könne. Andererseits aber sollten zwei Kästen mit Archivmaterial der Prieuré, die Jahre 1935 bis 1955 betreffend, gestohlen worden sein, und man suggerierte, Monsieur Chaumeil habe Zugang zu ihnen. Weshalb war man so sicher, seine Worte könnten nur »Täuschung« und »reine Erfindung« sein? Uns schien die Prieuré etwas zu heftig zu protestieren. Es lag auf der Hand, daß sie beunruhigt war, über alle persönlichen Beleidigungen und Ehrabschneidungen hinaus.

Der Text der »Mise en Garde« gab uns viel zu denken auf, aber etwas anderes machte uns noch mehr zu schaffen. Am Fuß der zweiten Seite erschienen wieder die beiden Siegel: eines für die Prieuré de Sion als Ganzes, das andere für ihr Generalsekretariat. Unterschrieben hatten es, von links nach rechts, »im Namen der Prieuré de Sion«: John E. Drick, Gaylord Freeman, A. Robert Abboud und Pierre Plantard.

In dem gefälschten Artikel von Jania Macgillivray, der irgendwann zwischen 1979 und 1981 angefertigt worden war, hatte es einen Hinweis auf Gaylord Freeman gegeben. Dort war auch die Rede von einem Triumvirat, bestehend aus Pierre Plantard, Gaylord Freeman und Antonio Merzagora, das nach dem Tod Jean Cocteaus im Jahre 1963 die Macht der Prieuré de Sion ausgeübt habe.

So war uns zumindest der Name Gaylord Freeman nicht unbekannt. Von John E. Drick und A. Robert Abboud hatten wir jedoch noch nie gehört.

Das Treffen in »La Tipia«. Wir hatten die Sendung mit der »Mise en Garde« am 3. Februar 1984, einem Freitag, erhalten. Am 6. Februar, dem folgenden Montag, wollten wir nach Paris fliegen, um Monsieur Plantard zu treffen. Vor unserer Abreise war keine Zeit, Nachforschungen über die Herren Drick, Freeman und Abboud anzustellen.

Monsieur Plantard schlug uns ein Treffen in einer Brasserie namens »La Tipia« an der rue de Rome vor, unmittelbar neben dem Bahnhof Saint-Lazare. Monsieur Plantard meinte, es sei ein günstiger Treffpunkt für ihn, da er mit dem Zug in die Stadt komme. In den folgenden Monaten trafen wir noch öfter in »La Tipia« mit ihm zusammen. Erst später spielte dieses Restaurant eine sehr aufregende Rolle.

Im Unterschied zu allen früheren Begegnungen kam Pierre Plantard allein, ohne das übliche Gefolge von Mitarbeitern. Er schien aufrichtig besorgt wegen einiger Dinge und brannte darauf, uns nicht nur vertrauliche Mitteilungen zu machen, sondern sich in gewisser Hinsicht auch unserer Unterstützung zu versichern. Im Laufe des Gesprächs wurden diverse Punkte angesprochen; wie gewöhnlich weckten die Antworten nur wieder eine Fülle neuer Fragen.

1. Natürlich fragten wir Monsieur Plantard nach Gaylord Freeman, John E. Drick und A. Robert Abboud. Er erwiderte barsch, er sei nicht bereit, diese Frage zu beantworten. Sie beziehe sich auf interne Angelegenheiten der Prieuré de Sion, über die er mit Außenseitern nicht reden könne. Wir schoben das Thema trotzdem nicht

beiseite und erkundigten uns, ob die erwähnten Männer Engländer oder Amerikaner seien. Monsieur Plantard wiederholte nur, was er gerade gesagt hatte – er könne nicht über die internen Angelegenheiten der Prieuré sprechen.

2. Trotzdem begann er einige Aspekte dieser internen Dinge zu erläutern. Großmeister zu sein, meinte er, sei manchmal etwas lästig. Er sagte es halb scherzend, wie ein Vater, der sich über die vielen Pflichten der Eltern beklagt. Wir zeigten uns überrascht, und Monsieur Plantard führte den Gedanken kurz weiter. So etwas sei kein unlösbares Problem, sagte er spontan, aber im Moment gebe es einige Reibereien innerhalb des Ordens, und er müsse sicherstellen, daß sie nicht zu schädigenden Streitereien ausarteten. Die größte Schwierigkeit bereite das anglo-amerikanische Kontingent der Prieuré, das anscheinend eine andere Richtung einschlagen wolle als seine kontinentalen Ordensbrüder. Über weitere Einzelheiten wollte Plantard nicht sprechen. Er zeigte sich jetzt zurückhaltend, als habe er schon zuviel gesagt. Folglich erfuhren wir auch nicht, wer dem anglo-amerikanischen Kontingent angehöre oder worum gestritten würde. Wir mußten rätseln.

3. In der nächsten Phase des Gesprächs hielt Monsieur Plantard inne und begann zu grübeln. Es gebe im Orden zur Zeit zwei Vakanzen, sagte er nachdenklich, und es sei ein großer Vorteil, sie von solchen Ausländern besetzen zu lassen, die der französischen und der kontinentalen Position zuneigten. So könnte der Einfluß des anglo-amerikanischen Kontingents ausgeglichen werden. Eine lange, bedeutungsvolle Pause folgte. Dann wechselten wir das Thema. Einen Augenblick lang hatten wir beinahe geglaubt, Pierre Plantard wolle uns die Mitgliedschaft in

seinem Orden anbieten. Wenn dem so war, weshalb hatte er es nicht getan? Wahrscheinlich wußte er, daß wir das auf keinen Fall akzeptieren konnten und daß wir uns auch nicht zur Geheimhaltung hätten verpflichten können. Zudem hatte Monsieur Plantard von zwei Vakanzen gesprochen, wir aber waren zu dritt.

4. Monsieur Plantard räumte die Wahrheit – besser gesagt: die Halbwahrheit – eines Vorwurfs ein. In dem angeblich von Jean-Luc Chaumeil stammenden Pamphlet war behauptet worden, Plantard habe im Jahre 1952 einen illegalen Goldtransfer von Frankreich in die Schweiz vorgenommen. Monsieur Plantard gab zu, tatsächlich erhebliche Mittel in die Schweiz transferiert zu haben. Eine solche Transaktion sei im Jahre 1984, unter der Regierung Mitterrand, ungesetzlich gewesen, nicht aber in den fünfziger Jahren. Außerdem habe er nicht in seinem eigenen Namen gehandelt. Die transferierten Mittel hätten nichts mit ihm persönlich zu tun gehabt, und er habe in keiner Weise von ihnen profitiert. Es habe sich um einen Spezialfond der Komitees für öffentliche Sicherheit gehandelt, und er, als Generalsekretär der Komitees, habe die Transaktion auf ausdrücklichen Wunsch von Charles de Gaulle hin in ihrem Namen durchgeführt.

Das war noch nicht alles: Die Sache sei, wie Monsieur Plantard sagte, streng geheim gewesen. Wie also konnte der Verfasser des Pamphlets von der Geschichte wissen, selbst in entstellter Form? Dazu, meinte Monsieur Plantard, müsse er einen informierten Gewährsmann in der Regierung gehabt haben. Außerdem seien in den letzten Monaten weitere Summen auf das Schweizer Konto überwiesen worden. Warum? Vermutlich, um ihn, Plantard, persönlich zu diskreditieren oder ihm gar eine Falle zu stellen. Solche Transaktionen, mittlerweile illegal, könnten jemanden in die größten Schwierigkeiten bringen. Wenn jemand Bescheid wußte, die Höhe der kurz zuvor überwiesenen Summen und die Kontonummern kannte, dann deutete das, wie Monsieur Plantard argumentierte, auf die Beteiligung der einen oder anderen Regierungsstelle hin.

5. Pierre Plantard übergab uns eine in einer Zeitschrift erschienene Buchbesprechung. Der Verfasser nannte sich Bayard. Besprochen war (wie wir später erfuhren) das Buch eines franko-kanadischen Priesters, Père Martin. Es trug den Titel *Le livre des compagnons secrets du Général de Gaulle* (Das Buch der geheimen Gefährten von General de Gaulle), publiziert war es bei Editions du Rocher. Es beschäftigte sich mit einer Gruppe angeblich geheimer Berater und Mitarbeiter de Gaulles. Sie hätten eine Clique oder einen Orden gebildet, den Martin »les Quarante-Cinq« (die Fünfundvierzig) nennt. Bei der Lektüre von Martins Buch deutete zunächst nichts darauf hin, daß »les Quarante-Cinq« etwas mit der Prieuré de Sion zu tun hatten. Doch Bayard warf Martin ausdrücklich vor, den Leser bewußt durch die Verwechslung von »les Quarante-Cinq« mit der Prieuré verwirrt zu haben. Dieser raffinierte Einfall gab Bayard die Möglichkeit, Informationen über die Prieuré zu veröffentlichen – und so zu tun, als seien sie allgemein bekannt. Wir zitieren die letzte und wichtigste Spalte von Bayards Besprechung:

»Man kann sich nur fragen, ob dieses Buch das versteckte Ziel verfolgt, den Leser dahin zu bringen, ›les Quarante-Cinq‹ mit der Prieuré de Sion zu verwechseln. Es gibt zahlreiche Hinweise auf den letztgenannten Orden, der jedoch vom Verfasser R. P. Martin (er ist allerdings kein Mitglied) nie beim Namen genannt wird. Wenn er von ›les Quarante-Cinq‹ spricht, scheint er auf die fünfundvierzig französischen Mitglieder der Prieuré de Sion zur Zeit von Jean Cocteaus Großmeistertum hinweisen zu wollen, zu jener Zeit, als Marschall Juin und André Malraux ›Croisés‹, das heißt hohe Mitglieder der Prieuré, waren.

Nach dem Tode Cocteaus im Jahre 1963 und dem des Marschall Juin im Jahre 1967 waren nur noch dreiundvierzig französische Mitglieder übriggeblieben. Damals wurde Pierre Plantard de Saint-Clair auf Betreiben von General de Gaulle (der kein Angehöriger der Prieuré de Sion war) in den Rang eines ›Croisé‹ erhoben.

Nach dem Tode von André Malraux im Jahre 1976, als die Amerikaner versuchten, die Vorherrschaft im Orden an sich zu reißen, gab es wiederum nur dreiundvierzig französische Mitglieder.

Muß man also eins der Ziele R. P. Martins darin sehen – es wird besonderer Nachdruck auf die Anzahl französischer Mitglieder gelegt –, alle diejenigen, die über zeitgenössische Mysterien unterrichtet sind, auf den französischen Zweig der Prieuré de Sion aufmerksam zu machen und ihr gleichzeitig eine bestimmte politische Einstellung zuzuschreiben?

Es ist ein geschicktes Spiel: Der Autor geht von glaubhaften Tatsachen aus (eine der französischen Komtureien der französischen Prieuré de Sion wird in der Tat von einer Frau geleitet) oder von mehr oder weniger glaubwürdigen Tatsachen. Daraus leitet er die Idee einer bestimmten gallischen Weltanschauung ab.

Aber ist dies nicht ein Versuch, das innere Gleichgewicht der Prieuré de Sion dadurch zu stören, daß man dem französischen Zweig eine ihm fremde Politik zuschreibt – genau in dem Moment, da er sich bemüht, dem amerikanischen und englischen Einfluß entgegenzuwirken und wieder eine natürliche Balance herzustellen?«[4]

Wir fragten Monsieur Plantard, ob die Aussagen über die Prieuré de Sion zuträfen. Er bejahte. Wir erkundigten uns nach Bayard. »Vielleicht R. P. Martin«, erwiderte Monsieur Plantard mit einem Lächeln, demzufolge Bayard genausogut er selbst sein konnte. Aber ganz abgesehen von Bayards Identität – die ihm zugeschriebenen Aussagen waren äußerst interessant. Erstens betonte er genau das, was auch Plantard uns erzählt hatte: die Streitereien innerhalb der Prieuré de Sion, die von einem anglo-amerikanischen Kontingent ausgingen. Er wiederholte die vage Behauptung, die Prieuré sei unpolitisch, und er stellte definitiv fest, unseres Wissens zum erstenmal, daß Marschall Juin und André Malraux der Prieuré angehörten. Ferner nannte er ihren Rang – den eines »Croisé« (Kreuzfahrer) des Ordens. Den Statuten zufolge war »Croisé« der zweithöchste Rang innerhalb des Ordens, direkt unterhalb des Großmeisters. Es gab drei »Croisés« und, auf der nächsten Stufe unter ihnen, neun »Commandeurs« (Komture).

Bayards Kommentar zu de Gaulle faszinierte uns. Er besagte eindeutig, daß de Gaulle persönlich kein Mitglied der Prieuré de Sion gewesen sei. Gleichzeitig aber gab er zu verstehen, daß de Gaulle nicht nur in die Angelegenheiten der Prieuré eingeweiht war, sondern auch genug Einfluß auf den Orden ausübte, um nach Marschall Juins Tod die Beförderung Pierre Plantards zum »Croisé« durchsetzen zu können. Dies würde allerdings bedeuten, daß Monsieur Plantard vor 1967 einen niedrigeren Rang eingenommen hatte. Doch nach Aussage des Marquis de Chérisey hatte Plantard schon viel früher, nämlich 1956, durch sein diplomatisches Geschick eine Spaltung des

Ordens verhindert. Und anhand des verfälschten Artikels von Jania Macgillivray war die Macht in der Prieuré nach Cocteaus Tod (1963) von einem Triumvirat, bestehend aus Pierre Plantard, Gaylord Freeman und Antonio Merzagora, ausgeübt worden. Zugegeben, es ist nicht ganz ungewöhnlich, daß eine untergeordnete Person, besonders in einem Krisenmoment, zu einer Autorität wird. Aber wenn dies auf Monsieur Plantard zutraf, würde es bedeuten, daß er bei all seinen Aktionen zwischen 1956 und 1967 ein untergeordneter Vertreter der Prieuré – und zwar nicht einmal ein Angehöriger des zweiten, sondern nur des dritten Ranges – gewesen war.

6. Wir setzten Monsieur Plantard wegen der notariell beglaubigten Dokumente zu, welche die Unterschriften von Viscount Leathers, Captain Nutting, Major Clowes und Lord Selborne trugen, und erinnerten ihn daran, daß er uns gebeten hatte, über diese Dokumente mit niemandem zu sprechen und sie auf keinen Fall zu publizieren. Doch Louis Vazart habe in seinem Buch über Dagobert II. Fotos von ihnen verwendet. Wieso habe Plantard uns zur Geheimhaltung verpflichtet, obwohl die Dokumente ohnehin veröffentlicht werden sollten? Monsieur Plantard schien ehrlich bekümmert. Er behauptete mit bitterer Stimme, nicht gewußt zu haben, daß Monsieur Vazart Reproduktionen der Dokumente in seinem Buch habe abdrucken wollen. Er hätte es verhindert. Ob er denn nicht von Louis Vazart konsultiert worden sei? Nein, er habe gewußt, daß Vazart an dem Buch arbeite, aber nicht geahnt, daß es den geringsten Hinweis auf die Dokumente enthalten werde. Wir hakten nach: Monsieur Plantard müsse doch derjenige gewesen sein, der Monsieur Vazart die Dokumente überhaupt erst gegeben oder wenigstens gezeigt habe. Sei Louis Vazart denn nicht,

genauso wie wir, von ihm zur Geheimhaltung verpflichtet worden? Monsieur Plantard antwortete, daß er Vazart die Dokumente nicht gegeben habe, und er wisse nicht, wie und wo der Autor in ihren Besitz gekommen sei. Das erste Anzeichen für Monsieur Vazarts Kenntnis der Dokumente sei ihr Erscheinen im Buch gewesen, also ein fait accompli.

Wir waren entgeistert. Monsieur Plantard hatte uns die Originaldokumente im April des Vorjahres gezeigt. Wenn er sie nicht ebenfalls Monsieur Vazart gezeigt hatte, dann mußte jemand Duplikate besitzen. Wo hatte Vazart sie an sich gebracht? Monsieur Plantard zuckte hilflos mit den Schultern. Er fand die ganze Situation äußerst beunruhigend und flehte uns geradezu an, die Sache zu verfolgen. Er sei dankbar für jede Information.

Dieses waren die wichtigsten Punkte unseres Gesprächs mit Monsieur Plantard im Februar 1984. Nichts war gelöst, keine der Fragen war zufriedenstellend beantwortet worden. Statt dessen türmte sich ein Wirrwarr neuer Fragen auf. Wer waren John E. Drick, Gaylord Freeman und A. Robert Abboud? Welche Rolle spielte das anglo-amerikanische Kontingent in der Prieuré de Sion, und weshalb sollte dieses Kontingent für die Streitigkeiten innerhalb des Ordens verantwortlich sein? Hatte Monsieur Plantard uns wirklich die Mitgliedschaft in der Prieuré anbieten wollen, um dem Einfluß dieses Kontingents entgegenzuwirken? Warum sollte ein französischer Regierungsvertreter Gelder auf ein geheimes Schweizer Bankkonto überweisen? Warum Monsieur Plantard dadurch diskreditieren? Welche Bedeutung konnten wir den Aussagen von Bayard in seiner Rezension des Buches von R. P. Martin zumessen? Und von wem, wenn nicht von Monsieur Plantard, hatte Louis Vazart die notariell beglaubigten Dokumente mit den Unterschriften von Viscount Leathers, Captain Nutting, Major Clowes und Lord Selborne?

Während unseres Aufenthalts in Paris trafen wir uns auch mehrfach mit Louis Vazart, der Monsieur Plantards Informationen bestätigte. Nein, er habe die beglaubigten Dokumente nicht von Plantard erhalten. Von wem denn? Sie seien ihm anonym, in »einem einfachen braunen Umschlag« zugeschickt worden. Mit britischen Briefmarken und einem Londoner Poststempel! Wiederum Verblüffung unsererseits. Wer schmiedete hier welche Pläne? Versuchte vielleicht jemand, uns zu denunzieren, unser Ansehen bei Monsieur Plantard und der Prieuré de Sion zu untergraben? Wenn Monsieur Vazart die Wahrheit sagte, lag wenigstens eines auf der Hand: Jemand in London wußte über die ganze Angelegenheit Bescheid, hielt sich sehr genau über die Entwicklungen auf dem laufenden, überwachte alles und schaltete sich in bestimmten entscheidenden Momenten auf geheimnisvolle Art ein.

20. Das schwer fassbare amerikanische Kontingent

Es war nicht allzu schwierig, die Identität von Gaylord Freeman, John E. Drick und A. Robert Abboud festzustellen. Alle drei waren in Telefonbüchern und anderen Verzeichnissen zu finden. Angesichts dieser Tatsache erschien Monsieur Plantards ausweichendes Verhalten um so verblüffender. Welchen Sinn hatte es, mit Angaben über Männer zurückzuhalten, deren Leben und Tätigkeit so wenig verborgen waren?

Alle drei hatten – früher oder immer noch – Verbindungen zur First National Bank of Chicago. John E. Drick arbeitete seit 1944 bei der Bank; er hatte dort als Hilfskassierer angefangen und war innerhalb von drei Jahren zum Handlungsbevollmächtigten aufgestiegen. Im Jahre 1969 wurde er Direktor und gleichzeitig Mitglied des Vorstands der Bank. Außerdem gehörte er dem Vorstand einer Reihe anderer amerikanischer Gesellschaften an: Stepan Chemical, MCA Incorporated, Oak Industries und Central Illinois Public Service.

Gaylord Freeman war ursprünglich Anwalt und praktizierte seit 1934 in Illinois. Im Jahre 1940 schloß er sich der First National Bank of Chicago als Justitiar an. 1960 wurde er Direktor, von 1962 bis 1969 war er stellvertretender Vorstandssvorsitzender und von 1975 bis 1980 Vorstandsvorsitzender der Bank. Zudem bekleidete er das Amt des Vorstandsvorsitzenden der First Chicago Corporation und gehörte dem Vorstand von Atlantic Richfield, Bankers Life and Casually Company, Baxter Travenol Labs und Northwest Industries an. Im Jahre 1979/80 hatte er im Auftrag der American Bankers' Association ein Expertenteam geleitet, das sich mit dem Thema Inflation beschäftigte. Er arbeitete mit der MacArthur Foundation zusammen und war ein Treuhänder des Aspen Institute of Humanistic Studies. Das Aspen Institute wurde im Jahre 1949 gegründet, um Spitzenmanager mit schöngeistigen Dingen, besonders der Literatur, bekannt zu machen. Heute hat es sein Hauptquartier in New York, ein zweitausend Morgen großes Grundstück an der Chesapeake Bay und Konferenzzentren in Hawaii, Berlin und Tokio.

A. Robert Abboud war Gaylord Freeman als Vorstandsvorsitzender der First National Bank of Chicago gefolgt, doch einige Jahre später aus dem Vorstand entlassen worden. Darauf wurde er Direktor der Occidental Petroleum Corporation. Im Jahre 1980 hielten ihm Aktionäre in einem Gerichtsverfahren vor, er habe Investoren Mitte der siebziger Jahre keine korrekten Angaben über die finanzielle Lage der Bank gemacht. Nach der *Herald Tribune* brachte er zu seiner Verteidigung vor, die Bank habe sich in höchster finanzieller Bedrängnis befunden, als er den Vorstandsvorsitz übernahm; die Probleme von 1974 »wurden kaschiert, um eine Vertrauenskrise im Bankwesen zu verhindern«[1].

Gehörten diese Männer zu dem anglo-amerikanischen Kontingent, auf das Monsieur Plantard angespielt hatte? Wenn ja, dann reichte dieses Kontingent bis in die Spitzen der Hochfinanz – nicht nur in den USA, sondern vermutlich auch anderswo. Und Mr. Abbouds Schwierigkeiten mit der Bank deuteten auf Fraktionskämpfe hin.

Kurz nachdem wir die Identität der Herren Drick, Freeman und Abboud festgestellt hatten, riefen wir Monsieur Plantard an und erwähnten beiläufig, daß wir von ihrer Verbindung zur First National Bank of Chicago erfahren hätten. »*Vraiment?*« (»Wirklich?«) erwiderte Monsieur Plantard lakonisch und nicht ohne Ironie, als wolle er die Gründlichkeit unserer Nachforschungen loben. Wir erklärten, wir müßten natürlich mit den drei Männern Kontakt aufnehmen. Da wurde Monsieur Plantard merklich nervös. Einige sehr wichtige Dinge stünden auf dem Spiel, und er bitte uns, nicht mit den Männern in Verbindung zu treten, solange wir nicht persönlich mit ihm gesprochen hätten. Wir versprachen es, sehr widerwillig, stellten aber noch einige andere Fragen. Monsieur Plantard bat uns dringend, von ihm keine telefonischen Antworten zu erwarten. Die ganze Sache müsse ausführlich besprochen werden, unter vier Augen. Wirklich keine Antwort jetzt? »Nur unter vier Augen«, wiederholte Monsieur Plantard.

Wir fühlten uns an unser Versprechen gebunden und machten keinen Versuch, mit den Herren Drick, Freeman und Abboud direkt Verbindung aufzunehmen. Doch wir wandten uns sofort an Freunde in den USA und baten sie um Informationen über die drei Männer und die verschiedenen Gesellschaften, Firmen und Institutionen, mit denen sie zu tun hatten. Ein paar Tage später erhielten wir einen Anruf aus New York. Unser Gewährsmann teilte uns mit, er sei sich nicht ganz sicher, aber wenn sein Gedächtnis ihn nicht trüge, habe er etwa vor zwei Jahren die Nachricht vom Tode John E. Dricks gelesen. Wie also war die Unterschrift dieses Mannes auf einem Dokument vom 17. Januar 1984 möglich – verfügte die Prieuré de Sion etwa über außergewöhnliche Kräfte?

Wenn John E. Drick tot war, mußten die Unterschriften auf der »Mise en Garde« Fälschungen sein. Da Monsieur Plantard sie ebenfalls unterzeichnet und uns eine Kopie geschickt hatte, mußten wir annehmen, daß er in die Angelegenheit verwickelt war. Aber wie wir Pierre Plantard kannten, schien es nahezu ausgeschlossen, daß er einen so leichtsinnigen und unbeholfenen Fehler begangen hatte. Wer die Unterschrift eines Toten unter ein weitverbreitetes Dokument setzt, handelt nicht nur erstaunlich schlampig, er läuft auch Gefahr, mit ernsten juristischen Maßnahmen konfrontiert zu werden. Wir hatten zwar nie zuvor von John E. Drick gehört, aber er war dennoch eine prominente Figur innerhalb der Finanzwelt. Weder seine Identität noch sein Tod stellten ein Geheimnis dar, und wer immer die »Mise en Garde« ersonnen hatte, mußte informiert gewesen sein.

Und wenn es sich um Fälschungen handelte, warum dann um Fälschungen gerade dieser Unterschriften? Sie waren nicht spontan oder rein zufällig verwendet worden. Gaylord Freemans Name erschien ein paar Jahre vorher in dem entstellten Text von Jania Macgillivray. Aus irgendeinem Grunde lenkte man uns ganz bewußt auf die First National Bank of Chicago.

Wir riefen die Londoner Filiale der First National Bank an. Unsere Frage muß seltsam geklungen haben – wir erkundigten uns, ob John E. Drick tatsächlich verstorben sei. Man verband uns mit einem Büro nach dem anderen. Schließlich gab man uns einen Manager der Bank, der den Grund unserer Frage wissen wollte. Wir erklärten, von John E. Dricks Tod vor rund zwei Jahren gehört zu haben, wir besäßen jedoch ein Dokument, das er offensichtlich am 17. Januar 1984 unterzeichnet habe. Der Manager gab sich vorsichtig und druckste herum. Er meine gehört zu haben, daß Mr. Drick gestorben sei, aber er wisse es nicht genau. Im Laufe des Tages wolle er mit jemandem sprechen, der die Sache definitiv zu klären imstande sei. Wir möchten freundlicherweise unsere Nummer hinterlassen, wir würden von seinem Informanten angerufen.

Am selben Nachmittag erhielten wir ein Ferngespräch aus Amerika. Der Gesprächspartner – wir werden ihn seiner Bitte nachkommend einfach Samuel Kemp nennen – stellte sich als höherer Angestellter der Bank vor. Er sei zudem für den Sicherheitsdienst der Bank zuständig und arbeite eng mit Interpol zusammen.

Wir erklärten die Situation, die Mr. Kemp offensichtlich interessierte. Eine recht ausführliche Unterhaltung folgte, in deren Verlauf wir die Vorgeschichte so gut darzustellen versuchten, wie das unter diesen Umständen möglich war. Mr. Kemp reagierte offen, glaubhaft, überaus fasziniert und erklärte sich gern bereit zu Nachforschungen jeglicher Art. Zunächst bestätigte er definitiv, daß John E. Drick am 16. Februar 1982 gestorben war. Während dieses ersten Gesprächs mit Mr. Kemp kam ein weiterer interessanter Sachverhalt ans Licht: Bis 1983 hatte die First National Bank of Chicago ihr Londoner Bürogebäude mit Guardian Royal Exchange Assurance geteilt!

Dies konnte schwerlich ein Zufall sein. Wie aber war er zu deuten? Hatte ein Mitarbeiter der Bank bei der Versicherungsgesellschaft Dokumente und Unterschriften gestohlen? Oder hatte ein Mitarbeiter der Versicherungsgesellschaft bei der Bank Unterschriften gestohlen? Wie immer die Erklärung ausfallen mochte, es gab einen Widerspruch im zeitlichen Ablauf. Die Unterschriften der Guardian Assurance stammten angeblich aus den Jahren 1955 und 1956; selbst wenn sie später hinzugefügt worden waren, konnte dies nicht nach 1971 geschehen sein, denn Lloyds Bank Europe wurde in jenem Jahr zu Lloyds Bank International. Außerdem war Major Hugh Murchison Clowes im Jahre 1956 gestorben. Andererseits bestand die Verbindung von Gaylord Freeman, John E. Drick und A. Robert Abboud mit der First National Bank of Chicago seit den siebziger Jahren. Welche Antworten sich auch immer ergeben mochten, eines schien klar: Jemand, der sich für die Angelegenheit interessierte, war in London aktiv.

In der folgenden Woche hielten wir ständig mit Mr. Kemp Kontakt. Nach unserer Unterhaltung hatte er sich ein Exemplar unseres ersten Buches besorgt, um sich mit den Hintergründen vertraut zu machen. Wir selbst schickten ihm reichlich Unterlagen, sowohl zu unserem früheren Buch wie zu unseren gegenwärtigen Nachforschungen – darunter natürlich alles, was mit der Guardian Assurance und der First National Bank of Chicago zu tun hatte. Dazu gehörte nicht nur die »Mise en Garde« mit den Unterschriften von John E. Drick, Gaylord Freeman und A. Robert Abboud, sondern auch der verfälschte Text von Jania Macgillivray, in dem uns Gaylord Freemans Name zum erstenmal begegnet war.

Nachdem Mr. Kemp das Material durchgesehen hatte, zeigte er sich verblüfft, auch fasziniert. Er hatte schließlich Erfahrung in der Entlarvung von Betrügern. Dies reizte ihn an der Geschichte natürlicherweise, und seine Neugier stand der unseren nicht nach. Er erklärte sich bereit, Erkundigungen einzuziehen und bei der ersten sich bietenden Gelegenheit mit Gaylord Freeman zu sprechen. Mittlerweile könne er uns eines bestätigen: Die Unterschriften wirkten echt. Jedenfalls entsprächen sie allen anderen vorliegenden Unterschriften der drei Männer.

Wir versorgten Mr. Kemp weiterhin mit allen auftauchenden Unterlagen und Informationen, und auch er hielt uns hinsichtlich seiner Nachforschungen auf dem laufenden mit Hilfe eines detaillierten Berichts. Dieser Bericht kompromittierte Monsieur Plantard und die Prieuré de Sion auf nicht wiedergutzumachende Weise – so schien es jedenfalls.

Aus jenen Jahren, in denen die Herren Drick, Freeman und Abboud gemeinsam bei der Bank gearbeitet hatten, fand Mr. Kemp nur ein einziges Dokument, das die Unterschrift aller drei Männer aufwies. Dabei handelte es sich um den Rechenschaftsbericht der First Chicago Corporation von 1974. Er war am 10. Februar 1975 herausgegeben und allen Bankfilialen sowie allen Aktionären zugestellt worden. Dieser Bericht trug die Unterschriften von John E. Drick, Gaylord Freeman und A. Robert Abboud.

Damit nicht genug: Die Unterschriften erfolgten in genau derselben Reihenfolge wie auf der »Mise en Garde«.

Mr. Kemp hatte die Unterschriften auf beiden Dokumenten ausgemessen, und die des Rechenschaftsberichtes von 1974 waren mit denen auf der »Mise en Garde« identisch – ein vernichtender Beweis, denn es ist praktisch unmöglich, daß bei zwei verschiedenen Anlässen jeder Buchstabe, jeder Schlenker und Schnörkel einer Unterschrift genau gleich ausfällt. Und daß drei Männer auf zwei Dokumenten zu einem solchen Kunststück fähig sind, ist unvorstellbar. Es bestand also kein Zweifel, daß die Unterschriften auf der »Mise en Garde« auf einer Fotokopie basierten. Jemand hatte offenbar die letzte Seite des Jahresberichtes von 1974 kopiert und die Unterschriften dann auf der »Mise en Garde« reproduziert.

Doch aus welchem Motiv? Warum hatte man sich gerade diese Männer ausgesucht? Und warum ging jemand das Risiko dieses Unterschriftenmißbrauchs ein? Soweit wir wußten, war die »Mise en Garde« an recht viele Adressaten verschickt worden: nicht nur an Mitglieder der Prieuré de Sion, sondern auch an uns, an andere Menschen in Frankreich, die sich mit dem Thema beschäftigten. Und sie war der französischen Justiz als Teil eines Dossiers zugeleitet worden. Es war unwahrscheinlich, daß Monsieur Plantard sich auf diese Weise bloßzustellen riskierte. Er hätte für die Folgen des Betrugs zur Rechenschaft gezogen werden können. Andere hätten die Sache genauso leicht nachprüfen können wie wir selbst. Es war schließlich nur eine Frage der Zeit, bis der Betrug aufgedeckt wurde. Der Diebstahl von drei Unterschriften, deren eine einem Verstorbenen gehörte, war ein ernstes Vergehen, kein Gag zum Zwecke der Irreführung. Und eine geschickte Falschinformation war es auch nicht.

Mr. Kemp berichtete ferner, er sei mit Gaylord Freeman zusammengetroffen. Er hatte Mr. Freeman die »Mise en Garde« mit den drei Unterschriften sowie andere Unterlagen über die Prieuré de Sion und über Monsieur Plantard gezeigt und ihn direkt gefragt, ob Mr. Freeman ein Mitglied der Prieuré de Sion sei oder gewesen sei und ob er je von der Prieuré de Sion oder Pierre Plantard gehört habe.

In dem Dossier, das wir Mr. Kemp geschickt hatten, war auch eine Kopie der Statuten der Prieuré enthalten. Artikel XXII dieser Statuten lautet: »Wer, grundlos und ohne gefährdet zu sein, öffentlich und schriftlich seine Mitgliedschaft in der Prieuré de Sion leugnet, wird durch den Konvent ausgeschlossen.«[2] Wenn Mr. Freeman tatsächlich der Prieuré angehörte, würde der Artikel, wie wir und Mr. Kemp meinten, ihn verpflichten, seine Mitgliedschaft zuzugeben.

Mr. Kemp berichtete, daß Mr. Freeman jegliche Kenntnis in dieser Sache bestritt: Er sei kein Mitglied der Prieuré de Sion, er sei nie ein Mitglied der Prieuré de Sion gewesen, er habe nie von der Prieuré de Sion oder von Pierre Plantard de Saint-Clair gehört.

Gleichzeitig scheint Mr. Freemans Verhalten etwas rätselhaft gewesen zu sein. Wie wir erfuhren, hatte er ein wenig ironisch, ein wenig verwirrt auf die Fragen reagiert, aber insgesamt hatte er sich erstaunlich unbeeindruckt gezeigt. Weder die Fragen noch die Tatsache, daß sein Name in diesem so ungewöhnlichen Zusammenhang aufgetaucht war, schienen ihn im geringsten zu überraschen. Er war weder zornig noch empört über den Mißbrauch seines Namens und seiner Unterschrift, hatte um keinerlei Details gebeten und sich überhaupt so verhalten, als handele es sich um eine reine Routineangelegenheit.

Obwohl diese Unbekümmertheit verdächtig wirkte, zog Mr. Kemp Mr. Freemans Worte nicht in Zweifel, was die ganze Sache allerdings noch mysteriöser erscheinen ließ. Er vermutete hinter allem etwas von Bedeutung, war aber mit seinem Latein am Ende. Die Zusammenarbeit mit Interpol hatte ihn Tausenden von Betrügereien nachgehen lassen, aber dieser Fall ergab für ihn einfach keinen Sinn. Betrug wird gewöhnlich aus zwei – oder einem von zwei – Gründen begangen: um Macht oder finanzielle Vorteile zu erringen. Für die Prieuré de Sion und besonders die »Mise en Garde« schien keines dieser beiden Motive zuzutreffen. Macht? Im Gegenteil: Die Prieuré war durch die Benutzung offensichtlich gefälschter Unterschriften, was so leicht nachzuweisen war, nicht gestärkt, sondern kompromittiert worden. Auch sei kein finanzieller Vorteil zu sehen. Wir hatten schon lange herausgefunden, daß die Prieuré, was Geld betraf, sich äußerst gleichgültig verhielt. Sie machte keinerlei Anstalten, Vermögen anzuhäufen, sondern schien im Gegenteil sehr freigebig damit umzugehen, wenn es galt, bestimmtes Material in Umlauf zu bringen.

Mr. Kemp erzählte uns von verrückten und raffinierten Geschichten, die er erlebt hatte. Pensionierte Geheimdienstler dachten sich gelegentlich ganz raffinierte Tricks aus, um ihren Spaß zu haben und ihre jüngeren Kollegen auf die Probe zu stellen. Aber auch solche Marotten spielten in unserem Fall gewiß keine Rolle. Die Prieuré hatte seit fast dreißig Jahren Erfahrung darin, andere zu täuschen – seit 1956, als Monsieur Plantard sechsunddreißig Jahre alt war. Und Menschen wie Malraux, Juin und de Gaulle dürften kaum ein Interesse an solchen geistreichen Spielchen gehabt haben.

Kurz, hier ging etwas vor sich, was nicht nur uns,

sondern auch einen professionellen Experten mit jahrelanger Erfahrung überraschte. Mr. Kemp beendete das Gespräch mit einer sorgfältig kalkulierten Mehrdeutigkeit, an die wir uns später nicht ohne Grund erinnerten: »Trauen Sie niemandem«, sagte er. »Nicht einmal mir.«

Inzwischen hatten wir Monsieur Plantard zu dem Gespräch unter vier Augen gedrängt, das er selbst für notwendig gehalten hatte. Aus Gründen, die uns erst später klar wurden, reagierte er nun ausweichend. Häufig war er telefonisch nicht zu erreichen, und wenn, dann redete er sich auf Arbeitsüberlastung heraus oder darauf, daß er sich um die Schulprobleme seines Sohnes kümmern müsse oder daß er nicht in Paris sein werde oder an einer Erkältung leide. In der Vergangenheit hatte er sich immer sehr gern mit uns getroffen, aber nun sträubte er sich merklich. Wir hatten anderweitig zu tun, recherchierten zur neutestamentlichen Geschichte, zum keltischen Christentum, zum Messiasgedanken. Aber trotzdem frustrierte uns die Tatsache, daß die Zeit verging und die Begegnung mit Monsieur Plantard immer wieder hinausgeschoben wurde. Sowohl er wie die Prieuré de Sion erschienen uns immer verdächtiger.

Auch sonst geschah kaum etwas. Die Verhandlung gegen Monsieur Chaumeil schwebe noch, wie wir erfuhren. Zwar kam ein Buch von Chaumeil heraus, aber es erwies sich als Neuausgabe einer früheren Arbeit, mit einer neuen Einführung und einem neuen Nachwort. Es fanden sich keine skandalträchtigen Enthüllungen, die in der anonymen Schrift angekündigt worden waren.

Endlich erhielten wir einen Brief von Pierre Plantard. Ebenso formell wie forsch fand er sich zu dem seit langem überfälligen Treffen bereit, allerdings nicht ohne Einschränkungen: »Es wird mir angenehm sein, Ende September auf freundschaftlicher Basis mit Ihnen zusammenzukommen, aber ich bedaure, daß ich Ihnen keine Informationen für Ihre Veröffentlichung geben kann.« Im selben Brief teilte Monsieur Plantard uns mit, er habe die Echtheit des 1955 notariell beglaubigten Dokuments – mit den Unterschriften von Viscount Leathers, Major Clowes und Captain Nutting – prüfen lassen. Experten hätten die Echtheit bestätigt. Andererseits räumte er ein, das Dokument von 1956 – mit der Unterschrift von Lord Selborne und dem Hinweis auf Lloyds Bank Europe – sei eine Fälschung. Dann wiederholte er mit Großbuchstaben, die notariell beglaubigten Dokumente müßten »vertraulich bleiben« und dürften »nicht veröffentlicht werden« – ein Wunsch, der um so unbegreiflicher war, als die Dokumente, wie er selbst zugab, schon von Louis Vazart publiziert worden waren und kaum noch als vertraulich gelten konnten. Außerdem: »Ich habe in Frankreich alle Veröffentlichungen hinsichtlich der Prieuré de Sion und meiner Person untersagen lassen, und zwar seit März 1984 . . .«

Diese Behauptung war interessant. Hatte Monsieur Plantard so umfassende Zensurvollmachten? Vermutlich meinte er, daß er alle Mitglieder der Prieuré de Sion zum Schweigen aufgefordert habe. Sein Verbot konnte sich nicht auf die gesamte Presse erstrecken, aber er hatte zweifellos Einfluß nehmen können auf die verschiedenen internen Informationsquellen, die seit fast dreißig Jahren Material an die Öffentlichkeit gelangen ließen.

Monsieur Plantards Brief enthielt noch ein interessantes Postskriptum: »Zudem erhebe ich förmlich Einspruch gegen die Veröffentlichung von Briefwechseln zwischen General de Gaulle und mir sowie mit Marschall Juin oder Henri, Comte de Paris. Diese Dokumente, die aus 37 rue

St Lazare, Paris, gestohlen wurden, sind vertraulich und bleiben ›Staatsgeheimnis‹, obwohl sie zum Verkauf angeboten werden . . .«[3]

Glaubte Monsieur Plantard, wir hätten Zugang zu einem solchen Briefwechsel? Gab er zu, daß die Korrespondenz existierte – und vielleicht auf irgendeine Weise kompromittierend war? Oder wollte er uns nur zu dieser Annahme verleiten? Wir waren jedenfalls überaus mißtrauisch geworden. Nichts mehr schien einfach, nichts war für bare Münze zu nehmen, alles konnte auch eine ganz andere Erklärung haben. Aus der einen Perspektive sah die Prieuré de Sion aus wie eine einflußreiche, mächtige und vermögende internationale Geheimgesellschaft, zu deren Mitgliedern bedeutende Persönlichkeiten aus Kunst, Politik und Hochfinanz zählten. Aus einer anderen Perspektive nahm sie sich aus wie ein raffinierter Scherz, den sich eine kleine Gruppe von Menschen aus dunklen, nur von ihr selbst durchschaubaren Gründen ausgedacht hatte. Vielleicht war sie auf irgendeine Weise beides.

Eine Konfrontation mit Monsieur Plantard. Vor unserer Begegnung mit Monsieur Plantard fügten wir das gesammelte Material zusammen. Es enthielt wenigstens drei recht belastende Punkte. Wir bezweifelten, daß es Pierre Plantard gelingen könnte, befriedigende Erklärungen auch nur für einen Punkt, geschweige denn für alle drei, zu liefern. Natürlich konnte er keine Ahnung haben, in welche Richtung wir unsere Untersuchungen gelenkt und was wir zutage gefördert hatten. Wir waren sicher, ihn überrumpeln zu können.

Der erste Punkt betraf John Dricks Tod. Wie konnte Monsieur Plantard die Tatsache erklären, daß Mr. Drick am 17. Januar 1984 ein Dokument unterzeichnet hatte, obwohl er zwei Jahre zuvor gestorben war?

Der zweite Punkt hatte ebenfalls mit den Unterschriften auf der »Mise en Garde« zu tun. Wie konnte Monsieur Plantard die Tatsache erklären, daß sie absolut identisch waren mit denen auf dem Jahresbericht von 1974 der First National Bank of Chicago?

Der dritte Punkt betraf eine völlig andere Sache. Seit 1979 hatte Monsieur Plantard – der bis dahin einfach als Pierre Plantard bekannt war – einen viel wohlklingenderen Titel benutzt: Pierre Plantard de Saint-Clair, Comte de Saint-Clair und Comte de Rhédae (der alte Name von Rennes-le-Château). In *Der Heilige Gral und seine Erben* hatten wir diesen plötzlichen Zuwachs an aristokratischen Titeln ironisch kommentiert, worauf Monsieur Plantard sich beleidigt gezeigt hatte. Um zu beweisen, daß er sich nicht falsche Titel aneignete oder sie erfände, hatte er uns seinen Paß vorgelegt und eine Fotokopie seiner Geburtsurkunde. In beiden war er tatsächlich als Plantard de Saint-Clair, Comte de Saint-Clair und Comte de Rhédae ausgewiesen (sein Vater übrigens auch als Comte).

Wir selbst hatten kurz danach eine Kopie von Monsieur Plantards Geburtsurkunde bei der Bürgermeisterei des 7. Arrondissements angefordert. Die Angaben auf der Geburtsurkunde, die wir von diesem Amt erhielten, waren beinahe identisch mit jener der Kopie, die Monsieur Plantard uns überlassen hatte. Auf der Geburtsurkunde der Bürgermeisterei trug Monsieur Plantard überhaupt keinen Titel, sein Vater wurde auch nicht Comte de Saint-Clair oder Comte de Rhédae, sondern einfach ein »valet de chambre« (Kammerdiener) genannt.[4]

Zugegeben, dies allein bewies noch nichts. Selbst wenn die Kammerdiener-Geburtsurkunde gültig war, blieben noch gewisse Fragen: Wie war Monsieur Plantard in der Lage gewesen, so perfekt eine offizielle Kopie des Originals herzustellen? Wie war ein Duplikat des Papiers, der offiziellen Siegel und der Unterschriften angefertigt worden – wenn es sich tatsächlich um ein Duplikat handelte? Jedenfalls verlangte der Widerspruch zwischen einem Kammerdiener und einem Grafen von Saint-Clair und Rhédae eine Erklärung. Wie also würde Monsieur Plantard, ganz unvorbereitet mit diesen Fragen konfrontiert, reagieren?

Vor unserem Treffen mit Monsieur Plantard tauchte plötzlich ein weiteres Rätsel auf. Wir meinten, es sei eindrucksvoller, wenn wir eine Kopie des Jahresberichtes von 1974 der First National Bank of Chicago – also die Originalquelle der Unterschriften von Drick, Freeman und Abboud – besäßen und sie Monsieur Plantard vorlegen könnten. Deshalb riefen wir Mr. Kemp eine Woche vor unserem Flug nach Paris an und baten ihn, eine Fotokopie des Dokumentes zu schicken; wir erklärten genau, wozu wir sie benötigten. Mr. Kemp erwiderte, dies sei kein Problem und eine Fotokopie werde am nächsten Tag an uns abgehen.

Am folgenden Nachmittag erhielten wir einen etwas besorgten Anruf von Mr. Kemps Sekretärin. Er habe sie angewiesen, uns eine Kopie der letzten Seite des Jahresberichtes von 1974 zu schicken. Sie habe wiederholt alles versucht, aber eine Kopie lasse sich nicht herstellen! Sie habe jedes Gerät in der Bank ausprobiert, doch die Unterschriften seien nicht zu fotokopieren.

Am nächsten Tag sprachen wir erneut mit Mr. Kemp. Er selbst war der Sache nachgegangen, und die Erklärung klang einfach: Die Unterschriften waren – möglicherweise aus Sicherheitsgründen und um Fälschungen zu verhindern – mit hellblauer Tinte geschrieben, die kein Graphit enthielt. Ohne Graphit ließ sich keine Fotokopie anfertigen.

Die Sache war wirklich einleuchtend, warf aber eine ganz neue Frage auf. Wie Mr. Kemp nahmen auch wir an, daß die Unterschriften auf der »Mise en Garde« der Prieuré de Sion von dem Jahresbericht fotokopiert worden waren. Wenn es aber unmöglich war, eine solche Fotokopie herzustellen, wie hatte Monsieur Plantard sich dann die seine verschafft?

Gewiß, es gab andere Erklärungen. Man hätte die Unterschriften zum Beispiel fotografieren und dann eine Kopie von dem Foto machen können. Aber weshalb soviel Mühe wegen dieser drei Unterschriften? Warum hatte man nicht andere genommen, die sich ohne weiteres kopieren ließen? Wenn ein Fälscher schon so unbekümmert oder so nachlässig ist, die Unterschrift eines seit zwei Jahren verstorbenen Mannes zu benutzen, weshalb macht er sich dann soviel Mühe, obwohl jede andere Unterschrift seinem Zweck ebenso gedient hätte?

Dieses Rätsel ließ uns in den nächsten Tagen nicht ruhen. Jedenfalls besaßen wir drei außerordentlich beeindruckende Beweisstücke, mit denen wir Monsieur Plantard konfrontieren konnten. Wie war John Dricks Unterschrift zwei Jahre nach seinem Tod auf ein Dokument gekommen? Wie wollte Monsieur Plantard die absolute Identität der Unterschriften auf der »Mise en Garde« der Prieuré de Sion und auf dem Bankjahresbericht von 1974 erklären? Und wie würde er auf eine Geburtsurkunde reagieren, die wir von der zuständigen offiziellen Stelle erhalten hatten und die bewies, daß sein Vater kein Graf, sondern ein Kammerdiener war?

High Noon. Am 30. September, einem Sonntag, kamen wir in Paris mit Monsieur Plantard am gewohnten Treffpunkt zusammen, in der Brasserie »La Tipia« an der rue de Rome. Sonst waren wir stets vor ihm eingetroffen und hatten auf ihn gewartet. Diesmal erwartete er uns, obwohl wir recht pünktlich waren. Innerhalb kurzer Zeit wurde deutlich, daß er auch in anderer Hinsicht auf uns vorbereitet war. Bevor wir unsere brisanten Fragen auch nur hatten stellen können, kam er ihnen mit der Antwort zuvor.

Wir begrüßten uns, tauschten die üblichen Freundlichkeiten aus und bestellten Kaffee. Ein kleines Tonbandgerät stellten wir auf den Tisch. Monsieur Plantard betrachtete es ein wenig unschlüssig, brachte aber keine Einwände vor. Dann entnahmen wir einer Aktentasche die »Mise en Garde« der Prieuré de Sion mit den Unterschriften von John Drick, Gaylord Freeman und A. Robert Abboud. Wir hatten noch kein Wort gesagt, als Monsieur Plantard auf die drei Unterschriften wies.

»Die wurden mit einem Stempel gemacht, wissen Sie«, sagte er und gestikulierte wie mit einem Gummistempel.

Wir tauschten verstohlene Blicke aus. Diese Möglichkeit war weder uns noch Mr. Kemp eingefallen. Die Verwendung eines Stempels erklärte natürlich, wieso die Unterschriften auf der »Mise en Garde« und auf dem Jahresbericht genau die gleiche Größe hatten. Große Firmen, Regierungsbüros und andere Institutionen, die zahlreiche Dokumente herausgeben, benutzen tatsächlich solche Stempel. Ein Firmendirektor unterzeichnet gewöhnlich nicht jeden einzelnen Gehaltsscheck. Monsieur Plantard deutete also an, daß er Zugang zu dem betreffenden Stempel hatte oder gehabt hatte – zu jenem

Stempel, der für den Jahresbericht 1974 verwendet worden war.

Aber, erwiderten wir rasch umdisponierend, einer der Männer, dessen Unterschrift dort zu sehen ist . . .

. . . ist tot, unterbrach Monsieur Plantard uns ganz lässig. Ja, John Drick sei Anfang 1982 gestorben. Aber die Prieuré habe seine Unterschrift routinemäßig auf internen Dokumenten weiterbenutzt, bis die durch seinen Tod im Orden entstandene Lücke geschlossen worden sei.

Wir hielten diese Erklärung weder für plausibel noch für zufriedenstellend. In welcher Institution ist es üblich, die Unterschrift eines Toten weiterzuverwenden? Aber wir konnten Monsieur Plantards Behauptung nicht widerlegen, weil wir nichts wußten über die internen Gepflogenheiten der Prieuré de Sion.

Wir hatten Monsieur Plantard gegenüber unseren Kontakt zu Mr. Kemp und Mr. Kemps Gespräch mit Gaylord Freeman nie erwähnt. Monsieur Plantard sagte nicht offen heraus, daß er von diesen beiden Kontakten wußte. Statt dessen bemerkte er beiläufig – als wollte er uns zuvorkommen oder deutlich machen, daß er doch Bescheid wußte –, der Artikel XXII der Prieuré-Statuten sei seit dem vergangenen Dezember offiziell aufgehoben. In den letzten neun Monaten seien Angehörige der Prieuré also nicht mehr verpflichtet gewesen, ihre Mitgliedschaft zuzugeben. Im Gegenteil, sie seien nun angewiesen, jede Kenntnis des Ordens zu leugnen und sich keinerlei Information entlocken zu lassen.

Damit waren wir entwaffnet. Gegen alle Erwartungen hatte Monsieur Plantard jeden der Punkte entkräften können. Er hatte nicht gestockt, nicht nachdenken müssen, nichts hatte ihn aus der Fassung gebracht. Damit nicht genug: Er hatte offensichtlich mit jeder unserer

Fragen gerechnet. Dafür gab es nur zwei Erklärungen: Entweder war der Mann ein Hellseher, was uns unwahrscheinlich vorkam, oder man hatte ihm einen Wink gegeben. Aber die Zahl der Personen, die ihm einen solchen Wink hätte geben können, war äußerst klein, und wir vertrauten Mr. Kemps Verschwiegenheit immer noch.

Es blieb die Frage der widersprüchlichen Geburtsurkunden. Wir holten sie hervor, doch Monsieur Plantard zeigte sich auch hier völlig unbeeindruckt. Wiederum zögerte er keinen Moment, ließ nicht die geringste Unsicherheit oder Verlegenheit erkennen. Er bedachte uns mit einem kurzen Lächeln – als wolle er unsere Gewissenhaftigkeit loben, die allerdings zur Folge haben mußte, daß wir in sein Privatleben und seine persönlichen Angelegenheiten eingedrungen waren. Er deutete auf die Urkunde, die seinen Vater als Kammerdiener auswies, und erklärte, das Dokument sei der Bürgermeisterei während des Krieges untergeschoben worden. Das sei, wie er nonchalant bemerkte, eine verbreitete Praxis gewesen. Die Gestapo habe natürlich alle Akten überprüft, und es sei durchaus nicht unüblich gewesen – besonders, wenn man mit der Résistance zu tun hatte –, gefälschte Informationen einzuschleusen, um die Deutschen zu täuschen.

Zumindest diese Erklärung konnten wir überprüfen. Am nächsten Tag besuchten wir die Bürgermeisterei und konfrontierten die dortigen Beamten mit den unterschiedlichen Geburtsurkunden. Wir erfuhren, daß viele Dokumente gefälscht worden waren, um die Deutschen während des Krieges irrezuführen. Man hatte viele Originalunterlagen vernichtet oder entfernt.[5] Das Amt konnte garantieren, daß alle nach dem Krieg angefertigten Akten echt waren, aber was die vor 1945 entstandenen Dokumente betraf, so gebe es keine Möglichkeit, ihre Echtheit zu beweisen. Wenn Monsieur Plantards Vater ein Graf war, dann hatte man natürlich versucht, diese Tatsache vor der Gestapo zu verbergen, die sich bemühte, Aristokraten aufzuspüren. Monsieur Plantard hätte seine Geburtsurkunde durchaus entfernen und durch eine andere ersetzen lassen können. Wenn er nach dem Krieg die Angaben nicht richtiggestellt hatte, verfügte das Amt natürlich immer noch über falsche Informationen.

Die Zukunftspläne der Prieuré. Bei unserer Unterhaltung in »La Tipia« sprachen wir noch über einige andere Themen, allerdings nur oberflächlich. Wie bei früheren Gelegenheiten orakelte Monsieur Plantard hinsichtlich bedeutender öffentlicher Ereignisse. Alles befinde sich an Ort und Stelle, alle Figuren hätten die gewünschte Position auf dem Schachbrett eingenommen. Nichts könne »es« nun aufhalten, erklärte er, ohne sich zu einer Erklärung oder Erläuterung dessen herabzulassen, was »es« war. Mitterrand verkörpere ein notwendiges Zwischenstadium, doch nun habe er seinen Zweck erfüllt und sei zu entbehren. Es sei Zeit voranzuschreiten, und nichts könne »es« daran hindern.

Wir fragten Monsieur Plantard unverblümt, ob er persönlich Gaylord Freeman kenne. Er bejahte nachdrücklich, in vollem Bewußtsein, daß seine Worte von einem Tonband aufgenommen wurden. Wir wollten wissen, weshalb ein bedeutender amerikanischer Finanzier wie Gaylord Freeman irgendein Interesse an einer Merowingerrestauration in Frankreich haben sollte. Monsieur Plantard zögerte. Dann erwiderte er, das Hauptziel für Männer wie Mr. Freeman bestehe in europäischer Einheit: in den Vereinigten Staaten von Europa, welche die

Nationen des Kontinents zu einem Machtblock zusammenfügen sollten, der vergleichbar mit der Sowjetunion und den Vereinigten Staaten wäre. Monsieur Plantard streifte kurz das Thema des erweiterten Gemeinsamen Marktes, ein finanzielles oder wirtschaftliches Arrangement, ähnlich der EWG, aber unter Einbeziehung der Vereinigten Staaten. Nach einer weiteren Pause fügte Monsieur Plantard gleichsam widerwillig hinzu, was wie ein verbitterter Kommentar klang: Zur Zeit wäre es ein Fehler, die unmittelbaren Ziele der Prieuré de Sion mit einer Merowingerrestauration zu verwechseln.

Dies war eine neue Entwicklung, die sich irgendwann nach der Veröffentlichung unseres früheren Buches abgespielt haben mußte. Lag hier der Ausgangspunkt für die Schwierigkeiten, für die das anglo-amerikanische Kontingent innerhalb der Prieuré de Sion verantwortlich war? Hatte es vielleicht interne Streitigkeiten gegeben, bei denen englische und amerikanische Mitglieder auf einer Verschiebung der Prioritäten bestanden – fort von der ursprünglichen monarchischen Idee, die Monsieur Plantard so sehr am Herzen lag, und hin zu nüchterneren, praktikableren wirtschaftlichen und politischen Prinzipien? Wir drängten Monsieur Plantard, uns Näheres mitzuteilen. Er weigerte sich.

Wir suchten nach irgendeinem Stichwort, das Monsieur Plantard veranlassen mochte, mehr zu verraten, und erkundigten uns nach dem Vatikan: Sei der gegenwärtige Papst ein potentieller Verbündeter oder ein potentieller Gegner im Hinblick auf die in Angriff genommenen Pläne? Monsieur Plantard antwortete, daß weder von »guten Päpsten« noch von »schlechten Päpsten« die Rede sein könne. Es – was immer »es« sein mochte – sei eher Teil einer durchgängigen Politik, der einzelne Päpste zu folgen hätten. Ohnehin habe man eine Annäherung mit dem Vatikan erreicht, und Rom werde kooperationsbereit sein. Zwar habe man seinerseits gewisse Konzessionen machen müssen, aber sie seien im wesentlichen nomineller Art.

Übrigens habe unser Buch im Vatikan einiges Aufsehen erregt, setzte Monsieur Plantard hinzu – als wolle er uns zu verstehen geben, daß er auch über solche Dinge Bescheid wußte.[6]

21. Der Blick weitet sich

Monsieur Plantards Kommentare waren nicht präzise gewesen, aber es hatte uns überrascht, wie bereitwillig er die politischen Interessen der Prieuré de Sion erörterte. In der Vergangenheit hatte er sich nicht nur geweigert, über solche Interessen zu reden, sondern überhaupt geleugnet, daß sie existierten. Weshalb war er plötzlich so gesprächig? Wollte er sich uns wirklich anvertrauen, oder spielte hier noch ein anderer Faktor eine Rolle?

Weit verblüffender war die Tatsache, daß Monsieur Plantard unser gesamtes mögliches Beweismaterial gegen ihn recht wirkungsvoll widerlegt hatte. Mehr noch, unsere Argumente hatten ihn nicht im mindesten überrascht. Vielleicht war er vorgewarnt worden, was wir nicht beweisen konnten, und Mr. Kemp war ebenso ratlos, als wir ihm Bericht erstatteten.

Jedenfalls fühlten wir uns jetzt nicht mehr an das Versprechen gebunden, das wir Monsieur Plantard früher gegeben hatten. Damals hatten wir uns telefonisch verpflichtet, solange keinen direkten Kontakt mit Gaylord Freeman aufzunehmen, bis es zu dem direkten Gespräch mit Monsieur Plantard gekommen war. Dieses Gespräch, so ergebnislos es auch gewesen war, hatte nun stattgefunden. Deshalb schrieben wir an Gaylord Freeman in Chicago, bezogen uns auf sein Treffen mit Mr. Kemp und baten ihn, schriftlich jenen Standpunkt zu bestätigen, den er bei dem Treffen vertreten hatte. Wir erhielten eine etwas brüske Antwort. In seinem Brief an uns bestritt Mr. Freeman, wie bei seiner Unterhaltung mit Mr. Kemp, der Prieuré de Sion anzugehören, Monsieur Plantard zu kennen und in jene Ereignisse verwickelt zu sein, die uns veranlaßt hatten, mit ihm in Verbindung zu treten. Er räume ein, daß die Unterschriften dem Jahresbericht von 1974 der First National Bank of Chicago »entnommen worden« seien, er wolle jedoch in keinem Buch zitiert werden. Der Brief erweckte, wie das Gespräch mit Mr. Kemp, den Eindruck, er wolle die Sache nicht weiter verfolgen. Jedenfalls bat er uns nicht um weitere Informationen, wie sein Name und seine Unterschrift verwendet wurden.

Drei Wochen nach unserer Begegnung mit Monsieur Plantard in Paris erhielten wir ein Päckchen von ihm. Es enthielt ein kurzes, an uns gerichtetes Begleitschreiben und Kopien von zwei Briefen an die Mitgliedschaft der Prieuré de Sion. Der erste trug jenen Briefkopf der Prieuré de Sion, der für die »Mise en Garde« benutzt worden war. Die Datumsangabe lautete Cahors, 10. Juli 1984 (also zweieinhalb Monate vor unserem Treffen in »La Tipia«).

Im Text erklärte Monsieur Plantard den Mitgliedern der Prieuré, daß er seine Großmeisterschaft und seine Ordenszugehörigkeit formell aufgegeben habe. Nachdem er am 17. Januar 1981 in Blois zum Großmeister gewählt worden sei, fühle er sich nun »aus Gesundheitsgründen« und »aus Gründen persönlicher und familiärer Unabhängigkeit« verpflichtet, auf seine Rechte – und die seiner Familie – in der Prieuré de Sion zu verzichten. Der Rücktritt trete »in Übereinstimmung mit den internen Regeln des Ordens« in sechzig Tagen in Kraft. Am Fuß der Seite zitierte er »den Erlaß vom 16. Dezember 1983«, durch den Artikel XXII der Statuten anscheinend aufgehoben worden war. Alle Mitglieder der Prieuré seien nun »verpflichtet, ihre Anonymität zu wahren« und »alle Fragen hinsichtlich ihrer Verbindung mit dem Orden« negativ zu beantworten. Dann folgte die rätselhafte Aussage, daß die »Anerkennung von Dokumenten nur mit Hilfe des Codes vorgenommen werden soll« – wobei unklar blieb, ob ein Chiffriersystem oder ein Verhaltenscode gemeint war.

Der zweite Brief war, ebenfalls in Cahors, auf den folgenden Tag, den 11. Juli, datiert. Der Briefkopf war diesmal der von Monsieur Plantards persönlichem Schreibpapier; er zeigte sein Wappen in Scharlachrot, mit einem Kreis, der ein goldenes Lilienemblem einschloß, und darunter die Worte »Et in Arcardia Ego . . .« In dem an die »lieben Brüder« der Prieuré gerichteten Text wiederholte Monsieur Plantard, er habe gerade seinen Rücktritt als Großmeister eingereicht, nach einundvierzigjähriger Mitgliedschaft. Die Prieuré habe ihn am 10. Juli 1943 auf Empfehlung des Abbé François Ducaud-Bourget aufgenommen. In den dreieinhalb Jahren seiner Großmeisterschaft habe er sehr viel Arbeit sowie ausgedehnte Reisen bewältigen müssen, was ihm sein jetziger Gesundheitszustand nicht mehr gestatte.

Sodann fügte er hinzu, sein Rücktritt sei auch von anderen Faktoren bestimmt worden. Er könne »gewisse Schachzüge«, vorgenommen von »unseren englischen und amerikanischen Brüdern«, nicht billigen; außerdem wolle er seine Unabhängigkeit wie die seiner Familie garantiert sehen. Noch ein Motiv habe zu seiner Entscheidung beigetragen: die Veröffentlichung einiger ihn betreffender »falscher oder gefälschter Dokumente in der Presse, in Büchern und in vervielfältigten, in der Bibliothèque Nationale hinterlegten Schriften«. Als Beispiele nannte er Geburtsurkunden, Imitationen von Prieuré-de-Sion-Papieren mit mehr als zehn Jahre alten Unterschriften und Verleumdungen seiner Person, was ihn bewogen habe, am 16. Dezember 1983 eine Klage in Nanterre einzureichen. Er schloß mit den besten Wünschen »für unseren Sieg bei der Errichtung einer besseren Gesellschaft«.

Was war von diesen beiden Briefen zu halten? Auf den ersten Blick wirkten sie recht freimütig. Andererseits gingen sie erstaunlich genau auf jeden der Punkte ein, die wir drei Wochen zuvor bei unserem Gespräch berührt hatten – zu einem Zeitpunkt, da Monsieur Plantard, wie sich nun herausstellte, nicht mehr Großmeister oder auch nur Mitglied der Prieuré de Sion war. Es schien, als ob die Rücktrittserklärungen nach dieser Begegnung verfaßt worden seien. Andererseits war klar geworden, daß in den letzten siebeneinhalb Monaten etwas in der Luft gelegen hatte. Schon früher war von Schwierigkeiten mit dem anglo-amerikanischen Kontingent und von einer Aufhebung des Statutenartikels XXII die Rede gewesen. Es war nicht einfach für uns gewesen, mit Monsieur Plantard im Frühling und Sommer Kontakt aufzunehmen, geschweige denn ein Treffen mit ihm zu arrangieren, was durchaus mit irgendeiner Veränderung innerhalb der Prieuré zu tun gehabt haben konnte.

In dieser Hinsicht war Monsieur Plantards Begleitschreiben besonders interessant: Er lege Kopien seiner vertraulichen Rücktrittsdokumente bei und bekräftige damit, daß er *seit März 1984 offiziell alle Begegnungen oder Interviews ausgeschlagen habe, die in irgendeiner Weise die Prieuré de Sion betrafen.* (Der kursiv gesetzte Text war in Monsieur Plantards Brief nachdrücklich unterstrichen worden.) Der Brief machte den Eindruck eines offiziellen Statements, das von anderen Mitgliedern des Ordens gesehen und gebilligt werden müßte. Monsieur Plantard erklärte nicht uns, sondern jemand anderem, daß er seit dem vorhergehenden März nichts über die Prieuré hatte verlauten lassen. Als wir uns Ende September mit ihm trafen, waren die sechzig Tage bis zu seinem Rücktritt verstrichen. Also hatte er sich nur noch als Privatmann mit uns unterhalten. Als wir unser Gespräch an einem Tisch in »La Tipia« führten, war ein neuer Großmeister wahrscheinlich bereits gewählt oder wenigstens nominiert worden.

Monsieur Plantards Rücktritt wurde von einem allgemeinen Informationsmangel begleitet. Louis Vazart, den wir nach Erhalt dieser Neuigkeit anriefen, war merklich erregt. Er bemerkte nur, der Rücktritt sei ein bitterer Schlag; er werde wahrscheinlich bedeutende Wandlungen, »nicht unbedingt zum Besseren«, nach sich ziehen. Der Marquis de Chérisey beantwortete keinen unserer zahlreichen Briefe und war telefonisch nicht zu erreichen. Monsieur Plantard entzog sich uns ebenfalls, wenn man von einer Routinekarte mit Neujahrsgrüßen absieht.

Widersprüchliche Erklärungen. Vier Erklärungen für Monsieur Plantards Rücktritt schienen denkbar:

1. Wir hatten eine historische Prieuré de Sion vom 12. bis zum 16. Jahrhundert dokumentiert. Nach 1619 hatte der Orden sich jedoch nach und nach in den Untergrund

begeben, gelegentlich unter dem Namen anderer Organisationen gehandelt und sich manchmal ganz dem Blickfeld entzogen. Vielleicht existierte er nicht mehr, und die moderne Prieuré de Sion, im Jahre 1956 registriert, war eine reine Erfindung – irgendein *jeu d'esprit*, von Monsieur Plantard und ein paar engsten Freunden mit Hilfe von Dokumenten der ursprünglichen Prieuré inszeniert. Welches Spiel auch gespielt wurde und mit welcher Absicht, es dauerte nun schon mindestens dreißig Jahre, wobei es keinen offenkundigen Versuch gegeben hatte, die von ihm bereitgestellten finanziellen Möglichkeiten zu nutzen. Aber (vorausgesetzt, dieses Szenario stimmte) im Laufe des Jahres 1984 kam Monsieur Plantard zu dem Schluß, daß er zu weit gegangen war – vielleicht infolge unserer Nachforschungen, vielleicht aus anderen Gründen. Die mit Guardian Assurance und besonders die mit der First National Bank of Chicago verknüpften Namen deuteten an, daß der Bogen überspannt war, und das Gespenst eines ernsten juristischen Nachspiels oder vielleicht einer peinlichen öffentlichen Bloßstellung zeichnete sich ab. Also dachte Monsieur Plantard sich einen Trick aus, um die ganze Sache aus der Welt zu schaffen. Wenn er behauptete, aus der Prieuré ausgeschieden zu sein, konnte er vorgeben, nichts mehr über ihre Aktivitäten zu wissen. In Wirklichkeit wäre dann die Existenz der Prieuré de Sion mit Monsieur Plantards Rücktritt beendet gewesen.

2. Die Prieuré de Sion existierte als eine echte, ehrenwerte Organisation mit unbekannten Mitteln und unbestimmtem Einfluß, aber Monsieur Plantard selbst war kompromittiert worden. Vielleicht war er zu weit gegangen, als er uns das Dokument mit den Unterschriften von Drick, Freeman und Abboud schickte und damit ohne

Autorisierung etwas von der Wirkungsweise des Ordens preisgab. Vielleicht besaßen Monsieur Chaumeil oder jemand anderes Material, das sich im Falle einer Publikation als äußerst peinlich – in politischer oder anderer Hinsicht – erweisen konnte. Vielleicht sorgte die französische Regierung – oder wer immer Mittel auf dem Schweizer Bankkonto deponierte – dafür, daß die Dinge ungemütlich wurden. Jedenfalls war Monsieur Plantard für den Orden zu einer wirklichen Belastung oder einer möglichen Belastung geworden, so daß er den Interessen der Prieuré am besten mit einem Rücktritt diente. Vielleicht war er dazu gedrängt worden – entweder von dem einen oder anderen Geheimdienst oder von Gruppierungen innerhalb des Ordens, etwa dem anglo-amerikanischen Kontingent.

3. Das Rücktrittsschreiben war echt. Aus den in den beiden Briefen dargelegten Gründen hatte Monsieur Plantard sich freiwillig zum Rücktritt entschlossen. Seine Ordensbrüder waren ebenso überrascht wie Louis Vazart und wir, und man mußte bald einen neuen Großmeister wählen, wenn das nicht schon geschehen war.

4. Die im Jahre 1956 registrierte Prieuré de Sion mochte Monsieur Plantards Erfindung oder vielleicht eine einflußreiche internationale Geheimgesellschaft oder irgend etwas zwischen diesen beiden extremen Hypothesen sein. Was sie auch war, Monsieur Plantard hielt es nunmehr für ratsam, sich vor neugierigen Außenseitern, also auch vor uns, zu schützen. Deshalb hatte er uns eine Geschichte vorgespielt. Seinem angedeuteten Rücktritt zum Trotz konnte die Prieuré wie früher weiterwirken, und Monsieur Plantard – immer noch als Mitglied und vielleicht sogar als Großmeister aktiv – konnte auf plausible Art jegliche Kenntnis ihrer Tätigkeit bestreiten. Im

Dezember 1983 hatte er den Artikel XXII der Statuten aufgehoben oder, besser gesagt, auf den Kopf gestellt, da nun alle Mitglieder der Prieuré ihre Zugehörigkeit bestreiten mußten. Das falsche Rücktrittsgesuch hätte nur der von ihm betriebenen Änderung entsprochen. Wenn dies stimmte, war sein Rücktritt in Wirklichkeit eine Täuschung.

Unserer Meinung nach gab es diese vier Möglichkeiten, natürlich mit weiteren Spielarten und Kombinationen. Zweifellos war aus dem Inneren des Ordens Druck auf Monsieur Plantard ausgeübt worden, vermutlich von dem anglo-amerikanischen Kontingent. Außerdem schien es eine ungeklärte Intervention von außen gegeben zu haben. Auch das Problem absichtlicher Falschinformation war nicht auszuschließen. Einiges davon ging zweifellos auf Monsieur Plantards Konto, manches stammte aus anderen Quellen. Wir hatten zunächst angenommen, die Falschinformation sei für uns bestimmt gewesen, doch ein Teil hatte Monsieur Plantard zum Ziel.

Während wir über die Situation nachdachten, ergab sich plötzlich eine andere mögliche Erklärung für Monsieur Plantards Rücktritt. Weniger als eine Woche nach dem Empfang von Monsieur Plantards Päckchen erhielten wir ein weiteres anonymes – oder eigentlich pseudonymes – Schriftstück. Es war einfach mit dem Namen »Cornelius« unterzeichnet, und wie das frühere Schriftstück war es die Voranzeige eines Buches. Es trug den Titel *Die Skandale der Prieuré de Sion*, angeblich von »Cornelius« verfaßt. Da es sich um eine unverfrorene Hetzschrift handelt, können wir daraus nicht zitieren. Keine der dort aufgestellten Behauptungen sind belegt worden, und die Schrift enthält mindestens ein halbes Dutzend Verleumdungen international bekannter Personen. Wir können jedoch eine Zusammenfassung einiger Hauptpunkte bieten.

1. Der frühere Bankier Michele Sindona verbüßte in Italien eine Gefängnisstrafe wegen Betrugs und hatte mit weiteren Anklagen wegen der Mittäterschaft bei der Ermordung des italienischen Ermittlers Giorgio Ambrosoli zu rechnen. (Sindona starb im März 1986, nachdem er eine Tasse vergifteten Kaffee getrunken hatte.) Laut Cornelius war Ambrosolis Ermordung von einem prominenten italienischen Politiker angeordnet worden, der immer noch im Amt war. Dieser Mann sei, wie Cornelius behauptet, ein hohes Mitglied der Prieuré de Sion gewesen und habe 1981 die Wahl Pierre Plantards zum Großmeister beeinflußt. Der Mord wird mit den Skandalen um die Banco Ambrosiano, die frühere Bank des Vatikan, in Verbindung gebracht und mit der Affäre um den italienischen Bankier Roberto Calvi, der 1982 erhängt unter der Blackfriars Bridge in London aufgefunden wurde.

2. Michele Sindona soll nach Cornelius mit zweifelhaften finanziellen Transaktionen zu tun gehabt haben, welche die Prieuré de Sion direkt oder indirekt betrafen. Ähnliches äußerte er über andere Bankiers in den Vereinigten Staaten.

3. Im Mai 1974 wurde Kardinal Jean Danielou, der damalige maßgebende Sprecher des Vatikan zur Frage des klerikalen Zölibats, tot aufgefunden, unter Umständen, die viel bösartigen Klatsch und ebensolche Gerüchte nach sich zogen. Eine Nachtklub-Stripteasetänzerin war in die Sache verwickelt, und es ging um eine erhebliche Geldsumme.[1] Als junger Mann stand Kardinal Danielou in enger Verbindung mit Jean Cocteau, man kennt ihn als Übersetzer von Cocteaus *Oedipus rex* ins Lateinische. Durch seine Verbindung zu Cocteau dürfte der Kardinal

auch mit Pierre Plantard de Saint-Clair bekannt geworden sein. Laut Cornelius war Kardinal Danielou in geheime Transaktionen mit der Prieuré de Sion verwickelt. Er soll auch eine Rolle in den Machenschaften Michele Sindonas und anderer Bankiers gespielt haben. Cornelius macht versteckte Andeutungen, daß sein Tod – offiziell die Folge eines Herzinfarkts – keineswegs ein Unglücksfall gewesen sei.

4. Cornelius behauptet weiter, die Prieuré de Sion unterhalte enge Beziehungen sowohl zur italienischen Mafia wie zu der italienischen Freimaurerloge P 2. Diese Loge sorgte für eine Sensation, als ihre Existenz, ihre Aktivitäten und ihre Mitgliedschaft im Jahre 1982 aufgedeckt und an die Öffentlichkeit gebracht wurden. Im einzelnen erwähnt Cornelius die Ermordung eines italienischen Generals – dalla Chiesea – durch die Mafia und zwei große italienische Finanzskandale.

5. Am 19. Januar 1981 – also zwei Tage, nachdem Pierre Plantard de Saint-Clair zum Großmeister der Prieuré de Sion gewählt worden war – soll ein hochrangiger Angehöriger des Ordens sich laut Cornelius mit Licio Gelli, dem Großmeister von P 2, getroffen haben. Der Ort der Begegnung soll die Brasserie »La Tipia« an der rue de Rome in Paris gewesen sein.

Man muß betonen, daß keiner der von Cornelius erhobenen Vorwürfe auch nach intensiver Untersuchung erhärtet werden konnte. Solange es an Beweisen fehlt, ist diese Schrift als ungemein bösartig und verleumderisch zu betrachten, und sie ist, wie erwähnt, Gegenstand juristischer Maßnahmen. Unseres Wissens wurde sie weithin verbreitet. Zweifellos gehen einige Journalisten den Behauptungen nach – wenn sie die Vorwürfe nicht schon als gegenstandslos verworfen haben. Aber wenn eine von Cornelius' Anschuldigungen auch nur ein Quentchen Wahrheit enthält, dürfte damit ein besonders unerfreuliches Kapitel beginnen. Allein mit Hilfe dieser Schrift war es »Cornelius« jedenfalls gelungen, die Prieuré de Sion und die Mafia über einen Kamm zu scheren. Er hatte die Aktivitäten der Prieuré de Sion – wenn auch nur in der Phantasie der Menschen – in der europäischen Unterwelt angesiedelt, wo die Mafia mit Geheimgesellschaften und Geheimdiensten verstrickt ist, wo die Großindustrie und der Vatikan sich die Hände reichen, wo man ungeheure Geldsummen für zweifelhafte Zwecke ausgibt, wo die Grenzen zwischen Politik, Religion, Spionage, Hochfinanz und organisiertem Verbrechen fließend werden.

Dies allein könnte Monsieur Plantard durchaus veranlaßt haben, zurückzutreten oder sich selbst und die Prieuré de Sion in Dunkelheit zu hüllen.

Die Prieuré taucht unter. Mit Monsieur Plantards Rücktritt versiegten alle Informationen aus der Prieuré de Sion. Pierre Plantard war – sogar telefonisch – schwerer zu erreichen als je. Louis Vazart wurde sichtlich zurückhaltender, und andere Gewährsleute schienen vom Erdboden verschwunden. Im Juli 1985 erfuhren wir zu unserem Kummer, daß Philippe, Marquis de Chérisey, gestorben war. Was immer von der Prieuré de Sion und Monsieur Chériseys Rolle in ihr zu halten ist, er war die geselligste, die phantasievollste, die originellste und vielleicht die brillanteste Persönlichkeit, der wir im Laufe unserer Recherchen begegneten. Zudem war er ein außerordentlich begabter Romanautor, der, auf rein literarischem Niveau, mehr Anerkennung verdient hätte.

Nach Monsieur Plantards Rücktritt wurde die Prieuré

de Sion also fast unsichtbar. 1956 war sie für alle, die ihre Forschungen hinreichend gewissenhaft betrieben, mehr oder weniger zugänglich gewesen. Seit 1979 hatten wir einen direkten Kanal zu ihr und ihrem Großmeister, und eine Zeitlang, nach der Publikation unseres früheren Buches, schien die Prieuré bereit, stärker an die Öffentlichkeit zu treten. Dann zog sie sich ganz plötzlich in den Schatten zurück, verschleierte ihre Aktivitäten. Welches immer die Ziele und vordringlichen Absichten des angloamerikanischen Kontingents innerhalb des Ordens und möglicher äußerer Interessengruppen waren, es schien ihnen gelungen zu sein, Monsieur Plantard zu kompromittieren, ihn vielleicht sogar von seinem Posten zu verdrängen – und dabei die gesamte Prieuré dem Blickfeld zu entziehen.

Unsere Arbeit aber hatte uns in gewisse Richtungen geführt, die in etwa parallel zu denen von Cornelius verliefen. Wir konnten die Behauptungen, die die Prieuré mit der Loge P 2 und der Mafia in Verbindung brachten, nicht akzeptieren, weil es nicht die geringsten Indizien gab. Wir konnten nicht einmal sagen, ob solche Organisationen, wenn sie überhaupt eine Rolle spielten, Verbündete oder Gegner der Prieuré waren. Die Schrift von Cornelius – dessen angekündigtes Buch in Wirklichkeit nie erschien – kann durchaus der Versuch gewesen sein, die Prieuré durch reine Hirngespinste, nicht durch die angekündigte Enthüllung eines ihrer Geheimnisse zu diskreditieren.

Nichtsdestoweniger war zunehmend deutlicher geworden, daß die Prieuré de Sion tatsächlich etwas zweifelhafte Interessen verfolgte und Geschäfte betrieb – und das in einer Umgebung von christdemokratischen europäischen Parteien, europäischen Einigungsbewegungen, royalistischen Cliquen, Neoritterorden, Freimaurersekten, CIA, Malteserrittern und Vatikan, die allesamt hier aktiv waren, sich zeitweilig zu dem einen oder anderen bestimmten Zweck zusammentaten und sich dann wieder trennten. Die Kardinalfrage war, welchen Platz die Prieuré in dem Geflecht locker miteinander verbundener Organisationen und Interessen einnahm. War sie eine jener zahlreichen kleinen Vereinigungen, die von mächtigeren Kräften manipuliert werden? Hatte sie sich wissentlich solchen Kräften zur Verfügung gestellt, entweder weil sie guten Glaubens einer mit ihnen geteilten Wertehierarchie anhing oder weil sie ein von der Vernunft diktiertes kurzfristiges Bündnis einging? Oder war sie sogar eine der Kräfte, welche die Fäden zogen?

22. Widerstand, Rittertum und die Vereinigten Staaten von Europa

Bei unseren früheren Recherchen hatten wir uns bemüht, die Spuren der Prieuré de Sion in vergangenen Jahrhunderten zu verfolgen und dadurch ihre Existenz nachzuweisen. Mit anderen Worten, wir hatten versucht, die Richtigkeit – oder wenigstens die Glaubwürdigkeit – der von dem heutigen Orden hinsichtlich seiner Herkunft gemachten Behauptungen zu bestätigen. Unsere Erfolge dabei überraschten uns und beseitigten unsere anfänglichen Zweifel.

Die Prieuré selbst behauptete, sie sei als »Ordre de Sion« im Jahre 1090 – oder nach anderen Aussagen im Jahre 1099 – gegründet worden. Wir konnten anhand dokumentarischen Materials aus erster Quelle nachweisen, daß im Jahre 1099 wirklich eine Abtei auf dem

Zionsberg außerhalb Jerusalems errichtet und der Obhut eines mysteriösen Ordens anvertraut wurde.[1] Am 19. Juli 1116 erschien der Name »Ordre de Sion« bereits auf offiziellen Urkunden und Dokumenten.[2] Wir fanden eine weitere Urkunde, datiert auf das Jahr 1152, mit dem Siegel von König Ludwig VII. von Frankreich versehen, die dem Orden seinen ersten Hauptsitz in Europa, bei Orléans, übertrug.[3] Wir fanden eine spätere Bulle, aus dem Jahre 1178, mit dem Siegel von Papst Alexander III., in der Besitzungen des Ordens nicht nur im Heiligen Land, sondern auch in Frankreich, Spanien und auf der gesamten italienischen Halbinsel (in Sizilien, Neapel, Kalabrien, der Lombardei) bestätigt wurden.[4] Außerdem erfuhren wir, daß bis zum Zweiten Weltkrieg zwanzig Dokumente, in denen der Ordre de Sion namentlich erwähnt wurde, im Archiv von Orléans enthalten waren, von denen jedoch siebzehn durch Bombenangriffe vernichtet wurden.

Dadurch waren wir in der Lage, die Erklärungen der heutigen Prieuré hinsichtlich ihrer Herkunft und des ersten Jahrhunderts ihrer Existenz zu stützen. Gleichermaßen konnten wir andere Erklärungen zur späteren Geschichte des Ordens untermauern. Wir ermittelten nicht nur Daten und Verzeichnisse von Landbesitz, sondern stellten auch fest, daß die Prieuré mit einem Netz aristokratischer Familien verbunden war, die sämtlich ihre Abstammung von der Merowingerdynastie herleiteten, die Frankreich zwischen dem 5. und 8. Jahrhundert regiert hatte. Die Familie des kaum bekannten Ritters Johann von Gisors spielte beispielsweise eine besondere Rolle innerhalb des Ordens und war, wie sich herausstellte, mit der Familie Hugos von Payens verwandt, des ersten Großmeisters der Tempelritter. Von vergleichbarer

Bedeutung für die Geschichte des Ordens war die Familie Saint-Clair, Vorfahren des heutigen Sprechers und Großmeisters der Prieuré zwischen 1981 und 1984, Pierre Plantard de Saint-Clair. Unsere Forschungen wiesen eindeutig nach, was in den Aussagen des gegenwärtigen Ordens nur angedeutet wird: Daß die Prieuré de Sion während ihrer gesamten Geschichte weitgehend eine Familienangelegenheit war, eine auf gewisse königliche und aristokratische Häuser beschränkte Organisation.

Die Prieuré wurde namentlich in Urkunden erwähnt, die vom 12. bis ins frühe 17. Jahrhundert reichten. Aus Dokumenten von 1619 geht hervor, daß sie sich den Unmut von König Ludwig XIV. von Frankreich zuzog, der sie aus Orléans vertrieb und das Anwesen den Jesuiten übergab.[5] Danach scheint die Prieuré de Sion, jedenfalls unter diesem Namen, aus historischen Verzeichnissen verschwunden zu sein, und sie tauchte erst 1956 wieder im französischen *Journal officiel* auf. Aber der heutige Orden hatte sich wiederholt auf einige Aktivitäten zwischen 1619 und dem 20. Jahrhundert bezogen, auf gewisse historische Ereignisse, bei denen er eine Rolle spielte, auf gewisse historische Entwicklungen, in denen er eigene Interessen angemeldet hatte. Als wir diese Ereignisse und Entwicklungen untersuchten, fanden wir unwiderlegbare Beweise, daß eine einheitliche Organisation, manchmal als andere Vereinigung getarnt, hinter den Kulissen gearbeitet hatte. Die Organisation wurde nicht namentlich genannt, aber alles deutete darauf hin, daß es sich um die Prieuré de Sion handelte. Auch diese Ereignisse hatten mit jenen Familien zu tun, die ihre Abstammung von den Merowingern herleiteten. Die Intrigen und Religionskriege des 16. Jahrhunderts, die als Fronde bekannte aufständische Bewegung des 17. oder die Freimaurerverschwörungen des 18. Jahrhunderts – sie alle waren verquickt mit diesen Familien, und sie alle geschahen nach einem zusammenhängenden Muster.

So also konnten wir nachweisen, daß tatsächlich eine direkte Linie von der Prieuré de Sion der Gegenwart zu jenem Orden gleichen Namens führte, der im Jahre 1619 aus Orléans vertrieben worden war. Die dazwischenliegenden rund 340 Jahre hatte die Prieuré offenbar überlebt, wenn auch hinter unterschiedlichen Fassaden oder unter dem Deckmantel anderer Organisationen. Wir konnten sie zum Beispiel mit der Compagnie du Saint-Sacrament des 17. Jahrhunderts in Verbindung bringen, einem Konklave von geistlichen Abweichlern, wenn nicht gar Häretikern im Pariser Saint-Sulpice. Eine Verbindung zu den geheimnisvollen und schwer faßbaren deutschen Rosenkreuzern des frühen 17. Jahrhunderts ließ sich herstellen, wie eine zu gewissen Riten des Freimaurertums im 18., zu politischen Verschwörungen und esoterischen Geheimgesellschaften im 19. Jahrhundert. Durch solche Organisationen und durch die immer wiederkehrende Verquikkung mit denselben Familien zog sich eine ununterbrochene Linie von 1619 bis in unsere Epoche hin.

Aber wie sah es in der Gegenwart aus? Als wir Monsieur Plantard im Jahre 1979 zum erstenmal trafen, hatte er seine Position unmißverständlich dargelegt: Er könne über die Geschichte des Ordens sprechen, sei jedoch nur zu indirekten Andeutungen hinsichtlich der Zukunft bereit und weigere sich, auch nur ein Wort über die Gegenwart verlauten zu lassen. Zugegeben, er hatte seine Position in den Jahren 1983 und 1984 leicht geändert – jedenfalls so weit, daß er uns die notariell beglaubigten Dokumente, mit deren Hilfe Saunières Urkunden angeblich nach England gebracht worden waren, und die »Mise en Garde« mit den Unterschriften von Drick, Freeman und Abboud zeigte. So führte unsere Spur zum Aufsichtsrat der alten Guardian Assurance Company und zur First National Bank of Chicago. Aber nichts war eindeutig festgestellt, nichts definitiv bewiesen worden. Wir waren in ein Gewirr von Falschinformationen hineingestolpert, und unsere Recherchen warfen so viele Fragen auf, wie sie beantworteten, vielleicht sogar mehr. Im Zusammenhang mit der heutigen Prieuré glaubten wir mitunter einem Irrlicht oder einer Fata Morgana zu folgen. Sie wich ständig vor uns zurück und löste sich auf, wenn sie greifbar nahe schien, nur um sich ein paar Schritte vor uns erneut zu zeigen.

Wir waren nicht die einzigen, die diesen Eindruck hatten. Im Jahr nach Monsieur Plantards Rücktritt stellten wir eine hauptberufliche Forschungsmitarbeiterin an. Sie verfügte über eine mehr als fünfunddreißigjährige Erfahrung und war für eine Reihe angesehener Autoren tätig gewesen. Sie wie ihr Ehemann, ein früherer Soldat und Résistance-Kämpfer, hatten zahlreiche Kontakte zu wichtigen Stellen und Zugang zu Bereichen, die uns Außenseitern verschlossen waren. Zweifellos verstand sie sachkundiger als wir mit französischen Behörden umzugehen, ob es sich um die Beamten von Bibliotheken, Archiven oder Regierungsbüros handelte. Und da sie in Frankreich ansässig war, konnte sie leichter als wir wochenlang dem einen oder anderen Faden innerhalb dieses Labyrinths folgen.

Diese Frau lieferte uns eine Sammlung höchst wertvoller Informationen. Sie förderte Datenfragmente aus nie vermuteten Quellen zutage und ging ihren Ermittlungen mit beeindruckender Hartnäckigkeit nach. Sie ließ sich nicht einschüchtern oder abschrecken. Und doch war sie, wie sie uns gestand, nie auf so viele Sackgassen, verschlossene Türen, hinterlistige Dementis und rätselhafte Widersprüche gestoßen. Fast jedesmal, wenn sie jemanden für uns befragte, schwanden anfängliche Höflichkeit und Hilfsbereitschaft, sobald sie in gewisse wichtige Bereiche vordrang, und verwandelten sich in Zurückhaltung, Geheimnistuerei und sogar Feindseligkeit. Wir wollten von ihr und ihrem Mann wissen, wie sie die ganze Sache einschätzten, zu welchem Schluß ihre Nachforschungen sie gebracht hätten. Beide antworteten ganz entschieden, hier werde irgend etwas vertuscht.

Die Zeitschrift Vaincre. Trotzdem war es möglich, zumindest einige Informationen nicht nur von der Prieuré de Sion selbst, sondern auch aus unabhängigen Quellen zu erlangen. Obwohl Monsieur Plantard uns ausgewichen war, man uns in die Irre leitete und offizielle Stellen sich ausschwiegen, konnten wir einiges über den Orden und seinen früheren Großmeister in Erfahrung bringen. Die Angaben ermöglichten uns, einen Teil der Aktivitäten, die bis in den Zweiten Weltkrieg zurückreichten, zu überblicken.

Kurz nach unserer ersten Begegnung mit Monsieur Plantard hatte er uns eine auf den 11. Mai 1955 datierte eidesstattliche Erklärung geschickt, in Paris abgegeben von einem Mann namens Poirier Murat, der sich selbst als Chevalier der Légion d'Honneur, Träger der Medaille Militaire und früheren Offizier der französischen Résistance ausgab. Seiner Erklärung zufolge kannte er Pierre Plantard seit 1941. Monsieur Plantard habe zwischen 1941 und 1943 eine Résistance-Zeitschrift namens *Vaincre* herausgegeben; von Oktober 1943 bis Februar 1944 sei er von der Gestapo im Gefängnis Fresnes interniert gewesen.

Wir machten uns daran, Monsieur Murats Aussagen zu überprüfen. Deshalb schrieben wir an das französische Militär; von dort wurde uns mitgeteilt, man sei nicht im Besitz der entsprechenden Unterlagen; wir möchten uns an den Generaldirektor des Archivs von Frankreich wenden. Man leitete unseren Brief an die Polizeipräfektur in Paris weiter, die uns riet, den Gefängnisdirektor in Fresnes zu befragen. Nachdem wir an den Generaldirektor des Archivs von Frankreich geschrieben hatten, wurden wir aufgefordert, mit dem Bezirksarchiv von Paris Kontakt aufzunehmen. Ein Vertreter des Bezirksarchivs riet uns ebenfalls, direkt an das Gefängnis in Fresnes zu schreiben. Dort wollte man wissen, weshalb wir diese Fragen stellten; man verlangte auch Einzelheiten hinsichtlich unserer Recherchen. Wir schrieben einen neuen Brief, dem wir wichtige Details und Fotokopien, darunter die Erklärung Poirier Murats, hinzufügten. Aber wir erhielten keine Antwort.

Ein solches Verhalten hatten wir im Laufe unserer Arbeit wiederholt kennengelernt. Aber auf dieses Verhalten wußte sich unsere Mitarbeiterin geschickt einzustellen. Beharrlich zwang sie Fresnes schließlich zu einer Antwort. Diese war jedoch nicht sehr aufschlußreich: ». . . nach Durchsicht der Häftlingsverzeichnisse von Fresnes können wir keinen Hinweis darauf finden, daß Monsieur Plantard diese Institution zwischen Oktober 1943 und Februar 1944 durchlief.« Hatte Poirier Murat – Chevalier der Légion d'Honneur, Träger der Medaille Militaire und früherer Offizier der französischen Résistance – in seiner eidesstattlichen Erklärung gelogen?

Unsere Versuche, *Vaincre* aufzuspüren, jene Résistance-Zeitschrift, die von Monsieur Plantard herausgegeben worden war, erwiesen sich als weitaus erfolgreicher. Wir fanden sechs Ausgaben von *Vaincre*[6], und mehr scheinen nicht herausgekommen zu sein. Wider alle Erwartungen handelte es sich nicht um nachlässig produzierte Flugblätter. Sie hatten nichts Verstecktes an sich, sondern waren auf hochwertigem Papier gedruckt, das damals in Frankreich schwer zu erhalten war, und enthielten Fotos und andere Illustrationen. Die erste Nummer hatte eine angegebene Auflage von 1397 Exemplaren und war von Poirier Murats Firma gedruckt worden. Für die sechste Nummer beanspruchte man bereits eine Auflage von 4500 Exemplaren. Alles in allem war *Vaincre* eine Unternehmung, die auf keinen Fall ohne Wissen der Behörden durchgeführt werden konnte. Zudem mußte die Zeitschrift potente Geldgeber gehabt haben.

Anhand der sechs Nummern, die wir uns beschaffen konnten, war *Vaincre* schwerlich als Résistance-Zeitschrift zu bezeichnen. Die namentlich gezeichneten und in manchen Fällen von bekannten Autoren geschriebenen Artikel widmeten sich hauptsächlich einer Mischung von Esoterik, Mythos und reiner Phantasie. Zum Beispiel war viel von Atlantis die Rede. Man legte besonderen Nachdruck auf eine alte keltische Weisheitstradition sowie auf die mythischen Themen und Bilder, in denen sie überlebt hatte. Gelegentlich tauchten Beiträge zur neozarathustrischen Theosophie auf, mit Eingeweihten aus Tibet und verborgenen Städten im Himalaja. Vor allem präsentierte *Vaincre* sich als Organ einer Vereinigung oder eines Ordens namens Alpha Galates.

Unter der deutschen Besatzung und dem Vichy-Regime waren Geheimgesellschaften, darunter auch die Freimaurer, streng verboten, und die Mitgliedschaft in jeder derartigen Organisation wurde hart bestraft. Deshalb erschien Alpha Galates nicht als Geheimgesellschaft, obwohl sie offensichtlich eine solche war. Statt dessen bezeichnete sie sich ausdrücklich als Ritter- oder Neuritterorden. Die Prinzipien des Rittertums wurden wiederholt hervorgekehrt, und die meisten Artikel von *Vaincre* widmeten sich solchen Themen – Frankreich als tiefste Quelle des Rittertums, seine Rolle in der modernen Welt. Nach *Vaincre* und Alpha Galates sollte das Rittertum ein Instrument der nationalen Erneuerung für Frankreich sein: ». . . ein Rittertum ist unerläßlich, denn unser Land kann nicht wiedergeboren werden, es sei denn durch seine Ritter.«[7]

Als das Rittertum im frühen Mittelalter entstand, hatte die Institution eine gezielt spirituelle Basis. Herkömmliche Adelstitel – zum Beispiel Baron, Graf, Marquis, Herzog – signalisierten einen gesellschaftlichen und politischen Status, Besitzungen und noble Herkunft. Doch der Ritter verdiente sich seine Sporen und sein Schwert durch persönliche Tugend – durch *vertu* – und moralische Reinheit. Später hatte der Begriff des Rittertums einen zunehmenden Niedergang erfahren, und der Titel wurde schließlich als Belohnung für jede Art von Dienstleistung verliehen, selbst wenn jemand nur das Image einer Premierministerin ein wenig aufzupolieren half. *Vaincre* und Alpha Galates proklamierten jedoch ein Rittertum in seinem ursprünglichen und traditionellen Sinne: »Der Chevalier kann nicht ohne das spirituelle Ideal leben, welches das Sammelbecken für die moralische, intellektuelle und geistige Kraft kommender Generationen ist.«[8]

Nach *Vaincre* war Alpha Galates am 27. Dezember 1937 vom französischen *Journal officiel* verzeichnet worden. Wir überprüften das *Journal officiel* von Juni 1937 bis April 1938, fanden jedoch keinen entsprechenden Eintrag. Das französische Verteidigungsministerium teilte uns auf unsere Nachfrage hin mit, daß man dort nie von *Vaincre* oder Alpha Galates gehört habe und kein Verzeichnis der Namen besitze. Auch die französische Polizeipräfektur bestritt jede Kenntnis – obwohl wir später erfuhren, daß die Sicherheitspolizei eine Akte über Alpha Galates und ihre Führer besaß. Jedenfalls existierte *Vaincre* trotz offizieller Dementis, wie seine Mitarbeiter existierten, unter denen sich eine Reihe von Angehörigen der Alpha Galates befunden haben dürfte.

Einer der Mitarbeiter von *Vaincre* war Robert Amadou, inzwischen ein bekannter Autor von Büchern über esoterische und freimaurerische Themen, ein Martinist und Beamter einer Loge, die zur Schweizer Großloge Alpina gehörte.[9] Ein weiterer prominenter Mitarbeiter war Professor Louis le Fur, vor dem Krieg ein berühmter rechter Publizist. Später geriet er wegen seiner Unterstützung des Vichy-Regimes in Verruf. Aber während der deutschen Besatzungszeit genoß er eine gewisse Reputation als Denker und Kulturkommentator und wurde von Pétain auf einen wichtigen Erziehungsposten berufen.[10] Er war ein Mann von Bedeutung und hätte sich niemals auf die öffentliche Verbindung mit einer Zeitschrift wie *Vaincre* eingelassen, wenn sie ihm nicht als ernste und lobenswerte Publikation erschienen wäre. In einem seiner Artikel erklärte le Fur, er selbst sei seit acht Jahren Mitglied von Alpha Galates. Er nannte weitere Mitglieder des Ordens: Jean Mermoz, einen berühmten Piloten, der vor dem Krieg starb, und Gabriel Trarieux d'Egmont, einen Verfasser esoterischer Schriften und zweitklassigen mystischen Dichter, dessen Werk aber immer noch eingeschränkten Respekt genießt.

Laut *Vaincre* ist die Mitgliedschaft von Alpha Galates

geteilt: in die »Legion« und in die »Phalanx«. Die Rolle der Legion wird nicht erläutert, während der Phalanx die Aufgabe zukommt, philosophische Forschungen zu betreiben und künftige Chevaliers auszubilden. Interessanterweise war die Prieuré de Sion gemäß den 1956 bei der Polizeipräfektur in Annemasse hinterlegten Statuten ebenfalls in eine Legion und eine Phalanx eingeteilt.

Aus diesem Grunde hielten wir Alpha Galates zunächst für eine weitere Tarnorganisation der Prieuré de Sion, was jedoch anscheinend nicht zutraf. Monsieur Plantard erklärte uns persönlich, daß er der Prieuré am 10. Juli 1943 beigetreten sei. In dem Begleitschreiben zu seinem Rücktritt wiederholt er diese Aussage und fügt hinzu, daß er auf Empfehlung des Abbé François Ducaud-Bourget in die Prieuré eingeführt worden sei. Seine Verbindung mit *Vaincre* und Alpha Galates dagegen ist mindestens ein Jahr älter. Aus dieser Chronologie ergibt sich, daß Alpha Galates und die Prieuré de Sion getrennte Organisationen waren – es sei denn, erstere war eine Angliederung oder sie diente als Rekrutierungsreservoir für letztere. Jedenfalls muß die Prieuré, da sie Monsieur Plantard aufnahm, mit der Tätigkeit von Alpha Galates einverstanden gewesen sein. Die Orientierung der beiden Orden ist in vieler Hinsicht sehr ähnlich, wenn nicht sogar identisch. Dies zeigt sich besonders an der Betonung des Rittertums. Außerdem tauchen einige Autoren von *Vaincre* später in Publikationen auf, die der Prieuré zugeordnet sind.

In der ersten Nummer von *Vaincre* erscheint ein Foto des Herausgebers und Direktors Pierre de France. Das Foto zeigt ohne Frage den jungen Pierre Plantard, der damals zweiundzwanzig Jahre alt gewesen sein muß. Am 21. September berichtet *Vaincre*, daß Pierre de France zum

Großmeister von Alpha Galates avanciert sei. In der vierten Nummer von *Vaincre,* am 21. Dezember 1942, wird der Name zu »Pierre de France-Plantard« erweitert. Man gibt seine Adresse – 10 rue Lebouteux, Paris 17 – als Hauptquartier oder Zentrale von Alpha Galates an.

Abgesehen von seiner mythischen und ritterlichen Themenstellung hat *Vaincre* auch eine politische Ausrichtung. Wie die Mitarbeit von Louis le Fur zeigt, liegen die Sympathien der Zeitschrift eindeutig beim Vichy-Regime, und manchmal unterstützt sie Pétain voller Inbrunst. Die erste Nummer enthält eine Pétain gewidmete Hymne, und Alpha Galates wird beschrieben als »ein Großorden des Rittertums«, »im Dienste der Heimat« und »Seite an Seite mit dem Marschall«. Zuweilen findet man in *Vaincre* häßliche antisemitische Äußerungen, die an die fanatischeren Rasereien der nationalsozialistischen Propaganda erinnern. »Um unserer Heimat ihren Rang zurückzugeben . . ., ist es notwendig . . ., falsche Dogmen . . . und die korrupten Prinzipien des einst demokratischen jüdischen Freimaurertums auszurotten.«[11]

Andererseits darf man nicht vergessen, zu welcher Zeit und unter welchen Umständen *Vaincre* veröffentlicht wurde. Der größte Teil Frankreichs war von deutschen Truppen besetzt, die Gestapo war allgegenwärtig, und man konnte kaum etwas drucken, was der Aufmerksamkeit der deutschen Behörden und ihrer französischen Helfershelfer entging. Monsieur Plantard hätte schwerlich eine technisch hochwertige Zeitschrift wie *Vaincre* publizieren und darin de Gaulle unterstützen können. Alles in *Vaincre* ist mit Vorsicht zu beurteilen, da man damit zu rechnen hatte, daß es von deutschen Augen gelesen wurde. Um überleben zu können, mußte die Zeitschrift zwangsläufig beschwichtigend agieren und durfte nicht allzusehr von der offiziellen Linie des Establishments abweichen. Als wir Monsieur Plantard einige durchaus belastende Aussagen aus *Vaincre* vorhielten, hob er diesen Sachverhalt hervor, ohne über Gebühr in Verlegenheit zu geraten. Er deutete an, daß *Vaincre* unter den Sympathieerklärungen für Vichy und Pétain verschlüsselte Botschaften und Instruktionen enthielt, die nur von der Résistance entziffert werden konnten.

Ob dies zutrifft oder nicht, *Vaincre* ist schwerlich eine Résistance-Zeitschrift zu nennen. Aber es ist ebenso schwierig, sie nur nach ihrem Äußeren zu beurteilen und als verschrobene esoterische Publikation mit offenen Sympathien für Vichy und Pétain abzutun. Der Abbé François Ducaud-Bourget, in politischer und religiöser Hinsicht durchaus konservativ, spielte eine aktive Rolle in der französischen Widerstandsbewegung und erhielt sogar den Résistance-Orden. Wenn er tatsächlich Monsieur Plantards Aufnahme in die Prieuré de Sion befürwortete, ist höchst unwahrscheinlich, daß Plantard, Alpha Galates oder *Vaincre* so sehr zur Kollaboration mit den Deutschen neigten, wie es den Anschein hat. Außerdem war *Vaincre* von Poirier Murat, Chevalier der Légion d'Honneur, Träger der Medaille Militaire und Offizier der französischen Résistance, gedruckt worden. Murat dürfte kaum eine Zeitschrift mit dem Image von *Vaincre* gefördert haben, wenn sie nicht doch daneben auf einem anderen Niveau agierte und der Résistance irgendeinen Dienst erwies. Und schließlich gab es noch, wie wir bald sehen werden, Monsieur Plantards spätere Verbindung mit Charles de Gaulle. De Gaulles unnachgiebige Haltung Kollaborateuren gegenüber ist gut bekannt. Wenn Monsieur Plantard wirklich ein Kollaborateur gewesen wäre, hätte später niemals eine angeblich so enge Beziehung zu de Gaulle entstehen können.

Ein weiteres Indiz spricht stark für Monsieur Plantard, Alpha Galates und *Vaincre.* Zu den schlimmsten Publikationen im besetzten Frankreich gehörte eine boshafte satirische Zeitschrift namens *Au pilori.* Sie setzte sich engagiert für den Nationalsozialismus ein und schürte den fanatischen Haß auf Juden und Freimaurer. Ihr Ziel bestand darin, Juden und Freimaurer oder angebliche Juden und Freimaurer aufzuspüren, Namen und Adressen zu veröffentlichen und der Gestapo überhaupt zu helfen, um sich bei ihr einzuschmeicheln. Wer immer von *Au pilori* angegriffen wurde, kann nicht »völlig schlecht« gewesen sein. Am 19. November 1943 bedachte die Zeitschrift Monsieur Plantard, Alpha Galates und *Vaincre* mit einem höhnischen, satirischen Kommentar. Sie brachte keine konkreten Beschuldigungen vor, versuchte aber, alle drei lächerlich zu machen. Zudem veröffentlichte sie Monsieur Plantards Adresse, was unter den damaligen Umständen einer Ermutigung zu Belästigungen durch Schlägertrupps, wenn nicht gar durch die Gestapo gleichkam.

Die ganze dritte Nummer von *Vaincre* war eine Verteidigung gegen die Attacke von *Au pilori.* Man erfährt, daß ein Mitglied von Alpha Galates aus dem Orden ausgeschlossen worden war, das dann wahrscheinlich die Informationen an *Au pilori* weitergegeben hatte. Um *Au pilori* entgegenzutreten, definierte *Vaincre* noch einmal die Ziele von Alpha Galates:

»1. Die Einheit Frankreichs innerhalb seiner geographischen Grenzen und die Beseitigung der Demarkationslinie zwischen den von Deutschland besetzten Zonen und jenen unter der Kontrolle von Vichy;

2. die Mobilisierung aller französischen Energien und Mittel für die Verteidigung der Nation, insbesondere ein Appell an die Jugend, einen Pflicht-Wehrdienst zu leisten;

3. die Schaffung einer ›neuen westlichen Ordnung‹, eines ›jungen europäischen Rittertums‹, dessen Hauptgedanke ›Solidarität‹ sein solle. Diese Organisation, genannt ›Solidarität‹, müßte ›das erste Stadium der Vereinigten Staaten des Westens‹ darstellen.«[12]

Die Antwort von *Vaincre* an *Au pilori* war weder überzeugend noch erfolgreich. Drei Ausgaben später wurde *Vaincre* eingestellt – vermutlich, weil man Druck ausgeübt hatte. Mit dem Verschwinden von *Vaincre* scheint es um die Aktivitäten und die Karriere Monsieur Plantards vorübergehend still geworden zu sein. Aber gewisse, von *Vaincre* aufgegriffene Themen sollten später wieder auftauchen, nicht nur unter dem Dach der Prieuré de Sion, sondern auch unter dem anderer Organisationen.

Für unsere Zwecke sind die Vereinigten Staaten von Europa (oder die Vereinigten Staaten des Westens) das wichtigste Thema. Die Idee erscheint wiederholt in *Vaincre* und ist, zusammen mit der Idee eines neuen europäischen Rittertums, ein vordringliches Thema der Zeitschrift. Zum Beispiel bringt die erste Nummer die Illustration eines Ritters, der auf einer Straße der am Horizont aufgehenden Sonne entgegenreitet. Die Straße trägt die Bezeichnung »États-Unis d'Occident« (Vereinigte Staaten des Westens), ihr Anfang wird mit dem Jahr 1937 markiert, und die aufgehende Sonne am Ende der Straße zeigt das Jahr 1946. Ein Straßenrand heißt Bretagne, der andere Bayern.[13]

Lange vor dem Krieg war Professor Louis le Fur Mitbegründer einer kleinen Gruppe mit dem Namen »Énergie« gewesen. Ein Angehöriger dieser Gruppe und einer von le Furs engsten Mitarbeitern war Robert Schuman, der später zu einem prominenten französischen Politiker werden sollte.[14] Schuman träumte davon, die Kohle- und Stahlindustrie Westeuropas zu vereinen, wobei dies nur ein erster Schritt zu einer viel größeren politischen Einheit war: zu einer europäischen Föderation oder den Vereinigten Staaten von Europa. In den folgenden Jahren wurde Schuman, der die von le Fur und anderen in *Vaincre* ausgedrückten Ideen übernahm, zu einem der wichtigsten Architekten und Wegbereiter der Europäischen Wirtschaftsgemeinschaft.

Der Kreisauer Kreis. Die fünfte Nummer von *Vaincre,* herausgegeben am 21. Januar 1943, enthält eine Eloge von Louis le Fur für Pierre de France-Plantard, den neuen Großmeister von Alpha Galates. Er zitiert »einen großen Deutschen, einen der Meister unseres Ordens«. Dieser »große Deutsche«, damals in seinem achtundfünfzigsten Lebensjahr, gibt eine außergewöhnliche Erklärung über den dreiundzwanzigjährigen Pierre de France ab: »Zu meiner Freude kann ich vor meiner Abreise nach Spanien sagen, daß unser Orden in der Person von Pierre de France endlich einen würdigen Chef gefunden hat.

Deshalb empfehle ich mich mit uneingeschränkter Zuversicht, um meinen Auftrag auszuführen. Denn während ich mir keine Illusionen über die Gefahren mache, die die Erfüllung meiner Pflicht mit sich bringen, weiß ich doch, daß Anerkennung von Alpha und Treue ihrem Chef gegenüber bis zum letzten Atemzug meine Parole sein werden.«[15]

Diese Worte werden Hans Adolf von Moltke zugeschrieben, einem Karrierediplomaten aus einer der angesehensten und einflußreichsten aristokratischen Familien

Deutschlands. Im Jahre 1934 war er deutscher Botschafter in Polen gewesen; im Jahre 1938 erwartete man in ihm den nächsten deutschen Botschafter in Großbritannien. Zur Zeit der ihm zugeschriebenen Aussage war er gerade zum Botschafter in Spanien ernannt worden, wo er im März 1943 starb.

Moltke, obwohl dem Anschein nach sowohl mit Hitler wie mit Himmler befreundet, war in Wirklichkeit ein »guter Deutscher«. Er war ein Cousin und enger Mitarbeiter von Helmuth James Graf von Moltke sowie ein Cousin Claus Graf Schenks von Stauffenberg, und er hatte die Schwester eines weiteren Cousins, Peter Yorck von Wartenburgs, geheiratet. Helmuth James Graf von Moltke leitete zusammen mit Peter Yorck von Wartenburg den Kreisauer Kreis, den zivilen Flügel der deutschen Widerstandsbewegung gegen Hitler. Claus Graf Schenk von Stauffenberg war die treibende Kraft der militärischen Verschwörung gegen das Reich, die in dem Bombenattentat vom 20. Juli 1944 ihren Höhepunkt fand.

Kurz gesagt, der Mann, der in *Vaincre* für Monsieur Plantard eintrat und seine Zugehörigkeit zu Alpha Galates bekannte, stand an der Spitze der Bemühungen, das nationalsozialistische Regime zu stürzen. Zur Zeit seiner Akkreditierung in Spanien streckte sein Cousin Helmuth James Graf von Moltke via Schweden heimliche Friedensfühler zu den Alliierten aus, um ihre Hilfe bei der Absetzung Hitlers zu gewinnen und günstige Friedensbedingungen für die neue, demokratische deutsche Regierung zu sichern. Hans Adolf von Moltke versuchte von seinem Botschafterposten in Spanien aus ähnliche geheime Verhandlungen anzubahnen. Dies war – was erst nach dem Krieg bekannt wurde – jener »Auftrag«, zu dessen Erfüllung er abreiste; und er machte sich zu Recht keine

Illusionen hinsichtlich der damit verbundenen Gefahren.[16]

Heute werden Claus Graf Schenk von Stauffenberg, Helmuth James Graf von Moltke, Peter Yorck von Wartenburg und ihre Mitverschwörer gegen das Dritte Reich sowohl in Deutschland wie im Ausland als Helden angesehen. Doch bis jetzt haben sich keinerlei Indizien dafür gefunden, daß der deutsche Widerstand Kontakte zu anderen Widerstandsbewegungen in Europa hatte. Historiker meinen, er habe ganz unabhängig von dem Geflecht subversiver Operationen in anderen Teilen des Kontinents gehandelt. Dies mag zutreffen, aber Hans Adolf von Moltkes Worte in *Vaincre* zeigen, daß er Alpha Galates angehörte, einer Geheimgesellschaft, die unter der öffentlichen Tarnung eines esoterischen Neuritterordens agierte. Sie zeigen auch, daß er sich in erster Linie Alpha Galates und ihrem Großmeister verpflichtet fühlte. Kann Alpha Galates eine Verbindung zwischen dem deutschen Widerstand gegen Hitler und den Widerstandsbewegungen in Frankreich, wenn nicht gar anderswo, hergestellt haben?

In einem Brief gibt Helmuth James Graf von Moltke zu, daß vor Ende 1942 kein Kontakt zwischen seinem Verschwörerkreis und irgendeiner französischen Organisation bestand. Nach erheblichen Schwierigkeiten war man in Verbindung getreten mit Gruppen »in den verschiedenen besetzten Gebieten, mit Ausnahme von Frankreich, wo, soweit wir feststellen können, keine wirksame Opposition auf grundsätzlicher Basis . . . vorhanden ist«[17]. Kurz darauf beginnt er jedoch, auf »unseren Mann in Paris« anzuspielen; allerdings haben Historiker die Identität dieses Mannes bisher nicht ermitteln können. Vielleicht ist es ein Zufall, doch vielleicht hat es besondere

Bedeutung, daß die erste Nummer von *Vaincre* erst im Oktober 1942 erschien.

Jedenfalls hatten die Ziele von Alpha Galates, wie in *Vaincre* dargestellt, viel mit denen von Moltkes Kreisauer Kreis gemeinsam. Beide legten Nachdruck auf Jugendbewegungen und auf die Mobilisierung der europäischen Jugend. Beide bestanden auf einer moralischen und geistigen Wertehierarchie als Grundlage einer europäischen Erneuerung. Beide hatten ein im wesentlichen ritterliches Ideal, und beide strebten die spätere Schaffung Vereinigter Staaten von Europa an. Schon vor dem Krieg war eine solche Föderation von den Mitgliedern des Kreisauer Kreises propagiert und gefördert worden. Später wurde diese Idee für Moltke und seine Kollegen zu einem Eckstein jeglicher Nachkriegspolitik. Ein Kommentator: »Das Ziel auf längere Frist war ein europäischer Staatenbund, die Vereinigten Staaten von Europa.«[18]

Um dieses Ziel zu erreichen, hatte der Kreisauer Kreis Anfang 1943 Fühlung mit Vertretern des britischen Foreign Office in der Schweiz aufgenommen. Daneben unterhielt er enge Beziehungen zu einem bedeutenden amerikanischen Amtsträger in der Schweiz: Allen Dulles, Chef der dortigen Niederlassung des OSS (Office of Strategic Services), aus dem die CIA (Central Intelligence Agency) hervorging.

23. Die Rückkehr de Gaulles

Nach der Einstellung von *Vaincre* Anfang 1943 schien auch Pierre Plantard spurlos verschwunden zu sein. Wir jedenfalls waren nicht in der Lage, seine Spur in den folgenden zwölf Jahren zu entdecken. Dann, im Jahre 1956, ließ sich die Prieuré de Sion förmlich vom französischen *Journal officiel* registrieren. Gleichzeitig hinterlegte sie eine Kopie ihrer angeblichen Statuten der Unterpräfektur von Saint-Julien-en-Genevois, unweit von Annemasse an der Schweizer Grenze. Wir hatten uns Exemplare dieser Kopie verschafft, nur um zu erfahren, daß die Statuten gefälscht seien; danach gab man uns eine Kopie der angeblich echten Statuten. Ob gefälscht oder nicht, die bei der Unterpräfektur hinterlegten Statuten brachten Monsieur Plantard wieder ans Licht der Öffentlichkeit. Er wird ausdrücklich als Generalsekretär der Prieuré de Sion genannt. Die Prieuré selbst war, wie Alpha Galates, in eine Legion und eine Phalanx eingeteilt. Die erstere sei »mit dem Apostolat betraut«, die letztere fungiere als »Hüterin der Tradition«. Laut Statuten bestand der Orden aus neun Graden, die alle ritterliche Titel trugen. In dem etwas wunderlichen Jargon der Statuten wird der Aufbau des Ordens folgendermaßen beschrieben:

»Die Generalversammlung setzt sich aus allen Mitgliedern der Vereinigung zusammen. Sie besteht aus: 729 Provinzen, siebenundzwanzig Komtureien und einer als ›Kyria‹ bezeichneten Arche. Jede Komturei muß, ebenso wie die Arche, aus vierzig, jede Provinz aus dreizehn Mitgliedern bestehen.

Die Mitglieder sind in zwei Gruppen eingeteilt: in die mit dem Apostolat betraute Legion und in die Phalanx, Hüterin der Tradition. Die Mitglieder bilden eine aus neun Graden bestehende Hierarchie:

a) in den 729 Provinzen

1. Novices (Novizen)	6561 Mitglieder
2. Croisés (Kreuzfahrer)	2187 Mitglieder

b) in den 27 Komtureien

3. Preux (Helden)	729 Mitglieder

4. Chevaliers (Ritter)	81 Mitglieder
5. Ecuyers (Schildknappen)	243 Mitglieder
6. Commandeurs (Komture)	27 Mitglieder
c) in der Arche ›Kyria‹	
7. Connétables (Konnetabels)	9 Mitglieder
8. Sénéchaux (Seneschalle)	3 Mitglieder
9. Nautonier (Steuermann)	1 Mitglied.«

Weder in *Vaincre* noch in einer anderen Publikation oder einem anderen Dokument wurde angedeutet, daß Monsieur Plantard oder die Prieuré de Sion ausgesprochen katholisch seien. In *Vaincre* hatte Monsieur Plantard Begriffe wie esoterisch, heidnisch und theosophisch assoziieren lassen. In späteren Unterlagen kommt – bei ihm wie der Prieuré – ein weites Spektrum unterschiedlicher Traditionen ins Spiel, darunter Gnostizismus und mancherlei Formen abweichlerischen oder ketzerischen Christentums. Doch nach den Statuten von 1956 ist die Prieuré de Sion zweifellos ein katholischer Ritterorden. Ihr Name trägt den Zusatz »Chevalerie d'Institutions et Règles Catholiques, d'Union Indépendante et Traditionaliste« (Ritterschaft katholischer Institutionen und Regeln der unabhängigen und traditionalistischen Union). Die Abkürzung CIRCUIT war gleichzeitig der Titel einer Zeitschrift, die laut Statuten ordensintern verbreitet wurde.

Ob die Statuten von 1956 echt sind oder nicht, bleibt ungewiß. Für unsere Zwecke sind sie einmal deshalb bedeutsam, weil sie Nachdruck auf den Aspekt des Rittertums legen, zum anderen, weil sie den in *Vaincre* abgedruckten Statuten von Alpha Galates ähneln. Außerdem brachten sie Pierre Plantards Namen zum erstenmal seit zwölf Jahren wieder an die Öffentlichkeit. Von nun an sollten er und die Prieuré de Sion zunehmend mit dem Rätsel von Bérenger Saunière und Rennes-le-Château in

Verbindung gebracht werden. Kurz darauf spielte Monsieur Plantard jedoch in einem viel vertrauteren Zusammenhang eine Rolle.

Komitees für öffentliche Sicherheit. Am 7. Mai 1954 erlitt die französische Armee in Indochina eine katastrophale Niederlage in der Schlacht von Dien Bien Phu, die zum Verlust der französischen Kolonien in Südostasien führte. Innerhalb von sechs Monaten nach diesem Debakel brach in Algerien eine brutale, von algerischen Nationalisten angezettelte Terrorkampagne aus. Frankreich war entschlossen, keine weitere Niederlage hinzunehmen, und entsandte im Laufe eines Monats 20 000 Soldaten in seine nordafrikanische Kolonie. Diese Zahl schwoll schließlich auf 250 000 an. Trotzdem spitzte die Situation in Algerien sich weiterhin zu und führte zu einem erbitterten Kampf, der acht Jahre dauerte.

Im Gegensatz zu Indochina ist Algerien nicht weit von Frankreich entfernt. Die französische Bevölkerung Algeriens bildete keine isolierte Enklave von Ausländern, sondern eine längst etablierte Gemeinschaft. Algerische Städte hatten in vieler Hinsicht mehr französische als nordafrikanische Züge. Algerien wurde nicht als überseeische Besitzung, sondern als Bestandteil Frankreichs angesehen. Deshalb zeitigten die dortigen Ereignisse starke Nachwirkungen im Mutterland.

Während die Unruhen in Algerien eskalierten, geschah das gleiche innerhalb Frankreichs. Ende 1957 war Frankreich nicht bloß zerrüttet, sondern in einer chronischen Krise. Regierungen stürzten mit erschreckender Geschwindigkeit. Zweimal war Frankreich mehr als vier Wochen lang überhaupt ohne jede Regierung, während die Parteien in Fehde lagen und sich nicht über eine

Koalition einigen konnten. Ein allgemeines Gefühl der Panik begann sich auszubreiten, und im Hintergrund zeichnete sich das bedrohliche Gespenst eines Bürgerkriegs ab.

In diesem Chaos blühten Verschwörungen. Vor allem die Armee war in zahlreiche Intrigen verwickelt. In Algerien entstand ein Netz halbgeheimer Gesellschaften: die »Comités de Salut Public« (Komitees für öffentliche Sicherheit). Den entsprechenden Komitees während der Französischen Revolution nachempfunden, machten sie sich daran, französische Interessen, die französische Armee und Bevölkerung Nordafrikas zu einer einheitlichen Kraft zusammenzuschweißen als ein Bollwerk gegen die algerische Unabhängigkeit und als Garantie, welche die Kolonie für immer an Frankreich binden sollte. Gleichzeitig agitierten die Komitees für eine starke Führung in Frankreich, die mit ihrer Sache sympathisierte. Nur ein Mann war fähig, eine solche Rolle zu spielen: Charles de Gaulle. Deshalb drängten die Komitees in Algerien darauf, daß de Gaulle die Macht in Frankreich übernahm, wenn nötig mit Hilfe eines Militärputsches. Sie wurden von einer Reihe hochrangiger Militärs unterstützt, darunter Marschall Alphonse Juin, der offenbar ein wichtiges Mitglied der Prieuré de Sion gewesen war. Außerdem fanden sie Zuspruch bei einer neuen gaullistischen Bewegung, der Sozialrepublikanischen Partei; zu ihren Führern gehörte Michel Debré, der de Gaulles Justizminister und kurz darauf, zwischen 1959 und 1962, Ministerpräsident von Frankreich wurde. In Georges Bidault, einem früheren Helden der Résistance, hatte man ebenfalls einen einflußreichen Anhänger de Gaulles gefunden. Zwischen 1945 und 1954 hatte Bidault eng mit Robert Schuman, Professor

Louis le Furs altem Freund, an dem Entwurf der Pläne für die EWG gearbeitet.

Die algerischen Komitees hielten für selbstverständlich – vielleicht naiverweise –, daß de Gaulle keine Trennung Algeriens von Frankreich zulassen werde. De Gaulle tat nichts, um dieser Annahme entgegenzuwirken. Wie die späteren Ereignisse zeigen sollten, hatte er ganz andere Pläne.

Im April 1958 wurde klar, daß die neugewählte französische Regierung die Algerienkrise dadurch zu beenden hoffte, der Kolonie die Unabhängigkeit zuzugestehen. Die Komitees für öffentliche Sicherheit in Algerien reagierten am 13. Mai mit einem Staatsstreich und bildeten eine eigene Regierung. Gleichzeitig appellierten sie an de Gaulle, die Macht in Frankreich zu übernehmen, das Land wiederzuvereinigen und den Kolonialstatus Algeriens zu erhalten. In einer Erklärung vom 15. Mai ließ de Gaulle nur verlauten, er stehe bereit, wenn er gerufen werde. In Frankreich herrschte weiterhin das Chaos.

Bis zum 23. Mai liefen Gerüchte um, in Frankreich selbst würden Komitees für öffentliche Sicherheit gebildet. Am 24. Mai übernahm ein Komitee die Macht in Korsika, während algerische Rundfunksprecher Frankreich und sein Volk vor die Entscheidung stellten, »zwischen dem Moskauer Stern und dem Lothringer Kreuz zu wählen«. Ehemalige Résistance-Kämpfer des »Freien Frankreich« sahen sich mit ehemaligen Vichy-Vertretern und noch extremeren rechten Elementen verbündet, um die algerische Unabhängigkeit zu durchkreuzen und de Gaulle zu unterstützen.

Irgendwann im Laufe dieser Woche schien jeder zu wissen, daß in Frankreich ein Militärputsch für den 28. Mai geplant war. Gerüchte besagten, ein Absprung von

Fallschirmjägern in Paris stehe bevor.[1] Daraufhin trat die Regierung am 28. Mai zurück und überließ de Gaulle das Feld. Am 29. Mai wurden alle Komitees für öffentliche Sicherheit in Paris mobilisiert, und Tausende ihrer Anhänger strömten auf die Straßen. Am gleichen Nachmittag erschien de Gaulle in der Hauptstadt, nahm die Präsidentschaft der Fünften Republik an und bildete eine Regierung, der Michel Debré und André Malraux angehörten. Die Komitees für öffentliche Sicherheit hatten offensichtlich eine Schlüsselrolle bei der Machtübergabe an de Gaulle gespielt, und sie sorgten auch dafür, daß jede ernsthafte Opposition ausgeschaltet blieb. Am 29. Mai erklärte ein offizieller Sprecher, 120 Komitees seien im französischen Mutterland aktiv.[2]

Soweit man verallgemeinern kann, läßt sich sagen, daß die Komitees für öffentliche Sicherheit in Algerien und in Frankreich unterschiedliche Prioritäten hatten. Für die algerischen Komitees bestand das Hauptziel darin, den Status der Kolonie aufrechtzuerhalten, und de Gaulle galt ihnen als ein Mittel zu diesem Zweck. Das Hauptinteresse der französischen Komitees bestand darin, de Gaulle zur Präsidentschaft zu verhelfen, wobei Algerien wahrscheinlich eine untergeordnete Rolle spielte. Aber es ist schwierig, sich ein genaues Bild zu machen, einfach weil die Komitees selbst, besonders in Frankreich, so schillernd waren. Offensichtlich waren sie weit verbreitet und gut organisiert – eine echte Geheimarmee, mit vielen Verbindungen zum regulären Heer. Doch es ist fast unmöglich, präzise Informationen über sie zu erhalten, und es gibt kaum verläßliche dokumentarische Belege. Niemand bezweifelt, daß sie existierten, und niemand ist sich im unklaren über ihre Absichten und Ziele. Aber mehr weiß man kaum. Es gilt als wahrscheinlich, daß de Gaulle persönlichen Kontakt zu ihren Befehlshabern hielt, denn er achtete stets darauf, daß alle Möglichkeiten offenblieben. Doch ebenso wahrscheinlich ist, daß er alle Beweise – wenn es sie gab – für solche Kontakte vernichten ließ. Von einem Biographen de Gaulles erfahren wir, daß er derartige Kontakte über Mittelsmänner pflegte und gemeinhin nichts schriftlich festgehalten wurde.

Wie auch immer, nachdem de Gaulle die Macht übernommen hatte, war seine Position den Komitees gegenüber alles andere als einfach. Er war ihnen verpflichtet, weil sie geholfen hatten, ihn zum Staatsoberhaupt zu machen, und er hatte sie in dem Glauben bestätigt, Algerien werde unter seiner Regierung französisch bleiben. Nun schickte er sich an, mit algerischen Nationalistenführern über die Unabhängigkeit der Kolonie zu verhandeln. Für viele Franzosen brach er damit seine – vermeintliche – Zusage. Manche dachten gar an Verrat.

Zweifellos rechnete er mit einer erbitterten Reaktion der algerischen Komitees. Diese ließ nicht lange auf sich warten und nahm die Gestalt der OAS (Organisation de l'Armée Secrète) an. Sie schwor Rache für das, was ihr als de Gaulles Verrat erschien. Die OAS bestand aus konservativen Offizieren, Veteranen des Algerienkonflikts, ehemaligen französischen Siedlern und französischen Amtsträgern in Algerien; in den folgenden Jahren verübte sie eine Reihe von Mordanschlägen auf den französischen Präsidenten. Noch heute gibt es einstige Mitglieder der OAS, denen der Name de Gaulle ein Greuel ist.

Im Grunde stellten die algerischen Komitees für die Stabilität von de Gaulles neuem Regime keine ernste Gefahr dar. Ganz anders stand es um die französischen Komitees. Hätten sie eine allgemeine Opposition organisiert, wäre es zu viel ernsteren Problemen gekommen. Deshalb mußten die Mitglieder der französischen Komitees umgestimmt und überredet werden, sich aufzulösen oder ihre Energie in eine andere Richtung zu lenken und schließlich die Kehrtwendung des neuen Präsidenten in bezug auf Algerien mitzumachen. Dies verlangte erhebliche Propagandaarbeit. Soweit es darüber Unterlagen gibt, scheint Pierre Plantard die Propaganda dirigiert zu haben.

Als wir Monsieur Plantard im Jahre 1979 zum erstenmal trafen, erzählte er uns, Charles de Gaulle habe ihn persönlich gebeten, die französischen Komitees für öffentliche Sicherheit zu leiten und, nachdem die Aufgabe der Amtseinsetzung des Generals vollendet war, über ihre Auflösung zu wachen. In einem hektographierten Flugblatt, das im Jahre 1964 bei der Bibliothèque Nationale hinterlegt wurde, erklärt Anne Lea Hisler, Monsieur Plantards erste Frau: Das Generalsekretariat der Komitees für öffentliche Sicherheit im französischen Mutterland, unter dem Vorsitz von Marschall Alphonse Juin, hatte seinen Sitz in Aulnay-sous-Bois (einem Pariser Vorort). Dieses Komitee wurde geleitet von Michel Debré, Pierre Plantard, bekannt als Way, und André Malraux.[3]

Madame Hisler zitiert auch ein Schreiben, das de Gaulle am 3. August 1958, rund zwei Monate nach der Bildung der neuen Regierung, an Monsieur Plantard sandte:

»Mein lieber Plantard,

in meinem Brief vom 29. Juli 1958 habe ich Ihnen gesagt, wie hoch ich die Beteiligung der Komitees für öffentliche Sicherheit an der von mir unternommenen Erneuerungsarbeit schätze. Nun, da die neuen Institutionen etabliert sind – was unserem Land ermöglichen wird, seinen rechtmäßigen Status zurückzugewinnen –, meine ich, daß die Mitglieder der Komitees für öffentliche Sicherheit sich als von den Verpflichtungen, die sie bis jetzt erfüllt haben, entbunden betrachten und ihren Abschied nehmen können.«[4]

Anne Lea Hislers Flugblatt fand keine weite Verbreitung. Vielleicht ist der Text in der Bibliothèque Nationale sogar das einzige noch existierende Exemplar. Aber die beiden angeführten Zitate – Madame Hislers Beschreibung von Moniseur Plantards Rolle in den Komitees für öffentliche Sicherheit sowie der Text des de Gaulle zugeschriebenen Briefes – wurden später in einem Buch von Louis Vazart verwendet, das seit rund sieben Jahren im Handel ist. Unseres Wissens hat niemand die Echtheit oder Wahrhaftigkeit beider Zitate je bestritten, angefochten oder auch nur angezweifelt.[5] Doch wir selbst waren nicht ganz zufriedengestellt, weshalb wir uns um weitere Informationen und Bekräftigungen bemühten. Wir prüften alle veröffentlichten Sammelbände von de Gaulles Briefen, Aufzeichnungen und Notizbüchern. Wie nicht anders zu erwarten, gab es keinen Hinweis auf Monsieur Plantard, auf das Pseudonym »Way« oder auf ein Schreiben vom 29. Juli oder vom 3. August. Auch beim Institut Charles de Gaulle – Sammelstätte jeglichen Archivmaterials über den General – wußte man nichts von irgendeinem Kontakt zwischen de Gaulle und einem Mann namens Plantard oder Way. Historiker, die mit dem Institut zu tun haben, zeigten sich skeptisch. Sie hielten für unglaubhaft, daß eine so wichtige Angelegenheit, die de Gaulle zu zwei Briefen innerhalb von vier Tagen veranlaßt hatte, ohne jede Spur in den offiziellen Aufzeichnungen geblieben sein soll. Der Archivdirektor des Instituts erklärte, daß er seines Wissens über die gesamte Korrespondenz de Gaulles verfüge und daß die Namen Plantard oder Way nicht darin auftauchten.

Wir zweifelten an Madame Hislers Zuverlässigkeit. Da kam ein Brief des Instituts. Der Direktor hatte zwar immer noch nicht besagtes Schreiben gefunden, aber er hatte doch Hinweise auf die Namen »Plantard« und »Way« entdeckt. Die Hinweise fanden sich nicht in seinem Archiv, was ihm einige Verlegenheit bereitete, sondern in alten Ausgaben von *Le Monde*, die allgemein als zuverlässigstes französisches Presseorgan gilt.

In der Ausgabe vom 18./19. Mai 1958 brachte *Le Monde* eine kurze Meldung mit dem Titel »Ein heimliches Komitee für öffentliche Sicherheit in Paris?« Der Text lautete:

»Die amerikanische Nachrichtenagentur United Press hat den Text eines Aufrufs verbreitet, der von einem ›Komitee für öffentliche Sicherheit in der Pariser Region‹ zur Unterstützung General de Gaulles herausgegeben wurde. Kommuniqués dieses Komitees sind ausländischen Nachrichtenagenturen ›in dem Maße‹ vorbehalten, ›daß das Arrangement [vermutlich der Geheimhaltung] hinsichtlich ihrer Quelle respektiert wird‹. Der Aufruf trug weder Adresse noch Unterschrift.«[6]

Am 6. Juni erschien ein längerer Beitrag mit dem Titel »Wie viele Komitees für öffentliche Sicherheit gibt es in Frankreich?« Einer der Führer des algerischen Putsches habe – so *Le Monde* – zwei Journalisten enthüllt, daß die Zahl der Komitees im französischen Mutterland sich auf nicht weniger als 320 belaufe. In dem Artikel wird dann ein Kommuniqué des Pariser Zentralkomitees für öffentliche Sicherheit zitiert:

»Die Komitees für öffentliche Sicherheit müssen die Wünsche des Volkes wiedergeben, und alle französischen Bürger müssen im Namen von Freiheit, Einheit und Solidarität am Wiederaufbau unseres Landes teilnehmen. Alle Freiwilligen, die unseren Aufrufen während der letzten fünfzehn Tage gefolgt sind, sollen heute anwesend sein, um General de Gaulle zu helfen . . . Patrioten, auf Eure Posten, und habt Vertrauen zu dem Mann, der Frankreich bereits gerettet hat . . .«[7]

Dieses Kommuniqué war laut *Le Monde* von einem gewissen »Capitaine Way« unterzeichnet.

Am 8./9. Juni veröffentlichte *Le Monde* einen dritten Bericht: »Komitees für öffentliche Sicherheit sind fest etabliert in Paris, in der Pariser Region und in vierzehn Departements.« Der Artikel bezieht sich auf ein Kommuniqué, welches verdeutlicht, daß schon zur Zeit des Staatsstreiches in Algerien am 13. Mai ein Pariser Komitee für öffentliche Sicherheit existiert hatte. Zwischen dem 16. und 18. Mai richtete es weitere Komitees in sechs Pariser Arrondissements, 22 Kommunen an der Seine und vierzehn Departements ein. In dem Kommuniqué wird betont, das Hauptziel der Komitees sei die »nationale Rehabilitierung« unter der Leitung General de Gaulles. Weiterhin heißt es, die Komitees arbeiteten mit »verschiedenen Vereinigungen von Kriegsveteranen« zusammen. Der Artikel in *Le Monde* kommt dann noch einmal auf das am 18./19. Mai zitierte, von »Capitaine Way« unterzeichnete Kommuniqué zurück:

»Nach der Veröffentlichung erfuhren wir den Namen des Schreibers aus einem anderen Brief mit folgendem Inhalt:

Das Zentralkomitee wurde am 17. Mai gegründet; sein Ziel waren Propaganda und die Verknüpfung aller Komitees für öffentliche Sicherheit in Paris.

Da Frankreich ein Land der Freiheit ist, in dem jeder das absolute Recht auf eigene Überzeugungen hat, soll unsere Aktion jenseits aller Politik, ausschließlich auf patriotischer Ebene angesiedelt sein, um das Höchstmaß unserer Kräfte für die Erneuerung Frankreichs zu sammeln.

Wie wir in einem Schreiben vom 29. Mai an General de Gaulle vorgebracht haben, ›befolgen wir strikt die Anweisungen, die wir von staatlichen Behörden erhalten‹.«[8]

Der Artikel besagt, daß dieser Brief von Monsieur Plantard unterzeichnet worden war.

Am 29. Juli – dem Tag, als de Gaulle angeblich sein Dankesschreiben an Monsieur Plantard schickte – veröffentlichte *Le Monde* einen weiteren Artikel, in dem die Auflösung des Zentralkomitees für die Pariser Region bekanntgegeben wurde:

»Wir haben folgendes Kommuniqué erhalten:

›Die effektive Auflösung des Zentralkomitees für öffentliche Sicherheit der Pariser Region, welche die Auflösung des Komitees für öffentliche Sicherheit in Paris und in anderen Gegenden nach sich zieht, enthebt die Streiter, die den Aufruf vom 17. Mai beantworteten, ihrer Verpflichtungen.

Die für das Zentralkomitee Verantwortlichen haben beschlossen, Föderationen für . . . eine nationale Bewegung zu gründen, deren Programm die Verteidigung des Landes und der Freiheit sichert.

Für das Büro des Komitees.

Capitaine Way‹

›Capitaine Way‹, Unterzeichner dieses Kommuniqués, hat im Laufe des Monats Mai bereits mehrere Aufrufe und Deklarationen im Namen des ›Zentralkomitees für öffentliche Sicherheit der Pariser Region‹ veröffentlicht. Wie wir angedeutet haben, handelt es sich um Monsieur Plantard . . . der, zusammen mit einigen Freunden, die Initiative ergriff und dieses Komitee gründete.

Die Bewegung, welche die Nachfolge des Komitees

antritt, wird von Monsieur Bonerie-Clarus, einem Journalisten, geleitet. Ihr Schatzmeister ist Monsieur Robin; Monsieur Pierre Plantard ist Sekretär und für Propaganda verantwortlich . . .«[9]

Aus alledem kristallisiert sich allmählich ein gewisses Schema heraus. De Gaulle begrüßte zweifellos die Tatsache, daß er von den Komitees für öffentliche Sicherheit, sowohl in Algerien wie im französischen Mutterland, unterstützt wurde. Gleichzeitig muß ihn, wie wir bereits ausgeführt haben, die Aussicht beunruhigt haben, daß es zu einer negativen Reaktion kommen werde, wenn seine Einstellung zu Algerien bekannt würde. Die Französische Revolution und das Schicksal Dantons, Desmoulins und Robespierres hatten gezeigt, wie gefährlich Komitees für öffentliche Sicherheit werden können, wenn sie sich gegen ihre früheren Favoriten wenden. Deshalb war es nötig, irgendein zentralisiertes Direktorium mit folgenden Aufgaben zu betrauen. Erstens: die Komitees im Mutterland zu vereinigen und zu koordinieren; zweitens: die Komitees im Mutterland auf das Programm der neuen Regierung einzustimmen; drittens: die Komitees im Mutterland bei Bedarf aufzulösen und dadurch die algerischen Komitees zu isolieren. Aus diesen Gründen scheint Monsieur Plantard das Pariser Zentralkomitee gegründet zu haben, das *ad hoc* die Autorität über die anderen, schon bestehenden Komitees an sich riß. Mittlerweile konnte de Gaulle gelassen olympische Distanz zu der scheinbaren Volksbewegung halten, die ihn an die Macht brachte – sowie zu dem möglicherweise unangenehmen Vorgang, den Organisationsapparat der Bewegung selbst demontieren zu müssen, ehe dieser sich gegen ihn wandte.

Wenn diese Analyse der Situation halbwegs zutrifft,

dann war man nach einer äußerst raffinierten Methode vorgegangen: ein Beispiel erlesenster machiavellistischer Staatskunst. Sie hätte aber keinesfalls ohne eine sehr enge – und sehr geheime – Absprache zwischen de Gaulle und Monsieur Plantard praktiziert werden können.

Circuit. Die bei der französischen Polizei hinterlegten Statuten von 1956 besagen, daß die Prieuré de Sion sich mit dem Wort CIRCUIT identifizierte, das auch der ordensinternen Zeitschrift ihren Namen verlieh. Es gibt sogar zwei Serien der Zeitschrift *Circuit*: eine aus dem Jahre 1956, die andere aus dem Jahre 1959.[10] Die Reihe von 1956 verblüfft durch ihre offenkundige Belanglosigkeit. In einem Artikel über Astrologie wird ein Tierkreis mit dreizehn – anstelle der üblichen zwölf – Zeichen gepriesen. Auch sonst scheint die Zeitschrift sich in nichts zu unterscheiden von dem Organ irgendeiner Wohnungsbaugenossenschaft. Sie enthält ausführliche Erörterungen zum billigen Wohnungsbau, Kreuzworträtsel, Wettbewerbe für Kinder in einer Wohnsiedlung und Bleistiftreklamen. Die einzige bemerkenswerte Mitteilung besagt, daß die Wohnungsbaugenossenschaft, der die Zeitschrift zugeordnet ist, enge Kontakte zu einem Netz anderer Wohnungsbaugenossenschaften unterhält. Man darf mit einigem Recht annehmen, daß Wohnungsbaugenossenschaften in *Circuit* als Tarnung für etwas anderes dienten und daß die Zeitschrift Chiffriercodes – nach Art der von *Vaincre* benutzten – verwendete. Diese Wohnungsbaugenossenschaften könnten sogar der organisatorische Apparat gewesen sein, mit dessen Hilfe die französischen Komitees für öffentliche Sicherheit zwei Jahre später wieder gesteuert wurden. Solche Vermutungen sind nicht zu widerlegen, aber auch nicht zu beweisen. Sie bleiben reine Spekulation.

Ganz anders sieht es mit den 1959 erscheinenden Exemplaren von *Circuit* aus. Die erste Nummer stammt vom 1. Juli 1959, und Pierre Plantard fungiert als Direktor. Die Zeitschrift selbst beansprucht nicht, Beziehungen zur Prieuré de Sion zu unterhalten. Im Gegenteil, sie gibt sich als offizielles Organ der »Föderation französischer Streitkräfte« aus. Sie trug sogar einen Stempel mit folgenden Angaben: »Publication périodique culturelle de la Fédération des Forces Françaises, 116, rue Pierre-Jouhet, Aulnay-sous-Bois (Seine-et-Oise). Tél.: 929–72–49.«

Anfang der siebziger Jahre überprüfte ein Schweizer Forscher diese Adresse. Soweit er feststellen konnte, war dort nie eine Zeitschrift veröffentlicht worden. Auch die Telefonnummer erwies sich als falsch.[11] All seine Bemühungen – sowie unsere eigenen und die anderer –, die Föderation französischer Streitkräfte ausfindig zu machen, blieben erfolglos. Bis zum heutigen Tag sind keine Einzelheiten über eine solche Organisation bekannt geworden. Aber es dürfte kein Zufall sein, daß die Adresse in Aulnay-sous-Bois identisch mit derjenigen ist, die Anne Lea Hisler dem Generalsekretär des Komitees für öffentliche Sicherheit zuschrieb. Mehr noch, im zweiten Heft der Zeitschrift wird berichtet, Monsieur Plantard habe am 27. Juni 1959, elf Monate nach den oben erwähnten Briefen, ein weiteres Dankesschreiben von de Gaulle erhalten. Es scheint klar, daß der Verwaltungsapparat der Komitees in der Föderation französischer Streitkräfte fortlebte, vielleicht, um den Kontakt zwischen früheren Komiteemitgliedern zu wahren. Wenn dies zutrifft, benutzte die Prieuré de Sion ihre Zeitschrift nicht nur für interne Angelegenheiten.

In den *Circuit*-Heften von 1959 wird der Leser wiederholt auf *Vaincre* verwiesen, was zeigt, daß *Vaincre* damals noch erhältlich gewesen sein muß. Überhaupt nimmt *Circuit* viele der in *Vaincre* angesprochenen Themen und Probleme wieder auf. Es widmet Esoterik, Mythologie und Fragen des Rittertums ebenfalls viel Raum. Die Zeitschrift enthält Artikel von Anne Lea Hisler und anderen, darunter Pierre Plantard, der manchmal unter seinem eigenen Namen, manchmal unter dem Pseudonym »Chyren« schreibt. Im Text stößt man auf Aussagen wie die folgenden: »Alles ist in symbolischer Form zu finden. Wer immer versteht, die verborgene Bedeutung zu interpretieren, wird dies einsehen. Die Menschheit ist stets in Eile und möchte am liebsten dauernd mit Lösungen versorgt werden . . .«[12] »Der Ort der am verläßlichsten scheint, ist vielleicht am wenigsten stabil. Wir haben eine Tendenz, zu vergessen, daß wir auf einem Vulkan leben, im Zentrum von Kräften großer Macht . . .«[13] ». . . alles wird im Einklang mit klar definierten Zyklen vollbracht. Ein ›Nautonier‹ steuert die Arche in der Flut.«[14] Und schließlich:

»Wir sind keine Strategen, und wir stehen über allen religiösen Konfessionen, politischen Perspektiven und finanziellen Angelegenheiten. Wir gewähren denen, die zu uns kommen, moralische Hilfe und das unentbehrliche Manna des Geistes. Wir sind nur Boten, die sich mit dem einzigen Ziel, Bruchteile der Wahrheit zu übermitteln, an Gläubige wie an Ungläubige wenden. Wir hängen nicht der herkömmlichen und fehlerhaften Astrologie an. Die Sterne als solche üben keinen Einfluß aus, sie sind nur Bezugspunkte im Raum.«[15]

Dann folgt eine weitere Apologie der dreizehn Tierzeichen, die Monsieur Plantard benutzt, um die französische Zukunft teilweise vorherzusagen. Interessanterweise prophezeit er, daß 1968 ein katastrophales Jahr sein werde.

Aber *Circuit* beschränkt sich nicht auf solches Material. Man entdeckt Artikel über Weinstöcke und Weinbau – insbesondere über das Pfropfen der Weinstöcke – und eine eingehende Studie über den Weinhandel. Daneben finden sich patriotische Erklärungen, die in ihrem Tonfall *Vaincre* und den Kommuniqués der Komitees für öffentliche Sicherheit entsprechen. Zum Beispiel behauptet der Autor eines Artikels, der mit »Adrian Sevrette« gezeichnet ist, es lasse sich keine Lösung für existierende Probleme finden, außer »mittels neuer Methoden und neuer Männer, da die Politik tot ist. Sonderbarerweise wollen die Menschen das nicht wahrhaben. Sie beschäftigen sich nur noch mit Wirtschaftsfragen. Gibt es denn keine Männer mehr, die an *Frankreich* zu denken vermögen, so wie während der deutschen Besatzungszeit, als sich Patrioten und Widerstandskämpfer nicht um die politischen Ansichten ihrer Kampfgefährten kümmerten?«[16]

Und an anderer Stelle: »Wir möchten, daß die 1500 Exemplare von CIRCUIT ein Signalfeuer sind, von dem ein Licht angezündet wird; wir möchten, daß die Stimme der Patrioten Hindernisse wie im Jahre 1940 überwinden kann, als sie das besetzte Frankreich verließen, um bei dem *Führer* des Freien Frankreich an die Bürotür zu klopfen. Heute ist es das gleiche, denn vor allem sind wir Franzosen, wir sind jene Kraft, die auf diese oder eine andere Weise dafür kämpft, ein geläutertes und neues Frankreich zu schaffen. Dies muß mit demselben patriotischen Geist, mit demselben Willen und derselben Solidarität der Aktionen getan werden. Deshalb führen wir hier das an, was wir zu einer alten Philosophie erklären.«[17]

Danach folgt ein detailliertes Regierungsprogramm,

dessen Ziel es ist, Frankreich seinen verlorenen Glanz wiederzugeben. Voraussetzung hierfür sei, so der Autor, daß die Departements (»ein System der Willkür«) beseitigt und die alten Provinzen wiederhergestellt würden: »Die Provinz . . . ist ein lebendiger Teil Frankreichs, . . . die Grundlage unserer Nation. Sie hat ihre eigene Folklore, ihre Riten und Bräuche, ihre Denkmäler, häufig auch ihre regionale Mundart, die wir kultivieren und verstehen wollen.«[18]

Doch ungeachtet so exklusiv französischer Aktivitäten betont Monsieur Plantard in einem weiteren *Circuit*-Artikel, was ebenfalls schon von *Vaincre* vorgetragen wurde:

». . . die Schaffung einer Konföderation von Ländern bereitet eine Konföderation von Staaten vor: die Vereinigten Staaten von Euroafrika, die wirtschaftlich erstens eine afrikanische und europäische, auf einem gemeinsamen Markt basierende Handelsgemeinschaft und zweitens die Verbreitung von Wohlstand repräsentieren, um dem Wohlbefinden aller zu dienen, denn dies ist die einzige solide Grundlage, auf der sich Frieden aufbauen läßt.«[19]

24. Verborgene Kräfte hinter verborgenen Gruppen

Es ist eine Binsenweisheit, daß Politik für seltsame Bettgefährten sorgt. Eine bedrängte Nation oder Ordnung, die für ihre Ziele und sogar um ihr Überleben kämpft, wird Bündnisse schließen, wann und wo immer sie möglich sind. Sie wird sogar, wenn es opportun ist, mit eigentlich feindlichen Nationen oder Ordnungen paktieren. Auf einer bestimmten Ebene ist die Geschichte ein Abriß seltsamer, schlecht sich fügender Koalitionen und grotesker Ehestiftungen. Im Laufe der letzten rund siebzig Jahre wurde die Sowjetunion vom Westen meist als – mögliche oder aktuelle – Bedrohung oder Gegnerin empfunden. Und doch gab es eine Periode zwischen 1941 und 1945, als der Westen sich mit der Sowjetunion gegen einen Feind zusammenschloß, den beide als gefährlich einstuften. In kleinerem Maßstab existieren zahlreiche andere Beispiele. Im Jahre 1982 gab die fanatisch antisowjetische Militärjunta in Argentinien ihre Bereitschaft bekannt, sowjetische Waffen und Geräte zu akzeptieren, um wegen der Falklandinseln Krieg mit Großbritannien zu führen. Im heutigen Golfkrieg wettert der Iran gegen Israel, erhält jedoch angeblich Waffen durch israelische Vermittlung, weil Israel den Irak für eine potentiell größere Bedrohung hält.

Aufgrund aller Indizien, die wir haben herausarbeiten können, sowie anhand jener Statements, die Monsieur Plantard an uns durchsickern ließ, strebt die Prieuré de Sion teilweise deshalb Vereinigte Staaten von Europa an, um dem sowjetischen Imperium ein Bollwerk entgegenzusetzen, vor allem aber, um einen getrennten, in sich abgeschlossenen und neutralen Machtblock zu schaffen, der fähig ist, das Gleichgewicht zwischen der Sowjetunion und den Vereinigten Staaten zu garantieren. In dieser Hinsicht dürfte die Position der Prieuré fast identisch sein mit jener Europäischen Bewegung, der heute Dr. Otto von Habsburg vorsteht, einer auf europäische Einheit abzielenden Organisation, die, wie der Kreisauer Kreis und andere, ein keltisches Kreuz in einem Zirkel als Symbol benutzt. Gleichzeitig gibt es andere Organisationen und Institutionen, die ein vereinigtes Europa hauptsächlich zu einem Bollwerk gegen das Sowjetimperium machen und es eng an die Vereinigten Staaten binden wollen. In welchem Maße aber wird jede dieser Gruppen ihre Differenzen mit den anderen den gemeinsamen Zielen unterordnen? In welchem Maße wird jede Zugeständnisse machen, einfach um ein vereinigtes Europa zu erreichen, und bereit sein, sich erst danach um die eigenen Prioritäten und Bindungen zu kümmern?

Da die Prieuré de Sion die Idee eines vereinigten Europa in beliebiger Gestalt verfolgte, muß sie zwangsläufig in Kontakte – und wahrscheinlich in Absprachen – mit einer Vielzahl anderer Organisationen eingetreten sein. Wenn man versucht, der Geschichte der europäischen Einheitsidee nachzugehen, stößt man auf einen Wirrwarr von Loyalitäten und Vernunftehen. Wie die Algerienkrise ehemalige Résistance-Kämpfer und Veteranen der Freien Französischen Streitkräfte bewog, sich mit ehemaligen Vichy-Mitarbeitern und Kollaborateuren zu verbünden, so hat der Traum von einem vereinten Europa manchmal gemäßigte Konservative oder Christdemokraten veranlaßt, sich zeitweilig mit viel dunkleren, extremeren und gar neonazistischen Gruppen zusammenzutun. Deshalb überraschte es uns nicht, daß wir bei der Suche nach der Prieuré de Sion gelegentlich in eine recht nebulöse Welt gerieten, für die das von Cornelius unterzeichnete Pamphlet typisch ist – in eine Welt, in der »die Guten« mit vermeintlich bester Absicht so handeln, daß sie plötzlich mit Organisationen wie P 2 unter einer Decke stecken.

Die europäische Bewegung. Die Idee der Vereinigten Staaten von Europa war, wie wir gesehen haben, während des Krieges in Frankreich von *Vaincre* und in Deutschland von Helmuth James Graf von Moltkes Kreisauer Kreis gefördert worden. Sie waren natürlich nicht die einzigen – oder gar die einflußreichsten – Förderer der Idee. Die Vereinigten Staaten von Europa fanden zum Beispiel viel Zuspruch bei der französischen Résistance, besonders in Grenzgebieten wie den Ardennen, wo das nationale Zugehörigkeitsgefühl der Menschen oft zwischen Frankreich, Belgien, Luxemburg und Deutschland gespalten ist. Die Idee wurde enthusiastisch von André Malraux verfochten, der schon 1941 für einen »europäischen New Deal, ein föderatives Europa ohne die UdSSR« eintrat. Sie wurde propagiert von Marschall Alphonse Juin, der sich, im Gegensatz zu Malraux, wegen der Algerienfrage mit de Gaulle heftig entzweite. Sie wurde beschworen von OAS-Chef Bidault, der nach de Gaulles Kehrtwendung in der Algerienfrage Verschwörungen zur Ermordung des Generals anzettelte. Sie wurde auch verfochten von Winston Churchill, der am 19. September 1946 in einer Rede vor der Universität Zürich erklärte, daß »wir eine Art Vereinigte Staaten von Europa bauen müssen«. Schon im Oktober 1942 hatte Churchill an das britische Kriegskabinett geschrieben, er sehe dem Rat und den Vereinigten Staaten von Europa entgegen.

Im Anschluß an den Zweiten Weltkrieg war Europa erschöpft, zerstört und desillusioniert. Gleichzeitig überkam die Europäer, unabhängig von ihren Bindungen, das Gefühl, einander durch eine geteilte und kollektive Tragödie nahegebracht worden zu sein – eine Tragödie, die immer mehr einem Bürgerkrieg von ungeheuren Dimensionen zu ähneln schien. Für das Europa der Nachkriegszeit bestand die Hauptaufgabe darin, einen derartigen Konflikt, einen weiteren brudermörderischen Kampf um jeden Preis für alle Zukunft zu verhindern. Das vielleicht probateste Mittel dazu war die europäische

Einheit, zu der von vielen unterschiedlichen Seiten her aufgerufen wurde.

Ende 1947 bildeten jene Menschen und Institutionen, welche die europäische Einheit anstrebten, ein Koordinationskomitee. Bis Mai 1948 hatte dieses Komitee einen Europakongreß organisiert, der an den fünfeinhalb Jahren zuvor von Churchill befürworteten Rat erinnerte. Er kam in Den Haag zusammen und umfaßte Vertreter aus sechzehn Ländern. Der Ehrenpräsident war Winston Churchill. Nach der letzten Sitzung hieß es in einem Kommuniqué, die Teilnehmer wünschten sich ein vereintes Europa, in dessen Grenzen die freie Bewegung von Personen, Ideen und Waren wiederhergestellt sei.

Kurz darauf wurde die Europäische Bewegung geschaffen, eine inoffizielle, doch ständige Körperschaft, die das Konzept eines vereinigten Europa vorantreiben sollte. Winston Churchill war wiederum einer der Ehrenpräsidenten.

Im Juli 1948 schlug Georges Bidault, der französische Außenminister, als erstes Regierungsmitglied offiziell die Schaffung eines europäischen Parlaments vor. Jean Monnet, der heute als Taufpate der EWG gilt, und Robert Schuman arbeiteten gemeinsam weiter an dem, was sie eine Föderation des Westens nannten.

Eine andere, äußerst wichtige Gestalt für die Einigungsbewegung war ein Pole, Joseph Retinger. Seit den zwanziger Jahren war Retinger für die europäische Einheit aktiv eingetreten, und er scheint sowohl zu Helmuth James Graf von Moltke wie zu Hans Adolf von Moltke, der sich zu seiner Mitgliedschaft in Alpha Galates bekannte, Verbindung gehabt zu haben. Während des Zweiten Weltkrieges lebte er in England und diente zunächst als politischer Berater des polnischen Generals Sikorski, der wahrscheinlich ebenfalls Kontakt zu Hans Adolf von Moltke hatte, als dieser deutscher Botschafter in Polen war.[1] Im Jahre 1943 schloß Retinger sich der britischen SOE (Special Operations Executive) an und sprang, im Alter von 56 Jahren, als SOE-Agent mit dem Fallschirm in Polen ab. Nach dem Krieg spielte er wieder eine aktive Rolle bei der Förderung der europäischen Einheit. Er half bei der Organisation des Europakongresses in Den Haag im Mai 1948. Im Juli desselben Jahres reiste er mit Winston Churchill, Duncan Sandys und dem ehemaligen belgischen Ministerpräsidenten Paul-Henri Spaak in die Vereinigten Staaten, um finanzielle Unterstützung für die kurz zuvor gegründete Europäische Bewegung zu erhalten. All diese Bemühungen führten am 29. März 1949 zur Bildung des ACUE (American Comitee on a United Europe). Mit ACUE war ein Prozeß in Gang geraten, in dessen Verlauf einige auf die europäische Einheit hinarbeitende Organisationen von amerikanischen Vereinigungen, die für amerikanische Interessen tätig waren, geschluckt wurden.

So säte man die Keime einer trüben Subkultur, in der geheime und halbgeheime Gesellschaften – religiöser, politischer und finanzieller Art – schon bald gedeihen sollten. Ende der fünfziger Jahre hatte diese Subkultur sich etabliert; obwohl für die Außenseiter unsichtbar, nahm sie einen immer stärkeren Einfluß auf die öffentlichen Angelegenheiten.

Schritte der CIA. Der Mann, der vielleicht die größte Verantwortung dafür trug, daß Amerika sein Interesse an europäischen Einigungsbewegungen entdeckte, war Richard Nicolas Graf Coudenhove-Kalergi, der 1923 die Paneuropa-Bewegung gründete. Diese Organisation leistete zwischen den Kriegen praktisch kaum etwas, doch sie verfügte über sehr viel Prestige. Eine Reihe geachteter Staatsmänner gehörte ihr an, neben Winston Churchill auch Léon Blum und Aristide Briand in Frankreich sowie Eduard Beneš in der Tschechoslowakei. Zu ihren Mitgliedern zählten Albert Einstein und kulturelle Persönlichkeiten wie Paul Valéry, Miguel de Unamuno, George Bernard Shaw und Thomas Mann.

Durch den Anschluß Österreichs an Deutschland wurde Coudenhove-Kalergi 1938 aus seiner Heimat vertrieben, und im Jahre 1940 floh er in die Vereinigten Staaten. Hier suchte er unermüdlich Unterstützung für sein paneuropäisches Ideal; er bestand darauf, daß die europäische Einheit für die amerikanische Nachkriegspolitik vorrangig sein müsse. Seine Bemühungen überzeugten eine Reihe wichtiger amerikanischer Politiker, etwa William Bullitt sowie die Senatoren Fulbright und Wheeler. Als Amerika in den Krieg eintrat, bot sich ein Teil von Coudenhove-Kalergis Gedankengut als Aktionsschema an und wurde zum Beispiel vom OSS (Office of Strategic Services) übernommen.

Das OSS wurde nach dem Vorbild – und mit Hilfe – der britischen Organisationen MI 6 und SOE geschaffen. Sein erster Direktor war General William (»Wild Bill«) Donovan. Donovans Agenten bildeten den Kern der nach dem Krieg entstandenen CIA. Einer von ihnen, Allen Dulles, wurde im Jahre 1953 CIA-Direktor; das Schweinebucht-Debakel zwang ihn 1961 zum Rücktritt.

Als OSS-Direktor erkannte William Donovan rasch, welche Bedeutung der Vatikan für Geheimdienstoperationen hatte. Tausende von katholischen Priestern waren über ganz Europa verstreut und in jedem Land, jeder Stadt, praktisch jedem Städtchen und Dorf anzutreffen. Tausende katholischer Priester dienten auch als Militärgeistliche bei den Streitkräften aller kriegführenden Staaten. Durch dieses System erhielt der interne Nachrichtendienst des Vatikans gewaltige Mengen an Informationen. Einer der vier Abschnittsleiter des Vatikan-Geheimdienstes war Monsignore Giovanni Montini, später Papst Paul VI.[2] Donovan knüpfte also enge Beziehungen zum Vatikan.

Kurz nach Amerikas Kriegseintritt schloß Donovan ein Bündnis mit einem gewissen Pater Felix Morlion, Gründer des katholischen Geheimdienstes Pro Deo (Für Gott), dessen Hauptquartier sich in Lissabon befand. Unter Donovans Schutz verlegte Pro Deo sein Hauptquartier nach New York, und das OSS übernahm die Finanzierung seiner Operationen. Als Rom im Jahre 1944 befreit wurde, brachten Donovan und Pater Morlion Pro Deo im Vatikan selbst unter.[3] Die Jesuiten mit ihrer exquisiten Ausbildung, rigorosen Disziplin und straffen Organisation erwiesen sich als besonders wertvolle Nachrichtenquelle.

In der Nachkriegszeit beeilten die Vereinigten Staaten sich, den von Donovan aufgebauten Apparat, vor allem in Italien, zu nutzen. Im Jahre 1948, als italienische Wahlen angesetzt waren, führte die neugebildete CIA eine umfassende Geheimoperation, um einen kommunistischen Sieg von vornherein auszuschalten. Unter der Führung von James Angleton, dem früheren Leiter der OSS-Niederlassung in Rom und späteren CIA-Chef für Spionageabwehr, ließ man den Christdemokraten heimlich Millionen Dollar zukommen und pumpte zusätzliche Mittel in Zeitungen und andere Propagandainstrumente.[4] Dieses Verfahren wurde auch mit Erfolg in Frankreich angewandt.[5]

Wie erwähnt, führte Joseph Retingers Reise im Auftrag der Europäischen Bewegung am 29. März 1949 zur Schaffung des ACUE (American Comitee on a United Europe).

Sein Vorsitzender war William Donovan; als stellvertretender Vorsitzender fungierte Allen Dulles. Sekretär des Komitees war George S. Franklin, der gleichzeitig das private Council on Foreign Relations (Rat für Außenpolitik) leitete und später ein Koordinator der Trilateralen Kommission wurde. Der Exekutivdirektor des ACUE war Thomas Braden, ein aktiver CIA-Mitarbeiter, damals Chef der Internationalen Organisationsabteilung. Unter der Leitung dieser Männer beschloß das ACUE, die Europäische Bewegung Joseph Retingers zu fördern.[6] Finanzielle Mittel aus Quellen des amerikanischen Außenministeriums wurden diskret in das Brüsseler Hauptquartier der Europäischen Bewegung gelenkt. Als die Sowjetunion ihren Einfluß in Osteuropa ausdehnte, begann die Epoche des kalten Krieges. Die Europäische Bewegung, deren Ziel ursprünglich die Förderung der europäischen Einheit gewesen war, wurde Stück um Stück dazu verpflichtet, beim Bau eines »Bollwerks gegen den Kommunismus« zu helfen.

Joseph Retinger und andere Mitglieder der Europäischen Bewegung knüpften Verbindungen zu Prinz Bernhard der Niederlande, zu dem italienischen Ministerpräsidenten und dem früheren SOE-Direktor Sir Colin Gubbins. Gemeinsam mit dem damaligen CIA-Direktor General Walter Bedell Smith schuf diese Gruppe eine Denkfabrik, deren Angehörige sich zum erstenmal im Mai 1954 im Hotel de Bilderberg im holländischen Städtchen Oosterbeek trafen. So entstanden die Bilderberg-Konferenzen.

Mittlerweile hatte die CIA selbst die Initiative ergriffen und ein umfassendes Programm geheimer Aktionen eingeleitet, um alle Institutionen zu unterstützen, die bei der Konsolidierung des Bollwerks gegen den Kommunismus helfen konnten. Führende Politiker, politische Parteien und Pressure-groups, Gewerkschaften, Zeitungen und Verleger wurden stark subventioniert, wenn sie hinreichend prowestlich und antikommunistisch waren. In den fünfziger Jahren gab man im Durchschnitt, wie verlautet, zwischen zwanzig und dreißig Millionen Dollar[7] pro Jahr in Italien aus, um kulturelle Aktivitäten, Jugendprojekte, Publikationen und katholische Gruppen der einen oder anderen Art zu unterstützen. Von der Kirche geförderte Einrichtungen, darunter Missionen und Waisenhäuser, erhielten gleichzeitig oft Mittel von der CIA. Viele Bischöfe und Monsignori, auch der künftige Papst Paul VI., wurden mit CIA-Geldern versorgt. Unnötig zu betonen, daß die Christlich Demokratische Partei in Italien weiterhin besonders attraktiv war. Übrigens war Giovanni Montini, der Vater des künftigen Papstes, im Jahre 1919 Mitbegründer dieser Partei gewesen, die erst später ihren heutigen Namen erhielt, und sein älterer Bruder war ein christdemokratischer Senator.

Joseph Retingers von der CIA unterstützte europäische Bewegung war ebenfalls in Italien aktiv und festigte die Bande zwischen dem amerikanischen Nachrichtendienst und dem Vatikan. Retinger versicherte sich der Hilfe seines alten Freundes Luigi Gedda, welcher medizinischer Berater von Papst Pius XII. sowie Oberhaupt der Azione Cattolica (Katholische Aktion) war – der hinter der Christlich Demokratischen Partei stehenden Macht. Durch Gedda konnte Retinger auch die Dienste des künftigen Papstes Paul VI. in Anspruch nehmen, und Azione Cattolica wurde zu einer weiteren wichtigen Empfängerin von CIA-Mitteln.[8]

Die Beziehung zwischen der CIA und dem Vatikan wurde enger im Jahre 1963, als Papst Johannes XXIII. starb und Giovanni Montini, der Erzbischof von Mailand, als Paul VI. seine Nachfolge antrat. Schon während des Krieges hatte Montini für die amerikanischen Nachrichtendienste gearbeitet und Informationen zwischen dem Vatikan und dem OSS hin- und herbefördert. Nach dem Krieg, als Erzbischof von Mailand, übergab er der CIA detaillierte Akten über politisch aktive Priester. Diese Unterlagen sollten benutzt werden, um die italienischen Wahlen von 1960 zu beeinflussen.

Die Verbindung zwischen dem Vatikan und der CIA besteht noch heute. Laut Gordon Thomas und Max Gordon-Witts kam es im November 1978 zu einem privaten Treffen zwischen Papst Johannes Paul II. und dem Chef der CIA-Niederlassung in Rom. Dabei sei ausgehandelt worden, daß der Papst allwöchentlich nachrichtendienstliche Informationen von der CIA erhalte.[9] Was die CIA ihrerseits erhielt, wurde nicht aufgeschlüsselt, aber man kann es sich denken.

Ein anderer höchst einflußreicher Verbündeter der CIA innerhalb der Kirche war Kardinal Francis Spellman aus New York. Im Jahre 1954 agierte er in Guatemala im direkten Auftrag der CIA und half, dort einen Staatsstreich zu inszenieren. Aber Spellman war auch in Italien in ähnliche Angelegenheiten verstrickt. Er spielte eine entscheidende Rolle bei der Beschaffung großer Summen amerikanischen schwarzen Geldes für die katholische Kirche; er unterhielt enge Beziehungen zu Bernardino Nogara, dem Drahtzieher der Vatikanbank, und zu Graf Enrico Galeazzi, der in den frühen sechziger Jahren mit Michele Sindona die Investitionen und das Bankwesen des Vatikans überwachte.[10] Und es war Kardinal Spellman, der den Papst im Jahre 1963 auf Pater Paul Marcinkus aus Chicago aufmerksam machte. Bis 1971 hatte Marcinkus es zum Erzbischof und Chef der Vatikanbank gebracht; er war ein enger Freund von P-2-Mitgliedern wie Michele Sindona und Roberto Calvi und gehörte der Loge angeblich selbst an.

Die Ursprünge der Freimaurerloge P 2 liegen im Dunkeln, aber man glaubt, daß sie Anfang der sechziger Jahre gegründet wurde.[11] Wie immer ihre anfänglichen Prioritäten und Ziele ausgesehen haben mögen, ihr extrem rechtsgerichteter Großmeister Licio Gelli hatte sie bald in die Phalanx von Gruppen und Organisationen eingefügt, die das Bollwerk gegen den Kommunismus darstellten. Einige ihrer Mitglieder empfingen großzügige Subventionen der CIA, und P 2 bot durch Individuen wie Calvi und Sindona eine Möglichkeit, antikommunistische Institutionen in Europa und Lateinamerika sowohl mit Vatikan- wie mit CIA-Geldern auszustatten. Calvi behauptete auch, daß er persönlich den Transfer von zwanzig Millionen Dollar vatikanischer Gelder an die Gewerkschaft Solidarität in Polen arrangiert habe (die Gesamtsumme, welche der Gewerkschaft Solidarität geschickt wurde, dürfte sogar 100 Millionen Dollar übersteigen.) Bevor Michele Sindona des Mordes angeklagt wurde, war er nicht nur der Finanzier von P 2, sondern auch Anlageberater des Vatikan. Er half der Kirche, ihre italienischen Vermögenswerte zu verkaufen und sie in den Vereinigten Staaten zu investieren. Zu seinen Aufgaben gehörte, daß er Mittel der CIA an Freunde in Jugoslawien sowie an die griechischen Obristen vor ihrer Machtübernahme im Jahre 1967 weiterreichte. Er leitete auch Millionen Dollars in die Tresore der italienischen Christdemokraten.

Als die Existenz von P 2 im Jahre 1981 zum erstenmal internationale Schlagzeilen machte, konzentrierte sich der Skandal, daß sie die obersten Vertreter von Regierung,

Polizei und Finanzwesen im Würgegriff hatte, in erster Linie auf Italien. David Yallop schreibt jedoch:

»Von Italien abgesehen, existieren noch aktive Ableger in Argentinien, Venezuela, Paraguay, Bolivien, Frankreich, Spanien, Portugal und Nicaragua. Auch in der Schweiz und in den USA gibt es praktizierende Mitglieder. Die P2 ist verzahnt mit der Mafia in Italien, Kuba und den USA, mit einer Reihe lateinamerikanischer Militärregime und mit einer größeren Zahl neofaschistischer Gruppen. Sie ist auch sehr eng mit der CIA verzahnt. Ihre Verbindungen reichen bis ins Innerste des Vatikans. Den wichtigsten gemeinsamen Nenner bilden offensichtlich ihr Haß auf den Kommunismus und ihre Angst vor ihm.«[12]

Heute gilt allgemein als sicher, daß die Loge P2, so einflußreich und mächtig sie auch war, von einer noch höheren, unsichtbaren Autorität kontrolliert wurde (und wahrscheinlich immer noch kontrolliert wird), die ihre Anweisungen über Licio Gelli, den Großmeister der Loge, weiterleitete. Einem italienischen parlamentarischen Untersuchungsausschuß zufolge befand sich die hinter P2 stehende Vereinigung jenseits der Grenzen Italiens.[13] Es hat viele Spekulationen – plausible und weithergeholte – über diese Vereinigung gegeben. Manche sprachen von der »amerikanischen Mafia«, andere verwiesen auf den KGB oder einen sonstigen osteuropäischen Geheimdienst. Noch andere machten sogar die Prieuré de Sion verantwortlich. Aber im Jahre 1979 nannte Mino Percorelli – ein Journalist, der P2 abtrünnig geworden war – die CIA. Zwei Monate nach diesen Vorwürfen wurde Percorelli ermordet.

Im März 1981 führte die italienische Polizei eine Razzia in Licio Gellis Villa durch. Sie entdeckte ausführliche Mitgliederverzeichnisse der Loge sowie ein Register zu

Licio Gellis Akten. Die Akten selbst waren allerdings verschwunden, da man ihnen offenbar größere Bedeutung zumaß als den Mitgliederverzeichnissen. Einige Registereinträge wurden von italienischen Zeitungen veröffentlicht. Unter den Einträgen fanden sich: Opus Dei; Giulio Andreotti, gegenwärtig italienischer Außenminister und aufgrund eines Dokuments, das wir erhielten, Mitglied der Prieuré de Sion; außerdem jene Organisation, die offiziell als Souveräner Militärorden des Tempels von Jerusalem bekannt ist – das heißt diejenige Organisation, die behauptet, direkt vom Templerorden abzustammen.

Der Ritterorden. Der Souveräne Militärorden des Tempels von Jerusalem stammt, in seiner heutigen Gestalt, aus dem Jahr 1804, als er an die Öffentlichkeit trat und von verschiedenen anderen Institutionen anerkannt wurde. Er erhebt jedoch Anspruch auf einen viel älteren Stammbaum. Ihm zufolge hinterließ Jacques de Molay, der letzte Großmeister der Templer, nach seiner Hinrichtung im Jahre 1314 eine Urkunde, die seinen Nachfolger bestimmte.[14] Obwohl der Orden offiziell vom Papst aufgelöst wurde, sollen die Templer diese Urkunde befolgt und durch die Jahrhunderte weiterbestanden haben. Die Echtheit der Urkunde bleibt unter Historikern umstritten, wenn auch einiges für sie spricht. Die Frage war nie von Dringlichkeit, weil der Souveräne Militärorden nie einen direkten Machtanspruch erhoben, sich nie aktiv bemüht hat, die Privilegien und Besitzungen der Ritter, die er als seine Vorfahren ausgibt, zurückzugewinnen. Heute widmet er sich weitgehend antiquarischer Forschung und karitativer Arbeit. Seine internen Prozeduren erinnern zuweilen an gewisse Freimaurerriten, zuweilen an andere

Ritterorden wie jene des Goldenen Vlieses, des Heiligen Grabes und von Saint Maurice. Sein gegenwärtiger Großmeister ist der Portugiese Graf Antonio de Fontes.

Im Jahre 1982 hatten wir ein erstes Treffen mit einem Vertreter des Souveränen Militärordens des Tempels. Im Laufe der Gespräche beschrieb er die Fraktionskämpfe und Spaltungen, zu denen es während des vergangenen Jahrzehnts in seiner Institution gekommen sei. Eine Fraktion habe sich von den übrigen Mitgliedern getrennt, um einen eigenen Neutemplerorden in der Schweiz zu gründen. Sie habe ihrerseits wiederum eine abtrünnige Fraktion hervorgebracht, die, unter Führung von Anton Zapelli, stärker an die Öffentlichkeit trete und ein ehrgeizigeres Programm verfolge. Zapellis Hauptquartier befinde sich ebenfalls in der Schweiz: in Sion. Zu Zapellis Organisation gehöre auch eine Reihe von Personen, die Verbindungen zu der Schweizer Großloge Alpina unterhielten. Der Name dieser Großloge war uns aus mehreren Dokumenten der Prieuré de Sion bekannt.

Dies alles wäre für uns nicht allzu bedeutungsvoll gewesen, wenn wir nicht schon in einem anderen Zusammenhang auf den Namen Zapelli gestoßen wären. Im Jahre 1979, als wir zum erstenmal versuchten, Kontakt mit der Prieuré de Sion und mit Monsieur Plantard aufzunehmen, hatte uns ein Gewährsmann in Paris Zapelli genannt. Er wurde uns damals als die wirkliche treibende Kraft der Prieuré de Sion geschildert, doch diese Aussage könnte auf einer simplen Verwechslung beruht haben, da Zapellis Templerorganisation ihren Sitz in Sion hatte und den Namen Grand Prieuré de Suisse trug.

Verblüfft darüber, daß Zapellis Name in Zusammenhang mit dem Souveränen Militärorden des Tempels wiederauftauchte, erkundigten wir uns, ob er tatsächlich der Prieuré angehöre. Der Vertreter des Ordens wußte es nicht. Ihm sei die Prieuré de Sion bekannt, und man sei in seiner eigenen Organisation davon unterrichtet, daß die Prieuré während des Krieges in der französischen Résistance aktiv war, aber er könne nicht sagen, ob Zapelli in irgendeiner Weise mit ihr zu tun habe. Damit nicht genug: Er wäre uns sehr dankbar, wenn wir das herausfinden und ihn informieren könnten. Er schien zu fürchten, daß die Prieuré vielleicht mit Hilfe von Zapelli versuchen würde, seinen eigenen Orden zu schlucken.

Als wir Monsieur Plantard fragten, ob er Zapelli kenne, grinste er geheimnisvoll und sagte: »Ich kenne jeden.« Später erhielten wir jedoch ein Dokument, das zur Verbreitung innerhalb der Organisation Zapellis bestimmt war. Zwei Themen erwiesen sich als vorrangig. Das eine betraf Bankgeschäfte und internationale Finanzen. Im Jahre 1982 hatte Zapellis Vereinigung offenbar eine eigene Bank oder gemeinnützige Sparkasse gegründet. Das andere Hauptthema bezog sich auf ein vereinigtes Europa und »die Rolle moderner Tempelritter bei der Vereinigung Europas«. Die ursprünglichen Templer hätten sich bemüht, wie es in Zapellis Dokument hieß, ein vereinigtes Europa zu schaffen. Nun seien ihre heutigen Nachfolger aufgefordert, aus dem Schatten zu treten, sich etwas Wichtigerem als rein antiquarischen Interessen zu widmen, politisch tätig zu werden, auf europäische Einheit hinzuarbeiten und die europäische Idee zu fördern. Die Struktur, für die Zapelli sich einsetzte, entsprach etwa jener des Schweizer Bundesstaates. Europa wurde als das Gebiet definiert, das sich vom Atlantik und Mittelmeer bis zum Ural erstreckt.

Wir fanden keine zuverlässigen Hinweise auf eine Verbindung Zapellis mit der Prieuré de Sion, und wir entdeckten auch keine Indizien, die ihn mit Licio Gelli oder anderen P-2-Mitgliedern hätten zusammenbringen können. Doch wie sie scheint er in einem zweifelhaften Bereich zu agieren, in dem Geheimgesellschaften sich mit Hochfinanz und paneuropäischer Politik überschneiden, wo nationale Grenzen keine Hindernisse sind und wo es keine akzeptierten juristischen Richtlinien gibt. Und die Tatsache bleibt bestehen, daß das Register zu Licio Gellis Akten ein Interesse von P 2 an dem Souveränen Militärorden des Tempels beweist.

Die Rolle und die tatsächliche Macht der modernen Templer bleiben ungewiß. Andererseits gibt es eine Organisation, die historisch eng mit den Templern verbunden ist und deren Rolle und Macht viel gründlicher dokumentiert sind. Dabei handelt es sich um den traditionellen Rivalen des ursprünglichen Templerordens: den Ritterlichen Orden des heiligen Johannes vom Spital zu Jerusalem oder, wie man seinen Hauptableger heute nennt, den Souveränen Militärorden von Malta.

Der Johanniterorden ging aus einem Hospital in Jerusalem hervor, das dem heiligen Johannes geweiht war, und um 1070, etwa dreißig Jahre vor dem ersten Kreuzzug, von italienischen Kaufleuten zur Betreuung von Pilgern gegründet wurde. Die Vereinigung scheint sich im 11. Jahrhundert, kurz nach dem ersten Kreuzzug, mit der Ernennung des ersten Großmeisters offiziell zu einem Orden konstituiert zu haben. Die Johanniter sind also älter als die Templer, aber sie waren ursprünglich keine Organisation mit militärischen Aufgaben, sondern beschränkten sich auf Hospitalarbeit. Doch bis 1126, etwa acht Jahre nachdem die Templer auf der Bühne erschienen, hatten die Johanniter zunehmend militärische Interessen entwickelt, die ihre Hospitaldienste bald überschatteten, wenn auch nicht ganz verdrängten. In den folgenden Jahren wurden sie, zusammen mit den Templern und später mit den Deutschherren, zur stärksten militärischen und finanziellen Macht im Heiligen Land – und eine der größten Mächte in der gesamten Christenheit. Wie die Templer wurden sie ungeheuer reich. Ihr Orden wuchs sich zu einem gewaltigen militärischen, kirchlichen und administrativen Gebilde aus mit Hunderten von Rittern, einem stehenden Heer, zahlreichen Hilfsdiensten, einem System von Schlössern und Festungen und enormem Landbesitz nicht nur in Palästina, sondern überall in der christlichen Welt. Gleichzeitig blieb der Orden seinen Ursprüngen treu und unterhielt gutverwaltete und saubere Hospitäler mit eigenen Chirurgen.

Im Jahre 1307 wurden die Templer zahlreicher Verstöße gegen die katholische Rechtgläubigkeit angeklagt, und bis 1314 wurden sie offiziell unterdrückt. Zwischen 1309 und ihrer Säkularisierung im Jahre 1525 machte man den Deutschherren immer wieder ähnliche Vorwürfe; da sie jedoch hauptsächlich in Preußen und an der Ostseeküste aktiv waren, vermochten sie genügenden Abstand von jeder Autorität, die gegen sie hätte vorgehen können, zu halten. Die Ritter des heiligen Johannes vom Spital zu Jerusalem blieben von solchen Vorwürfen frei und genossen weiterhin die Gunst des Papsttums. In England und – zu einem geringeren Teil – auch anderswo wurden ihnen ehemalige Besitzungen der Templer übergeben.

Nach dem Verlust des Heiligen Landes im Jahre 1291 zogen die Johanniter sich eine Zeitlang nach Zypern zurück. Dann, im Jahre 1309, etablierten sie sich auf der Insel Rhodos, die sie als souveränen Ritterstaat regierten. Hier blieben sie mehr als zwei Jahrhunderte und überstanden zwei größere Belagerungen der Türken. Im Jahre 1522 aber zwang sie ein dritter Angriff, die Insel aufzugeben, und sie richteten sich ab 1530 in Malta ein. Im Jahre 1565 wurde die Insel von den Türken angegriffen. Es war eine der ehrgeizigsten Operationen dieser Art in der Militärgeschichte. In einem heroischen Verteidigungsakt schlugen 541 Johanniter und Lehnsmänner, unterstützt von einer Garnison mit rund 9000 Soldaten, die wiederholten Attakken von 30000 bis 40000 Türken zurück. Sechs Jahre später, 1571, errang die Flotte des Ordens, zusammen mit Kriegsschiffen aus Österreich, Italien und Spanien, einen entscheidenden Sieg in der Seeschlacht von Lepanto und beendete damit die Präsenz der türkischen Flotte im Mittelmeer.

Die Belagerungen von Rhodos und Malta sowie die Schlacht von Lepanto waren die Höhepunkte in der Geschichte der Johanniter; sie übertrafen sogar ihre Leistungen im Heiligen Land während der Kreuzzüge. Mitte des 16. Jahrhunderts waren sie immer noch eine der bedeutendsten Militär- und Seemächte der christlichen Welt. Ihre Stärke und Finanzkraft waren mit jener der meisten Königreiche vergleichbar. Aber der Verfall war schon programmiert. In Deutschland, der Schweiz, den Niederlanden, Schottland und England hatte die protestantische Reformation begonnen, das katholische Europa zu spalten, und die in der gesamten westlichen Christenheit klaffenden Bruchstellen wiederholten sich im Mikrokosmos des Johanniterordens. Englische und deutsche Brüder verließen den Orden und gründeten rivalisierende Institutionen. Bei Anbruch des 17. Jahrhunderts waren die immer noch auf Malta ansässigen Ritter zu einem Anachronismus geworden: eine streng katholische Enklave, die immer noch veralteten Prinzipien des Rittertums anhing, während das übrige Europa in ein neues

Zeitalter des Merkantilismus, der Industrialisierung und der Emanzipation des Mittelstandes vordrang.

Im Jahre 1798 existierten die Ritter immer noch auf Malta, wenn auch als sonderbar antiquiertes Relikt, ohnmächtig, geführt von einem unfähigen Großmeister, mit katholischen Bindungen, die von dem Freimaurertum belastet waren. Dann stürmte Napoleon zu seinem katastrophalen Ägyptenfeldzug durch das Mittelmeer. Die Ritter, welche die Türken zweieinviertel Jahrhunderte abgewehrt hatten, waren zu keinem Widerstand mehr fähig. Sie wurden mühelos von Napoleon vertrieben, der Malta für Frankreich beanspruchte, nur um es wieder an die britische Flotte unter Horatio Nelson zu verlieren. Für den Johanniterorden folgte eine Zeit der Wirren. Erst im Jahre 1834 fanden die Ritter einen neuen Sitz in Rom. Obwohl sie ihre Inselheimat eingebüßt hatten, nahmen sie den Titel Malteserorden an, um sich von den protestantischen Johanniterorden abzusetzen, die damals in Großbritannien und Frankreich entstanden. Sie widmeten sich wieder der Krankenpflege, was ihnen während der nächsten anderthalb Jahrhunderte wachsendes Prestige einbrachte. Unmittelbar nach dem Zweiten Weltkrieg, vor der Gründung des Staates Israel, war gar die Rede davon, den Maltesern die Regierungsgewalt über Jerusalem anzuvertrauen.

Im Jahre 1979 umfaßte der Orden 9562 Vollmitglieder, von denen tausend Amerikaner und mehr als zweitausend Italiener waren.[15] Heute betreiben die Malteserritter von ihrem Hauptquartier im Palazzo Malta an der Via Condotti in Rom aus eine weltweite Krankenpflegeorganisation. Eine Abteilung für Krisenhilfe wird bei Naturkatastrophen tätig, der Orden besitzt in vielen Ländern Krankenhäuser und Leprastationen, und wie die verwandten protestantischen Johanniterorden in Großbritannien, Deutschland, den Niederlanden und Schweden haben die Malteser einen eigenen Unfalldienst. In Nordirland sieht man gleichzeitig Krankenwagen des englischen Johanniterordens und der Malteserritter – beide kümmern sich um ihre Konfessionsgemeinschaft.

Nach internationalem Gesetz ist der gegenwärtige Status der Malteserritter der eines unabhängigen Fürstentums.[16] Der Großmeister wird als Staatsoberhaupt anerkannt; sein weltlicher Rang ist dem eines Fürsten und sein geistlicher Rang dem eines Kardinals vergleichbar. Der Orden unterhält formelle diplomatische Beziehungen zu einer Reihe von Ländern, besonders in Afrika und Lateinamerika, wo seine Geistlichen die üblichen diplomatischen Privilegien genießen. An die höheren Ordensgrade werden immer noch aristokratische Ansprüche gestellt. Die höchsten Ritter müssen ein Familienwappen vorweisen können, das auf eine mindestens dreihundertjährige genealogische Kontinuität hindeutet.

Der moderne Malteserorden ist, man braucht das nicht zu betonen, für Geheimdienstarbeit geradezu prädestiniert. Seine Mitgliedschaft ist international und gut organisiert; seine medizinischen Dienste erscheinen an strategischen Punkten von Krisengebieten, etwa in Nordirland; unter seinen Angehörigen finden sich nicht nur Mediziner und Sanitätspersonal, sondern auch bedeutende Vertreter aus Politik, Geschäfts- und Finanzwelt, die Zugang zu Bereichen haben, welche gewöhnlichen Priestern verschlossen sind. Infolgedessen wurden die Malteserritter eng mit dem Nachrichtendienst des Vatikans in Verbindung gebracht. Dem Orden scheint dieser Sachverhalt nicht unangenehm zu sein, im Gegenteil: Er begrüßt die Möglichkeit, zumindest im verborgenen wieder die Rolle spielen zu können, die er zum erstenmal während des 12. Jahrhunderts gespielt hat – die Rolle eines Vorkämpfers in einem Kreuzzug.

Der Malteserorden gilt heute als eine der wichtigsten Nahtstellen zwischen dem Vatikan und der CIA. Für diese These sprechen zahlreiche Indizien. Im Jahre 1946 erhielt James Angleton, der ehemalige OSS- und CIA-Chef in Rom, der Millionen Dollar von seiner Agentur an die italienischen Christdemokraten weitergeleitet hatte, eine Auszeichnung des Malteserordens für Spionageabwehr.[17] Ebenso dekorierte man Luigi Gedda, den Chef der Azione Cattolica (Katholische Aktion), der als Verbindungsmann zwischen der CIA, Joseph Retingers Europäischer Bewegung und dem späteren Papst Paul VI. fungierte.[18] Im Jahre 1948 verliehen die Ritter ihre höchste Auszeichnung, das Große Verdienstkreuz, an General Reinhard Gehlen, den Chef des westdeutschen Geheimdienstes (Organisation Gehlen, später Bundesnachrichtendienst), der damals lediglich eine CIA-Filiale war.[19] Übrigens hatte Gehlen unter Hitler die Abteilung »Fremde Heere Ost« im Generalstab des Heeres geleitet. Der Malteserorden hatte sich also schon in den späten vierziger Jahren in den heimlichen Krieg gegen den Kommunismus eingeschaltet, der sich dann über Europa auszubreiten begann.

Die nachrichtendienstliche Arbeit des Ordens dürfte durch die Zahl hoher amerikanischer Amtsträger in seinen Reihen erleichtert worden sein. Als der kalte Krieg an Intensität gewann, wuchs der Anteil amerikanischer Ordensmitglieder ganz erheblich. Die einflußreichste Figur unter ihnen war – wiederum – Kardinal Francis Spellman aus New York, der in Guatemala für die CIA gearbeitet hatte und der direkte persönliche Beziehungen zur Freimaurerloge P2 unterhielt. Spellman wurde Protektor und geistlicher Berater der amerikanischen Ritter und de facto ihr Oberhaupt. In dieser Funktion erwirtschaftete er ungeheure Geldsummen, denn jeder der vielen alljährlich ernannten Ritter hatte Zehntausende von Dollar als Aufnahmegebühr zu zahlen. Man hat gelegentlich behauptet, nur ein Teil dieser Einnahmen sei bei dem Orden angekommen, der weitaus größere Teil sei für andere Zwecke verwendet worden. Spellman unterhielt auch enge Beziehungen zu einem Kardinal, der während der fünfziger Jahre versuchte, den Orden für seine eigenen politischen Ziele einzusetzen.

Es ist nicht ungewöhnlich, daß CIA-Direktoren Malteserritter sind: etwa John McCone oder der ehemalige CIA-Chef William Casey. Dem früheren Direktor William Colby soll die Mitgliedschaft angetragen worden sein; er habe sie jedoch mit den Worten »Ich bin ein bißchen bescheidener«[20] ausgeschlagen. Unter den jetzigen Ordensangehörigen finden sich William Wilson (amerikanischer Botschafter im Vatikan), Clare Boothe Luce (frühere amerikanische Botschafterin in Italien), George Rocca (früherer stellvertretender Chef der CIA-Spionageabwehr) und Alexander Haig (früherer Außenminister).

Aber der Orden rekrutiert seine Mitglieder nicht nur aus exklusiven amerikanischen Kreisen. Licio Gelli, Großmeister von P 2, hat mit dem Orden zu tun, wahrscheinlich als Ritter, was sich jedoch nicht mehr bestätigen läßt. Aber Gellis engster Mitarbeiter in der Loge P 2, Umberto Ortolani, ist ein Malteserritter und diente als Ordensbotschafter in Uruguay, wo er eine Bank besaß. Weitere Ritter sind Alexandre de Marenches (ehemaliger Leiter des französischen Nachrichtendienstes), die Generale de Lorenzo und Allavena (ehemalige Chefs des italienischen Geheimdienstes), General Giuseppe Santovito (ehemaliger Chef des italienischen militärischen Nachrichtendienstes) und Admiral Giovanni Torrisi (Chef des italienischen Generalstabs). Die letzten drei waren auch P-2-Mitglieder.[21]

Natürlich wäre es falsch und unfair, den Malteserorden als bloße CIA-Fassade abzutun. Der Orden bleibt eine autonome Institution, die oftmals lobenswerte karitative und diplomatische Arbeit verrichtet. Andererseits gibt es überzeugende Indizien, daß er in nachrichtendienstliche Tätigkeiten verwickelt ist, wobei ein Teil dieser Tätigkeit vielleicht nicht einmal der offiziellen Ordenspolitik entspricht. Zum Beispiel könnten ein Kardinal und ein hochrangiger Geheimdienstbeamter – die beide zufällig Malteserritter sind – bei der einen oder anderen gesellschaftlichen Veranstaltung des Ordens zusammenkommen, und einer könnte dem anderen einen einflußreichen Bankier oder einen prominenten Politiker vorstellen. Auf diese Weise ließe sich ein Projekt auf höchster Ebene ventilieren und koordinieren – und zwar ohne offizielle Anweisungen, schriftliche Instruktionen oder formelle Verfahren, die letztlich Verantwortlichkeiten nach sich ziehen. Verräterische Unterlagen gibt es in solchen Fällen nicht – Unterlagen, die oftmals kompromittieren und erhebliche Probleme bei ihrer Beseitigung bereiten können. Wie eine Freimaurerloge ist der Malteserorden seinem Charakter nach solchen Schachzügen förderlich. Er funktioniert im Grunde als idealer Kommunikationskanal. Seine Handlungsfreiheit wird durch sein diplomatisches Ansehen, seinen relativ geringen Bekanntheitsgrad, seine internationale Organisation und den seinen humanitären Bemühungen entgegengebrachten Respekt nur erhöht.

Einige Kommentatoren sehen in der gegenwärtigen Situation in Zentralamerika ein geradezu typisches Beispiel, wie der Malteserorden sich ausnutzen läßt – als ein Beispiel, wie jede derartige Vereinigung dazu angestiftet werden kann, die Ziele der einen oder anderen politischen Ideologie zu unterstützen. Das gegenwärtige Oberhaupt des Ordens in den Vereinigten Staaten ist J. Peter Grace, ein bekannter Geschäftsmann. Vor 1971 arbeitete Grace für Radio Liberty und Radio Free Europe, die beide von Reinhard Gehlen gegründet wurden und CIA-Mittel erhalten. Heute ist Grace, zu dessen Mitarbeitern ein weiterer Malteserritter, der frühere amerikanische Finanzminister William Simon, gehört, Vorsitzender einer Organisation namens »Americares«. Ein Hauptziel von Americares besteht darin, Hilfsgelder für Zentralamerika aufzubringen. Für die Verteilung dieser Gelder ist der Malteserorden verantwortlich, und er bedient sich dazu seiner Außendienstorganisationen in El Salvador, Guatemala und Honduras.

Gleichzeitig scheint Americares bestimmte Ziele mit der World Anti-Communist League (WACL) zu teilen. WACL wird heute von dem pensionierten Generalmajor John Singlaub geleitet, der 1978 in den Ruhestand treten mußte, weil er dem Präsidenten die Stirn geboten hatte. Als es dem Weißen Haus nicht gelang, die Kongreßmehrheit für die Finanzierung der Contras in Nicaragua zu gewinnen, suchte Ronald Reagan bei der World Anti-Communist League und anderen Organisationen Unterstützung. Singlaubs WACL machte sich offen daran, die Contras mit Geld und Material zu versorgen. Amerikanische Journalisten fragen sich zu Recht, wieviel von diesem Geld und Material in Wirklichkeit von Americares bereitgestellt und von den Malteserrittern verteilt wird. Auch wenn sich ihre Kritik dingfest machen ließe, es bliebe die Frage, ob Grace und Americares einfach die Malteserritter ausbeuten oder ob der gesamte Orden im Rahmen seiner eigenen Politik diese Mißbräuche ausübt.

Der unbekannte Faktor. Bei unserem Treffen im Oktober 1984 mit Monsieur Plantard – als er nicht mehr als Großmeister der Prieuré de Sion sprach, was wir nicht wußten – wurde der Malteserorden erwähnt. Die Prieuré de Sion, sagte Monsieur Plantard fast ein wenig ärgerlich, zähle eine Reihe von Malteserrittern zu ihren Mitgliedern. Das überraschte uns nicht sonderlich. Wie wir bereits herausgefunden hatten, schienen die Malteser überall zu sein. Weshalb also nicht auch in der Prieuré de Sion? Übrigens war Abbé François Ducaud-Bourget, der Monsieur Plantard protegiert hatte, vom 20. September 1947 bis zum 18. November 1961 Ordensgeistlicher der Malteser gewesen. Angesichts der Verbindung, welche die Ritter während des Krieges zum OSS unterhielten, schien eine solche Rolle völlig im Einklang mit den Aktivitäten des Abbé zu stehen: vom Stützpunkt Paris aus Widerstandsgruppen mit Waffen zu versorgen – eine Leistung, die nach dem Krieg mit einer Résistance-Medaille ausgezeichnet wurde.

In der französischen Presse war zur Wahl Monsieur Plantards als Großmeister im Jahre 1981 ein kurzer Artikel erschienen, in dem es hieß, daß »die 121 hohen Würdenträger der Prieuré de Sion sämtlich *éminences grises* der Hochfinanz sowie internationaler politischer oder philosophischer Organisationen sind«. Ähnliches trifft auf die Malteserritter zu. Beide dürften, aufgrund vieler Gemeinsamkeiten im Ordenscharakter, in jenem zwielichtigen Bereich aktiv gewesen sein, in dem sich Politik, Finanzen, Religion und Geheimdienste verquicken. Zweifellos hatten die Malteserritter und die Prieuré de Sion gemeinsame

Interessen und Ziele. Beide Orden – möglicherweise aus unterschiedlichen Gründen und mit unterschiedlichen Prioritäten – strebten die Schaffung Vereinigter Staaten von Europa in der einen oder anderen Form an. Und wenn der Stammbaum der Prieuré echt ist, mußte die Geschichte des einen Ordens eng mit der des anderen verflochten sein, denn beide behaupteten, ihr Vermächtnis aus der Zeit der Kreuzzüge herleiten zu können. Ihre Wege werden sich in den folgenden Jahrhunderten an zahlreichen Punkten gekreuzt haben. Beide stellten eine Neuauflage des alten Rittertums dar, und die gemeinsame Vergangenheit hatte manchen Anknüpfungspunkt geschaffen.

Aber es dürfte auch gewisse wichtige Streitpunkte zwischen den beiden Orden gegeben haben. Die Malteserritter hatten sich stets unverbrüchlich loyal dem Vatikan und der katholischen Kirche gegenüber verhalten, und diese Loyalität besteht noch heute. Die Prieuré dagegen stand dem Vatikan traditionell feindlich gegenüber, sie scheint sogar ein heimliches, alternatives Papsttum errichtet zu haben. Als Hüterin einer genealogischen Linie, die sich auf Jesus oder seine Familie vom Hause David zurückführte, muß die Prieuré in den Augen der Kirche natürlich eine Rivalin gewesen sein. Aus diesem Grunde muß ihre Einstellung zu Rom die Prieuré und die Malteserritter gelegentlich zu Gegnern gemacht haben.

Vielleicht waren die beiden Orden sich auch über heutige Prioritäten und Aktionsgebiete uneins. Was Monsieur Plantard anlangt, so beschränkten sich die eigentlichen Interessen der Prieuré auf Europa. Obwohl die Malteserritter sich offensichtlich ein vitales Interesse an Europa bewahrten, erschöpfte sich ein Großteil ihrer Aktivitäten in der Verquickung mit Opus Dei, P2, CIA und mit Lateinamerika. Wenn die Prieuré de Sion eine Reihe von Malteserrittern zu ihren Mitgliedern zählte, mußte sie dann nicht befürchten, geschluckt zu werden? Monsieur Plantard könnte durchaus beunruhigt gewesen sein über die offensichtliche Tatsache, daß Elemente innerhalb des Ordens von Europa aus gesteuerte Operationen in Lateinamerika befürworteten. Waren diese Elemente, zu denen vielleicht einige Malteserritter gehörten, das anglo-amerikanische Kontingent, welches Monsieur Plantard für die besagte Zwietracht innerhalb der Prieuré verantwortlich machte?

Wie auch immer, es gab noch einen weiteren wichtigen Streitpunkt zwischen der Prieuré de Sion und den Malteserrittern: das Bündel von Urkunden, die Bérenger Saunière im Jahre 1891 in Rennes-le-Château gefunden hatte. Diese Urkunden konnten für den Vatikan kompromittierend sein, sie konnten der Prieuré bei ihrem heimlichen Kampf gegen den Vatikan helfen. Folglich dürften sie auch das Interesse der Malteser geweckt haben. Den Erklärungen der Prieuré zufolge waren die Urkunden durch Betrug erschlichen und nach England gebracht worden und schließlich in den Archiven der Malteser aufgetaucht.[22]

Als wir versuchten, Saunières Urkunden aufzuspüren, waren wir auf ein verwirrendes Labyrinth voller Täuschungen, falscher Spuren, gefälschter Dokumente, zweifelhafter Unterschriften und gezielt verbreiteter Falschinformationen gestoßen. Wir hatten aus alldem gefolgert, daß noch eine andere Organisation im Spiel sein müsse, und damit gerieten wir, ohne es zu wollen, in eine schwelende Auseinandersetzung zwischen der Prieuré de Sion und einer anderen Vereinigung. Zunächst dachten wir an den einen oder anderen Geheimdienst. Dann weckten die Malteserritter unser Interesse. Und schließlich war zu überdenken, ob nicht irgendein Nachrichtendienst sich der Malteserritter bediente. Natürlich läßt sich unser Verdacht nicht endgültig erhärten, doch es bleibt eine Unbekannte in dieser Gleichung. Die unabweisbare Frage lautet: Sind die Malteserritter identisch mit dieser unbekannten Organisation – und handelt sie in eigenem oder fremdem Namen?

Mehr über die heutige Prieuré de Sion in Erfahrung zu bringen war das Ziel unserer Recherchen. Wir hatten etwas Definitives über ihre Mitgliedschaft, ihre Macht und ihre Mittel, ihre Ziele herausfinden wollen, und wir hatten gehofft, irgendwann ins Zentrum des Labyrinths vordringen zu können – wobei wir nicht darauf brannten, den dort möglicherweise lauernden Minotaurus zu töten. Doch wir wollten ihm wenigstens gegenübertreten. Aber immer wieder wurden wir ausmanövriert, immer wieder war man uns, mit Hilfe raffinierter Tricks, einen Schritt voraus.

Zweifellos existiert die Prieuré. Ihre Aktivitäten und die ihres früheren Großmeisters sind historisch belegt. *Vaincre* wurde während des Krieges veröffentlicht und von den deutschen Behörden wahrscheinlich so wenig verstanden wie von uns. Alpha Galates existierte in irgendeiner Form und scheint Mitglieder wie Hans Adolf von Moltke gehabt zu haben. Monsieur Plantard, so aalglatt und rätselhaft er sein mag, übte einen sehr konkreten Einfluß aus und hielt Verbindung zu Personen wie Cocteau, Malraux, Juin und de Gaulle. Dokumentarische Unterlagen beweisen seine Tätigkeit in den Komitees für öffentliche Sicherheit wie die Bedeutung der Komitees für die Machtübernahme de Gaulles im Jahre 1958. De Gaulles Rückkehr an die Macht geschah mit Hilfe einer außerordentlich raffinierten, erfinderischen, gut organisierten und disziplinierten Vereinigung, die sich auf politisches Manövrieren ausgezeichnet verstand.

Die Existenz oder der Status der Prieuré brachte uns nicht in Verlegenheit. Es waren vielmehr die gegenwärtigen Aktivitäten und die Gesellschaft, in der sie sich jetzt zu befinden scheint, die uns Kopfzerbrechen bereiteten. Ist nicht ein Teil dieser Gesellschaft ausgesprochen widerwärtig? Und steht die Prieuré trotz ihrer durchaus ehrenwerten Ziele nicht eigentlich kompromittiert da? Wie kann eine Organisation, die mit Vereinigungen wie P2 umgeht, integer bleiben? Und wie wird eine solche Organisation dem erhabenen Bild gerecht, das sie von sich selbst entwirft und in Umlauf setzt?

Vielleicht waren wir naiv, wenn wir etwas anderes erwarteten. Solche Bündnisse sind in der Geschichte der Prieuré keineswegs Ausnahmen. Soweit wir ermitteln konnten, waren weder die Prieuré noch ihre Großmeister je vor dem Makel politischer Macht zurückgeschreckt. Im Gegenteil, sowohl der Orden wie die Spitze seiner Hierarchie scheinen die Jahrhunderte hindurch ständig in Intrigen verwickelt gewesen zu sein. Zum Beispiel während der Religionskriege im 16. und während des als Fronde bekannten Aufstandes im 17. Jahrhundert hatte die Prieuré sich anscheinend alle Mittel, alle Gepflogenheiten des Zeitalters zunutze gemacht. Sie hatte, kurz gesagt, realistisch gehandelt. Um zu überleben, bediente sie sich der gleichen Möglichkeiten und Techniken, die auch andere Organisationen und Institutionen der realen Welt benutzten, darunter die katholische Kirche.

Wenn die moderne Prieuré in einem dubiosen Bereich tätig ist, kompromittierende Bündnisse eingeht und Nützlichkeitserwägungen über idealistische Maßstäbe stellt, dann bedeutet dies nicht, daß sie erst jetzt korrumpiert worden ist. Es bedeutet vielmehr, daß der Orden sein normales Verhalten an den Tag legt und wahrscheinlich heute nicht mehr oder weniger korrupt ist als in der Vergangenheit. Für eine Organisation wie die Prieuré de Sion gehört es zur Frage des Überlebens, daß man sich die

Hände bei politischen Machenschaften schmutzig macht. Da der Umgang mit politischer Macht nun einmal ein gewisses Maß an Korruption mit sich bringt, ist die Prieuré stets korrupt gewesen. Das gleiche gilt für die meisten derartigen Institutionen, die sich in ihrer Reinheit nicht zu Tode geläutert haben. Man könnte den Malteserrittern die gleichen Vorwürfe machen wie der Prieuré, wie übrigens auch dem Vatikan, sowohl in der Vergangenheit wie in der Gegenwart. Papst Johannes Paul II. mag, seiner dogmatischen Unversöhnlichkeit zum Trotz, persönlich über jeden Tadel erhaben sein, aber ein trüber Schatten liegt über dem Vatikan selbst. Die Entlarvung von P 2, der Skandal um die Banco Ambrosiano und der mysteriöse Tod von Roberto Calvi, dem Bankier Gottes – sie haben deutlich gemacht, daß Hierarchie und Verwaltung des Vatikans in eben den finsteren, verborgenen, unterirdischen Bereichen tätig sind, in denen auch der Malteserorden und die Prieuré de Sion agieren. Wenn die Prieuré von einem Makel behaftet ist, dann gilt dies nicht weniger für den Vatikan.

Kein demokratisches System westlichen Stils hätte sich Aktivitäten, die der Vatikan im letzten Vierteljahrhundert ungestraft vornehmen konnte und vornahm, leisten können, es sei denn, der Sturz der jeweiligen Regierung wäre in Kauf genommen worden. Der Vatikan hingegen hat allenfalls vorübergehende Unruhe ausgelöst, und die Kirche selbst ist im wesentlichen unangetastet geblieben. Damit nicht genug, sie übt weiterhin ihre gewohnte Hirtenfunktion aus. Sie spendet Trost. In manchen Teilen der Welt – in Lateinamerika, Polen, der Tschechoslowakei, den Philippinen – dient sie als Symbol von Freiheit und Hoffnung. Obwohl ihre Gemeinde schrumpft, besonders im Westen, bietet sie ihren Mitgliedern noch immer eine Heimstatt für Vertrauen und Sinn.

Entscheidend ist, daß hinter den schmutzigen Geschäften der weltlichen Hierarchie weiterhin die archetypische Kirche steht, jenes Gebilde, das man sich als ein Schiff vorstellt, als eine Arche, die den Wellen der Zeit trotzt. Hinter allen vergänglichen Wechselfällen steht ein Ideal, ein Gefüge aus erhabenen Prinzipien, eine Seelengemeinschaft, die ihrem Charakter nach gegen Korruption gefeit ist. Dieses Bewußtsein von der Kirche wird unbefleckt bleiben, was immer der Vatikan oder das Papsttum unternehmen. Ein Papst wie Alexander VI. mag aller möglichen Verbrechen schuldig sein, vom Pfründenschacher bis hin zu Inzest und Mord, ein Leo X. mag zynisch witzeln, daß »er uns nützlich gewesen ist, dieser Mythos Christi«, aber er bleibt trotzdem Christi Stellvertreter auf Erden.

Ein ähnliches Prinzip gilt für die Prieuré de Sion. Wie das Papsttum hat sich die Prieuré jahrhundertelang die Hände beschmutzt, und sie scheint sich in letzter Zeit neuen Schmutz zugelegt zu haben. Doch wie die archetypische Kirche hinter dem Papsttum steht, so steht hinter der Prieuré de Sion eine ebenso erhabene Konzeption: eine archetypische Rittergemeinschaft. Wie immer ihre Aktivitäten zu einem gegebenen Zeitpunkt aussehen mögen, die idealisierte Prieuré bleibt, wie die idealisierte Kirche, überirdisch erhöht und immun. Auf diesem überirdischen Niveau ist die Prieuré keine bloße Geheimgesellschaft, die hinter den Kulissen mit anderen Geheimgesellschaften konspiriert. Vielmehr ist sie die selbsternannte Hüterin einer erhabenen Tradition, der sich sehr viele Menschen nur zu gern verschreiben. Durch den Nachdruck, den sie auf das Rittertum legt, ist sie zudem die Verkörperung eines Verhaltenskodex, von dem man meint, er vermöge die Menschheit mit dem Göttlichen zu verbinden.

Das Programm des Rittertums, wie es von der Prieuré de Sion verbreitet wird, ist tatsächlich archetypischer Art. Es beschränkt sich nicht auf die Ritter des christlichen Europa während des Mittelalters, sondern es ist in so unterschiedlichen Institutionen zu finden wie der Patrizierkaste des alten Sparta, dem Red Branch des vorchristlichen Nordirland, den Kriegerbruderschaften von Stämmen wie Sioux und Cheyenne im amerikanischen Westen, den Samurai in Japan – und den Sikariern oder Zeloten zur Zeit Jesu. All diese Institutionen wurden von einem Kodex geleitet, der nicht nur ethischer oder moralischer, sondern kosmologischer Art war – einem Kodex, der die menschliche Tätigkeit in Einklang mit der kosmischen Ordnung bringen sollte. Diese Institutionen verlangten nicht nur gesellschaftliche und militärische, sondern auch geistige Disziplin. Man glaubte, wer diese Disziplin befolge, handle in Harmonie mit dem göttlichen Gesetz.

Wie wir im zweiten Teil dieses Buches erläutert haben, muß Politik heutzutage weitgehend attraktiv dargeboten werden. Wird die Idee des Rittertums attraktiv dargeboten – also besorgnislindernd und vertrauenerweckend –, dann vermag sie den modernen Geist wirksam anzusprechen. Sie kann Rituale, Farbenpracht, Pomp und reizvolle Schauspiele in einer Welt schaffen, die solche Dinge zunehmend entbehren muß und sie zunehmend zu vermissen beginnt. Sie kann einer Welt, die sich entwurzelt, von der Vergangenheit abgeschnitten glaubt, ein Gefühl der Kontinuität vermitteln. Sie kann Menschen, die immer stärker unter dem Eindruck ihrer Mediokrität und Bedeutungslosigkeit leiden, Würde und Größe zurückgeben. Menschen, die über ihre Hilflosigkeit, Einsamkeit und Isolierung klagen, vermag sie ein neues Zugehörigkeitsgefühl, einen neuen Gemeinschaftssinn, die Teilnahme an einer erhabenen brüderlichen Unternehmung in Aussicht zu stellen. Sie kann den geheimen Wunsch der meisten Menschen, einer »Elite« anzugehören, so unmodisch dieses Wort gegenwärtig auch sein mag, realisieren helfen. Sie vermag eine Wertehierarchie und einen Verhaltenskodex zu bieten, die nicht willkürlich oder zufällig sind, sondern auf einer geheiligten, traditionsreichen Basis ruhen – einer Basis, die, wie man meint, einem göttlichen Muster oder Plan entspricht. Sie kann eine ritualisierte – und deshalb gebilligte – Möglichkeit zum Ausdruck von Emotionen bieten. Auf diese Weise läßt sich die Idee des Rittertums als ein Prinzip des Zusammenhalts und als eine Heimstatt von Vertrauen und Sinn darstellen. Unter den geeigneten Umständen kann man ihm Vertrauen schenken und dafür Sinn erhalten. Die Macht eines wiederhergestellten Rittertums wurde während des Zweiten Weltkrieges in Japan deutlich, wo das Buschido, der Ehrenkodex der Samurai, einer ganzen Kultur ihr Leitprinzip verlieh; dieser Ehrenkodex fand in dem schrecklichen Fanatismus der Kamikaze seinen höchsten Ausdruck.

Die Prieuré de Sion ist zwar weniger kriegerisch und militaristisch, aber sie bietet besonders gute Voraussetzungen für die Vermittlung ritterlicher Ideale. Sie hat es ferner leicht, sich als etwas Größeres darzustellen. Im Unterschied zu vielen anderen gesellschaftlichen, politischen und religiösen Institutionen besitzt die Prieuré, wie im zweiten Teil dieses Buches gezeigt wurde, erstaunliches psychologisches Einfühlungsvermögen. Sie begreift Tiefe und Ausmaß der inneren Bedürfnisse des Menschen. Sie versteht es, Archetypen – archetypische Bilder und Themen – zu einem Faszinosum werden zu lassen.

Eines der eindrucksvollsten archetypischen Symbole ist das des *roi perdu* (verlorener König) – des mit übernatürlichen Kräften ausgestatteten Monarchen, der seine Aufgabe auf Erden erfüllt hat, aber nicht wirklich stirbt; er zieht sich abwartend in eine andere Welt zurück, bis die Not des Volkes seine Rückkehr fordert. Englischsprachige Leser sind durch König Artus mit diesem Phänomen vertraut. In Wales entspricht Owen Glendower demselben Archetypus wie Friedrich Barbarossa in Deutschland. Der *roi perdu*, der die zentrale Rolle im Mythos der Prieuré spielt, ist König Dagobert II., der letzte tatsächlich regierende Merowinger. Dagobert wird von der Prieuré so stilisiert, daß sein Bild in der Vorstellung der Menschen mit dem des höchsten verlorenen Königs, Jesu selbst, verschmilzt. Auf psychologisch-symbolischer Ebene, ganz unabhängig von jeder Frage einer direkten Abstammung, wird Dagobert zu einer Erscheinungsform Jesu. Wenn diese psychologische Assoziation – auch nur im Unterbewußtsein – hergestellt ist, läßt sich der Gedanke einer buchstäblichen und historischen Abstammung um so leichter verbreiten. Mit Hilfe solcher Interpretationen erhielt das Rätsel von Rennes-le-Château magnetische Anziehungskraft, nicht nur für uns als Autoren, sondern auch für die Leser.

Die Prieuré durchschaut die intime Beziehung zwischen Vertrauen und Macht. Sie begreift die Kraft des religiösen Impulses und weiß, daß dieser Impuls, aktiviert und in die richtige Bahn gelenkt, potentiell so gewaltig ist wie etwa die Macht des Geldes – so gewaltig, daß er ein alternatives Machtprinzip darzustellen vermag. Und schließlich weiß die Prieuré sich selbst zu verkaufen, ein Image von sich zu schaffen, das ihren eigenen Zielen entspricht. Sie ist fähig, Außenseiter so zu manipulieren, daß diese sie für die vollendete archetypische Gruppe halten. Wie echt ihr Stammbaum letztlich auch sein mag, sie vermag den Eindruck zu vermitteln, das zu sein, was die Menschen in ihr sehen sollen, weil sie die Dynamik durchschaut, auf der solche Eindrücke beruhen.

Aber psychologische Subtilität und die Fähigkeit, sich selbst zu vermarkten, sind nicht die einzigen Vorzüge der Prieuré de Sion. Im Jahre 1979 hatte Monsieur Plantard uns ganz kategorisch mitgeteilt, die Prieuré sei im Besitz des Tempelschatzes von Jerusalem, den die Römer während des Aufstandes im Jahre 66 geraubt hatten und der später in den Süden Frankreichs, in die Gegend von Rennes-le-Château, verschleppt wurde. Der Schatz, erklärte Monsieur Plantard, werde Israel zurückgegeben, »wenn der richtige Zeitpunkt gekommen ist«. Sollte die Prieuré den Tempelschatz tatsächlich besitzen und ihn heute vorzeigen können, wären die Folgerungen umwerfend. Wir hätten es nicht nur mit einer archäologischen Sensation zu tun, die die Trümmer von Troja oder die Grabstätte des Tutanchamun bei weitem überträfe, sondern es ergäben sich auch religiöse und politische Fragen für die Gegenwart. Denn was würde eine solche Entdekkung für das moderne Israel sowie für Judaismus und Christentum bedeuten? Was wäre, wenn – durch Aufzeichnungen oder andere Beweise aus dem Tempel von Jerusalem belegt – Jesus als der Messias erschiene? Nicht als der Messias der christlichen späteren Überlieferung, sondern als der von den Menschen Palästinas vor zweitausend Jahren erwartete Messias – das heißt als ein Mann, welcher der rechtmäßige König dieser Nation war, als ein Mann, der heiratete, Kinder zeugte und vielleicht gar nicht am Kreuz starb. Wären nicht zwei Weltreligionen – und möglicherweise auch der Islam – in ihren

Grundlagen erschüttert? Wären nicht mit einem Schlag die theologischen Differenzen zwischen Judaismus und Christentum und zumindest ein Teil der islamischen Gegnerschaft gegenstandslos?

Jedenfalls kann die Prieuré de Sion, abgesehen von dem Tempelschatz, einen Anspruch vorbringen, der sogar in der heutigen Welt viel Anerkennung findet. Im Namen der Familien, die sie repräsentiert, kann sie eine dynamische Erbfolge bis hin zum alttestamentlichen Haus David nachweisen. Sie ist in der Lage, definitiv und allen Forderungen auch der sorgfältigsten genealogischen Forschung nachkommend zu behaupten, daß die Merowingerdynastie der davidischen Linie angehört – und daß dies formell von den ihnen folgenden Karolingern sowie von anderen Monarchen und von der römischen Kirche der damaligen Zeit anerkannt wurde. Mit Hilfe moderner Reklame- und Marketingtechniken könnte die Prieuré der heutigen Welt eine Figur liefern, die, im streng biblischen Sinne des Wortes, als Messias auftritt. Solche Gedanken mögen absurd erscheinen, aber sie sind gewiß nicht absurder als der Glaube Zehntausender Amerikaner, die bereit sind, sich irgendwo auf dem Highway zwischen Pasadena und Los Angeles aus ihren Fahrzeugen in den Himmel entrücken zu lassen.

Das bedeutet keineswegs, daß wir nun mit einer baldigen Pressekonferenz und dem unvermeidlichen Medienzirkus zu rechnen hätten. Zur Zeit ist eine öffentliche Ankündigung wohl nicht aktuell. Eine direkte Abstammung vom Hause David – wenn es sich nachweisen läßt, von Jesus selbst und seiner Familie – kann niemals als Sprungbrett für den Griff nach der weltlichen Macht dienen. Die Prieuré de Sion und/oder die merowingische Blutlinie können nicht einfach ihre Identität preisgeben in dem naiven Glauben, die allgemeine Hingerissenheit werde das übrige schon erledigen. Es würde zu viele Skeptiker und Gleichgültige geben. Auch unter jenen, die die Legitimität der merowingischen Abstammung anzuerkennen bereit sind, würde man zu viele Opponenten finden – Menschen, die, unabhängig von ihrer religiösen Bindung, keinen besonderen Wunsch haben, von einem Messias regiert zu werden. Und es wird zu viele Menschen geben, die schon an der Macht sind oder sich um Machtpositionen bemühen und die einen neuen Konkurrenten schwerlich begrüßen dürften. Im Jahre 679 hatte die Kirche das eindreiviertel Jahrhunderte zuvor mit Chlodwig getroffene Abkommen gebrochen und die Ermordung von Dagobert II. gutgeheißen. Kann man ernsthaft annehmen, daß diejenigen, die heute Macht haben oder nach ihr streben, mehr Skrupel an den Tag legen? Wieder einmal drängt sich Dostojewskis Gleichnis vom Großinquisitor in den Vordergrund.

Außerdem ist es unwahrscheinlich, daß die Prieuré irgendein Interesse hat, für Unruhe zu sorgen. Wenn wir sie richtig einschätzen, strebt sie monarchische oder imperiale Vereinigte Staaten von Europa an, nicht irgendein Chaos, in dem bestehende Institutionen kompromittiert, untergraben oder gestürzt werden. Unserer Meinung nach hat die Prieuré durch eine Revolution, ob politischer oder anderer Art, nichts zu gewinnen. Sie scheint vielmehr interessiert daran zu sein, einen bereits etablierten Orden zu erben oder vielleicht an sich zu reißen und ihn Stück um Stück von innen her umzuwandeln – und zwar so, daß ein Minimum an Aufsehen, Verwirrung und Unruhe entsteht. Dies kann zwangsläufig nur mit einer Politik diskreter Infiltration geschehen – mit einer Politik jener Art, die für Organisationen wie P2 und Opus Dei charakteristisch ist.

Aus all diesen Gründen taugt eine Ahnentafel also nicht als Sprungbrett zum Griff nach der Macht. Sie ist vielmehr eine Trumpfkarte, die zur Konsolidierung der Macht ausgespielt werden kann, wenn man dieser bereits sicher ist. Niemand kann verkünden: »Seht, wer ich bin«, und erwarten, auf dieser Basis gewählt oder zum Papst, Präsidenten, König oder Kaiser befördert zu werden. Aber wenn er bereits Papst, Präsident, König oder Kaiser ist und sich mehr oder weniger fest etabliert hat, kann er sagen: »Seht, wer ich bin«, und dadurch nicht nur seine Stellung konsolidieren, sondern ihr auch eine neue Aura, eine neue Glaubwürdigkeit, eine neue und eindrucksvollere Bedeutung verschaffen.

Infolgedessen dürfte die Prieuré, was die unmittelbare Zukunft angeht, kaum etwas Überraschendes oder Dramatisches unternehmen. Wahrscheinlicher ist, daß sie jene Techniken anwendet, die ihr und den mit ihr verknüpften Familien – etwa dem Haus Lothringen – in der Vergangenheit mehr oder weniger erfolgreich gedient haben. Diese Techniken könnten ein Programm zur langsamen, methodischen, aber diskreten Infiltration schon bestehender Einrichtungen einschließen. Zu ihnen mag ein System hochrangiger dynastischer Ehen gehören, das gewisse einflußreiche Familien – nicht nur königliche und aristokratische Familien, sondern auch solche, die mit Politik, Finanzen und den Medien zu tun haben – dem Orden einverleiben könnte. Die Manipulation von Archetypen wäre nicht ausgeschlossen, die ein für die Verwirklichung gewisser langfristiger Ziele günstiges Klima fördern mag. Deshalb hätte, um ein extremes Beispiel zu nennen, ein plötzlicher Staatsstreich, der die Monarchie in Griechenland oder Portugal wiederherstellte, eher abträgliche Folgen. Selbst wenn es sich bewerkstelligen ließe, könnten viele Menschen Einwände haben oder gleichgültig bleiben und solche Interventionen einfach als einen weiteren Regimewechsel betrachten, der mit mehr oder weniger Sympathie oder Zynismus zu akzeptieren sei. Würde jedoch eine charismatische monarchische Gestalt durch eine Welle öffentlichen Jubels an die Macht geschwemmt, dann hätte sie ein ganz anderes Mandat.

Seit dem Ersten Weltkrieg und dem Sturz der meisten europäischen Herrscherdynastien ist die republikanische Demokratie zur Norm westlicher Gesellschaften geworden. Wie wir gesehen haben, hat die Monarchie jedoch weder ihre archetypische Anziehungskraft noch ihren rein funktionalen Nutzen verloren. Während des Zweiten Weltkrieges hielten Churchill und viele andere den Zusammenbruch des monarchischen Systems für einen der Hauptfaktoren, die den Aufstieg des Totalitarismus und besonders das Phänomen des Nationalsozialismus ermöglichten. Roosevelt und er sollen in geheimen Diskussionen zu dem Schluß gekommen sein, daß die Restauration der Monarchien das beste Mittel sei, um nicht nur die darniederliegende Hülle Nachkriegseuropas zusammenzuhalten, sondern auch zu gewährleisten, daß jene Tendenzen, die im Dritten Reich ihre schreckliche Ausformung erfahren hatten, niemals wiedererwachten. Sie erwogen, die Habsburger wieder auf den Thron Österreichs und möglicherweise Ungarns zu setzen, so daß Otto von Habsburg Herrscher einer kaiserlichen Donauföderation geworden wäre. Laut Otto von Habsburg selbst erörterten sie auch die Möglichkeit, Lord Louis

Mountbatten zum Kaiser eines neuen deutschen Bundes zu machen.

Der Traum von monarchischer Restauration hat auch heute noch nichts an Faszination verloren. In Spanien tritt König Juan Carlos in das zweite Jahrzehnt seiner Herrschaft; er steht der ersten Demokratie vor, die sein Land seit rund fünfunddreißig Jahren kennt, und bisher hat diese Regelung sich als erfolgreich erwiesen. In Frankreich sind royalistische Bewegungen so lebendig wie je, während der Präsident selbst ein immer majestätischeres Gebaren an den Tag legt. Wann immer Otto von Habsburgs Mutter, die nun mehr als neunzigjährige frühere Kaiserin Zita, Wien besucht, mobilisiert sie jubelnde Menschenmengen wie sonst nur der Papst. In den Jahren 1984 und 1985 begannen manche Zeitungen wieder über eine mögliche Restauration der Habsburger in Österreich zu spekulieren.

Wenn die Monarchie an sich schon solche Faszination ausübt, welche Ausmaße würde diese Faszination annehmen, wenn tatsächlich ein Monarch oder Thronanwärter behaupten könnte, im wahrsten Sinne des Wortes ein Messias zu sein?

Wir, die Autoren, möchten nicht als Anhänger oder Propagandisten der Prieuré de Sion betrachtet werden. Im Gegenteil, wir begegnen ihr kritisch. Während wir einige ihrer Ziele begrüßen, sind wir entschieden skeptisch, was andere betrifft. Ganz abgesehen von allen theoretischen Überlegungen stellt jede Machtkonzentration in den Händen einer kleinen Gruppe von Menschen – besonders einer Gruppe von Menschen, die vornehmlich im verborgenen handeln – in unseren Augen eine mögliche Gefahr dar. Es ist eine Binsenweisheit, daß die größten Verbrechen und Greueltaten der Geschichte von Menschen verübt wurden, die in bester Absicht handelten. Wir ziehen es vor, daß Menschen aus sich selbst heraus ein Sinngefühl schaffen, statt ein von außen angebotenes zu akzeptieren – wie erhaben und lobenswert es sein mag.

Doch unser Zeitalter scheint entschlossen, dem einen oder anderen messianischen Mythos auf der Suche nach Sinn zu folgen. Wenn dies unvermeidlich ist, würden wir lieber einen sterblichen Messias sehen, der ein Vereinigtes Europa regiert, als einen überirdischen Messias mit dem Kommando über die Schlacht von Harmageddon. Die Prieuré de Sion kann keinen Messias liefern, so, wie ihn sich etwa amerikanische Fundamentalisten heute irrtümlicherweise vorstellen. Wir bezweifeln, daß irgend jemand außerhalb eines Trickfilmstudios dazu in der Lage wäre. Aber wenn unsere Einschätzung zutrifft, scheint die Prieuré de Sion für einen Messias sorgen zu können, der vieles mit Jesus als historischer Persönlichkeit gemeinsam hat.

Anhang

1. Bibelwissenschaft und öffentliches Verständnis

1 du Gard, *Jean Barois*. Berlin, Wien, Leipzig 1930, S. 48
2 Roger Martin du Gard, a. a. O., S. 58
3 Bultmann, *Jesus*, S. 11
4 Sämtliche Bibelzitate aus *Die Bibel oder die ganze Heilige Schrift des Alten und Neuen Testaments*. Nach der deutschen Übersetzung D. Martin Luthers
5 Wilson, *Jesus: the Evidence*. London 1984

2. Jesus als König von Israel

1 Maccoby, *Revolution in Judaea*, S. 75
2 Judas aus Galiläa und sein Sohn Menahem. Josephus, *Geschichte des Jüdischen Krieges*, II, 17, 8 f.
3 H. C. Ginsberg in: *Encyclopaedia judaica*, Bd. XI, S. 1407
4 Siehe Micha 5,1: »Und du, Bethlehem Ephratha, die du klein bist unter den Städten in Juda, aus dir soll mir der kommen, der in Israel Herr sei . . .«
5 Die Darstellung, Jesus sei Zimmermann gewesen, entwickelte sich auf der Grundlage von Mk 6,3. Géza Vermes von der Universität Oxford verweist jedoch in *Jesus the Jew* auf den verbreiteten metaphorischen Gebrauch der Begriffe »Zimmermann« und »Zimmermannssohn« in der alten jüdischen Literatur (S. 21 f.)
6 Lincoln, Baigent, Leigh, *Der Heilige Gral* . . ., S. 300–301
7 Mt 26,7; Mk 14,3–5. Die Bedeutung liegt darin, daß dieses teure Öl, einer der Bestandteile des Tempelweihrauchs, über Jesu Kopf gegossen wurde. Laut *Encyclopaedia judaica:* »Bei der Salbung von Königen wurde der ganze Kopf mit Öl bedeckt . . .«, Bd. III, S. 31
8 Joh 12,3–5. Er versucht, die Bedeutsamkeit der Sal-

bung abzuschwächen, indem er – im Gegensatz zum Matthäus- und Markusevangelium – anmerkt, das Öl habe nur die Füße Jesu berührt.

3. Konstantin als Messias

1 Lincoln, Baigent, Leigh, *Der Heilige Gral . . .*, S. 329 ff. Ein großer Teil der folgenden Seiten ist direkt aus diesem Text übernommen.
2 Chadwick, *The Early Church*, S. 125
3 Goodenough, *Jewish Symbols*, vol. VII, S. 178 ff.
4 Kee, *Constantine versus Christ*, S. 117 f.
5 Kee, a. a. O., S. 120
6 Kee, a. a. O., S. 136 (nach Eusebius)
7 ebd.
8 Kee, a. a. O., S. 41 (nach Eusebius)
9 ebd.
10 Kee, a. a. O., S. 42
11 Kee, a. a. O., S. 47

4. Jesus als Freiheitskämpfer

1 Josephus Flavius, *Jüdische Altertümer*, XVIII, 1, 6
2 Brandon, *Jesus and the Zealots*, S. 204, Anm. 1. Er erwähnt auch, daß der Name in manchen alten lateinischen Manuskripten als »Judas Zelotes« erscheint.
3 Die Kreuzigung im allgemeinen und jene der Evangelien im besonderen wird ausführlich erläutert in *Der Heilige Gral . . .*, S. 213 bis 216. Die Details müssen jedoch im Licht der Arbeit von Joseph Zias (Israelische Behörde für Altertümer) und Eliezer Sekeles (Medizinische Fakultät der Hebräischen Universität) etwas modifiziert werden. Siehe Zias und Sekeles, *The Crucified Man from Giv'at ha-Mivtar. A Reappraisal.* In: *Israel Exploration Journal*, Vol. XXXV (1985), S. 22–27

4 Tacitus, *Annalen*, S. 528

5 Neusner erklärt, daß der Sanhedrin nach dem Jahre 6, als Judäa zu einem Teil der römischen Provinz Syrien wurde, die Autorität zur Verhängung von Todesstrafen verloren habe: *Judaism in the Beginning of Christianity*, S. 30. Allerdings sind Experten wie Haim Cohn und Paul Winter in diesem Punkt anderer Meinung als Neusner. Mary Smallwood kommt zu dem Schluß, daß der Sanhedrin in religiösen Fällen ein Todesurteil habe aussprechen können, das jedoch durch Steinigung vollstreckt wurde (*The Jews under Roman Rule*, S. 150).

6 Als Jesus den Tempel betritt, wirft er der Bevölkerung vor, ihn zu einer »Mördergrube« (Mk 11,18) gemacht zu haben. Diese Worte beziehen sich auf Jeremia 7,11: »Haltet ihr denn dies Haus, das nach meinem Namen genannt ist, für eine Mördergrube?« Das Vorbild für diese Handlung Jesu findet sich in Nehemia 13,8. Nehemia kehrt aus Babel zurück, entdeckt, daß Tobia im Hof des Tempels wohnt, und wirft dessen Gerät hinaus vor die Kammer.

7 Siehe Mk 15,16 und Joh 18,12. Der letztere macht deutlich, daß neben der Kohorte noch weitere Soldaten zugegen waren: »Die Schar aber und der Oberhauptmann und die Diener der Juden nahmen Jesum . . .«

8 Siehe Smallwood, *The Jews under Roman Rule*, S. 146

5. Die Zadokidenbewegung von Qumrān

1 Neusner schreibt über jene Periode, daß kein »›normativer Judaismus‹ existierte, von dem sich die eine oder andere ›häretische‹ Gruppe hätte abspalten können. Nicht nur in . . . Jerusalem finden wir zahlreiche mit-

einander wetteifernde Gruppen, sondern überall im Lande und außerhalb seiner Grenzen können wir eine religiöse Tradition in beständigem Wechsel wahrnehmen«. *Judaism in the Beginning of Christianity,* S. 29

2 Josephus Flavius, *Geschichte des Jüdischen Krieges,* II, 8

3 Cross, *Die antike Bibliothek von Qumrān,* S. 181

4 Josephus Flavius, *Geschichte des Jüdischen Krieges,* II, 8, 13

5 Lincoln, Baigent, Leigh, *Der Heilige Gral . . .,* S. 339. Der Text von Eleazars Rede ist zu finden bei Josephus Flavius, a. a. O., VII, 8, 6

6 Cross, *Die antike Bibliothek von Qumrān,* S. 69

7 Vermes, *The Dead Sea Scrolls in English,* S. 119

8 Eisenman, *Maccabees . . .,* S. 4–6

9 Schonfield, *The Pentecost Revolution,* S. 190

10 Eisenman, *Maccabees . . .,* S. 19 ff.; siehe auch S. 45, Anm. 36

11 Apostelgeschichte 21,20; siehe Marshall, *The Interlinear Greek-English New Testament*

12 Eisenman, a. a. O., S. 96, Anm. 180: »Die gesamte Frage der physischen Verwandtschaft dieser ›messianischen‹ Familien bleibt noch zu erforschen. Die parallele Entwicklung der Familien des Judas (ebenfalls aus Galiläa) und Jesu . . . und die fast gleichzeitige Kreuzigung von ›Jakob und Simon‹ (sie tragen sogar die gleichen Namen wie zwei Brüder Jesu, von denen der zweite laut Eusebius ›den Preis eines Lebensendes wie das des Herrn errang‹) sowie die *Steinigung* Menahems . . . zur selben Zeit wie die von Jesu Bruder Jakob . . . müssen Historikern zu denken geben.«

13 Eisenman, *James the Just,* S. 3. Laut Epiphanius und Hieronymus durfte Jakob das Allerheiligste des Tempels betreten – ein Privileg, das nur dem Hohenprie-

ster zustand. Diese Tatsache sowie Mitteilungen der Apostelgeschichte und der Literatur von Qumrān machen deutlich, daß Jakob der Hohepriester der Opposition war, das Oberhaupt zumindest der Jerusalemer Gemeinde und wahrscheinlich der gesamten Zadokidenbewegung. Und was immer Jakob war, muß sein Bruder Jesus vor ihm gewesen sein.

6. Die Herausbildung des Christentums

1 Sämtliche Bibelexperten sind sich über die Datierung der Evangelien der Apostelgeschichte uneinig. Wir bieten folgende Argumente und Daten an:

- Wir setzen voraus, daß alle Bücher nach dem Fall Jerusalems geschrieben wurden, als die Zerstörung der christlichen Kirche und ihrer Autorität dafür sorgte, daß sich mündliche Traditionen entwikkelten.
- Matthäus und Markus verbergen die Tatsache, daß Simon ein Zelot war. Deshalb meinen wir, daß diese Evangelien entstanden, als das Thema des Zelotentums bei nichtjüdischen Lesern noch starke Emotionen wachrief. Also datieren wir das Markusevangelium auf das Jahr 70 und das spätere Matthäusevangelium ca. auf das Jahr 75.
- Im Lukasevangelium und der später entstandenen Apostelgeschichte kann erklärt werden, daß Simon ein Zelot war, was darauf hindeutet, daß das Thema etwas an Aktualität verloren hatte. Sie können nicht später als im Jahre 90 verfaßt worden sein, da Josephus seitdem in seinen Schriften und Vorträgen wiederum auf die Zeloten einging, denen er die Zerstörung Jerusalems zum Vorwurf machte. Wir nehmen also ungefähr das Jahr 80 für das

Lukasevangelium und etwa das Jahr 85 für die Apostelgeschichte an.

– Im Jahre 95 begann die Verfolgung durch Domitian, die uns einen Endpunkt liefert. Wahrscheinlich wurden das Evangelium sowie die Offenbarung des Johannes etwa zu dieser Zeit geschrieben.

2 Die Apostelgeschichte endet damit, daß Paulus sich vor König Agrippa II. im Jahre 60 in Caesarea verantwortet, sowie mit der in kurzen Zügen beschriebenen Reise nach Rom, wonach die Chronik jäh abbricht. Alles weist darauf hin, daß die Apostelgeschichte einige Zeit nach dem Aufstand aus einem herodianischen Milieu in Rom hervorging. Sie beruht sehr wahrscheinlich auf einem Tagebuch aus der Bibliothek Agrippas II., das im Jahre 68, während Agrippa dort im Exil lebte, nach Rom gebracht wurde. (Eisenman, persönliche Mitteilung)

3 Der Zeitpunkt der Kreuzigung ist immer noch sehr ungewiß; für drei Daten – die Jahre 30, 33 und 36 – lassen sich gute Argumente anführen. Das Neue Testament teilt nur mit, daß sich das Ereignis nach der Hinrichtung Johannes des Täufers abspielte, während eines Osterfests, als Pontius Pilatus Statthalter von Judäa und Kaiphas Hoherpriester war. Da sowohl Pilatus wie Kaiphas ihre Stellung im Jahre 36 einbüßten, ist dies das letzte mögliche Datum. Die Hinrichtung Johannes des Täufers läßt sich nicht präzise datieren, aber es gibt einen starken Hinweis darauf, daß sie deshalb erfolgte, weil er die Ehe zwischen Herodes und Herodias kritisiert hatte (siehe Matthäus- und Markusevangelium). Die Eheschließung fand – darin ist man sich einig – im Jahre 35 statt, dem Jahr, in dem Johannes wahrscheinlich hingerichtet wurde.

Daraus folgt, daß man Jesus Ostern 36 kreuzigte. Siehe Schonfield, *The Pentecost Revolution,* S. 45–54. (Schonfields Datierung mit Hilfe von Sabbat- und Zensusjahren wird von Wissenschaftlern nicht allgemein akzeptiert; siehe Vermes, *The Times Literary Supplement,* 17. Januar 1975, S. 65. Vgl. auch Schonfields Entgegnung in derselben Zeitschrift [14. Februar 1975, S. 168–69], in der er sich auf Yigael Yadins Unterstützung beruft.)

4 Eisenman, *Maccabees . . .,* S. 5 (nach Eusebius, *Kirchengeschichte,* 2, 23). Man berücksichtige auch, daß Jakob im Arabischen Ja'aqob Saddiqa ist (Eisler, *Die messianische Unabhängigkeitsbewegung).*
Im Hebräischen erhält Jesus den Titel »Zaddik« in Apostelgeschichte 3,14; 7,52 und 22,15. Von Bedeutung ist hier die Predigt des Stephanus in Apostelgeschichte 7,52, in der er sagt: »Und sie haben getötet, die da zuvor verkündigten die Zukunft dieses Gerechten [= Zaddik].«

5 Eusebius, *Kirchengeschichte,* 3, 11

6 Eisenman meint, daß diese Flucht vielleicht nicht nach Pella, sondern nach Sela, einem nicht identifizierten Ort am Toten Meer, führte. Dabei könne es sich entweder um Qumrān oder Masada gehandelt haben. Mit anderen Worten, er ist der Ansicht, daß Mitglieder der Jerusalemer Kirche Jesu und Jakobs zu den Verteidigern von Qumrān und Masada gehört haben könnten. (*Maccabees . . .,* S. 89, Anm. 163)

7 Josephus Flavius, *Geschichte des Jüdischen Krieges,* II, 20, 4

8 Die Möglichkeit besteht, daß Paulus nicht nach Damaskus, sondern zu dem Kloster von Qumrān reiste, denn die dortige Gemeinde bezeichnete ihr

Gelände als »das Land von Damaskus«. (Eisenman, *Maccabees* . . ., S. 27; auch S. 69, Anm. 122) In einer Vorlesung mit dem Titel »Paulus als Herodianer«, die Professor Eisenman im Jahre 1982 vor der Gesellschaft für Bibelliteratur hielt, entwickelt er die Theorie, daß Paulus ein Agent der herodianischen Sadduzäerpartei und ein Gegner aller Ideale Jakobs und der Zadokiden gewesen sei. Sein Aufenthalt in einer Nazoräergemeinde, vielleicht in der von Qumrān, lasse sich also mit der Arbeit eines Spions oder Agents provocateurs vergleichen.

9 Jesus hielt sich selbst nicht für göttlich – oder jedenfalls nicht für göttlicher als andere. Als man Jesus vorwarf, er behaupte, Gott zu sein, verwies er auf das jüdische Gesetz, welches besagt, daß alle, denen das Wort Gottes verkündet werde, selbst Götter seien. Siehe Joh 10,33–35

10 Die Zerstörung Jerusalems und der zentralen Verwaltungsorganisation der Nazoräergemeinschaft ist von großer Tragweite, denn der spätere Erfolg des paulinischen Christentums beruht zum Teil darauf, daß jede starke und zentralisierte Opposition gegen seine haltlosen Behauptungen zur Person Jesu fehlte.

11 Vermaseren, *Mithras,* S. 83

12 Wynn-Tyson, *Mithras,* S. 73

13 Es ist nicht ganz ausgeschlossen, daß Simon Petrus in Wirklichkeit der unter dem Namen Simon (Mt 13,55; Mk 6,3) erwähnte Bruder Jesu war. Eisenman meint, er sei Simeon bar Cleophas: *Maccabees* . . ., S. 67, Anm. 118. Diese von der Jerusalemer Kirche ausgehende Überlieferung sei hinreichend entstellt, um – über die Zwischenstufe Simeon Kephas

– den Namen »Simon Petrus« hervorgebracht zu haben (persönliche Mitteilung von Professor Eisenman).

14 Nikos Kazantzakis, *Die letzte Versuchung*, S. 436 f.

7. *Die Brüder Jesu*

1 Vermes, *The Dead Sea Scrolls in English*, S. 47–51

2 Eusebius, *Kirchengeschichte*, 3, 1

3 Die »Thomasakten« in Hennecke (Hrsg.), *Neutestamentliche Apokryphen*, S. 477. Siehe zu diesem Thema auch Rendel Harris, *The Twelve Apostles*, besonders S. 23–57

4 Hennecke (Hrsg.), a. a. O., S. 484

5 Koester, *Apocryphal and Canonical Gospels*, S. 130

6 Hennecke (Hrsg.), *Neutestamentliche Apokryphen*, S. 496

7 Hennecke (Hrsg.), a. a. O., S. 500

8 Siehe Revillout, *Évangile de Saint-Barthélemy*, 2e Fragment, S. 197. Der koptische Text bricht in der Mitte des entscheidenden Wortes ab, das Revillout als *krestos* (gläubig) ins Griechische übersetzt. Doch seine Übersetzung ist willkürlich, da das Wort mit gleichem Recht als *kristos* (Christ) ausgelegt werden könnte. Ein von uns konsultierter Kenner der koptischen Sprache hielt die letztere für die wahrscheinlichste Originalversion. Dieses Fragment gehört vermutlich, entgegen Revillouts Behauptung, nicht zum Bartholomäusevangelium. Siehe Hennecke (Hrsg.), *Neutestamentliche Apokryphen*. Es würde besser in irgendwelche koptischen Thomasakten hineinpassen.

9 Auf dem Gemälde des Abendmahls ist die zweite Gestalt links, im Profil, der Zwilling Christi. Er ist ähnlich gekleidet; der einzige Unterschied besteht

darin, daß das Gewand Christi über seine linke Schulter und seinen linken Arm drapiert ist.
Zu einer Erläuterung der mittelalterlichen Zwillingshäresie siehe Gettings, *The Hidden Art,* S. 33 ff. Er schreibt (S. 55): ». . . die Quelle dieser Überlieferung im Gedankengut der Renaissance ist bisher unbekannt. Vielleicht war Leonardo da Vinci selbst ein Eingeweihter, ein geheimer Adept . . .«

10 Eusebius, *Kirchengeschichte,* 1, 7

11 Dies bleibt unklar in der Übersetzung, in der von »Ledigen und Witwen« die Rede ist. Phipps, *Did Jesus or Paul Marry?,* S. 743

12 Siehe Clemens Alexandrinus, *Werke,* Bd. 2: Stromata, 6, 52

13 Eusebius, *Kirchengeschichte,* 3, 19

14 Martin, *Decline and Fall of the Roman Church,* S. 42

8. Das Überleben der nazoräischen Lehre

1 *Des Heiligen Philosophen und Märtyrers Justinus Dialog mit dem Juden Tryphon,* XLIX, S. 73–76

2 *Des Heiligen Irenäus Fünf Bücher gegen die Häresien,* I, 26, 2 (siehe auch V, 1)

3 Eusebius, *Kirchengeschichte,* 3, 27

4 Epiphanius, *D. epiphanii episcopi Constantinae Cypri, contra octoaginta haereses opus,* XXX, S. 45

5 Schonfield, *Unerhört, diese Christen,* S. 194 (zitiert nach den *Recognitiones* des Klemens, IV, 34–35)

6 Pines, *The Jewish Christians . . . according to a new source,* S. 276

7 Kidd, *History of the Church,* vol. III, S. 201

8 Von Bedeutung für die Geschichte des Nestorianismus und das Überleben der Nazoräer und ihrer Lehre waren die große Theologische Schule von Antiochia

und die Häresie des Adoptianismus. Die letztere betrachtete Jesus als einen Menschen, der zu einem Gott, nicht als einen Gott, der zu einem Menschen geworden war. Er sei nicht der Natur nach, sondern durch göttliche Gnade der Sohn Gottes. Infolgedessen wurde Maria weder als eine Jungfrau noch als die Mutter Gottes angesehen, sondern sie galt als menschlich; die Geburt Jesu habe sich nicht von anderen Geburten unterschieden. Ein früher Bischof von Antiochia (seit ca. 260), Paulus von Samosata, war ein Adoptionist und übte erheblichen Einfluß auf Arius und Nestorius aus.

Die Schule von Antiochia setzte die Tradition des Paulus von Samosata fort und beeinflußte, unter so großen Lehrern wie Diodor und Theodor von Mopsuestia, das Christentum Syriens und Mesopotamiens (wenn nicht anderer Gebiete). Theodor war der Lehrer des Nestorius, nach dem später ein gesamter Zweig des Christentums benannt werden sollte.

Den überlebenden Nazoräern fiel es offensichtlich leicht, sich dem nestorianischen Gedankengut anzupassen, und viele wurden – nur ein kleiner Kompromiß – Nestorianer. Andere schlossen sich jedoch, wie das vorliegende Material zeigt, nur nominell der nestorianischen Kirche an und blieben in der Praxis Nazoräer (oder, wie Wissenschaftler sie beharrlich nennen, Judenchristen). Pines schreibt über die Quelle der von ihm untersuchten judenchristlichen Texte, daß sie durchaus »von den Nestorianern aufbewahrt« worden sein könnten. »Manche der letzteren waren vielleicht heimliche Judenchristen.« (Pines, *The Jewish Christians . . .*

S. 273) Er zitiert zusammenfassend einen anderen Text, der »die Hypothese zu untermauern scheint, daß die nestorianische Kirche Judenchristen oder heimliche Judenchristen umfaßte«. (Pines, a. a. O., S. 279)

9 Schonfield, *Secrets of the Dead Sea Scrolls*, S. 1–7

10 Schonfield, *Die Essener*, S. 181–85

11 Josephus (*Geschichte des Jüdischen Krieges*, VII, 10) berichtet, daß viele Zeloten nach Ägypten flohen; rund sechshundert wurden sofort gefaßt, doch viel mehr entkamen den Oberlauf des Nils hinauf.
Professor Brandon vertritt in *The Fall of Jerusalem* (S. 169–78) den Standpunkt, daß die ursprüngliche nazoräische Kirche sich nicht in Pella niederließ, sondern weiter nach Ägypten vordrang. Er hebt hervor, wie seltsam es sei, daß die spätere christliche Tradition das Christentum in Alexandria nicht erwähnt (S. 222), und schließt, daß die Kirche von Alexandria nach dem Fall Jerusalems im Jahre 70 der einzige noch verbliebene starke Mittelpunkt des Urchristentums gewesen sein müsse (S. 225).

12 Man muß anmerken, daß in Ägypten eine Trennung zwischen der städtischen Kirche, die auf dem theologischen Zentrum Alexandria beruhte, und den fernen monastischen Zentren bestand; die letzteren waren von Christen bevölkert, die vor den Doktrinen und der Unduldsamkeit der städtischen Kirche geflohen waren. Die Klöster benutzten Texte sowohl christlicher wie heidnischer Philosophen, wie an den in Nag Hammadi gefundenen Werken zu erkennen ist. Solche Werke wären natürlich von der städtischen Kirche verdammt worden.

13 Es ist zweckmäßig, im Gedächtnis zu behalten, daß neben den gnostischen Texten, für die die Stätte

berühmt ist, auch gewisse Werke Platons und des Asklepiades in Nag Hammadi gefunden wurden.

14 Chadwick, *Priscillian of Avila*, S. 166 f.

15 Eisler, *Die messianische Unabhängigkeitsbewegung*, Bd. II, S. 420

16 Chadwick, *Priscillian of Avila*, S. 233

17 Diese Information verdanken wir dem spanischen Schriftsteller und Forscher Juan G. Atienza, dessen Spezialgebiet die häretische und mystische Vergangenheit Spaniens ist. Er ist ein hervorragender Experte, was die Tempelritter auf der Iberischen Halbinsel und auf den Balearen betrifft.

18 Hughes, *The Church in Early Irish Society*, S. 34

19 Hardings, *The Celtic Church in Britain*, S. 55

20 Siehe Dumville, *Biblical Apocrypha and the Early Irish*, S. 322; Hillgarth, *Visigothic Spain and Early Christian Ireland*, S. 167 ff.

21 Ursprünglich stand hier das keltische Kloster Maximi, später als Santa Maria de Bretoña bekannt. Es wird zum erstenmal im Jahre 569 beim Konzil von Lugo erwähnt. Drei Jahre später war der keltische Bischof Mailoc einer der Unterzeichner beim zweiten Konzil von Braga. Das vierte Konzil von Toledo machte im Jahre 633 deutlich, daß die keltische Tonsur gebräuchlich war. Die ursprüngliche Siedlung wurde im Jahre 830 von den Mauren zerstört, aber die Diözese blieb bis ins späte 10. Jahrhundert hinein unabhängig. Siehe Bernier, *Les Chrétientés bretonnes . . .*, S. 115–21, und Bowen, *Saints, Seaways and Settlements*, S. 76

22 Aberg, *The Occident and the Orient . . .*, S. 35

23 Zu Korrespondenzverzeichnissen siehe King, *Liturgies of the Past*, S. 228 ff.; Kiewe, *Sacred History of Knitting*, S. 70–80

24 *Salthair na Rann* ist ein langes poetisches Werk; die Eröffnungsgedichte beschreiben die Schöpfung des Universums und das Wirken des Kosmos. Diese Angaben stammen aus pseudepigraphischen Arbeiten wie dem 2. Henochbuch und dem 3. Baruchbuch, welche die Nazoräer verwendet haben dürften (das 2. Henochbuch wurde unter dem Titel *The Book of the Secrets of Enoch* von Charles, *Pseudepigrapha,* S. 425, veröffentlicht). Gedichte XI und XII beschreiben die Buße Adams und Evas und den Tod Adams. Diese Thematik leitet sich aus dem *Buch Adams und Evas* ab, das sonst nur noch in Ägypten bekannt ist.

25 Siehe oben, Anm. 23

26 Ramsay, *Theodore of Mopsuestia . . .,* S. 430

27 Ramsay, a. a. O., S. 450

28 McNeill, *The Celtic Churches,* S. 109

29 ebd.

30 Hardings, *The Celtic Church . . .,* S. 37 (Zitat des Bonifatius)

31 Anderson, *Early Sources of Scottish History,* vol. I, S. 341

32 Aus der »Passion des Petrus und Paulus«, ihrerseits abgeleitet aus den »Petrusakten«, die in der Nag-Hammadi-Sammlung vertreten waren.

33 »Neue Manuskripte werden ständig zutage gefördert und frische Studien unternommen«, schreibt McNamara in *The Apocrypha in the Irish Church,* S. 6. Dies bleibt das Standardverzeichnis aller bekannten apokryphen Werke, die bis heute in den Manuskripten der keltischen Kirche gefunden wurden. Von insgesamt 97 angeführten Werken leiten sich 34 aus alttestamentlichen Apokryphen und Pseudepigraphen ab, fünfzehn sind Erzählungen über das Jesuskind, und

24 stellen apokryphe apostolische Arbeiten dar. Zu diesem Thema siehe Dumville, *Biblical Apocrypha . . .*

11. Der Verlust des Glaubens

1 Henry Picker, *Hitlers Tischgespräche im Führerhauptquartier*, S. 95 (Nacht vom 25. auf 26. 1. 1942)

12. Ersatzreligionen: Sowjetunion und Nazideutschland

1 Mendel, *Michael Bakunin*, S. 372

2 Mendel, a. a. O., S. 430

3 Webb, *The Harmonious Circle*, S. 45. Dies war irgendwann zwischen 1894 und 1899. Stalins Tochter floh in die USA und schloß sich dort einer Gurdshew-Gruppe an (Webb, S. 425).

4 Payne, *The Life and Death of Lenin*, S. 609 f.

5 Langer, *Das Adolf-Hitler-Psychogramm*, S. 71

6 ebd.

7 ebd.

8 Rauschning, *Gespräche mit Hitler*, S. 198

9 Hitler, *Mein Kampf*, S. 395

10 Rauschning, *Gespräche mit Hitler*, S. 225

11 Rauschning, a. a. O., S. 226 f.

12 Zur definitiven Untersuchung dieser okkulten Einflüsse auf Hitler siehe Goodrick-Clarke, *The Occult Roots of Nazism*. Hitlers Ideen über Rasse, Politik, Ausrottung von Nichtariern und die Gründung eines germanischen tausendjährigen Reiches entstammten hauptsächlich der Zeitschrift *Ostara* von Lanz von Liebenfels; dieser gründete im Jahre 1907 den Orden der Neuen Templer, deren Fahne ein Hakenkreuz zeigte (siehe S. 194 f. und Phelps, *Before Hitler Came . . .*).

13 Frey, *Der Kampf der evangelischen Kirche in Deutschland*, S. 41 ff.

14 Frey, a. a. O., S. 59
15 Frey, a. a. O., S. 58
16 Erklärung Baldur von Schirachs bei seinem Prozeß in Nürnberg, 1946. Siehe *Der Prozeß gegen die Hauptkriegsverbrecher vor dem Internationalen Militärgerichtshof*, Bd. XIV, S. 529
17 Rauschning, *Gespräche mit Hitler*, S. 51
18 Frey, *Der Kampf der evangelischen Kirche in Deutschland*, S. 65 f.
19 Tournier, *Der Erlkönig*, S. 340 f.
20 Frey, *Der Kampf der evangelischen Kirche in Deutschland*, *S. 73*
21 Wykes, *Himmler*, S. 121–22
22 Die definitive Arbeit über Wewelsburg lieferte Hüser, *Wewelsburg 1933 bis 1945*.
23 Uns gegenüber wiederholte Mitteilung an Michael Bentine. Siehe Bentine, *The Door Marked Summer*, S. 291

16. Harmageddon entgegen

1 Siehe Krause, *Guyana Massacre*
2 Siehe Sanders, *The Family*, und Bugliosi, *Helter Skelter*
3 Mehta, *Karma Cola*, S. 11
4 Mehta, a. a. O., S. 10
5 Wilson, *Our Israelitish Origin*, S. 97
6 Wilson, a. a. O., S. 100
7 Glover, *England, the Remnant of Judah and the Israel of Ephraim*, S. 167
8 Hine, *Forty-seven Identifications . . .*, S. 12. Bis 1910 waren angeblich 405 000 Exemplare verkauft worden. In *Twenty-seven Identifications . . .*, seiner früheren Arbeit, leitete Hine einige interessante politische Schlußfolgerungen aus seiner Forschung ab: »Wenn

wir Israel sind, dann können wir unsere Kriegsausgaben gefahrlos verringern.« (vol. II, S. 68) Oder: »Es ist ganz und gar unmöglich, daß England je besiegt werden könnte . . .« (vol. II, S. 71)

9 Hine, . . . *Twenty-seven Identifications* . . ., S. V

10 Abgesehen von den fundamentalistischen Kirchen, wird die Tradition der Arbeiten Wilsons, Glovers, Hines *et al.* vor allem von der »British Israel World Federation« fortgesetzt, die ihr Hauptquartier in London hat, doch Zweigstellen im ganzen Commonwealth besitzt. Früher verfügte sie über ein weites Spektrum gesellschaftlich angesehener Mitglieder, doch heute ist sie zu einer kleinen Vereinigung im Grenzbereich fundamentalistischer Religion und rechter Politik geworden. Im Oktober 1969 wurde der 50. Kongreß im Royal Pavilion, Brighton, abgehalten, wo der Sekretär eine Rede hielt, der dieses Zitat entstammt; siehe *A Jubilee of Witness*, BIWF (London o. J.), S. 10

11 *A Jubilee of Witness*, S. 11

12 Armstrong, *The United States and Britain in Prophecy*, S. 174; Lindsay, *The 1980s. Countdown to Armageddon*, S. 104, 108–10, 131

13 Armstrong, *The United States* . . ., S. 174. Armstrongs Organisation veröffentlicht die Hochglanzillustrierte *The Plain Truth*, die gratis an sämtliche Interessenten verschickt wird. Hier werden apokalyptische Voraussagen stark gedämpft. Wer sich gründlich über sein Gedankengut informieren will, muß eine Reihe erklärender Broschüren anfordern, die wiederum unentgeltlich versandt werden. Zum Beispiel heißt es in *The Plain Truth* über die europäische Einigungsbewegung: »Dies wird für die Vereinigten Staaten, abgekoppelt

von Europa, und auch für Großbritannien kein Vorteil sein.« (Juli–August 1981, S. 24)
Die Broschüre *The United States and Britain in Prophecy* legt sich keine derartige Zurückhaltung auf: »Jenes JOCH der gnadenlosen SKLAVEREI wird den Vereinigten Staaten und Großbritannien von den kommenden Vereinten Nationen Europas auferlegt werden!« Ein bekannter Politiker, der von *The Plain Truth* interviewt worden war, teilte uns mit, daß er die Organisation für proeuropäisch halte. Er war sich der antieuropäischen Einstellung dieser Organisation offenbar nicht bewußt, was nicht ungewöhnlich ist. Wir schickten ihm ein Dossier mit Einzelheiten über die antieuropäische Haltung von *The Plain Truth;* innerhalb einer Woche versuchte die Organisation, mit uns Kontakt aufzunehmen, um mehr über unseren eigenen Standpunkt herauszufinden.

14 Armstrong, *The United States . . .*, S. 183
15 Siehe zum Beispiel Lindsay, *The 1980s. Countdown to Armageddon*, S. 170 f.
16 *Guardian*, 21. April 1984, S. 19
17 ebd.
18 ebd.
19 ebd.
20 ebd.
21 ebd.
22 *Observer*, 25. August 1985, S. 6
23 *The Humanist*, Juli–August 1981, S. 15
24 *Guardian*, a. a. O.
25 ebd.
26 *The Globe and Mail*, 8. Oktober 1984, S. 7
27 *Sunday Times*, 5. Dezember 1982, S. 15
28 ebd.

29 *Evening Standard*, 4. September 1985, S. 7

17. Fragmente in der Post

1 Chérisey, *L'Énigme de Rennes*, S. 8
2 *Newsweek*, 22. Februar 1982, S. 55.

18. Die britische Verbindung

1 Zur Geschichte dieser Codes siehe *Der Heilige Gral . . .*, S. 20 ff.
2 Descadeillas, *Rennes et ses derniers seigneurs*, S. 7 f.
3 Mitteilung von Ernest Bigland, dem früheren stellvertretenden Vorstandsvorsitzenden der Guardian Royal Exchange Assurance, am 21. Februar 1984
4 Sir William Stephenson leitete während des Krieges die British Security Coordination (BSC), eine geheime Organisation mit Hauptquartier in New York, welche die britischen Geheimdienstabteilungen MI 6 und SOE in den Vereinigten Staaten repräsentierte. Stephenson war ein langjähriger Freund und Geschäftspartner von Viscount Leathers. Ein weiterer Freund von Leathers, Sir Connop Guthrie, ebenfalls ein Manager im Speditionswesen, leitete die Sicherheitsabteilung von BSC in New York. Siehe Hyde, *The Quiet Canadian*, S. 20–30, 66
5 Stephenson, *A Man Called Intrepid*, S. 64
6 Stephenson, a. a. O., S. 131 (Zitat von Sir Colin Gubbins)
7 *Journal officiel*, 20. Juli 1956, Nr. 167, S. 6731. Sie wurde bei der Unterpräfektur von Saint-Julien-en-Genevois registriert, die uns freundlicherweise Fotokopien der Statuten der Prieuré sowie des Registrierungsantrags lieferte. Beide datieren vom 7. Mai 1956 in Annemasse und sind von Pierre Plantard als Generalsekretär und André Bonhomme als Präsident unterzeichnet.

8 Natürlich ließen wir die Verzeichnisse auf alle offensichtlichen Namen hin überprüfen. Kein Schließfach war unter irgendeinem von ihnen gemietet worden.

9 Der frühere stellvertretende Vorstandsvorsitzende von Guardian Assurance, Stanley Adams, der auch Vorsitzender von Cooks war, wurde laut Mr. Ernest Bigland sofort nach Ausbruch des Zweiten Weltkrieges vom britischen Geheimdienst rekrutiert. Der Leiter der Guardian Assurance in Frankreich, Mr. Robert Spinks, verließ das Land mit dem letzten Schiff und schloß sich nach seiner Ankunft im Vereinigten Königreich sofort der SOE an. Auch Captain Nutting reiste mit diesem letzten Schiff; er war im Jahre 1940 als Adjutant von General Dill, dem Befehlshaber der Britischen Expeditionsstreitmacht, in Paris gewesen. Nach London zurückgekehrt, wurde Dill Chef des Imperialen Generalstabs, und Nutting blieb sein Adjutant. Nutting war eng mit Stanley Adams und General Alexander befreundet.

10 Im Text dieses Dokuments wurde ein Fehler gefunden, aber damit läßt sich noch keine Fälschung nachweisen, da es sich um einen einfachen Irrtum gehandelt haben könnte. Auf der Rückseite wird London als Geburtsort von Captain Nutting genannt, während es in Wirklichkeit Dublin war.

11 Diese notariell beglaubigten Geburtsurkunden wurden, wie das französische Konsulat mitteilte, sämtlich an das französische Wirtschaftsministerium in Paris gesandt. Wir besuchten die Archivabteilung und sprachen mehrere Male mit dem Direktor, erhielten jedoch keine Auskunft.

19. Die anonymen Schriften

1 Louis Vazart hat den »Cercle Saint Dagobert« gegründet, der die Erinnerung an diesen Merowingerkönig wach halten und die archäologische Erforschung merowingischer Fundstätten fördern soll. Eine seiner ersten Maßnahmen bestand darin, die Rückgabe einiger kleiner Reliquien des heiligen Dagobert an Stenay zu organisieren; eine Zeremonie zur Feier dieser Rückgabe wurde im September 1984 am Ort der Ermordung des heiligen Dagobert abgehalten. Monsieur Vazart hat Verbindungen zu der kleinen Archäologengruppe, die sich auf das von Monsieur Philippe Voluer geleitete Museum von Stenay konzentriert.

2 Im Jahre 1961 verfaßte Pierre Plantard sein *Gisors et son secret,* ein vervielfältigtes Dokument von 32 Seiten mit Kartenanhang. Im Jahre 1962 schrieb Gérard de Sède sein Buch *Die Templer sind unter uns oder das Rätsel von Gisors,* das sich ausführlich mit Gisors beschäftigte und am Ende des Buches ein langes Interview mit Monsieur Plantard zu diesem Thema enthielt. Das Interview brachte Hinweise auf die Prieuré de Sion. Im selben Jahr zeigte André Malraux Interesse an der Angelegenheit, und kurz darauf beschloß die französische Regierung, Ausgrabungen am Schloß von Gisors anstellen zu lassen.
Auf Seite 1 von Plantards Dokument heißt es, daß am 23. März 1961 Kopien an den Bibliothekar in Caen, den Bürgermeister von Gisors und Gérard de Sède geschickt worden seien.

3 Wir erkundigten uns Anfang 1985 beim Hohen Gerichtshof nach dem Fortgang der Verhandlung und erhielten die Auskunft, daß der Antrag seit

einiger Zeit eingereicht sei, die Sache aber nun den Vermerk »Keine weiteren Maßnahmen« trage.

4 *Nostra*, 28. Oktober–4. November 1982, Nr. 542, S. 6

20. Das schwer faßbare amerikanische Kontingent

1 *International Herald Tribune*, 20. Juni 1984, S. 9

2 Dieser Text erscheint in den Statuten mit der Unterschrift Jean Cocteaus; sie sind undatiert, sollen aber die »Modifizierungen des Konvents vom 5. Juni 1956« einschließen. Die auf den 7. Mai 1965 datierten Statuten, welche uns die Unterpräfektur von Saint Julien-en-Genevois schickte, sehen ganz anders aus und haben keine 22 Artikel. Sie waren von Pierre Plantard und André Bonhomme unterzeichnet. Der Marquis Philippe de Chérisey sandte uns die Statuten Cocteaus.

3 37 rue St Lazare, Paris, war die Adresse von Philippe de Chérisey.

4 Die Frage der Geburtsurkunden ist merkwürdig. Das handschriftliche Original ist in einem großen gebundenen Folianten enthalten. Handschriftliche Zusätze erwähnen Monsieur Plantards erste Ehe mit Anne Lea Hisler am 6. Dezember 1942 und seine zweite Ehe mit France Germaine Cavaille am 18. März 1972. Diese Urkunde befindet sich in der Bürgermeisterei des 7. Arrondissements in Paris. Sein Name wird hier als »Plantard« und der Beruf seines Vaters als »valet de chambre« angeführt.

Es gibt einen beglaubigten »Extrait des Minutes des Actes de Naissance« von derselben Bürgermeisterei, der auf den 22. August 1972 datiert ist und die laufende Nummer C 658785 trägt. Er ist mit der Maschine geschrieben und folgt getreu dem handschriftlichen

Original, abgesehen von dem Zusatz »Comte de Saint Clair et Comte de Rhédae, architecte« nach der Erwähnung von Monsieur Plantards Vater (der ebenfalls Pierre hieß). Das Dokument enthält auch die beiden Zusätze über Monsieur Plantards Ehen; es ist abgestempelt und unterzeichnet, und eine Kopie ist in der Bibliothèque Nationale in Paris hinterlegt.
Wir besitzen eine Kopie eines dritten Dokuments, das am 14. Mai 1977 von der Bürgermeisterei in Garenne-Colombes ausgestellt wurde und die Geburt der beiden Kinder von Monsieur Plantard verzeichnet. Hier wird Monsieur Plantards Name ebenfalls als »Plantard de Saint Clair« wiedergegeben. Dieser Name erscheint auf seinen Schecks und auf seinem Paß. Alle sahen legitim aus.

5 Möglicherweise ist von Bedeutung, daß die Seite mit Monsieur Plantards Geburtsanzeige in dem Folianten sich völlig von dem Einband gelöst hatte.

6 Wir hatten schon ähnliche Berichte von anderen Forschern erhalten, die an Geschichten über den Vatikan arbeiteten.

21. Der Blick weitet sich

1 Siehe *New York Times*, 25. Juni 1974, S. 2. Kardinal Danielou starb am 20. Mai 1974 um 16 Uhr in der Wohnung von Mme. Mimi Santini, einer vierundzwanzigjährigen Stripteasetänzerin. Er soll eine größere Geldsumme bei sich gehabt haben und war einem Herzanfall erlegen. Die Kirche schwieg drei Wochen lang (während sie vermutlich ihre eigenen Nachforschungen anstellte) und gab dann ein heftiges Dementi zu dem heraus, was sie »sehr ernste Andeutungen« nannte.

In einem Interview bestätigte Mimi Santini, der Kardinal sei in ihrer Wohnung gestorben, und zwar an einem Herzinfarkt, ausgelöst durch die Anstrengung des Treppensteigens bis zum vierten Stockwerk. Sie habe nicht gewußt, daß Danielou Kardinal gewesen sei, da er bei seinen Besuchen nur selten geistliche Kleidung getragen habe (*Sunday Times*, 9. Juni 1974, S. 3). Kardinal Danielou war Mitglied der Académie française, Verfasser von vierzehn Büchern und Dekan der Theologischen Fakultät an der Universität von Paris. Seine Spezialthemen waren die christliche Urkirche und die Lehren der Judenchristen (der Nazoräer), worüber er ein wichtiges Buch schrieb. Zudem leitete er die Gegenattacke der katholischen Kirche gegen jene (besonders niederländischen) Bischöfe, die sich dafür einsetzten, daß die Kirche sowohl verheiratete wie zölibatäre Priester in sich aufnehmen solle. Danielou räumte jedoch ein, daß der Zölibat von Disziplin und Tradition, nicht von theologischen Dogmen herrühre.

22. *Widerstand, Rittertum und die Vereinigten Staaten von Europa*

1 Dies ist in der Charta von 1178 verzeichnet, die von Papst Alexander III. versiegelt wurde.

2 Röhricht, *Regesta regni Hierosolymitani,* Nr. 83, S. 19. Der Prior namens Arnaud wurde noch 1136 erwähnt.

3 Archives du Loiret, D. 357, pièce 2

4 a. a. O., S. 5. Dieses Dokument sowie der neulateinische Text werden erörtert in Rey, *Chartes de l'abbaye du Mont-Sion.*

5 Le Maire, *Histoire et antiquitez de la ville . . . d'Orléans,* Part 2, S. 96–99; Cottineau, *Répertoire topo-biblio-*

graphique . . ., S. 2138; Soyer, *Annales prioratus sancti sansonis . . .*, S. 222 ff.

6 In der Bibliothèque Nationale, Paris: No. L^{2}c 7335 (Quarto)

7 *Vaincre*, 21. September 1942, No. 1, S. 1

8 ebd., 21. Oktober 1942, No. 2, S. 3

9 Wir nahmen Kontakt mit Robert Amadou auf, um uns eine Vorstellung von dem Milieu zu machen, in dem seine Zeitschrift erschien. Er erzählte uns, daß er im Jahre 1942, als achtzehnjähriger Philosophiestudent mit leidenschaftlichem Interesse an Esoterik, keine Gelegenheit ungenutzt gelassen habe, sich mit Bewegungen dieser Art in Verbindung zu setzen. Dies war das Jahr, in dem er Monsieur Plantard begegnete und von Alpha Galates aufgenommen wurde, aber ohne jede Zeremonie und anscheinend ohne weitere Maßnahmen von seiten der Organisation. Er schrieb einen Artikel für *Vaincre* und traf sich drei- oder viermal mit Monsieur Plantard, doch danach brach der Kontakt ab. Monsieur Amadou ist Freimaurer und mit Pierre Simon, dem Großmeister des französischen Freimaurertums, befreundet. Amadou ist auch Martinist, Herausgeber der französischen Martinistenzeitschrift und Mitglied der Pariser Logen Memphis und Misraim. Ungeachtet seiner offensichtlich guten Kenntnis esoterischer Gruppen in Frankreich weigerte er sich, auf das Thema der Prieuré de Sion einzugehen. Er sagte jedoch: »Was mich angeht, bin ich nie in politische Aktivitäten verwickelt gewesen, weder vorher noch seitdem . . . Mein einziger Wunsch richtete und richtet sich auf philosophische Ordnung und religiöse Ordnung.«

10 Als einer der Direktoren des Institute d'Études Corpo-

ratives arbeitete le Fur seit Frühjahr 1941 auch an der kollaborationistischen Zeitschrift *Je suis partout* mit. Ein weiteres Mitglied der Rechten war Henry Coston, der auf der Titelseite der ersten Ausgabe von *Vaincre* zitiert wird. Er war ein extremistischer Journalist, Kollaborateur, Antisemit und Leiter des Centre d'Action Masonique, das alle geraubten Freimaurerarchive enthielt. Paradoxerweise war er einer der regelmäßigen Mitarbeiter von *Au pilori.*

11 *Vaincre,* 21. September 1942, No. 1, S. 2

12 ebd., 21. November 1942, No. 3, S. 1

13 ebd., 21. September 1942, No. 1, S. 3

14 Weber, *Action française,* S. 153, Anm. *d,* und S. 444

15 *Vaincre,* 21. Januar 1943, No. 5, S. 2

16 Van Roon, *Neuordnung und Widerstand,* S. 215. Als Hans Adolf von Moltke sich in Madrid aufhielt, machte er den Alliierten Avancen, höchstwahrscheinlich entweder über den britischen Botschafter oder mit Hilfe irgendeines Kontakts zu General Sikorski. Am 3. Januar 1943 besuchte Sikorski Lord Halifax und riet ihm, sich darauf einzustellen, daß Hans Adolf von Moltke mit dem britischen Botschafter in Madrid Kontakt aufnehmen werde, da er oder seine Kollegen schon Friedensfühler ausgestreckt hätten. Siehe Halifax' Bericht an das Foreign Office, FO 371 34559, paper c 205, Public Record Office, Kew

17 Van Roon, a. a. O., S. 336

18 Van Roon, a. a. O., S. 322. Außerdem (S. 452): »Daß die außenpolitischen Gedanken des Kreisauer Kreises im Grunde ein Bekenntnis zu einem europäischen Bundesstaat waren, läßt sich aus der Lektüre der Dokumente schließen.«

23. *Die Rückkehr de Gaulles*

1 Siehe Crawley, *De Gaulle,* S. 349. Ein Fallschirmjägerkommandeur erhielt den präzisen Befehl, mit seinen Männern bei Colombey abzuspringen und de Gaulle nach Paris zu schaffen.

2 Der Sprecher war M. Delbecque, einer der algerischen Führer. Siehe *The Times,* 2. Juni 1958, S. 8

3 Hisler, *Rois et gouvernants de la France,* S. 103

4 Hisler, a. a. O., Anm. 2

5 Wir wandten uns an M. Debré und teilten ihm diese Behauptungen mit. Er war überrascht und erwiderte, daß er sich nicht erinnere, je mit einem Monsieur Plantard zu tun gehabt zu haben; ohnehin sei er nicht für die Komitees für öffentliche Sicherheit zuständig gewesen.

6 *Le Monde,* 18./19. Mai 1958, S. 3

7 ebd., 6. Juni 1958, S. 1

8 ebd., 8./9. Juni 1958, S. 2

9 ebd., 29. Juli 1958, S. 7

10 Verwahrt im Versailler Nebengebäude der Bibliothèque Nationale, Paris: *Circuit* (1956) trägt die Kennziffer Jo 12078 (Quarto), *Circuit* (1959) die Kennziffer Jo 14140 (Quarto). Nicht alle Exemplare sind verfügbar; als wir Erkundigungen einzogen, waren nur Nummer 2, 3, 5 und 6 erhältlich. Aber wir haben Nummer 8 und 9 zu Gesicht bekommen, und Nummer 1 und 4 existierten zweifellos früher einmal. Es scheint, daß einige Exemplare gestohlen wurden.

11 Der Schweizer Forscher Mathieu Paoli legte seine Ergebnisse in *Les Dessous d'une ambition politique* vor.

12 *Circuit,* November 1959, No. 5, S. 1

13 ebd.

14 ebd.

15 ebd.
16 Paoli, *Les Dessous d'une ambition politique*, S. 94
17 ebd.
18 Paoli, a. a. O., S. 94 ff.
19 *Circuit*, September 1959, No. 3, S. 8

24. Verborgene Kräfte hinter verborgenen Gruppen

1 Siehe Kapitel 22, Anm. 16
2 Flamini, *Pope, Premier, President*, S. 22
3 Flamini, a. a. O., S. 56; Lee, *Their Will Be Done*, S. 21
4 Marchetti und Marks, *CIA*, S. 41; Freemantle, *CIA. The Honourable Company*, S. 29 f.; Gurwin, *The Calvi Affair*, S. 185; Agee und Wolf (ed.), *Dirty Work. The CIA in Western Europe*, S. 168–73
5 Turner, *Secrecy and Democracy*, S. 76
6 Agee und Wolf, *Dirty Work . . .*, S. 202–03
7 Die CIA überwies diesen Gruppen gewöhnlich nicht direkt finanzielle Mittel, sondern schaltete verschiedene andere Organisationen ein. Ein übliches Verfahren bestand darin, daß eine von der CIA unterhaltene private Stiftung ihrerseits die betreffende Gruppe finanzierte. Zum Beispiel enthüllten die Spendenlisten von Radio Free Europe die Namen verschiedener derartiger Finanzierungskanäle.
8 Pomian, *Joseph Retinger*, S. 236; Lee, *Their Will Be Done*, S. 23. Luigi Gedda, Leiter der Katholischen Aktion, wurde durch die Malteserritter ausgezeichnet.
9 Thomas und Morgan-Witts, *The Year of Armageddon*, S. 17 f., 71
10 Huntington, *Visions of the Kingdom*, S. 21
Spellman war ein alter Freund des früheren OSS-Chefs »Wild Bill« Donovan gewesen, und Donovan

hatte sich seiner Hilfe im italienischen Wahlkampf von 1947/48 versichert. Einzelheiten seiner Tätigkeit in Süd- und Zentralamerika, besonders in Guatemala, sind zu finden bei Cooney, *The American Pope . . .*, S. 231–36. Zu seiner Rolle bei der Erlangung amerikanischer Regierungsmittel siehe Cooney, a. a. O., S. 42, 275 und 278.

11 Manche Autoren sind der Ansicht, daß die Loge längst etabliert war, bevor sie von Gelli übernommen wurde. Wie dem auch sei, die übliche Version besagt, daß Gelli im Jahre 1963 Freimaurer wurde, sich P 2 im Jahre 1966 anschloß, 1971 ein Beamter und dann im Mai 1975 Großmeister der Loge wurde. Die Loge P 2 wurde vom Großorient Italiens suspendiert, kurz bevor (laut einem italienischen freimaurerischen Gewährsmann) Gelli die Großmeisterschaft übernahm. Nach italienischem Gesetz müssen alle Freimaurerlogen der Polizei jährliche Mitgliederverzeichnisse vorlegen. P 2 weigerte sich, dieses zu tun, und wurde deshalb für die Dauer der Ermittlungen suspendiert.

Einige auf diesem Gebiet arbeitende Forscher behaupten, daß Loge Nr. 901 der Stadt London in den P-2-Skandal verwickelt sei, da Roberto Calvi ihr zumindest als einfaches Mitglied angehört habe. Die Geschichte wurde von der Presse in Großbritannien veröffentlicht. Die Vereinigte Großloge von England erklärt, eine Überprüfung des Logenregisters für die Jahre 1940–1986 bestätige, daß weder Calvi noch Gelli je Mitglieder dieser Loge gewesen seien. Weshalb die Loge eine so schlechte Reputation erworben hat, ist unklar, denn die gegenwärtige Mitgliedschaft umfaßt so unterschiedliche Berufe wie Blumenhändler, Ingenieure, Gastwirte, Chauffeure und Bauunternehmer. Jedenfalls ist sie nicht von hochrangigen Bankiers überlaufen.

12 Yallop, *Im Namen Gottes?*, S. 164

13 Die Kommission berichtete, daß die P 2 von einer ausländischen Organisation betrieben werde. Das Bild, welches sie benutzte, um die Situation zu beschreiben, war das von zwei Pyramiden: Eine auf ihrer Grundlage ruhende Pyramide repräsentiert die Loge P 2 mit Gelli an der Spitze; auf den Kopf gestellt und oberhalb der ersten – an den Spitzen miteinander verbunden – befindet sich die zweite Pyramide. Die höhere Pyramide repräsentiert die Kontrollorganisation, die mit Hilfe von Gelli, dem Verbindungsglied zwischen beiden, agierte. Siehe *The Guardian*, 11. Mai 1984, S. 6 und 7. Juni 1984, S. 8

14 Die Larmenius-Urkunde

15 *Le Monde*, 25. September 1979, S. 12

16 Das Vereinigte Königreich erkennt den Orden von Malta nicht an und damit auch nicht die von dem Orden herausgegebenen Pässe. Die Königin hat sogar das Tragen aller Auszeichnungen oder Insignien des Ordens im Vereinigten Königreich verboten. Siehe *Foreign and Commonwealth Regulations*, A:7; B:1,5

17 Lee, *Their Will Be Done*, S. 23

18 ebd.; siehe auch Hervet, *Knights of Darkness*, S. 31

19 Lee, a. a. O., S. 23; Hervet, a. a. O., S. 33

20 Lee, a. a. O., S. 24

21 Hervet, *Knights of Darkness*, S. 34–35

22 Artikel von Edmond Albe in *Dossiers secrets d'Henri Lobineau*, 1967 (Bibliothèque Nationale, Paris, ref. no. Lm[1] 249 [Quarto]). Es gibt keinen Hinweis darauf, daß die betreffenden Archive jene des englischen

Zweiges des Ordens von Malta sind. Eine an den Historiker und Archivar des englischen Zweiges gerichtete Anfrage erbrachte die Auskunft, daß keine derartigen Dokumente je in den Archiven des Ordens in England gewesen seien.

Bibliographie

Aberg, Nils Fritiof: The Occident and the Orient in the Art of the Seventh Century. Part I: The British Isles. Stockholm 1943.

Allegro, John Marco: The Dead Sea Scrolls. 2. ed. Harmondsworth 1975.

Anderson, Alan Orr: Early Sources of Scottish History, A. D. 500–1286. 2 vols. Edinburgh, London 1922.

Armstrong, H. W.: The United States and Britain in Prophecy. Pasadena 1980.

Atiyah, Aziz Suryal: A History of Eastern Christianity. London 1968.

Attwater, Donald: The Christian Churches of the East. 2 vols. Milwaukee 1961.

Bauer, W.: Orthodoxy and Heresy in Earliest Christianity. Philadelphia 1971.

Bentine, Michael: The Door Marked Summer. London 1981.

Bernier, Gildas: Les Chrétientés bretonnes continentales depuis les origines jusqu'au IXème siècle. Saint Malo 1982.

Die Bibel oder die ganze Heilige Schrift des Alten und Neuen Testaments. Nach der deutschen Übersetzung D. Martin Luthers. Neu durchgesehen nach dem vom Deutschen Evangelischen Kirchenausschuß genehmigten Text. Stuttgart o. J.

Billig, Michael: Psychology, Racism and Fascism. Birmingham 1979.

Bowen, Emrys George: Saints, Seaways and Settlements in the Celtic Lands. Cardiff 1977.

Brandon, Samuel George Frederick: Jesus and the Zealots. Manchester 1967.

Brandon, Samuel George Frederick: The Fall of Jerusalem and the Christian Church. A Study of the Effects of the Jewish Overthrow of A. D. 70 on Christianity. 2 ed. London 1968.

Britain's Triumphant Destiny. Righteousness no longer on the Defensive. London 1942.

Bugliosi, Vincent/Gentry, Curt: Helter Skelter. The True Story of the Manson Murders. New York 1985.

Bull, George: Inside the Vatican. London 1983.

Bultmann, Rudolf Karl: Jesus. Berlin 1926.

Buren, Elizabeth van: Sign of the Dove. Saffron Walden, Essex, 1983.

Burgess, Anthony: Das Reich der Verderbnis. München 1985.

Butler, A. J.: The Ancient Coptic Churches of Egypt. 2 vols. Oxford 1884.

Chadwick, Henry: The Circle and the Ellipse. Oxford 1959.

Chadwick, Henry: Priscillian of Ávila. Oxford 1976.
Chadwick, Henry: The Early Church. Harmondsworth 1978.
Chadwick, Henry/Oulton, J. E. L.: Alexandrian Christianity. London 1954.
Chadwick, Nora: The Age of the Saints in the Early Celtic Church. London 1961.
Chamberlain, Houston Stewart: Die Grundlagen des neunzehnten Jahrhunderts. München 1899.
Chaumeil, Jean-Luc: Du premier au dernier templier. Paris 1985.
Chérisey, Philippe de: L'Or de Rennes pour un Napoléon. Paris 1975.
Chérisey, Philippe de: L'Énigme de Rennes. Paris 1978.
Chitty, Derwas James: The Desert a City. An Introduction to the Study of Egyptian and Palestinian Monasticism under the Christian Empire. London 1977.
Circuit. Bulletin d'information et defense des droits et de la liberté des foyers. H. L. M. Hebd. Annemasse 1956.
Circuit. Publication périodique culturelle de la Fédération des Forces Françaises. Aulnay-sous-Bois 1959.
Clemens Alexandrinus: Werke. Berlin (Ost) 1960. Bd. 2: Stromata. Buch 1–6. Hrsg. v. Otto Stählin. In 3. Aufl. neu hrsg. v. Ludwig Früchtel.
Conway, M.: Burgundian Buckles and Coptic Influences. In: Proceedings of the Society of Antiquaries of London. 2nd series, vol. XXX. London 1917–1918. S. 63 ff.
Cooney, John: The American Pope. New York 1984.
Cottineau, L. H.: Répertoire topo-bibliographique des abbayes et prieurés. 3 vols. Macon 1935–1971.
Coudenhove-Kalergi, Richard Nikolaus: Europe must Unite. Plymouth 1940.
Coudenhove-Kalergi, Richard Nikolaus: Vom ewigen Krieg zum großen Frieden. Göttingen 1956.
Coudenhove-Kalergi, Richard Nikolaus: Eine Idee erobert Europa. Wien, München, Basel 1958.
Crawley, Aidan: De Gaulle. A Biography. London 1969.
Cross, Frank Moore: Die antike Bibliothek von Qumrān und die moderne biblische Wissenschaft. Neukirchen-Vluyn 1967.
Cupitt, Don: Sea of Faith. London 1984.

Dank, M.: The French against the French. London 1974.
The Dead Sea Scriptures in English. Translation with Introduction and Notes by Theodor H. Gaster. New York 1956.
Deanesly, M.: The Pre-Conquest Church in England. London 1961.
De Clerq, Victor Cyril: Ossius of Cordova. A Contribution to the History of the Constantinian Period. Washington 1954.

De Clerq, Victor Cyril: Ossius of Cordova and the Origins of Priscillianism. In: Studia patristica. Vol. I, part 1. Berlin (Ost) 1957.
Delarue, Jacques: L'OAS contre de Gaulle. Paris 1981.
Descadeillas, René: Rennes et ses derniers seigneurs. Toulouse 1964.
Deschner, Günther: Reinhard Heydrich. Statthalter der totalen Macht. Ergänzte Neuauflage. München 1986.
DiFonzo, Luigi: St. Peter's Banker. New York 1983.
Dirty Work. The CIA in Western Europe. Ed. by Philip Agee and Louis Wolf. New York 1978.
Drower, E. S.: The Mandaeans of Iraq and Iran. Leiden 1962.
Dulles, Allen Welsh: Germany's Underground. New York 1945.
Dulles, Allen Welsh: Im Geheimdienst. Düsseldorf 1963.
Dumville, D. N.: Biblical Apocrypha and the Early Irish. A Preliminary Investigation. In: Proceedings of the Royal Irish Academy. Vol. LXXIII. Section C. No. 8. Dublin 1973. S. 299 ff.

Eisenman, Robert H.: Maccabees, Zadokites, Christians and Qumrān. A new Hypothesis of Qumrān Origins. Leiden 1983.
Eisenman, Robert H.: James the Just in the Habakkuk »Pesher«. Leiden 1986.
Eisler, Robert: Die messianische Unabhängigkeitsbewegung vom Auftreten des Täufers bis zum Untergang Jakobs des Gerechten, nach der neuerschlossenen Eroberung von Jerusalem des Flavius Josephus und den christlichen Quellen. 2 Bde. Heidelberg 1929–1930.
Encyclopaedia Judaica. Ed. Cecil Roth. 16 vols. New York 1971–1972.
Epiphanius: D. epiphanii episcopi Constantiae Cypri, contra octoaginta haereses opus. Ed. Jano Cornario. Basileae 1578.
Eringer, R.: The Global Manipulators. Bristol 1980.
Eusebius von Caesarea: Kirchengeschichte. Herausgegeben und eingeleitet von Heinrich Kraft. München 1967.

Fanthorpe, P. A.: The Holy Grail revealed. San Bernardino, Calif., 1982.
Flamini, Ronald: Pope, Premier, President. The Cold War Summit that Never Was. New York 1980.
Folz, R.: The Concept of Empire in Western Europe, from the Fifth to the Fourteenth Century. London 1969.
Foot, Michael Richard Daniel: SOE in France. An Account of the Work of British Special Operations Executive in France 1940–1944. London 1966.
Foot, Michael Richard Daniel: Resistance. St. Albans 1978.
Foote, Alexander: Handbook for Spies. 2. ed. London 1964.
Ford, C.: Donovan of OSS. Boston 1970.

Freemantle, Brian: CIA. The Honourable Company. London 1983.
Frend, W. H. C.: Early Christianity and Society. A Jewish Legacy in the pre-Constantine Era. In: Harvard Theological Review. Vol. XXVI, 1, January 1983.
Frey, Arthur: Der Kampf der evangelischen Kirche in Deutschland und seine allgemeine Bedeutung. Zollikon 1937.
Fuentes, Carlos: Terra nostra. Aus d. mexikan. Span. von Maria Bamberg. Stuttgart 1979.

Galvin, John: The History of the Order of Malta. Dublin 1977.
Gamble, William: Irish Antiquities and Archaeology. Redhills 1946.
García Márquez, Gabriel: Hundert Jahre Einsamkeit. Roman. Aus d. Span. von Curt Meyer-Clason. Köln, Berlin 1970.
Gard, Roger Martin du: Jean Barois. Berlin, Wien, Leipzig 1930.
Gettings, Fred: The Hidden Art. A Study of Occult Symbolism in Art. London 1979.
Gladwyn, Hubert Miles: Plädoyer für Europa. Köln 1967.
Glover, Frederick Robert August: England, the Remnant of Judah and the Israel of Ephraim. London 1861.
Goodenough, Erwin Ramsdell: Jewish Symbols in the Greco-Roman Period. 13 vols. New York 1953–1968.
Goodrick-Clarke, Nicholas: The Occult Roots of Nazism. Wellingborough 1985.
Graves, Robert von Ranke: König Jesus. Darmstadt, Genf 1954.
Greene, Liz: Ich, Nostradamus, Magier und Prophet. Roman. München 1983.
Gurwin, Larry: The Calvi Affair. London 1984.
Gutman, Robert W.: Richard Wagner. Der Mensch, sein Werk und seine Zeit. München 1974.
Gwynn, Aubrey Osborn/Hadcock, R. Neville: Medieval Religious Houses: Ireland. London 1970.

Hammer, Richard: The Vatican Connection. Harmondsworth 1983.
Hardinge, Leslie: The Celtic Church in Britain. London 1972.
Hedin, Sven: 50 Jahre Deutschland. 4. Aufl. Leipzig 1940.
Herriot, Édouard: . . . Vereinigte Staaten von Europa. Leipzig 1930.
Hervet, F. (pseud.): Knights of Darkness. In: Covert Action Bulletin. No. 25. Winter 1986. S. 27 ff.
Hick, John (Hrsg.): Wurde Gott Mensch? Der Mythos vom fleischgewordenen Gott. Gütersloh 1979.
Hillgarth, J. N.: Visigothic Spain and Early Christian Ireland. In: Proceedings of the Royal Irish Academy. Vol. XII. Section C. No. 6. 1962, S. 167 ff.

Hine, Edward: The English Nation Identified with the Lost House of Israel by Twenty-seven Identifications. Manchester 1871.
Hine, Edward: Forty-seven Identifications of the British Nation with the Lost Ten Tribes of Israel. London 1874.
Hisler, A. L.: Rois et gouvernants de la France. Paris 1964.
Hitler, Adolf: Mein Kampf. 1. Aufl. München 1932.
Höhne, Heinz: Der Orden unter dem Totenkopf. Die Geschichte der SS. München 1976.
Hopkins, Joseph Martin: The Armstrong Empire. A Look at the World-wide Church of God. Grand Rapids 1974.
Howarth, Patrick: Undercover. The Men and Women of the Special Operations Executive. London 1980.
Hüser, Karl: Wewelsburg 1933 bis 1945. Kult- und Terrorstätte der SS. Eine Dokumentation. Paderborn 1982.
Hughes, Kathleen: The Church in Early Irish Society. London 1966.
Hughes, Philip: The Church in Crisis. London 1961.
Huntington, D.: Visions of the Kingdom. The Latin American Church in Conflict: Cross Currents. In: NACLA Report on the Americas. Vol. XIX. No. 5. September/October 1985. S. 14 ff.
Hyde, Harford Montgomery: The Quiet Canadian. The Secret Service Story of Sir William Stephenson. London 1962.

Irenäus: Des heiligen Irenäus fünf Bücher gegen die Häresien. Übersetzt von Dr. Ernst Klebba. 2 Bde. Kempten 1912.

Josephus Flavius: Geschichte des Jüdischen Krieges. 7. Aufl. Wiesbaden 1985.
Josephus Flavius: Jüdische Altertümer. Übersetzt und mit Einleitung und Anmerkungen versehen von Heinrich Clementz. 6. Aufl. Wiesbaden 1985.
Joyce, Donovan: The Jesus Scroll. A Time Bomb for Christianity? London 1973.
Joyce, Patrick Weston: A Social History of Ancient Ireland. Dublin 1920.
Justinus: Des heiligen Philosophen und Martyrers Justinus Dialog mit dem Juden Tryphon. Aus dem Griechischen übersetzt und mit einer Einleitung versehen von Philipp Haeuser. Kempten, München 1917.

Kazantzakis, Nikos: Die letzte Versuchung. München, Berlin 1955.
Kee, Alistair: Constantine versus Christ. The Triumph of Ideology. London 1982.
Kersten, Felix: The Kersten Memoirs, 1940–1945. London 1956
Kidd, Beresford James: A History of the Church to A. D. 461. 3 vols. Oxford 1922.

Kiewe, Heinz Edgar: The Sacred History of Knitting. 2. ed. Oxford 1971.
King, Archdale Arthur: Liturgies of the Past. London 1959.
King, Edwin James: The Knights of St. John in the British Realm. Being the Official History of the Most Venerable Order of the Hospital of St. John of Jerusalem . . . 3. ed., revised and continued by Sir Harry Luke. London 1967.
Koester, Helmut: Apocryphal and Canonical Gospels. In: Harvard Theological Review. Vol. XXIII, 1-2. January-April 1980. S. 105 ff.
Krause, C. A.: Guyana Massacre. London 1979.
Kraut, O.: Jesus was Married. Salt Lake City 1969.

Lacouture, Jean: André Malraux. London 1975.
Langer, Walter: Das Adolf-Hitler-Psychogramm. Eine Analyse seiner Person und seines Verhaltens, verfaßt 1943 für die psychologische Kriegführung der USA. Wien, München, Zürich 1973.
Lanigan, John: An Ecclesiastical History of Ireland. From the first Introduction of Christianity among the Irish, to the Beginning of the Thirteenth Century. 2. ed. 4 vols. Dublin 1829.
Lawrence, David Herbert: Der Mann, der gestorben war. In: Liebe im Heu. Das Mädchen und der Zigeuner. Zürich 1975.
Lee, M. A.: Their Will Be Done. In: Mother Jones. July 1983. S. 21 ff.
Le Maire, François: Histoire et antiquitez de la ville et duché d'Orléans. 2 vols. Orléans 1648.
Lincoln, Henry/Baigent, Michael/Leigh, Richard: Der Heilige Gral und seine Erben. Ursprung und Gegenwart eines geheimen Ordens. Sein Wissen und seine Macht. Bergisch Gladbach 1984.
Lindsay, H.: The 1980s. Countdown to Armageddon. Basingstoke 1983.

Maccoby, Hyam: Revolution in Judaea. Jesus and the Jewish Resistance. New York 1980.
McCormick, William James McKendrick: Do Herbert W. Armstrong and Garner Ted Armstrong Speak the Plain Truth? 2. ed. Belfast 1968.
McNamara, Martin: The Apocrypha in the Irish Church. Dublin 1975.
McNeill, John Thomas: The Celtic Churches. A History A. D. 200 to 1200. Chicago 1974.
Manual of the Council of Europe. London 1970.
Marchetti, Victor: CIA. Mit einem Vorwort von Melvin L. Wulf. München 1976.
Marshall, Alfred: Bible. New Testament Greek. The Interlinear Greek-English New Testament. London 1958.
Martin, Malachi: The Decline and Fall of the Roman Church. New York 1981.

Mason, Anita: The Illusionist. London 1983.
Mason, Arthur James: The Persecution of Diocletian. A Historical Essay. Cambridge 1876.
Massé, Daniel: L'Énigme de Jésus-Christ. Paris 1926.
Mehta, Gita: Karma Cola. Gurus, Freaks, Business. Die Vermarktung der indischen Mystik. München 1984.
Mendel, A. P.: Michael Bakunin. Roots of Apocalypse. New York 1981.
Momigliano, Arnaldo: The Conflict between Paganism and Christianity in the Fourth Century. Oxford 1963.
Moore, George: The Lost Tribes and the Saxons of the East and of the West . . . London 1861.
Moore, George: The Brook Kerith, a Syrian Story. Printed for T. Werner Laurie by the Riverside Press. Edinburgh 1916.
Monnet, Jean: L'Europe unie. De l'utopie à la réalité . . . Lausanne 1972.
Mouly, R. W.: Israel. Darling of the Religious Right. In: The Humanist. May-June 1982. S. 5 ff.

Negri, M.: The Well-Planned Conspiracy. In: The Humanist. May-June 1982. S. 40 ff.
Nemoy, L.: Al-Qirqisani's Account of the Jewish Sects. In: Hebrew Union College Annual. Vol. VII. 1930. S. 317 ff.
Neusner, Jacob: Judaism in the Beginning of Christianity. Philadelphia 1984.
Neutestamentliche Apokryphen. In deutscher Übersetzung und mit Einleitungen herausgegeben von Edgar Hennecke. Tübingen, Leipzig 1904.

Origines: Ausgewählte Werke aus dem Griechischen. Übersetzung von Paul Koetschau. Bd. 2, 3: Acht Bücher gegen Celsus. München 1926–1927.

Pagels, Elaine: Versuchung durch Erkenntnis: die gnostischen Evangelien. Frankfurt/Main 1981.
Paoli, Mathieu: Les dessous d'une ambition politique. Nouvelles révélations sur les trésors du Razès et de Gisors. Nyon 1973.
Patrick, J.: The Apology of Origen in Reply to Celsus. London 1978.
Payne, Pierre Stephen Robert: The Life and Death of Lenin. London 1964.
Peyrefitte, Roger: Malteser Ritter. Karlsruhe 1957.
Phelps, R. H.: Before Hitler Came. Thule Society and Germanen Orden. In: Journal of Modern History. Vol. XXXV. No. 3. September 1963. S. 245 ff.

Philo von Alexandria: Die Werke in deutscher Übersetzung. Herausgegeben von Leopold Cohn u. a. Berlin 1909–1938.
Phipps, W. E.: Did Jesus or Paul Marry? In: Journal of Ecumenical Studies. Vol. V. No. 1. Fall 1968. S. 741 ff.
Picker, Henry: Hitlers Tischgespräche im Führerhauptquartier. Dritte, vollständig überarbeitete und erweiterte Neuausgabe. Stuttgart 1976.
Piepkorn, Arthur Carl: Profiles in Belief. The Religious Bodies of the United States and Canada. 4 vols. New York 1977.
Pines, S.: The Jewish Christians of the Early Centuries of Christianity According to a New Source. In: Proceedings of the Israeli Academy of Sciences and Humanities. Vol. II. 1968. S. 237 ff.
Plantard, Pierre: Gisors et son secret. Paris 1962.
Powers, Thomas: The Man Who Kept the Secrets. Richard Helms and the CIA. New York 1979.
Prittie, Terence: Deutsche gegen Hitler. Eine Darstellung des deutschen Widerstands gegen den Nationalsozialismus während der Herrschaft Hitlers. Tübingen 1965.
Der Prozeß gegen die Hauptkriegsverbrecher vor dem Internationalen Militärgerichtshof. Bd. XIV. Nürnberg 1948.

Rader, Stanley R.: Against the Gates of Hell. The Threat to Religious Freedom in America. New York 1980.
Ramsay, R. L.: Theodore of Mopsuestia and St. Columban on the Psalms. In: Zeitschrift für Celtische Philologie. Vol. VIII. 1912. S. 421 ff.
Ramsay, R. L.: Theodore of Mopsuestia in England and Ireland. In: Zeitschrift für Celtische Philologie. Vol. VIII. 1912. S. 452 ff.
Rauschning, Hermann: Gespräche mit Hitler. Wien, Zürich, New York 1947.
Reitlinger, Gerald: The SS. Alibi of a Nation 1922–1945. New York 1981.
Renan, Ernest: Das Leben Jesu. Vom Verfasser autorisierte Ausg. Leipzig 1863.
Retinger, Joseph Hieronim: Joseph Retinger – Memoirs of an éminence grise. Ed. by John Pomian. Brighton 1972.
Revillout, E.: Évangile de Saint-Barthélemy. In: Patrologia orientalis. Tom. 2. Paris 1907. S. 185 ff.
Rey, Emmanuel-Guillaume: Chartes de l'abbaye du Mont-Sion. In: Mémoires de la Société Nationale des Antiquaires de France. 5. série. Vol. VIII. 1887. S. 31 ff.
Roberts, Michèle: Die Freundin des Herrn. Roman. München 1986.
Röhricht, Reinhold: Regesta Regni Hierosolymitani 1097–1291. Innsbruck 1893.
Roon, Ger van: Neuordnung im Widerstand. Der Kreisauer Kreis innerhalb der deutschen Widerstandsbewegung. München 1967.

Salthair na Rann. Ed. Whitley Stokes. In: Anecdota oxoniensa, Medieval and Modern Series. I. III. Oxford 1883.
Sanders, Ed.: The Family. Die Geschichte von Charles Manson und seiner Strand-Buggy-Streitmacht. Reinbek 1972.
Sanders, E. P.: Jesus and Judaism. London 1985.
Schonfield, Hugh Joseph: Secrets of the Dead Sea Scrolls. London 1956.
Schonfield, Hugh Joseph: The Authentic New Testament. London 1962.
Schonfield, Hugh Joseph: Unerhört, diese Christen. Wien, München 1969.
Schonfield, Hugh Joseph: Planziel Golgatha. Tuttlingen 1969.
Schonfield, Hugh Joseph: The Pentecost Revolution. The Story of the Jesus Party in Israel A. D. 36–66. London 1974.
Schonfield, Hugh Joseph: Die Essener. Das Geheimnis des wahren Lehrers und der Einfluß der Essener auf die Gestaltung der Geschichte. Südergellersen 1985.
Serbanesco, Gérard: Histoire de l'ordre des Templiers et les croisades. 2 vols. Paris 1969–1970.
Seward, Desmond: The Monks of War. The Military Religious Orders. London 1974.
Slaughter, Carolyn: Magdalena. London, New York 1978.
Smallwood, Mary E.: The Jews under Roman Rule. From Pompey to Diocletian. Leiden 1976.
Smith, Morton: Auf der Suche nach dem historischen Jesus: Entdekkung u. Deutung d. geheimen Evangeliums im Wüstenkloster Mar Saba. Frankfurt/Main, Berlin, Wien 1974.
Smith, Morton: Jesus der Magier. München 1981.
Soyer, J.: Annales prioratus sancti sansonis avrelianensis ad monasterium beatae Mariae de Monte Sion in Hierusalem pertinentis. In: Bulletin de la Société Archéologique et Historique de l'Orléanais. Tom. XVII. No. 206. 1914. S. 222 ff.
Steinschneider, M.: Die arabische Literatur der Juden. Frankfurt/Main 1902.
Stephenson, William: A Man Called Intrepid. London 1982.
Stevens, Ethel Stefana: The Man . . . their Cults, Customs, Magic, Legends and Folklore. Reprint. Leiden 1962.
Stokes, George D.: Ireland and the Celtic Church. A History of Ireland from St. Patrick to the English Conquest in 1172. 7. ed. London 1928.

Tacitus: Annalen. Deutsch von August Horneffer. Stuttgart 1957.
Teicher, J. L.: The Dead Sea Scrolls. Documents of the Jewish Christian Sect of Ebionites? In: The Journal of Jewish Studies. Vol. II. No. 2. 1951. S. 67 ff.

Thomas, Gordon/Morgan-Witts, Max: The Year of Armageddon. London 1984.
Tournier, Michel: Der Erlkönig. Hamburg 1972.
Turner, Sharon: The History of the Anglo-Saxons. 4 vols. London 1799–1805.
Turner, Sharon: The History of the Anglo-Saxons. 2 vols. 2. ed. London 1807.
Turner, Stansfield: Secrecy and Democracy. The CIA in Transition. London 1985.
Tyson, Esmé Wynne: Mithras the Fellow in the Cap. London 1958.

Vaincre. Pour une jeune chevalerie. Paris 1942–1943.
Vermaseren, Maarten Jozef: Mithras. Geschichte eines Kults. Stuttgart 1965.
Vermes, Géza: The Dead Sea Scrolls in English. Harmondsworth 1962.
Vermes, Géza: Jesus the Jew. A Historian's Reading of the Gospels. London 1976.
Vermes, Géza: The Dead Sea Scrolls. Qumrān in Perspective. London 1981.
Vermes, Géza: Jesus and the World of Judaism. London 1984.

Waechter, Max Leonard: How to Abolish War. The United States of Europe. Rev. ed. London 1924.
Warren, F. E.: Liturgy and Ritual of the Celtic Church. 8 vols. Oxford 1881.
Webb, James: The Harmonious Circle. The Lives and Works of G. I. Gurdjieff, P. D. Ouspensky and their Followers. London 1980.
Weber, E.: Action Française. Royalism and Reaction in Twentieth Century France. Stanford 1963.
Wiesenthal, Simon: Doch die Mörder leben. Herausgegeben und eingeleitet von Joseph Wechsberg. München 1967.
Wilson, Edmund: The Dead Sea Scrolls 1947–1969. London 1969.
Wilson, Ian: Jesus. The Evidence. London 1984.
Wilson, J.: The Book of Inheritance and Witness of the Prophets. London 1846.
Wilson, J.: Millennium or the World to Come. Cheltenham 1846.
Wilson, J.: Our Israelitish Origin. Lectures on Ancient Israel. 3. ed. London 1851.
Winterbotham, Frederick William: The Nazi Connection. London 1978.
Wood, David: Genesis: The First Book of Revelations. New York 1985.
Wykes, Alan: Himmler. London 1973.

Yadin, Yigael: Die Tempelrolle. Die verborgene Thora vom Toten Meer. München 1985.

Yallop, David A.: Im Namen Gottes? Der mysteriöse Tod des 33-Tage-Papstes Johannes Paul I. Tatsachen und Hintergründe. München 1984.

Zurcher, Arnold John: The Struggle to United Europe 1940–1958. A Historical Account of the Development of the Contemporary European Movement. New York 1958.

Personen- und Ortsregister

Bildnachweis

Die Autoren und der Verlag danken folgenden Personen und Institutionen für freundlicherweise zur Verfügung gestellte Fotos: Archives du Loiret, Orléans (Nr. 31, 32); Michael Baigent, London (Nr. 1, 3, 4, 5, 8, 27, 30, 33, 34, 37); Bibliothèque Nationale, Paris (Nr. 28, 29); Bodleian Library, Oxford (Nr. 17); Werner Braun, Jerusalem (Nr. 18); Trustees of the British Museum, London (Nr. 14); Commissioners of Public Works in Ireland, Dublin (Nr. 10, 13, 16); José Dominguez García, Madrid (Nr. 6, 7, 9, 12); Gisbert Gramberg, Greven (Nr. 21, 22, 23); Israelische Behörde für Altertümer und Museen, Jerusalem (Nr. 2); Koptisches Museum, Kairo (Nr. 11); Henry Lincoln, London (Nr. 35, 36); Presseagentur Nowosti, London (Nr. 25, 26); Scala, Florenz (Nr. 24); Ronald Sheridan, London (Nr. 38); Board of Trinity College, Dublin (Nr. 15); Wiener Library, London (Nr. 19, 20).